Rich致富316

矽谷潑猴

直擊臉書、谷歌、推特的瘋狂內幕，
及他們如何影響我們的生活

Chaos Monkeys:
Obscene Fortune and Random Failure in Silicon Valley

安東尼奧‧葛西亞‧馬汀尼茲（Antonio García Martínez）◎著

曾倚華◎譯

高寶書版集團

作者筆記

　　除了發生在紐約的一個場景之外，這本書裡的其他事件大致都發生在 2010 年 3 月至 2014 年 10 月之間，位於舊金山海灣或其附近地區。這些事件都是根據當時歸檔的電子郵件、臉書貼文或訊息、推特、以及部落格文章而寫成。任何引用自電子郵件、簡訊或即時訊息的對話都一字不差，而所有來自口語交談或是電話溝通的對白，則是根據我記憶的重述。儘管這些再現的場景並不是百分之百正確，我已經盡最大的能力捕捉每個場景當時的核心精神及重要性。關於那些曾經出現過，但我可能重建錯誤的事件，我邀請你也寫下你自己版本的紀錄。如果一起努力，我們或許可以完成一段所有人共同認可，被稱之為歷史的謊言。

附註：為保護真正的罪人，書中的某些名字已經被省略了。

給我所有的敵人：
如果沒有你們，我是不可能成就這一切的。

給柔伊‧阿雅拉（Zoë Ayala）和諾亞‧佩樂尤（Noah Pelayo），
我生產過的東西中唯一保存下來的產品。

最後，給瑞秋‧凱朵（Rachel Caïdor）。
Lo prometido es deuda.（記得說話要算話。）

目錄
Contents

作者筆記 003

序章　歧路花園 008

第一部　惹是生非

資本主義的葬儀師 018

人類注意力交換 035

懂怎麼游泳 044

逃離沉船 066

第二部　偽隨機性

讓我看看你上戰場的表情 076

就像結婚了，但是沒有愛可做 085

速度是一項特質 091

發表日 100

天使密會 105

沙丘 115

迴旋復迴旋，在逐漸擴大的漩渦裡 126

我們必勝！ 133

狗屎三明治 144

勝利 157

發射！ 161

與推特有約 165

收購膽小鬼 186

被按讚 193

被戳 199

歧路的各種未來 207

轉推不等於同意 218

虛線 223

尾聲 232

第三部　快速行動，破除常規

新兵訓練營 238

產品大師 248

谷歌必須毀滅 258

一頭栽下去 266

一擊必殺 272

一朝被蛇咬，十年怕草繩 276

廣告警騎 280

隱私權自戀症 287

目錄
Contents

我們是野人還是怎樣？ 299

啊，死亡 304

粗魯的呵欠 311

股票上市 319

當飛碟沒有出現時 325

腫瘤貨幣化 336

偉大的覺醒 342

大門外的野蠻人 354

啤酒＞股票上市 363

股票上市：重新估價 375

快閃大對決 378

正面全裸的臉書 383

微軟聳聳肩 400

為了臉書更大的榮耀 408

再見了，臉書 418

失地獄 425

尾聲 謀事在人，成事在天 432

後記 445

序章
歧路花園

> 如果我在上帝造物時就存在，我一定會為宇宙的次序提供幾個
> 有用的建議。
>
> ——「智者」阿方索十世，卡斯提亞國王

2012 年，4 月 13 日，星期五

　　臉書最高指揮中心的室內清一色擠滿了桌子，只有祖克（Zuck）的其中一名副官山姆・萊辛（Sam Lessin）堆在這裡的運動器材顯得比較引人注目。同樣的桌子群像圍牆般排列，一路延伸至你放眼望去的整片 L 型樓層。這裡位於臉書園區的第 16 號（Building 16）大樓，整體裝潢是矽谷的標準配備：工業粗布地毯，光裸的天花板展示著通風和上過阻燃劑的鐵柱，還有幾件奇怪的自製藝術品：一面搭配著壁畫的鑲嵌樂高牆，另一面牆上則貼著帶了一點歐威爾風格的海報，是由自家印表機列印而成。

　　位於第 16 號大樓頂點的則是「水族箱」（Aquarium），是臉書總部的玻璃謁見室，也是祖克整天上朝的地方。它刺出建築物，懸在中庭上方，好讓下方所有的臉書人（Facebookers）能瞥見他們大名鼎鼎的領導人走去吃午餐時的樣子。據說它全用防彈玻璃打造。水族箱的入口外頭是一個臨時玄關，擺著沙發和幾本時髦的茶几讀物，但一天到晚擠在這裡的臉書朝臣們多半只顧著最後一次更動他們的簡報或樣片，從沒人注意它們。一旁的小廚房，就像分散在整個園區的其他廚房一樣，存放了許多祖克的官方飲品：檸檬萊姆口味開特力（Lemon Lime Gatorade）。

在臉書園區裡，地理位置就是天命。你和祖克的實際距離代表著你的重要程度。沿著 L 型的牆壁，依序是五個專屬於臉書營業單位主管的會議室。祖克目前的三個鄰桌同事分別是他的營運總監（chief operating officer, COO）雪莉‧桑德伯格（Sheryl Sandberg），創造了臉書塗鴉牆的工程部經理安德魯‧伯斯沃斯（伯斯）（Andrew "Boz" Bosworth），以及臉書的技術總監（chief technical officer, CTO）麥克‧斯克羅夫（Mike Schroepfer）。那個下午，當我從中庭走進辦公室時，他們沒有一個人在座位上。

和臉書許多與用戶端面對面的部門不同，廣告部門就像一條臭酸的內褲一樣被放在遠遠的距離之外，位於隔壁的建築物。這一切最終會獲得改變，廣告部門會占據不動產中相當重要的一部分，就在祖克與雪莉的座位附近。不過就當時而言，那還是一段漫漫長路，而我和元老們開的每一場會議都代表著我得從一樓橫跨中庭。

位於臉書香榭大道中央的是「HACK」四個字母，嵌在構成中庭的水泥板中，隨便就有一百呎那麼長。它們特地調整成能被谷歌地圖衛星拍攝到的角度，正是臉書人們的最高指標。

我今天的任務是和祖克開會，地點位於雪莉的會議室。那裡被命名為「只有好消息」室，但我從來不懂為什麼。我繞過主管桌群周圍的健身器材，走進玻璃方塊的會議室之中。那裡頭擺著一張長桌，兩側則是一排昂貴的人體工學椅，一端的牆上裝著平板螢幕，另一端掛著一片白板。除了兩名最重要的人之外，其他的與會人士幾乎都已經到齊了。

我的主管兼廣告團隊的產品管理經理高格‧拉札蘭（Gokul Rajaram），正如往常一樣緊張而焦慮地駝著背縮在那裡；他只花了十億分之一秒的時間從幾乎沒離手的手機螢幕上轉開目光，迎向我的視線。剃著平頭又有點微禿的布萊恩‧波蘭（Brian Boland）坐在他旁邊；你很可能會覺得他在大學時期當過摔角選手，但是舒適順心的生活卻讓他

隨著年紀而日益增胖。波蘭負責廣告部門的產品行銷，他的工作就是將層層包裝過、光鮮亮麗的任何廣告產品交給銷售部門，然後讓他們將之推上廣告。

葛瑞格・巴卓斯（Greg Badros）坐在一步之遙的位置，正盯著他的手機。他曾經為谷歌工作，現在則負責管理搜尋引擎和廣告部門，但是在這兩個職位中都顯得不太有存在感。至於馬克・羅伯金（Mark Rabkin）則是廣告部門的工程經理，是臉書廣告團隊早期的員工之一，也是位階和態度都和我最接近的一位。在我剛加入臉書團隊時，他是我最親近的同事之一，而且總是讓我聯想到比較沒有那麼邪惡的弗拉基米爾・普丁（Vladimir Putin，俄國總統）。艾略特・施拉格（Elliot Schrage）坐在自己慣用的座位上，靠近長桌底端的右邊。施拉格擁有一個聽起來高高在上又模稜兩可的頭銜，但事實上他就是雪莉大小事務的顧問。他年過五十，身穿襯衫以及一條「商務休閒」的便褲，在我們這群只穿著刷毛上衣和牛仔褲的科技人之間看起來格格不入；或許人們會把他誤認為在某間沈悶又毫無創意的東岸律師事務所上班的資深律師──那是他在加入谷歌、然後被雪莉收歸羽翼之下前的工作。

我在雪莉親信們對面的桌邊坐下，翻開臉書派發給我的 MacBook Pro，緊張地再度提醒自己整場會議的文字稿。我們今天的任務是向祖克推銷三個我發想的廣告受眾設定策略（ads-targeting ideas），而它們（很有可能）很快就能成為公司貨幣化的重要推手。

雪莉手下掌握大權的行政管理助理卡蜜拉・哈特（Camille Hart）在附近晃盪，一面在筆電上敲敲打打，紀錄與會人士的姓名。

「費斯傑（Fischer）在哪裡？」雪莉推門進來，在桌子尾端坐下，一邊這麼問道。

沒有會議可以在少了艾略特・施拉格或大衛・費斯傑[1]的狀況下開

1　這兩名她從谷歌挖角過來的跟班。

始。卡蜜拉衝出會議室去找他。

　　大部分的人都保持沉默，在智慧型手機或筆電上忙碌著。波蘭和雪莉悄悄地討論著我們接下來要準備呈現的簡報。我們已經事先向她報備過我們的成果，並將訊息想辦法包裝成最能吸引祖克的模樣。祖克和廣告部門開的所有會議，都需要我們將會議內容事先嚼過之後再用湯匙餵給他。原因很單純：因為廣告不是他現在最重要的項目之一，而且我認為他只將我們的會議當作義務的枯燥公事。在臉書廣告部門工作的這一年，我只見過這位微觀管理的臉書創辦者兼執行長一次：當他繞著建築物走路，好達成他的每日一萬步目標時。我曾經聽用戶端的產品經理們說過，當你在介紹一樣祖克重視的成果時，他投注的精神就足以摧毀你，但對於廣告部門來說，那和這些故事是完全相反的。

　　在進行會前會時，雪莉已經提供給我們許多不同的提示，好讓我們用最有效的方式來呈現計畫。她顯然對她的上司瞭若指掌。畢竟，我們在說的這名女人，可是在一堆難搞又有權勢的男人之間擔任守門人與牧羊犬，例如龜毛的美國財政部長的幕僚長，或是祖克的營業總監。由於她有能力悠遊並掌控像臉書這種政治環境善變而混亂的複雜組織，也有能力將訊息有效傳達給祖克，她於情於理都是臉書廣告團隊真正的營運者。當關於臉書未來貨幣化策略的爭議變得越來越兩極、越來越白熱化時，這些會議都會變成雪莉的最高法院，在這裡，那些互相衝突的意見終於有獲得解決的一絲希望。

　　費斯傑終於進來了，短小精幹，髮型是整個臉書公司中最精心處理過的一名男人。費斯傑是從《美國新聞與世界報導》的記者身分起家，原先是雪莉在財政部的一名線報，然後就和很多臉書的資深員工一樣加入了谷歌。作為臉書的銷售營運副執行長，他為雪莉管理整個銷售團隊，而在我為臉書工作的這一年當中，我幾乎沒聽他說過除了官腔的台詞及 MBA 相關言論之外的任何話（史丹佛大學商學院 2002 年碩士

班畢業，bien sûr[2]。）

費斯傑一邊和大家打招呼，一邊在桌子盡頭雪莉的左側坐下，位於施拉格對面。行政管理助理的工作告一段落，卡蜜拉便滿足地退出會議室，回到她在臉書園區落腳的某處。

祖克無聲無息地踩進會議室裡，一面盯著手機，一面在施拉格右邊的空位上坐下。現在這場會議終於能夠正式開始了。

雪莉首先開口。「馬克，你知道我們一直在考慮一些關於廣告的新策略。」

妳的說法真是太保守了，雪莉。

臉書公司早在幾個月前就宣布要正式公開營運的意圖，而股票上市日期就近在眼前。但就在公司將自己攤在投資者的眼前接受公審的那一刻起，它的收益成長速率就開始減慢了，收益本身也開始停滯。當初公司灌輸廣告商們關於社群網站能如何提升市場的新魔法開始受到公開質疑，廣告商們認為他們已經在臉書上投資了這麼多，但卻沒有任何實質的成果。臉書公司花了長長的一年時間在投資一個稱為「開放社交關係圖[3]」的項目，以及隨之而來的貨幣化副產品「動態贊助[4]」，但這兩者在市場上都是徹頭徹尾的失敗品。公司的資深領導人便指定廣告團隊發想出一些能使企業延宕的財務狀況快速好轉的方式。這就是臉書，這些新策略都不是由公司的資深人士所創建，而是階級更低的人員：像是隨便幾名有一點小聰明的技術人員，或是能夠引誘幾個人相信他們願景的油嘴滑舌產品經理（也就是在下我）。

今天的會議議程上列出了三項產品結構，每一項都和另外兩者大不相同。三項產品中的第一個得用上臉書的「按讚」功能，用臉書用語

2　譯注：法文，意為「當然了」。
3　譯注：open graph，讓臉書可以將使用者的資料與外部網站結合。
4　譯注：Sponsored stories，讓使用者的粉絲專頁、地標或應用程式相關的廣告出現，並附上使用者與之相關的貼文。

來說就是「社交插件」，也就是讓臉書工作團隊中所有有眼睛的人，都能為了娛樂與利益看見使用者的瀏覽行為。

　　讓我給非科技專業的人一點背景提示：當你在瀏覽器中開啟一個網頁時，所有你看見的東西（還有大部分你沒看見的東西），都不是來自於那個你正進入的 .com 網址。現代網站的運作方式，是讓不同的元素來自不同的地方。不管你喜不喜歡，每一個你載入的元素都會接觸到你的瀏覽器，並且都可以透過名為「Cookies」的編碼程式讀取你的瀏覽資料。

　　臉書的按讚與分享按鈕大受歡迎，也就代表臉書其實占有像是美國這樣成熟市場的一半商機。當你在網路上漫遊，從賣鞋的 Zappos.com 到看新聞的 nytimes.com，臉書通通都能看見你，好像在大街小巷中都裝了閉路電視一樣。目前，臉書的服務規章禁止公司使用他們收集來的資料作為商業用途，但是這項大膽的提議便是在建議公司調整一下那條自定出來的禁令。儘管這個策略聽起來邪惡又強大，但並不保證會成功，因為資料庫的價值還是個未知數。

　　對於臉書的資料庫價值，我略知一二。一年前，我被臉書雇用時，是擔任第一位訪客廣告的產品經理，職務內容就是將臉書的使用者資料以任何合法的手段轉換成金錢。而這項工作實際操作比它聽起來要困難多了。我和目標團隊花了幾個月的時間分析臉書使用者資料，包含貼文、打卡地點、分享的連結、好友、以及按讚的內容……以檢視它能不能提升臉書廣告的目標及傳遞效率。但幾乎無一例外，它們沒有辦法對貨幣化帶來任何大幅度的提升。於是我們得出了一個悲慘的結論，那就是即使臉書理應擁有一個極其豐富的使用者資料庫，但卻沒有得到多少對商業有所幫助的資料。儘管惡名昭彰的社交插件到處滲透，但最後其數據很有可能也被歸於同樣無用的分類。

　　第二和第三項提議，從商業（如果不說從法律）的角度上來說都更激進，並反映出這個殘酷的事實。我們的計畫是將臉書的廣告經驗與

完全從外部網站收集來的使用者資料做結合。截至目前為止，臉書上所刊登的廣告都還只有使用臉書內部的資料庫，但是這個提案卻是要踏足「外部」資料，像是網頁瀏覽紀錄、上網購物紀錄、以及離線的實體店鋪消費行為。從臉書的歷史上來看，我們一直都是座圍著高牆的花園，其中的廣告商們不能將他們自己的資料庫用在臉書上，也不能把臉書的資料庫用在其他地方。單從資料流通的角度來說，臉書就像是不存在於網路經濟的體系之中，而是一座置身事外、受到完全掌控的孤島。透過兩種不同的科技機制，其中一套大致能現存的廣告系統並存，另一套則成熟得多。我們是在事隔這麼久後提議搭起橋樑跨越那道鴻溝。在某種抽象的層面上，這兩個提案同等重要。但就實行與商業層面而言，它們卻大相徑庭，並要用完全不同的導向進入廣告市場。

祖克和雪莉都討厭用螢幕看簡報，所以有人已經將我做好的投影片印成紙本，並釘成整齊的一份份報告。波蘭將爭議與幾個月以來的所有會議紀錄都整理成一目瞭然的條列式重點，放在第一頁。那是所有人唯一會看到的東西。我做的細節技術圖表、鉅細靡遺的資料流向及外部整合點，則和我預測的一樣完全被忽視了。雪莉本來就不在乎技術上的細節，而祖克也不可能有耐心好好把那些東西讀完。在臉書工作後我觀察到不只一次，我相信無論從商業組織到政府都一樣，那就是這些高階且會影響到成千上百萬人的決定，從來都是依據直覺、歷史性政治角力所留下的殘渣，以及將訊息有效傳達給太忙、太不耐煩、太沒有興趣（或以上皆是）的人的能力所做出來的。

波蘭盡他最大的努力輕鬆帶過摘要部分，省略掉那些占用了所有人無數個小時商討的隱私權與法律規範爭議。如果廣告部分已經讓祖克昏昏欲睡，那麼隱私權的權衡爭議大概會讓他睡得翻下椅子。不管祖克核准了什麼，讓一切合乎法律規範是我們的責任。

「所以利用插件資料庫可以讓我們賺更多錢嗎？」祖克問。

波蘭和高格轉向我，示意要整個會議室裡官階最低但資訊最豐富

的人，也就是真正的產品經理站出來說點什麼[5]。

我的腦袋就像冬天裡的一台老卡車，啟動困難、運作遲緩。

「嗯，那要看狀況……我的意思是，有很多因素會影響貨幣化的效率。我們還沒真的做過對照研究，因為還有法律條件要考慮，但是它的資料庫很有可能是很獨特的。當然，我們還要考慮按讚功能是不是真的出現在我們希望資料化的地方，像是——」

「你為什麼不乾脆一點回答問題就好了？」祖克插嘴打斷我。

恐慌逼得我不得不集中精神。

「根據目前的經驗看來，我不認為它會有什麼太大的影響。」我平板地回答。

在等待祖克發言時，四周一片寂靜。

「你可以這麼做，但不要使用按讚功能。」他最後終於說道。

這句話緩緩地滲透整個房間。

「所以可以進行重定向（Retargeting）[6]，但是不可以使用社交插件。」雪莉換句話說，不過比起做出結論，她更像是在對祖克提問。

「對。」

而那是他對整個報告作出的唯一回應。

不過我們還沒有決定臉書要採用那兩個提案中的哪一個。從這個

---

5 儘管臉書的規模龐大，但它仍然是個相對扁平的組織。當時，臉書廣告部門仍然有三種不同的階級。第一種是資深管理階層，他們的人生就是在無窮無盡的會議中度過，只有收發電子郵件的時候才算休息，他們也在祖克／雪莉和其他人之間形成一個小小的中階管理部門。高格、波蘭、巴卓斯，以及幾乎這個會議室裡的所有其他人，都算在這個階層裡。接下來則是產品與技術團隊，這兩者的成員們多半都把時間花在工程樓層，應付人們和產品。而這則意味著我、以及其他真正有在建設任何東西的其他人。最後，則是銷售與營運團隊；他們是一支小軍隊，占據了臉書圈人跡罕至的建築物、以及同樣人跡罕至的國際辦公室。他們是臉書中階級最低的僱員，但是卻經常成為臉書朝向全世界的門面，並總為自己安上某些時髦的頭銜，像是「臉書營運總部執行長（head of FaceBook EMEA）」，但是他們對產品的建立完全沒有任何實際影響、存在的目的也大多只是為了作秀。

6 「重定向」是廣告術語，意思是根據使用者在網路上瀏覽的紀錄顯示廣告。最簡單的解釋，它是一種詭異的機制，讓你看見你才剛在亞馬遜或其他消費網站上所瞄過的產品廣告。當我們開會時，這個目標的機制已經成熟許多，不僅僅是讓你看見你已經看過的產品廣告，它真正的目的是用你在 A 站、B 站和 C 站（或甚至是離線的實體店面）做過的事，預測你在 D 站的瀏覽行為。

會議算起的一年後，在同一間會議室裡，與差不多相同的與會成員，我們終於解決了那個問題。光是要臉書決定做出決定就花了讓人惱怒的一年。最終結果出爐時，它會見證我的離開，並會改變臉書在接下來幾年之間的賺錢方式。

但在那個週五午後，我的內心是一片激動。過去兩個月的策劃奏效了。我們可以著手建立那個我所提出的魔法目標裝置，並用之結合來自臉書與外部世界的龐大資料流，然後改變一切。

我看了高格一眼，他則對我微微點了點頭。雪莉轉向議程上的下一個項目。這是她每週與廣告團隊和祖克的例行會議；產品檢討的時間被壓縮成短短的十五分鐘。其他的產品經理在短暫的討論時間中擠進了會議室，等著輪到他們上場。我盡可能小心地從裝滿彈簧的人體工學椅上起身，溜出門外。我已經收到逐客令了。

第一部

惹是生非

人類生活中的不幸與混亂，似乎是來自於對於兩種
長期處境之間差異的高估。高估了貧富之間的差
距，就產生貪婪之心；高估了個人地位與公眾地位
之間的差距，就產生野心；高估了沒沒無名與聲名
大噪之間的差距，就產生了虛榮心。被這些過度激
情所影響的人，不僅在他的現實處境中悲慘可憐，
往往也會為了達到他愚蠢嚮往的目標而在社會中惹
是生非。

——亞當·史密斯《道德情操論》

資本主義的葬儀師

商業信用（commercial credit）是現代世界的產物，並且由於它的完美，它只屬於最文明、最受統御的國家。它建立了軍隊，裝備了天真無知的靈魂。它大張旗鼓地宣揚僅僅幾枚數字的可怖威力，並在智能、財富與管理良好的工業根基上建立起全國性的優勢。

——丹尼爾‧韋柏斯特，參議員演講，1834 年 3 月 18 日 [7]

2007 年，11 月

「嘿！現在的風險出了什麼狀況？」

我面前的四個電腦螢幕上全是藍色的視窗，爬滿電腦編碼；那是只有少數特定人士才看得懂的財務矩陣（financial matrix），但是它的運作成果卻能讓整個世界為之運轉。我抬起眼，發現說話的人是強納森‧曼恩（Jonathan Mann），以「強曼」的暱稱在交易員辦公室中走跳。他的肩膀上扛著一根高爾夫球桿，雙臂掛在兩端，看起來就像是金融界的耶穌基督。

信用利差（Credit spreads）以及世界上最大的幾間公司的 FICO 信用分數正在爆炸中，代表全世界的金融信心正在萎縮。他所形成的耶穌像正是個貼切的象徵。

「還不確定。我們正在搞清楚，強曼。」我回答，幾乎懶得從我的四個螢幕前抬起頭。他充滿血絲的雙眼又盯著我看了一會，然後便退

7　這段引言也被刻在穆迪投資者服務公司位於曼哈頓市中心的青銅門面上。穆迪是其中一間信用評級公司，它的不適任以及與銀行的非法勾結是金融危機發生的原因之一。

回他自己的座位上。他的桌面上擺的螢幕甚至比我還多。

強曼負責的是高盛集團（Goldman Sachs）的交易信貸指數，基本上是由一堆大公司的信用貸款組合起來的，幾乎就像是共同基金。和股票的世界不一樣，信貸世界中的定價不是由某種對未來價值的模糊預測所決定，而是根據可見的未來中某間公司的死期。在信貸之國中只存在著喪禮，沒有婚禮或嬰兒受洗典禮。由於是靠企業的死亡在做交易，我們就是賭本的葬儀師，賭的是公司的死活。

但是強曼失去功能的指數不是我的問題。通用汽車（General Motors）才是我的問題；西南航空（southwest airline）才是我的問題；福斯汽車公司才是我的問題。我越過螢幕上方，看向查理・麥高樂（Charlie McGarraugh）。他是耶魯大學數學系碩士，負責航空公司與汽車公司的交易，我則是他的金融工程師男僕，負責為那些支付我們獎金的難搞金融衍生商品建立成熟的定價模型，並維持資料流通的清晰度，好讓我們能一窺這個天殺的世界的運作方式。像今天這種平凡的日子，他正汗流浹背地對著辦公室裡的人或他的耳機尖叫著不同的報價。羅伯・傑克森（Rob Jackson）是他的交易員學弟，正坐在他旁邊，將交易數字輸入一套風險系統中，用我寫的編碼消化分析，然後製造出一套定價模組，讓交易員們引導這個不穩定的世界，並領導更多的交易。

聯合航空公司在充分信任與信用完全的狀況下有多少價值？全由查理・麥高樂說了算，因為他是高盛集團中航空信貸的「造市商」（Market maker）。作為公眾看法的中間人，他既是市場的渠道，也是馴獸員，不斷遭到不受他掌控的市場打擊，卻又根據他掠奪性強烈的意圖去扭曲市場。

過去兩年之間，查理一直在賭的都是美國疲軟無力的汽車工業、以及幾家航空公司的死期。只差一次像福特平托汽車那樣的大規模安全性召回，或是連續幾個月飛機機油的居高不下，我們就能真正大撈一筆。所以誰都可以輕易想見，如果一條聯合航空飛機撞山的新聞出現在

查理的彭博終端機上，他蒼白的臉上會出現怎樣病態的微笑。託我的福，如果那真的發生了，他完全知道我們確切能賺多少錢。但就算房貸危機逐漸攀升，汽車與航空工業仍然保持相當可靠的信用。該死的飛機仍然高高飛在天空，燃料價格也仍然保持低靡，而且沒人知道 2008 年龐帝克休旅車究竟是個什麼鬼。

儘管身處於永遠瀰漫在這層樓的恐懼與貪婪之中，理智偶爾還是會浮出表面。就像一名鐵桿酒鬼在另一個宿醉的早晨打量自己沾著嘔吐物的襯衫那樣，你偶爾也會問問自己：我到底為什麼會出現在這裡？我怎麼能這樣對待自己？人性到底在哪裡？

＊　＊　＊

在柏克萊大學物理博士學位的學程中垂死掙扎五年之後，我便加入了高盛集團。當時，我的研究生津貼（跟收入一樣是要繳稅的！）是華麗的一萬九千美金。

高盛集團 2005 年的平均薪資則是五十二萬一千美金，而且那是包含了所有出現在高盛薪資單上的交易員、業務、投資銀行家、秘書、打雜小弟、擦鞋工、以及玻璃清潔工。我從我可憐兮兮的學生宿舍帶出來的其中一樣東西是麥可‧路易斯（Mike Lewis）寫的《老千騙局》（Liar's poker），那是華爾街交易圈中的經典，作為我的工具書。

而我入行之後的第一個工作呢？

我是在高盛集團公司信貸交易桌上工作的金融工程師（Quant）[8]。那代表我得負責建立模型，以及訂出在全世界最大的交易所中交易的衍生商品定價。我們很快就會談到衍生商品是什麼了。不過在高盛集團裡，

---

[8] 所謂的「金融工程師」，也就是計量金融師或是計量交易員，負責計算流體力學或是這世界上所有骯髒利益的概率。他們現在充斥在華爾街上，如果沒有他們，某些交易頻繁的金融領域就會消失了。一位高盛集團的財務策略董事艾曼紐‧德爾曼（Emanuel Derman）將自己的切身經驗寫成了一本經典：《一個計量金融大師在華爾街：從物理學家到高盛董事的波瀾人生》。

「誰」比「什麼」更重要。

　　高盛和其他華爾街的銀行最不一樣的地方在於，他們仍然保持著所謂的夥伴經營架構。因此，每一位員工都是由一位特定的夥伴所雇來的，而你就是那個夥伴的小弟。我當時的封建領主是一名矮個子的光頭男人，擁有儸人的目光和一個非常聖經的名字：以利沙・威瑟（Elisha Wiesel）。他是伊利・威瑟的獨生子，他父親則是出名的希特勒大屠殺倖存者，那本可怕的回憶錄《夜》則是許多美國高中生的必讀書目之一。他父親或許是大屠殺的權威人士和公共知識份子，但兒子卻是一名邪惡貪心的小混蛋 [9]。

　　他的手下、我的上司，是一名和我同樣來自佛羅里達的加州理工學院碩士。萊恩・麥考威（Ryan McCorvie）（名字縮寫字母為 RTM，是每個人在公司內部的簡訊系統中使用的稱呼）身形又高又長，雙臂像樹枝般從挺著大肚子的病弱身軀中延伸出來。他的前臂上刺著一個象徵無限的刺青，但在高盛上班時便小心翼翼地遮住。[10]

　　這齣鬧劇裡還有其他的角色。

　　我們的交易員們都狡猾又機靈，但是沒有什麼工程背景，而且注意力的停駐時間就像喝了能量飲料和甜食的過動兒一樣短暫。他們的工作是和高盛的客戶及其他競爭公司的交易員進行交易，公告證券及其他衍生商品的買賣金額，同時逃避風險、並利用其他公司的錢下注。那種

9　對於那些喜歡幸災樂禍的人而言，生命簡直是一場永不結束的宴席。當馬多夫操作的那場美國史上最大的龐氏騙局在 2008 年底爆發時，人們才發現伊利・威瑟人權基金會所有投資的資產都是和馬多夫合作的。伊利的兒子以利沙，我的老闆，當時則是基金會的出納。這種感覺很複雜，就像是看著你的丈母娘開著你新買的保時捷衝下懸崖一樣。雖然如此龐大的損失令人不勝唏噓，但看看那對以利沙・威瑟的打擊，嗯，我仍然覺得沒有比他更好的受害者人選了。

10　但是，等等，還有更多值得幸災樂禍的事啊！2016 年 1 月，我的前任上司 RTM 剛被保釋出獄，正在等著性騷擾未成年孩童的案件開庭。有人控告他在公共游泳池騷擾一群未成年少女，但是在被定罪前他都還是清白的（廢話）。我前任交易員麥特・泰勒（Matt Taylor）則已經被定罪，在監獄裡服過刑。他不知怎麼地耍了高盛的風險系統和我（他的金融工程師），誇大了交易證券的金額，讓幾十億美金冒著被套牢的風險，就只為了要讓自己獲得更多回扣和獎金。他在聯邦監獄裡服刑了一輪，現在則在佛羅里達經營一間泳池清理公司。我的華爾街同事們真的都太優秀了。

危險的程度就像是一邊耍著點火的鏈鋸，一邊在高速前進的火車頂上跳舞一樣。

業務們則是徹頭徹尾的工具，他們的智商總和起來很可能才勉強達到二位數。他們唯一的工作就是拿潛在的交易去鼓吹客戶，在客戶面前展現出能言善道及對市場瞭若指掌的一面，然後再悄悄躲到交易員身後，並哀求我們給他的客戶一點特別折扣。

至於金融工程師，或是用高盛的話來說的「策略家」或「策士」呢？大部分的人都是像我這種出賣了自己靈魂的失敗科學家，在進階相對論與量子力學中打滾了半天之後，某天突然發現一隻扛著高爾夫球桿的猩猩交易員正回頭問他的風險報告在哪裡。我們是計量交易的推動者，為古老的買賣行為提供光鮮亮麗的現代計算方式。但是把承受的定價模型和高速運算的電腦交給交易員，就像是把手槍和龍舌蘭交給小屁孩一樣。金融工程師必須確定子彈上膛，但是又要確保那些交易員不會打中自己的腳。

儘管我們在這場鬧劇中非常重要，但是沒有多少人真的感謝我們。事實上，我們就只是交易員們的小走狗而已，而任何對自己誠實的金融分析師都明白這一點。由於我們的生計都仰賴他們，我們這些金融工程師只能跪在地上服侍交易員。

我們唯一發光發熱的時刻只有當某些特別難搞的交易出現，而迷糊的交易員帶著一份厚厚的契約文件來求救的時候。研究這些契約就像是在看某些俗氣的 A 片特寫：你根本看不出來現在是什麼動作、什麼部分是什麼器官，還有更重要的是，你看不出來是誰在上誰。我們金融工程師的觀點包含了關於未來風險和選擇的細節，但是這些幾乎對結果沒有任何影響。一名賓大的碩士可以輕易和另一名康乃爾大學的碩士透過電話決定價格，然後生命就會繼續它的快速腳步，前往另一筆交易。

金融工程師是狂歡宴會上的小太監，或是高級財務圈的 A 片中為主角暖身的打手槍專員。我們是每一部好萊塢的二戰電影中一定會出現

的英國男子：為了幫影片增加一點格調和異國風味，但是對劇情沒有任何關鍵性的影響（除非他們得負責擋下某個壞人的子彈）。

但是我們還是有點獎賞的。當市場上出現天啟般的博斯現象（Boschian landscapes），高盛集團的所有士兵、中士和將軍就會立刻拋棄所有的軍階，組成一支貪婪的希臘大軍。和華爾街絕大部分的銀行都大不相同，高盛集團可以自己運算小數點後五位數內的風險，並進行分類。那些將自己大部分的資產都投資在高盛股票中的夥伴們，會舉辦密集的會議，並想辦法保住沉船。呼叫救援；客戶們緊緊抓牢；快速捍衛風險、擺脫窘況。儘管一片混亂（以及所有在《老千騙局》中保證過會發生的鬧劇），我幾乎很少看到任何人失去他的酷勁超過兩秒。我們流血，但其他人傷亡更慘重，而你會因為在這個世代中最大的金融大秀中擁有前排座位而感到幸運。

所以，什麼是衍生商品呢？來，讓我為你創造一個。我才剛在一張紙上簽完名。如果我的名字因為你（或許還有幾百萬個其他人）手上所握的這本書而聲名大噪，那麼這張紙就成了我的簽名板，而且可以在不斷轉手之後價值上千元。但如果我在毫無名氣的狀態下就死了，那麼這張紙的價值就是零；甚至比零更低，因為你還得花錢請人來把它處理掉。衍生商品的重點是它們本身不值任何東西，它們的價值完全是由其他東西來決定的：在這個例子中，就是我的作者名聲。另一個重點是它價值的擺盪幅度，一個銀行員很可能會將之稱為「蹺蹺板」。它可以一文不值，也可能價值上千美元。即使我的寫作事業成功，我的寫作技巧很可能會小幅度地影響這張紙的潛在價值，但根據文學不死的原則，它在未來很可能變得價值不斐（或什麼屁都不算）。

那信用違約交換（Credit-Default Swap, CDS）又是什麼呢？信用違約交換就像是汽車保險一樣，只不過它保護的是某個人借出去的一筆錢，而不是一堆玻璃和金屬湊起來稱之為汽車的東西。某個混蛋用鑰匙

刮了你的車，並損壞了五百美元的價值，汽車保險會負擔那個金額。如果車子被偷了呢？保險公司會付你整輛車的價值。同理，你將一疊鈔票借給了某人。如果他們不還你，或是他們只還了你一部分呢？那個把信用違約交換賣給你的傢伙會幫你負擔那個損失，而你會透過借出錢而賺回你所損失的東西。

不過這就是兩個之間最後的共通點了。

不像汽車保險的是，只要有 CDS，每個人對你的車都加了保，就算她或他對它毫無興趣也一樣。換句話說，不是汽車主人的人也能在那輛車上投保。他們不只能加保，他們還能自己創造一份保險，就像是他們有一間自己私人的小小保險公司一樣，並對你的損失提供賠償。如果根據風險判斷後的保險金額太高了、或是就某方面來說價格出現失誤，那麼那些貪婪的市場玩家會很樂意賣你幾份新的。或許他們知道你的車停在一個挺危險的社區停車場裡，所以他們給你開的保費就會不必要地高。或者也有可能是相反的情況：他們本身就是偷車賊，而且正在計畫偷走你的車，而且他們想要從你的車和你的汽車保險兌現上獲利。所以他們會在行竊前先在你的車上投保。華爾街的上班族們也是這麼幹的。

「信用」（Credit）一詞是拉丁文「credere」的現在式第三人稱單數變化型，意味著「相信」。那是整個金融圈中最奇妙也最有趣的東西。類似的信賴潛伏在人類一生中所有的交易行為中：你的老婆或許出軌了，但你希望她沒有。你消費的網路商店可能不會把商品寄給你，但你相信他們。信用衍生商品就是把這樣的信賴實體化，將之轉換成金融契約，對象則是公司團體。不像其他的金融債券（如 IBM 股票或是石油的未來），信用衍生商品甚至不是某種理論上還存在的實體物品的價值。它是一個完全看不見摸不著，但你認為未來能兌現的契約的價值。

當我剛開始我的工程師生涯時，人們常常問我，我是怎麼從華爾街走向廣告技術的。這種人顯然對這兩種產業都一點也不了解，不然答案其實很明顯。我從頭到尾都在做一樣的事：幫人類的認知定價，不管

是通用汽車的債券或是一雙在 Zappos 網站上讓人垂涎三尺的鞋子。它們和汽車保險的差異是一樣的；只有錢堆的量尺在改變。

* * *

因為某個我很快就忘了的理由，2006 年初，我走進布洛德街（broad street）85 號高盛集團的總部，踏入利率交易的辦公樓層，然後聞到了讓人肚子叫個不停的油膩速食味。兩排長長的桌子，以往總是被對著電話緊張兮兮地說著話的交易員所占據，現在則坐著身穿二十一世紀百貨上衣的小蘿蔔頭們[11]。成群身穿非常不二十一世紀百貨上衣的交易員們圍繞在他們身邊，像是一場私刑處分的開頭。高盛集團的抵押政策董事總監亞倫·巴西（Alan Brazil），正在分發一個個油膩的小紙包，像是一戰時的指揮官在進攻前發放軍需品給他的軍團一樣。

這當然是傳說中的吃漢堡大賽了。

交易從利率交換（最低操作金額：五千萬美金）進展成打賭這些高盛的年輕菜鳥們之中，誰能在一小時之內吃下最多小漢堡。這場賭博的結構是非常拉斯維加斯的那種，押注在吃下最多而不吐出來的小漢堡數量。四周圍觀的人潮變成一群大聲嚷嚷又比手畫腳的餓狼，認真的交易員們則對著彼此打手勢，並且真的在筆記本上寫下交易的數量，好像它們是價值百萬的大合約。

最熱門的下注對象是一個名叫李奇·羅森布蘭（Rich Rosenblum）的年輕分析師，他吞下小漢堡的樣子帶著大胃王小林的風範[12]。他要先將小漢堡對半撕開，然後把這團和著麵包和油脂的東西泡進水裡軟化，好讓接下來的吞嚥變得更輕鬆。

11　二十一世紀百貨座落於曼哈頓金融特區的北邊界之外，總是不斷祭出可愛的折扣活動。它唯一的賣點只有一件四十美元的 Hugo Boss 襯衫，而且你得站在專櫃旁試穿（襯衫上還別著別針，而它很快就會刺到試穿的你）。

12　小林尊（Takeru Kobayashi）是一名日本大胃王，在這個讓人反胃的新興「運動」領域中創下許多紀錄。文中提及的吞漢堡技巧就是他發明來快速進食用的。他曾經在 2009 年康尼島的南森熱狗店舉辦的吃熱狗大賽中，花了十分鐘吞下 64 根熱狗。

　　處於下風的則是一名來自普林斯頓的金髮女實習生，她的體重看起來似乎也不過就是一打漢堡的重量。她的一群朋友在她的賭注本上寫下高得不合理的賭金，因為他們全都知道她在普林斯頓大學大胃王俱樂部裡的前科——內線交易者的最佳體現。

　　看看她的表現！在所有人驚訝的目光下，她已經快速達到 15 個漢堡的成就，正在邁向第 20 個。在達到第 22 個的時候，她就已經追上了領先者李奇。接著讓人意想不到的是：在她旁邊的一名看起來緊張兮兮的亞洲胖小孩，開始像發射炮彈般吐了起來。身為吞漢堡頭目的亞倫‧巴西立刻拿著一個塑膠垃圾桶出現，收拾殘局。金髮女孩的啦啦隊們已經完全被吸入了這個吃漢堡的黑洞之中，滿心只有勝負和利益，開始瘋狂地揮舞起雙手，包圍住她，希望把她的注意力從隔壁的嘔吐物上轉開。要是她被嘔吐物的味道影響，那可是會引起一連串的連鎖反應的！亞倫明智地帶著亞洲小子和整桶的嘔吐物離開現場。羅森布蘭的數量來到了 26 顆，但是金髮的普林斯頓女孩想辦法超越了她內線交易的夥伴們所下注的數量，而她的下注集團也就只需要她這麼做了。當一小時的時間到時，群眾們都像發了瘋一般。接著，整群暴動的人們又各自快速回到他們的電話和風險報告上去了。接下來一整天，整間交易辦公室聞起來都像是一個超級大煎鍋。資本主義毫不留情地繼續前進 [13]。

　　他們下注的東西當然不會只是漢堡。分析師們會開始押注在伏地挺身上，賭的是伏地挺身的總數量。所以，有時候你只是碰巧經過走廊，正為了資本主義的重要任務而忙碌著，你很有可能會不小心踢到一名交易分析師和一名身材看起來相當健美的銷售部副主管，兩人都因為用力而面紅耳赤，正在進行他們一小時之內的第 237 下伏地挺身，四周大喊賭注金額的聲音不絕於耳。

　　週五午後，為了趕走週末前懶洋洋的氣氛，整個辦公室會玩一個非

---

13 至於李奇‧羅森布蘭漫畫式的吞漢堡耐力又變成什麼樣了呢？最後，他成了高盛集團的董事總監，並成為資深原油選擇的交易員。資本主義會獎賞真正有本事的人。

常有趣的遊戲。所有人都把自己的員工證放進一個大袋子裡，並在裡面投入幾張鈔票，從二十元到一百元都有（位階越高的人就出得越多）。接著帶頭的交易員會將員工證一張一張拿出來，一一唱名。留在袋子裡最後一張員工證的主人便能拿到袋子裡所有的錢。這是贏者全拿、而且最後並不分紅的遊戲。當袋子裡只剩下 20 張左右的員工證時，情況就會變得非常有趣：人們開始成群結黨，交易也產生了。員工證還在袋子裡的人會把自己的那張賣給出價最高的競標者，早早將自己的員工證脫手，而不是在那裡冒著全輸的風險。一張員工證的平均價值是很簡單的算式：如果整袋裡有兩千元，而袋子裡還有 10 張員工證，那麼每一張員工證的機會就是兩千除以十，等於兩百元。不過那不是市場交易的運作模式，無可避免地，員工證會被賣出，好獲得額外的利益，而整個過程越接近尾聲（也就是說，袋子裡的員工證數量越來越少），這個額外利益的百分比就會越高。人們的心理都會不合理地願意花大錢以換取最終大筆的獎金，而越接近那筆獎金，他們花出去收購的金額也越高。同時，這裡還有結構阻力在運作：現在是紐約的週五下午，而人們都想要在週末有大把鈔票可以揮霍。如果是花交易員辦公室贏來的錢，我敢打賭彼得牛排館（peter luger，號稱全紐約最好吃的牛排館）的牛排吃起來一定更香。贏家會將整疊厚厚的二十元與百元鈔票塞在口袋裡（如果塞得下的話），其他人則把自己的員工證收回去。而到下午 5 點時，交易員辦公室就成了鬼城，不見人影。

　　諷刺的是，華爾街其實提供了無窮無盡的享樂。那種對獲利全力以赴、毫不受限又備受讚賞的追逐，就像是在青春期時對性的追求：你腦子裡除了這個之外就再也裝不了別的事，你也不想再裝別的事。但是你還是得顧及大眾禮儀。別忘了，我們是在做上帝的工作。（就外表看來，上帝顯然也在做高盛集團的工作）所以，在經歷過週五下午競爭激烈的伏地挺身和員工證樂透之後，整個辦公室裡會流傳著一份關於禮儀的備忘錄。簡單來說，它就只是要提醒大家，交易辦公室裡是禁止打賭

的。這提醒了我電影《奇愛博士》中經典的一幕：喬治‧史考特扮演的角色和一名俄國大使在五角大廈的控制室裡打了起來，一旁則有人堅定地告誡他們：「紳士們，你們不能在這裡打架。這裡是爭戰室啊！」

也不准在妓院裡做愛喔，親愛的同袍們！

在華爾街工作的這段時間，我有幸見識到了一場劃時代的歷史性轉變。由於我在衍生商品市場的角色，這個轉變對我來說只是驚鴻一瞥，但是它的影響深遠，和我們的故事也有某種程度的關係。

2000 年 9 月，遠在這本書描述的事件發生之前，高盛併購了一間營運了幾十年，名叫「史派爾‧利茲‧凱洛格」（Spear, Leeds & Kellogg）的公司。SLK 是一間老字號的股票經紀公司，也是負責交換與交易股票與股權的做市商。它旗下有一支交易員與銷售員大軍，就是你會在芝加哥商業交易所中見到，身穿彩色外套、隔著糞坑對彼此比手畫腳的那種人。那些數以百計的交易員們使用的，是幾個利用少數主機運行、基本股權定價的模型。

但是到 2007 年時，這幾百名的交易員都已經消失了。取而代之的是兩名交易員、負責建造與維持模型的金融工程師，以及幾百個用來跑電腦編碼的高速機器。那些仍然進行著少數交易、身穿彩色夾克的傢伙們呢？他們就像自然歷史博物館中的恐龍化石一樣，存在的目的只剩下展示。他們已經被那些加裝在最接近交易所的閃爍小盒子所取代，並用人們能買到或租到最短的電線連接著，或者埋在地底下。

在這個新世界中，唯二的限制只有摩爾定律（Moore's law，由英特爾創辦人高登‧摩爾所提出的定律，說明積體電路上可容納多電晶體數量每隔 24 個月就會增加一倍）和愛因斯坦的相對論：晶片可以運算而不把自己融化的最高速狀態，以及光線穿過光纖電纜傳遞的速度，就是商業邏輯的運作速度。這裡真正的重點是，發生在 SLK 身上的事情並不是個科技革新的個案，而是即將發生在全世界各處的預示。在未

來，任何大大小小的決定發生的地方，都將是電腦與電腦之間的溝通，人類的存在則只是為了替它編寫運作程式。金融界先看見了這個革新，因為他們在面對的風險太大，而增量的電腦運算優勢擁有極大的價值。

把矽谷資本主義冒險家馬克・安德魯森（Marc Andressen）的發言換句話說，未來的世界只會有兩種類型的工作：指使電腦工作的職位，以及被電腦指使的職位。華爾街只是個小跡象而已。接下來會讓這個轉換大規模出現在金錢與科技上（儘管我當時還不知道）的地方，則是網路廣告業。在那之後，它也會擊中交通業（優步 Uber）、旅遊業（Airbnb）、外送業（Instacart[14]），還有其他許多產業。將這個理論繼續延伸出去，電腦運算將不再是為了填補人力工作流中的某些空缺，像是會計師用的計算機。人類將會用來填補純電腦工作流中的空缺，像是優步的司機。但是我們話說得有點太早了。

這裡還有個額外的課題。

這種從人力變成電腦的轉變只壓倒性地出現在債權方。在金融世界裡，由於不同的原因，債務方仍然在吵鬧的市場中用人類對話做交易，不管是透過電話或是即時訊息。這是用人類說話或打字速度來推進的資本主義，因為一間公司的債務非常複雜又多樣，而像通用汽車這樣的公司體，就有上百（如果不是上千）種債務在全世界的交易辦公室中流動。簡單來說，它們不是經濟學家會稱之為「可變動」的東西，像是四分之一寸的螺絲或瓶蓋那樣。

不過信用衍生商品就不同了。針對通用汽車違約所有的保護就只有那份保險，只針對單一次的偶發事件。而唯一不同的部分，甚至在標準化的時間視窗裡，就只是這個保單的效期有多長而已（像是三個月或三年）。如果繼續用汽車的比喻來說，當一間保險公司保了你的老爺車時，它才不管你其他林林總總的配件、汽車顏色、輪框、售後改裝，或

---

14 譯注：美國網路雜貨零售商，提供生鮮代買等等網路購物服務。

是掛在車裡的芳香包。它知道品牌、型號、年份和汽車位置，還有你投保的金額。就這樣。當你真的把汽車保險拿來分析的時候，你會發現其實只有數百種保險類型；信用違約交換也是一樣。

所以我們為什麼不像交易谷歌股票那樣，在交易所裡交易信用違約交換呢？當 2008 年金融世界陷入一片火海時，這個問題就被提了出來。辦公室裡的說法是，要是真如此，政府會對這場危機採取行動，好規範我們瘋狂遼闊的市場。取而代之地，高盛集團（短暫地）考慮將自創的自我規範帶入交易市場中。不過最後它打消了這個念頭，我在臉書又再度見到了同一個原因：一名壟斷大權的領主身處於少數人主宰的市場中，擁有完全不對等的資訊和決定市場價格的能力，而不是只能受價格影響，他當然沒有動機將資訊透明化了。衍生商品的買賣價差，也就是高盛在買進和賣出同一件商品時的價差極大。光是把一張紙從左手傳到右手上，從風險的賣家轉成買家，就能讓高盛賺一筆。在交易所進行交易時，整筆交易的總體價值或許會增加，因此利潤也會。而將資訊公開會破壞高盛對信貸市場獨有的特權，更別提金融證券了。就算開放能擴大整個市場，高盛還是更喜歡獨占一個小市場，而不是僅僅成為大市場的其中一員。因此，許多市場過去沒有什麼效率，現在依然沒有，因為那種無效性對那些負責市場營運的人非常有利，就算只有短期的也一樣。

最後我會發現，華爾街和矽谷的相似性驚人地高。

＊　＊　＊

我羨慕那些宗教人士。他們的內在生活好有祝福。如果你是基督徒，那就照著福音書說的做，過好你的基督徒人生，那麼救贖就是你的了。如果我是東正猶太教徒，那我只要穿得全身漆黑、再加上一頂博爾薩利諾帽，然後熟記我的 613 條戒律，那我就可以心安理得地等待彌賽亞的降臨。你不會一邊盯著布滿星星，卻沒有任何神祇的夜空，一邊被

噬咬著你心的痛苦感折磨。

　　華爾街比宗教更簡潔易懂。你整個人存在的價值只由一個數字所定義：年終時你的老闆告訴你的獎金金額。在華爾街，工資是這樣支付的：你的基本薪資其實很少，而你的「獎勵」才是真正的財富所在。那筆獎金是完全照情況決定的，幅度可以從零開始一路漲到你基本薪資的好幾倍。

　　所以 12 月中一到，每一個在交易桌上工作的人都會在合夥人的辦公室外排隊，像是聖誕節彌撒時等著領聖餐的民眾，等著從華爾街的大桌上領取他們自己的那一份小麵包屑。你所流的一整年份的血、汗和眼淚，就是為了這一刻。而整個紐約市的經濟就是照著這個獎金的節奏在前進。

　　要是沒有那個獎金的數字，你在紐約的特權階級就不存在了。你在漢普敦的屋子沒了。你在上西村的雙層公寓也成了泡影。你孩子一年要三萬美金的幼稚園也讀不成了。這就是為什麼華爾街的生態就像蟑螂屋一樣：大家都搶著進來，但沒什麼人離開。你經歷過幾次獎勵的機制、見過幾次大把的鈔票在一月中送入你的銀行戶頭之後，你就沒辦法想像人生沒有它們會是什麼樣子了——這正是華爾街資深銀行家們樂見的。如果華爾街的銀行家們是狗，他們會把自己的項圈和牽繩當作地位的象徵，但是完全不了解它們真正的用途。我的項圈在這個圈子中算是小的，但是也足夠把我的脖子磨得粗糙。

　　這個關於狗的比喻，是某個平靜的日子，我在交易桌上一邊讀著紐約時報一邊想到的。對於一名活躍市場的參與者來說，紐約時報的商業版既過時又遲緩，幾乎算得上是歷史書了。所以，我會注意到那條跟最近才出資成立的矽谷新創公司有關的新聞，完全是個偶然。和華爾街陳舊的新聞相比，這條跟得上時間的頭條就像是霓虹燈招牌一樣閃個不停。文章裡不經意地引用了一間名叫「分子廣告（Adchemy）」的網路廣告技術公司的總監所說的話。這間公司近期才進行了第三輪的資金籌

措。報導裡只用一句話，描述了某種用數學方法進行廣告的手法。我去他們的網站上看了一下，發現他們有個正在招人的職位，叫做「研究技師」（research scientist）。一個衝動之下，就像一個人決定從軍或刺青一樣，我便把履歷寄給了他們。然後我就完全忘了這檔事。

一週後，那間公司打電話給我，並請我飛一趟加州。反正我留在華爾街也只是看著資本主義纖維化，於是我就答應了。幾天後，我便回到自己三年前離開的灣區。或許是因為我其實一點都不在乎，我漫不經心地打發了面試，和一名叫做大衛・高查克（David Kauchak）的新科博士及研究部門的副主管討論了生日悖論的機率，並在和一面牆一樣大的白板上寫了好幾串又臭又長的算式。但我真正記得的是，我想辦法從租車公司那裡弄來了一台福特野馬，而從面試地獄中脫出之後，那時才晚上六點，距離我的飛機還有三個小時的空檔。

於是我便朝把我真正吸引來舊金山的目標奔去：我一路來到教會區（the Mission District），把車停在這個有點隱密的社區，然後前往時代精神酒吧（Zeitgeist），點了一杯血腥瑪麗[15]。它的味道就像我印象中的一樣史詩。我快速吞下那杯伏特加、辣椒滷汁、番茄汁、一堆山葵，還有照著陽具崇拜所排列的醃四季豆和兩顆橄欖，然後回到野馬上，朝飛機場疾駛而去。我將廣告公司的面試澈底拋在腦後。

一週後，公司打電話給我，說我得到了那份工作。資本主義，至少由我在高盛的那些很快就要變成前任同事的夥伴們在維持的資本主義正岌岌可危。我有個預感，當整個系統崩盤時，孤立而成一格的技師會是最後的倖存者。於是我一邊看著曼哈頓天際線的閃閃燈光，一邊用高盛交易桌上的電話和跟分子廣告討價還價。我覺得我是一艘沉船上唯一一個正在為救生艇充氣的人，而我的其他船員伙伴們卻還在對著船長嚷

---

15 如果撇開希臘典故不談，時代精神酒吧就像是電影《星際大戰》中位於塔圖因的那間酒吧。你很可能光是因為用了廁所就染上Ｂ型肝炎。在豔陽高照的週六午後，它的啤酒花園是整個舊金山最棒的休閒場所。你光是吸別人呼麻的二手菸就可以嗨上天。

嚷著「遵命」。

　　在我正式離職的前一週，我和整個高盛集團資深成員中唯一一個不是混蛋的傢伙共進午餐。史考特・維恩史坦（Scott Weinstein）曾經短暫地當過我的上司，在先前的職業生涯中領導過電能交易市場與信用違約交換的金融工程師團隊，而後者正是我成天緊張兮兮打造模型和計算風險的場所。他比大部分執行董事階級的人年長了十歲，而且已經在高盛待了二十年，但是他從來沒有找過夥伴。因為某些心血管問題，或許是因為菸抽得太多，只要他一興奮起來，他的臉就會變得像番茄一樣紅，而他幾乎隨時看起來都是那個樣子。搭配上他圓桶狀的身材和快速而不連貫的說話方式，以及來源不太明確的東岸口音（費城？巴爾的摩？），你會覺得他隨時都有可能爆發出一陣斯科賽斯[16]式的暴力舉動。他是我在交易辦公室裡見過最真誠的人。

　　坐在位於 47 樓的高盛員工餐廳裡，我們擁有整個曼哈頓下城與紐約港的 360 度環景。我們討論著金融世界毀滅後的所造成的殭屍末日現象，最後，我們終於尷尬地聊到我要離職的事情。我是高盛巨大牛屁股上的一隻小蒼蠅，但至少在我的小圈子裡，我要為一間名不見經傳的加州新創公司退出「遊戲」的新聞，還是收到高度關注的話題。大部分的人都認為我瘋了。

　　「你有沒有想過有一天離開這種大公司、搞自己的事業，史考特？」我問，一邊對著我們身邊忙碌的工蜂們打了個手勢。他們正忙著在回到交易蜂窩前把眼前的沙拉吞下肚。

　　「我父母有個小小的家庭事業，而我是看過他們如何撐過那種壓力……那些起起伏伏的。他們對人生的不確定對他們來說是很可怕的，我無法想像自己也去經歷那種壓力。高盛是不完美，但它至少會存在得

---

16 譯注：Scorsese，美國電影導演，擅長拍攝犯罪片和暴力場景，近期電影有《華爾街之狼》。

夠久。我不想活在不安全感之中。」

幾個月之後，史考特‧維恩史坦二十年的高盛生涯就會突兀地終止了。他最後的舞台是在銀行貸款業務，但是這個圈子早已因為金融災難而蒙受了巨大的損失。銀行貸款團隊裡的狀況一直都很緊繃，而史考特和首席交易員之間的爭執則進化到了互相傷害的地步。史考特被掃地出門了——就是這麼簡單。就像這類事情發生的腳步一樣快速，史考特馬上就在另一間銀行找到了一個職位相當的工作。但是這位在尋找著安全感的忠誠老員工遭到裁撤的諷刺之處一直在我心中徘徊不去。

我在新創公司與大型企業（包括臉書，尤其是臉書）的工作經驗之中，我總是比較喜歡，可說是一百倍的喜歡成為浮動市場中的一分子，去迎接無常的運氣，以及身邊人事的流動，而不是在大型企業中進行政治鬥爭，被那些除了狡詐和外表之外再無任何過人之處的二流白痴們所包圍。史考特‧維恩史坦不幸的例子是他（或任何其他人）給過我最棒的建議，而我卻一直忽略它，直到危機逼到我眼前。

那場午餐的一週後，我將所有的家當從我和（現在的）前女友共有的公寓中搬走，跳進一輛敞篷的 BMW 中，然後朝著夕陽駛去。我開了六天的車，回到加州，迎向前方等著我的新冒險。

人類注意力交換

景觀就是資本累積到最終變成影像的程度。

——居伊・德波,《景觀社會》

2008 年,4 月 24 日

「從 100 倒數回 1,但是要 7 個一數。」克蘭（Klein）警官命令道。儘管腳踩警局發放的漆皮鞋,她還是只有五呎二吋 (約 157 公分) 高。我試著把視線從她藏在制服與警徽的胸部上移開。但我混沌的大腦現在可幫不上忙。

「100,93,86,79,72,65,58,57,44,37,30,23,16,9,2……我應該繼續數到負數嗎?」我熱切地問道。花了這麼多年用數學討生活之後,花一整個晚上數數對我來說完全不成問題,就算我現在醉了也一樣。

「你的最高教育程度是什麼?」克蘭警官問道。

這是個好問題。

有些虐待狂警察會用他們的警徽來霸凌你。但是大部分的警察都只是保守份子,相信著某種摩尼教式的宇宙二元論,奉行人類不是澈底的天使就是惡魔的原則。他們是規矩的信徒,保護財產及財產的擁有者遠離竊盜與暴力;他們將人類中的麥子和米糠分開,並將壞蛋們與正直的老百姓們隔離。這樣的判斷是他們的天命、他們的職責所在,再加一點點這個破爛小鎮付給他們買制服和開警車的錢。要贏得他們的寬恕,你唯一要做的事就是說服他們你是來自於好人那一邊,只是暫時迷失了方向、闖進黑暗之地。你只需要一點點幫助就能回到狹窄卻正直的道路

上。

而這正是我選擇的作法。

「博士。事實上，我的同事也在這裡。我們在一間這附近的新創公司上班。現在是我們公司的雞尾酒時段[17]。我是那裡的研究技師。」我邊說邊朝著一群分子廣告的員工們打了個手勢。他們正聚集在那裡，看著一個新來的菜鳥被逮捕，我則試著維持自己飄渺的尊嚴。

克蘭警官猶豫著。

就在這時，她的同事，一名頑固的現代版「公牛」康納[18]介入了。

「先生，可以請你對著這個吹氣嗎？」他命令道，一邊將一個白色的塑膠管推到我面前，好像那是我剛才才喝下好幾個的龍舌蘭一口杯。

不管那是酒測儀或是香蕉，你在做這個動作的時候是不可能盯著一名男性看的。那樣太奇怪了。所以我一邊望向模糊的遠方，一邊對著法律的小分身吹氣。

鼓聲，請下！

「0.91。」公牛康納宣布道。

該死。金州開車時合法的血液酒精含量是 0.8 以下。

我有必要解釋一下這一幕。

每週四，一群成員不固定的最年輕和最邊緣的分子廣告成員們都會在當地的其中一間酒吧展開自己的雞尾酒時段。相信我，我在放蕩的碩士時期和紙醉金迷的華爾街時，早已體驗過足夠的雞尾酒時段，也已經對我的肝製造過足夠的傷害，才勉強為自己贏來一個看似很能喝的名聲。但是這些新的酒團完全是沒有任何理由或計畫的爆喝。你在週四所攝取的酒精將會一路維持到整個週五和週六的早晨，讓你整個人像戰後

---

17 譯注：Happy hour，指酒吧的優惠時段，方便上班族下班後的消遣。
18 譯注：Bull Connor，在示威遊行中逮捕了馬丁・路德・金恩的警察署長。

的焦土。今天是我第一次這樣跟著他們喝，而當我在吧台和一名可愛的亞洲同事開始親熱之後，我當個乖寶寶的計畫就澈底煙消雲散了。又一輪龍舌蘭下肚之後，我們的親熱便進展到了廁所，接下來則引發了一些我當時並不記得，事後也想不起來的後續。在一團混亂中，我注意到我的研究同事，那個文謅謅的混蛋戴夫，把那名亞洲女孩帶走了。由於某種拉丁裔的占有慾作祟，我衝進夜色裡，想看看我的戰利品被帶到哪裡去了。遠遠看見疑似他們兩人正在離去的背影，我便以雙倍的速度追了上去，但卻在聖馬蒂奧永無止境又吵吵嚷嚷的市中心陷入恐慌。我沿著原路走回去，迷迷糊糊間，便來到那輛載著我橫跨金黃麥田與紫色山峰、從東岸的文明世界來到這個還在喝西北風的新創惡夢的三系列BMW敞篷車。我深信這輛車必須遠離某些無法預期的危險，所以我決定把它開到酒吧的附近，不過我已經不太確定那間酒吧現在的地理位置了。我發動引擎，離合器跳起，開車上路。

在我出生的南加州，迴轉是與生俱來的權利[19]。但是在北加州，這類的事情就更受規範一點。我在第三街違規迴轉回到酒吧──閃爍的紅光與藍光則占據了我視線的角落。

公牛康納的臉並沒有像我預期的那樣，瞬間切換成勝利又帶著權威的臭臉。

「所以現在怎麼樣，警官？」我問。

「你血液的酒精含量高過加州的標準了，你不能開車。」他平板地說。

評估時間：我超過了標準，但只有一點點。如果我表現得像個哭哭啼啼的小娘砲，堅持要在警局驗血（這是我在加州法保障下的權利）的話，他就得逮捕我，把我關進車裡，開車載我進警局。然後他們就會

---

19 雖然我是在邁阿密的古巴區長大，我卻是在南加州出生的，所以這讓我比起那些移居矽谷的外來者更像加州人一點。

開始進行驗血的過程。等整個鳥事結束時，我的酒精含量就會降到標準以下，而他就會浪費兩小時在處理我不小心開入的酒駕陷阱中，毀了他的夜晚。

該是略施小計的時候了。反正我也沒有什麼好損失的。

「不然就讓我和我的同事們在這裡等個一小時，等酒精含量下降？」

「如果我讓你這麼做，你就會馬上上車走人。」

有進步。在這之前，我還是個逮捕的犯人，但現在我們只是在進行討價還價而已。

「好吧，警官，不然我叫一輛計程車，你看著我上車，然後讓事情落幕？」我提議。

頑固警官想了一下。然後他點點頭。

這個時候，優步還沒有發明。所以我一心想著「快接通、快接通、快接通啊混蛋，以免他們改變心意。」計程車停下，我對聚集在那裡的同事、克蘭警官和頑固警官揮了揮手，然後就離開了。花了八十美金後，我回到舊金山的柯爾谷（Cole Valley），進入那間我和另外兩個嬉皮女孩共住的維多利亞式通風大宅。

在矽谷展開了一週的新人生之後，我學到的功課是這個：如果你想要成為一位新創企業家，你得學會針對別人的弱點下手進行協商。很快地，我就會陷入比說服警察讓我搭計程車離開更棘手的情況。而如果你想要創業的話，而你也會碰上的。

隔天早上，我不僅僅是有點宿醉而已，事實上，我還醉得可以。公司的全員會議，基本上整個公司的員工都會到齊，聽聽關於新合約和新員工的消息，並接受總監墨西‧努卡拉（Murthy Nukala）的精神喊話，是安排在這天中午。我必須去參加，否則我的同事很可能會提出失蹤報告，而且我還會在他們之間看起來像個娘砲。我混沌的腦子花了一

段時間才想到，我的車還身處聖馬蒂奧的某處。花了一百三十美金，我便站在我那輛四輪德國駿馬身邊，站在昨晚戰勝司法的場景中，又十五分鐘之後，我便在可接受的五分鐘遲到範圍內抵達了全員會議。

當我走進會議廳時，聚集的人群一角便傳來一陣低語，他們聽起來不是很驚訝就是很驚喜發現我還活著、而且沒被逮捕。顯然這天早上公司裡的謠言已經傳得滿天飛了。我看起來或許就像我的感覺一樣既昏沈又糜爛。墨西開始了他每週例行的長篇大論。資本主義的腳步繼續前進。

*　*　*

每一種新興媒體形式初期都在模仿過去。最初的收音機節目只是人們在電台讀書或彈樂器，沒有那些聰明的音效或編輯。最初的電視節目則是發源於電台的問答節目，畫面上只有參賽者的頭像，沒有成熟的攝影機搖攝或是畫面跳接，只是將臉配上他們說出來的話。

網路廣告也同樣擁有先前報紙廣告那樣的特點。這類廣告最早出現的時間是 1836 年，現身於一份叫做《La Presse》的巴黎報紙上。廣告一開始的目標是降低報紙的售價，並讓市場去共同承擔這份成本。這個策略大成功，廣告便開始出現在所有的報紙上。那些廣告都是一個個的小方塊，裡頭的內容是由廣告商自己決定，放置在平常內容的旁邊或下面，並用它們的粗框和大而俗氣的字母將之與其他部份分別出來。

聽起來是不是很像你最近在紐約時報網站上看到的廣告？

當然，廣告界並不是唯一出現這現象的地方。由於和航海的船相似，而且太空旅行的科技源自於航海的數學與技術，所以我們將太空船取名為「船」。這種模仿的行為，只不過是我們這瘋狂又聰明的物種把玩科技玩具的有機進展所導致的結果而已。

同樣的，營銷商將網站和行動 APP 稱為「發行者」，正反映出它們的來源是早期的墨水和印刷品。「發行者」只是個讓人們的注意力轉向

競爭平台的媒介而已，不管是透過普立茲獎得獎的文學作品，或是讓你用憤怒的鳥攻擊反派豬的遊戲 APP。在網路廣告發展的初期，發行者的地位至關重要。剛開始，像雅虎這類的網站擁有大量的銷售能力去直接將那些小方塊的角色和圖片賣給廣告商（就像現在的報紙仍然能做到的一樣）。只要一張傳真或一封電子郵件，他們就能賣出一張行話所說的「廣告訂單」（英文也是完美的雙關語）。這類的行為設定廣告受眾的能力為零，一個人最多只能指定讓廣告出現在網站的特定位置（像是在電影版之類的）。像是誰會看見廣告、最後又會買什麼的分析和歸納法是完全不存在的。那時候，網路廣告和高速公路旁的大型廣告看板唯一的差別，只在於網路廣告不需要你真的把海報貼在某個地方。

　　到 2008 年時，一切都已經變了，這也是像我這樣的華爾街前任金融工程師會出現在分子廣告的原因。一間叫做正媒體（Right media）的網路廣告公司使廣告商得以依據用戶在某個網站的行為（例如將某樣東西加入購物車裡），將用戶分為幾個群體。正媒體創造了將網路世界與特定發行商的即時數據同步的概念，甚至讓你可以在造訪過你網站（或是任何其他地方）的用戶身上貼標籤，好讓你之後還能找到他們。2007年，在雅虎的要求下，他們發展出了第一套「程序化」媒體購買的科技；「程序化」意指媒體透過電腦互相對話，而不是靠人嘴透過電話銷售。此外，廣告商可以透過用戶像是年齡、性別、和地理位置等等的資料設定廣告受眾。媒體購買再也不是將廣告放在汽車或房地產上，而是在任何地方、用任何方法找到特定的用戶群。發行商和廣告商將這些數據建立、儲存和使用後，讓那些曾經在為信用衍生商品訂價的人們轉而開始為吸引人們的注意力而工作。

　　還有其他事情正在同步發生。

　　在媒體界，錢只是一種消耗品，數據資料庫才是力量。搭配上這套新的程序化科技，每一個廣告和每一個用戶都經過檢視和目標設定之後，這股力量便無情地從發行商（觀眾視線的主角）轉向了廣告商（購

買廣告的人）。如果我的廣告數據資料包和你過去買過什麼、瀏覽過什麼，而發行商的資料則只知道你現在正在瀏覽雅虎汽車網，或是你（應該）是一名住在愛荷華州的 35 歲男性，那假設我的資料比發行商的資料重要，身為廣告商的我就有權力去決定媒體和條件的價格，而不是發行商。最後我們會發現（臉書也會在 2011 年痛苦地理解到，製造出本書的戲劇化高潮），這個「甲方」廣告商數據：像是亞馬遜這種網站對你的了解。會比任何發行商的資料都有價值。

這個重大的轉變會影響一切，包括我們是如何以目標性和責任性為名消耗媒體，讓發行商手無縛雞之力，並得看廣告商的錢與幾個中間人的臉色過活。如果發行商沒有聰明到知道要在進入媒體購買的世界攪和前，就為自己加設成熟的設定與追蹤系統，那麼他們就會深陷這種悲慘的境界，被無數的套利者和數據騙子拿媒體要得團團轉。這也就是為什麼每個像是紐約時報這樣令人尊敬的出版商，都能好好地活在媒體提供的科技援助、資料管理解決方法、及會付給他們大筆廣告費的廣告科技之中。當然，很多像臉書和谷歌這種非常有保護欲的發行商，由於擁有獨特的媒體邀約，可以拒絕如此公開的套利，在某種程度上，他們也能嘗試去擁有他們與廣告掙來的鈔票之間的科技與商業連結。

網路廣告是這樣運作的：金錢透過廣告的模式轉換成像素和電子，再轉變成吸引某人注意力的火花，在幾個點擊和電子流動之後，又再度轉換成金錢。這其中唯一的目標就是讓這串算式中的第二堆錢比一堆錢大得越多越好。

就是這樣。

不管是營銷商大張旗鼓地宣傳 BMW 新出的 X5 系列汽車、遊戲發行商引誘玩家在虛擬寶物上花真錢，或是有人在販售線上護理學位，它們之間唯一的差異只有不同的時間範圍，而在那些範圍之間出現的目標有所不同。換句話來說，也就是注意力產生與行動產生的這段時

間間隔。如果時間範圍非常短，像是在 nordstroms.com 瀏覽並買下一件襯衫，這類的行為便被稱為「直接反應式」(Direct Response, DR)廣告。如果時間範圍非常長，像是要說服你相信如果少了一件 Burberry 大衣，你的人生就不再值得活下去了，那就叫做「品牌廣告」(brand advertising)。注意，這兩種廣告的目標是一樣的：它們都是要你用你很可能沒有的錢去買你很可能不需要的垃圾。在前者的案例中，消費的痕跡是很容易被追蹤的，因為這些「轉換」(conversion)通常都發生在網路上，通常都發生在你點擊了出現在眼前的廣告後[20]。至於後者，媒體的運用是超級盃廣告、網路廣告、郵購廣告、免費鑰匙圈廣告、以及還有上帝才知道的多重策略。同時，這裡的消費行為會遠遠晚於接觸到媒體之後，而且通常是離線的，發生在實體店舖中，例如汽車交易中心。追蹤和分析的工作會難得多，因為使用的媒體太多，消費行為和媒體接觸之間的時間很可能已經隔了好幾個月或好幾年。照這樣看來，品牌廣告的預算已經遠遠大於那些直接反應式的廣告，而卻又全都花在亂槍打鳥之上，幾乎沒有任何目標設定或追蹤可言。

　　現在你已經了解在廣告行銷這塊所有該知道的事物了，其他的部分就是技術細節和那些代理商拿來自抬身價的屁話。你擁有的資訊，就跟那些同時經營了好幾個代理商，主宰我們媒體世界的巨擘一樣多了。

　　而你可能不知道的是：每次你登入臉書或 ESPN 體育網，或是其他任何網站，你正在釋放出大把的錢、數據、以及會牽扯到海底光纖電纜的像素。那是世界上最棒的數據資料庫科技，將你的資訊透露給貪婪的陌生人們。

　　每、一、次。

　　讓這一切發生的魔法稱為「實時競價」(Real-time Bidding, RTB)交換，而我們很快就會談到這裡的技術細節了。現在，你先想像一下，

---

20 營銷商用「轉換」來指稱一筆消費，和摩門教徒使用來指稱被拯救的靈魂是同一個詞。

每次當你登入 CNN.com 時，那就像是一個有人將你腦中的一小部分當成一張股票。每一筆人類注意力就這樣被銷售，一點接著一點，就像是通用汽車的股票那樣，每天都以數十億次的數量在成交。

記得高盛的老派股票經紀公司「史派爾・利茲・凱洛格」，和它消失（或被抹去）的交易員們嗎？這間公司從數百個交易員和兩個程序處理器變成了二十個程序處理器和兩個交易員，只花了短短幾年的時間。同樣的過程也發生在 2009 年的媒體界，更在現在全速前進著。

作為這個轉變中的一員，分子廣告其中一個垂死掙扎的階段就正好發生在實時競價的領域中。公司中其中一名最棒的工程師叫做馬修・麥伊辰（Matthew McEachen），他和我一起建造了一個實時競價引擎，用來和谷歌大量的廣告交換對話，可以稱得上是媒體界的紐約證券交易中心，每秒能夠上傳一百萬條競價與廣告。墨西命令我們這麼做，只是為了滿足他對著某些潛在合作夥伴所提出的屁話而已，因為他稱我們的公司是一間實時廣告購買公司。像分子廣告這樣的地方，我們這些科技人才是拋棄式的存在，但是我在這裡學到的知識，透過觀察谷歌實時競價的歷史紀錄、以及用我們的編碼逃過谷歌嚴格的整合測試，讓我得以領先好幾年後臉書毫無頭緒的產品團隊好幾光年。

如果你現在告訴我，我可能不會相信，但是未來的某一天，我會為了谷歌最大的廣告交換對手「臉書交換（Facebook Exchange）」編寫技術文件和運行整合測試。但是在這段黑暗時期中，我離那還非常、非常遙遠。

懂怎麼游泳

> 一個空蕩蕩的場景；一個表演舞台；一個羊群或牛群；一根被
> 拋進狗群中的骨頭；一塊被扔進魚池的麵包丁；辛勤做工的螞
> 蟻；四處逃竄的老鼠；被細繩所操控的人偶；這就是人生。
> 而在這一切之中，你必須堅守自己的崗位，不卑不亢，但也要
> 將一件事牢記在心：一個人的價值並不比他野心的價值更高。
>
> ——馬可‧奧理略《沉思錄》

2010 年，2 月

沉船時會先逃的不是老鼠[21]，而是船上懂怎麼游泳的人。

截至 2010 年 1 月，人們再也不能忽視分子廣告是個多大的失敗，
這間公司只是為了滿足墨西的自我而對員工力量的濫殺。真實生活中的
教訓是很有啟發性的，但學費實在是太貴了。

麻煩的第一個預兆是非常外顯的，任何稍微有點經驗的創業者都
能看見：除了墨西之外，公司初期的成員一個都不在。每一個合夥人
和早期員工都離開了。誠如馮內果在他的作品《藍鬍子》中所言，在你
知道一個大屠殺的倖存者是怎麼倖存下來之前，千萬別信任他。而在這
個例子中，墨西可不只是個倖存者而已，他更像是這場大屠殺的始作俑
者。

就像史達林竄改以往蘇聯共產黨內核心份子的照片、從歷史中移
除已經被殺頭了的成員一樣，新創公司會讓創始者和最初的員工從「工

---

21 譯注：the rats who abandon a sinking ship，英文諺語「沉船鼠先逃」，意指不能共患難的人。

作團隊」網頁上消失。新創公司的歷史，至少由它自己講述的那部分，永遠只會提到現在的管理階層，並在敘述中穿插幾句現在的管理階層是如何由上帝揀選的人才所組成，將帶領整間公司衝破大氣層。這完全是廢話，但是是你在圈子裡會聽見的說法。在關鍵數據（CrunchBase）或領英（LinkedIn）上無意間出現你是否認識某人的詢問，或是寄給相關專業人士的電子郵件，說的才是故事的真相 [22]。不要為大屠殺的倖存者或幫兇工作，你只會活到剛好夠你後悔的時間。

第二個預兆則是這個：新創公司會賺錢，會賺很多很多錢。你沒聽錯。這是分子廣告面臨的問題另一個明顯的證據，儘管相較起來少見許多。分子廣告寫了新的軟體，來自動化和優化負責廣告公司運作的複雜程序。矽谷中有一句科技行話叫做「自家的狗自己餵（dogfooding）」，基本上就是要你製作自己要用的產品 [23]。在這個例子中，他們的概念是讓一個行銷團隊來經營行銷公司，然後在一個合法但有點踩線的網路死角中把潛在消費者賣出去，稱為「潛在消費者工業（Lead Generation industry）」。分子廣告不自己賣出任何東西，只有透過廣告所找到一連串真正賣過東西（像是不動產二次貸款、或是犯罪學學位）的人。但是這可是個認真的生意，而且光是透過把不動產貸款通路賣給快速貸款公司（Quicken）、或把網路教育通路賣給鳳凰城大學（光是讀這些名字就讓我想去沖澡了），分子廣告就可以每個月賺進六百萬美金。信託基金只會讓毒品成癮者的藥癮維持更久、活得更痛苦，同樣的道理，一個現金增值的企業如果不進化他們的產品，便是在用打迷糊仗的方式拖延不可避免的後果，讓失敗的可能性變得更大。只要一間公司想辦法在爭取時間的時候修好產品核心的缺失，這套策略就還有用。但是這是一步險

---

22 關鍵數據是個記載著矽谷中每個人和每間公司的名人錄（這個詞真是讓我想吐）。這個網站的母體是「關鍵科技（TechChunch）」，一個每日更新、充滿矽谷大大小小流言的八卦小報。

23 「自己的狗自己餵」這句話應該要追溯到 80 年代的微軟公司。當時他們借用了「阿爾波（Alpo）」狗食的廣告。在廣告中，隆‧古林（Lorne Greene，美國老牌演員）向一群很可能一點都不買帳的觀眾們保證，他給他家狗兒們吃的狗食就是阿爾波的。因此矽谷借用「餵狗」一詞來指稱使用自家產品，也是一種自信的暗示。

棋，而且必須要有澈底執行的管理規章，才能確保公司不失去焦點：他們創造出來優化用的產品。而墨西就像是海洛因成癮的實驗鼠，總是不斷地撞擊那個槓桿、想要得到更多的毒品。

第三個預兆則是：沒有任何客戶在使用分子廣告真正的產品。證明一間公司大失敗最清楚的證據就是，每季一次的報告中總是出現一組新的合作商標，而每一個都代表著一名摩拳擦掌、等著超越你的使用或在未來改革你的產品的二級消費者（beta customers）[24]。如果只有一次季報裡出現這樣的現象，那還無傷大雅，但是如果一年後你的二級消費者名單還是變動個不停，永遠無法和你的客戶保持穩定合約和產品更新，那你就是在追求所謂的海市蜃樓。你看見的只是一連串銷售名單正在轉變成潛在客戶時，過程中所出現的商標幻影而已。

最後一個病入膏肓的證據（儘管聽來很矛盾），則是忠誠的員工。

儘管管理不善，在分子廣告工作的兩百多名員工之中，仍然有許多人對墨西和公司抱有強烈的忠誠感。這些人有很多是專業人士，他們大可在別的地方工作，但卻選擇留下來忍受這間管理差勁的公司和虐待般的待遇。墨西的暴政可以說是傳奇了，而且他時常在毫無理由的狀態下侮辱員工，或甚至是莫名其妙就開除他們。他曾經突然朝我砸來一顆棒球、然後打斷了我的手指（我當時正站在一面落地窗前，所以被迫徒手去接一顆快速球），並在大庭廣眾下拿這件事嘲笑了我好幾個月，就只是為了好玩[25]。但是他的員工們仍然只會說公司的好話，甚至願意行使他們的股權購買公司的股票，讓自己在公司倒閉時損失畢生積蓄中的

----

24 這又是新的新創公司用語：公司的產品可以大致劃分為兩種內部類別：「一級（Alpha）」和「二級」。「一級」產品是非常不完整、而且（很有可能）還有瑕疵的產品版本，只有非常樂於挑戰（如果不說是愚蠢的話）的客戶才會有意願去嘗試。「二級」產品也仍然是公司內的版本，但是第一個版本中大部分的瑕疵都已經修正了。二級消費者便是早期的用戶，仍然在使用非完成版、施工中的產品。

25 他打斷的是我的左手無名指最後一個指節，是棒球常見的運動傷害，叫做「鎚狀指」。在接下來我要準備告訴你的一場和分子廣告的大戰中，我總是會刻意用另一隻手去扳動那個指節，好用那股來自沒長好的骨頭所傳來的隱隱疼痛，提醒自己是在和什麼樣的對象抗爭。

很大一部分財產[26]。就算在辭職或被炒魷魚之後，前任員工們仍然會舉辦酒聚，像是某種同學會一樣。你該學會的功課是這個：當一間公司的員工腦中只剩下斯德哥爾摩症狀時，你就知道你待錯公司了。

聖奧古斯都認為獲得天堂救贖的最佳方式是知道通往地獄的途徑，並想辦法避開它。好好思考我前面提供給你幾條通往地獄的不同路線，親愛的讀者，然後別那麼做。

＊　＊　＊

如果每個人都相信民主或宗教之類的幻覺，那麼它們就某種程度上便成真了——至少比它還只是某人心中乍現的一抹自以為是的靈光時真實得多。如果你認為自己是下一個比爾・蓋茲或是伊隆・馬斯克，但是沒有別人這麼想，那你就會開始覺得自己遭受到不平等的待遇。你在自己身上安了某種程度的價值，但社會卻給了你另一個排名。社會階級和你給你自己的階級之間的差異，就是不平等感的來源。用你的自尊乘以那個差異，你就會得到一個臨界值。當你的怒氣累積到那個數值時，你就會開始想要自己創業。

當我開始準備提出對 Y Combinator[27] 的申請時，我就是帶著那麼大量的怒火。

另外兩名分子廣告人和我頗合得來，而我們已經花了好幾個月的時間討論創業的點子。其中一個人你已經認識了：馬修・麥伊辰，人稱 MRM，也就是和我合作打造實時競價引擎的工程師。第二個人則是阿

---

26 在「清償事件」（像是股票上市、或是收購）前就離開的新創公司成員，會有一段時間（通常是九十天）決定他們是否要行使股權，或是損失他們可能可以得到的現金補償，不管他們為公司服務多久都一樣。你必須要這樣看待新創公司聘雇的方式：你是在透過勞力和時間爭取投資公司的機會，用的是公司最後一次進行融資時的股票價格，就像那些風險資本家一樣。那才是你真正在賺取的補償金，而許多前任員工都在糾結到底要不要砸下那一筆錢。如果你從一開始就不願意投資一間公司，那你是個蠢蛋才願意為它工作，畢竟新創公司的現金補償總是遠遠低於市場行情。

27 譯注：Y Combinator，美國矽谷著名創投公司，專門投資新創公司，提供他們種子基金及創業建議。

基里斯·西尼斯（Argyris Zymnis），一個最近剛從史丹佛大學著名的人工智慧實驗室出來的畢業生。由於高級的機械腦袋和編碼的能力，他是分子廣告裡正在崛起的新星。

除了午餐時間的對話和奇怪的週日電話聯繫之外，我們還沒有真正建構出任何清楚的生意點子。終於在某個週一，我決定讀一篇保羅·葛拉漢（Paul Graham）所寫的文章。他在業界人稱 PG，網站剛興起的時候，他便投資了一間網路商店建立公司，名叫「媒介網（Viaweb）」。這個公司在 1997 年以四千萬美金的金額售出，最後變成了雅虎購物網。他利用公司被收購之後的空閒時間，創造了矽谷中最不可思議的其中一個機構：YC[28]。

YC 每一年會開放兩次申請，接受幾十組[29]想成為創業家的人，進入某種只能稱之為創業訓練營的地方。這些創業家們會得到一筆小小的基金，以及三個月後寄出一份產品的創業目標。有些人只帶著幾個粗製濫造（hacked-up）[30]的編碼和一個點子就來了；有些人則已經做好了整個計畫，甚至已經開始籌資了。三個月後，他們會在展示日（Demo day）中發佈自己的產品，那是整個灣區風險資本日曆[31]中最重要的大事。

保羅是創業福音中領頭的傳教士，如果不說他是彌賽亞本人的話。而且除了馬克·安德森之外，他大概是唯一一個寫作風格不會讓人反胃的科技人。他清晰易懂的文章中沒有任何自我或假惺惺的成分，讀起來就像是寫給科技人實際操作的使用手冊。由於他的哲學與形式邏輯，他探討籌資、聘雇、現金流以及產品發展的專題論文論述嚴密，幾

----

28 YC 是靠不住的形式數學邏輯中出現的其中一個函數。簡單來說，它是其中一種遞迴函數：換句話說，它本身就是個自變量。我想保羅會選擇用這個名字，是因為他期待 YC 是一間產生更多新創公司的新創公司，而最後它的確成功了。

29 在 2010 年，這個數字還只落在三十幾的範圍之內，但是到 2015 年時已經直逼一百。

30 在科技界中，普通老百姓對「hacking」一詞的理解：意指非法闖入並搞爛各種電腦系統，只是它的第二個含義。它的第一個含義則是系統與軟體的建造，只有薄薄一層粗糙的修整，而沒有完善的技巧。「我整修了一個老 Windows 主機，讓它可以跑蘋果的 OX S 系統。」一個駭客可能會說出某種特定而有趣的組裝電腦手法。這種手法當然也是一個「整修」的例子了。

31 風險資本家們是創業賭場中的下注者，從新創公司最早的階段就開始投資，出錢的金額可能小至一臺車的價格，大至在一輪籌資中就高達數十億美金。

乎有演繹法的味道，像是蘇格拉底式的問答。

因為我已經忘了他文章的連結，所以我在瀏覽器裡輸入了「ycombinator.com」。極簡主義的網頁上放著一張圖，圖中是一名電腦宅坐在一個奇怪的橘色房間裡，還有幾個新聞報導的連結。其中一個連結撩人地寫著：「申請創業基金，2010 年 3 月 3 日止。」

這應該代表了一點什麼吧？

想法一號：我們應該要申請。

想法二號：今天是 3 月 1 日。

那天下午，我要了一個誘拐潛在合夥人放棄穩定工作的經典招數。我把保羅・葛拉漢寫的部落格文章「如何創業」印成紙本，給了阿基里斯。那是讓人對創業上癮的入門毒藥。

我們花了接下來兩天的時間在辦公室祕密商討我們的企劃，或是翹班在附近的皮特咖啡館（Peet's coffee）工作。大部分真正的寫作都是出自我手。

寫作是怎麼一回事？

身為作者的我，將我腦中的情緒拿出來，透過語言天份，移植到你的腦中。但是人類發明語言的目的是矇騙、而不是告知。我描述的那個心情通常都不是真的，但是你評判它的標準不是它在我腦中的情緒起伏有多大，而是這個念頭在你腦中有多美多深刻。因此最厲害的騙子都是能言善道的，因為他們能讓讀者和聽眾深深愛上投射在他們腦海裡的想法。那是個讓男人對你開出大張支票、讓女人在你面前脫衣、並讓民眾閱讀然後傳頌你的想法的必要步驟。只需要透過區區文字：一連串根據文法和好品味而連結的約定成俗的意義。想想其實滿驚人的。

預設我們可以打敗其他競爭對手，得到對 YC 合夥人展示成品的機會，男孩們開始修整一個我們可以端上檯面的基礎樣本。

專業分工已經開始了。男孩們擅長用編碼讓電腦做苦工。我則擅

長用文字讓人們做苦工，也擅長找出哪些大賭注是我們值得下的。男孩們還不怎麼相信這整個 YC 的計畫：創業基金少得可憐，我們投注的成本很高，而且獲益（對他們來說）並不明確。但是我就像宗教狂熱分子對耶穌的信仰一樣，深信這是我們走向未來不可或缺的一步，而且我會證明我是對的。

所以我們到底要提出什麼企劃呢？

最簡短的答案是：那一點都不重要。

就像所有最精明的早期投資者一樣，現在這個階段，比起任何再不可行的企劃，YC 更在乎的是我們的團隊。那個企劃的存在只是用來評判一個團隊的依據，本身一點價值都沒有。

不相信我嗎？覺得你的點子還是有點價值嗎？

試著去把你的企劃賣掉，看看那到底值多少銀兩。沒有辦法實行的點子，或是沒有可能的團隊來實行的點子，就像屁眼和觀點一樣：每個人都有。

意外的是，最快在風險資本家們（或任何科技人）面前暗示你的創業家道行有多淺的方法，就是宣稱你正在「保密」──也就是說，你的點子太機密、太有價值，你沒辦法透露任何東西；或是在你和任何人討論你的點子之前就逼人家簽保密條款。你還不如在你的額頭上刺個「輸家」的字樣比較快，還可以替大家都省點麻煩。套句矽谷的話說，如果你的點子真的有什麼優點，你根本不需要擔心被盜用，你只會迫不及待想要把它塞到別人的嘴裡。

不過，作為紀錄，我們想到的企劃是這樣的：

行銷中最大的挑戰之一，就是網路購物與實體店鋪購物之間的分界。你在網路上透過你的網路身分購買的商品，和你自己本人在真實世界買的東西，兩者是完全分開的，而且兩股數據流幾乎沒有交集。想像一下，一名廣告商知道你在家附近的沃爾瑪超商買了像一輛休旅車那麼多的尿布，它要怎麼決定在網路上呈現什麼樣的廣告給你看？同樣的，

如果你在網路上搜尋某個小電子產品，你怎麼會知道它很可能就坐在附近的百思買[32]、正等著被人購買，而你還得多花兩三天的時間等亞馬遜寄去你家？我們的點子是研發一個應用程式，讓實體商店可以掃描商品的條碼，而這動作便會立刻讓網路廣告公司將之變成廣告，宣傳這產品可以在實體店面買到。

讓我給你一點創業教學：

當你想到什麼創業的點子時，問你自己一個簡單的問題：你需要多少個奇蹟才能讓這個點子成真？

如果答案是 0，那你根本不是在創業，你只是在應付像是洗衣業或是運輸業之類的普通生意。你只需要最基本的資本操作，然後預期雙向市場，你就會賺到錢了。

要創業，你就需要奇蹟。但是是特定數量的奇蹟。

大部份成功的新創公司都只需要一個奇蹟。像是 Airbnb，它的功用只是讓陌生人住進別人家多出的房間或是假日小屋而已。這是個使用者行為（user-behavior）的奇蹟。至於谷歌，它則是創造了一個比其他目前已知的都好得多的搜尋引擎。這是個科技的奇蹟。而優步或 Instacart，則是讓人們可以透過網路或電話訂購和支付現實生活中的服務。這是消費者工作流（consumer-workflow）的奇蹟。最後是 Slack[33]，它讓人們可以工作得像是剛跟女朋友聊完天一樣。這是企業工作流（business-workflow）的奇蹟。

對大部份消費者應用程式（例如 Instagram）的開發者來說，奇蹟也是很簡單的：只要找到用戶來用他們的應用程式，然後再去搞清楚他們透過鍵盤或觸控螢幕對人腦所造成的特定影響有多大的商業價值，這

---

32 譯注：Best Buy，美國消費電子零售商。
33 譯注：職場通訊軟體，讓工作者能夠透過應用程式通訊、檔案流通，省去使用電子郵件的時間。

樣就好了。這就是臉書的奇蹟，它在初期就讓全美國的大學生開始使用它的平台。儘管在這之中仍然需要許多科技才能提升它的服務，而且如果他們把科技的部分搞砸了，他們就玩完了，但那不是它成功的原因。這個奇蹟中的獨特性和澈底的不確定性，才將投資消費者取向的應用程式變成樂透一般的存在。它就像是個使用者增長的樂透轉盤，但中獎機會只有雷射光線粗細的尺寸。

創業爛點子最經典的表徵，就是它需要至少兩個（或者）更多奇蹟才會成功。這是我們的企劃所面臨的問題。我們需要一整本聖經量的奇蹟來執行它：

小本生意的經營者得用我們的程式來做他們所有的行銷。

我們得解決用手機掃描條碼的問題[34]。

我們得建立一個非常廣泛的零售商品資料庫，裡頭還得包含許多更細微的數據，像是售價、評論，以及型號。

我們得計畫性地根據這個商品資料庫建立廣告活動。

我們得設計出全世界最棒的小型商業行銷及活動管理工作流，一個可以讓沒什麼素質的營銷商也成功的系統。

這樣算下來總共是五個奇蹟，而且還只是個開始（更別提那些實際操作的部分了，像是如何融資或和合夥人打交道之類的）。我們透支了四個奇蹟，而其中的任何一個都可能包含了一整個籌資完整的新創公司所有的努力，事實上，我可以在每一項奇蹟上都加注兩三個如此嘗試過的新創公司。現在我們這三個膽戰心驚的傢伙，在這裡癡心妄想著我們能成就全部，卻沒有企業網絡或資金在手。就算我們帶著初生之犢不怕死的精神，我們也在和 YC 面談完之後理解了這一點。因此，我們最後決定走新創公司最經典的那一步：軸轉（Pivot）。

這個詞完全是創業者術語中最有權威的一個，所以我們有必要探

---

34 從 2010 年開始出現的掃瞄條碼問題仍然有待解決。一間叫做「紅雷射（RedLaser）」的公司很快就做到了，而且幾乎立刻就被 eBay 所使用。

討一下。在你閱讀《連線（Wired）[35]》或《快公司（Fast Company）[36]》那些將新創公司對這世界不可忽視的影響寫得天花亂墜的故事時，你會在每一篇文章裡讀到這個字至少一次。

所謂的「軸轉」，或許會讓人想到一個芭蕾舞者的「demi détourné（半迴旋）」，半途改道的精緻動作看起來就像早在打算內一樣的優雅（希望啦）。但在現實裡，一間新創公司的「軸轉」則是一個驚弓之鳥般的衝刺，速度之快可以媲美鐵達尼號上看見最後一艘救生艇的乘客。這甚至會發生不只一次：我們的最終產品會被命名為「J計畫」，象徵著我們從「A計畫」開始的改道次數。但現在，親愛的讀者，你就懂我的意思了：我們進行了一個「軸轉」。**Plié**！

但是現在我們話還說得太早。這一切都只會在我們和保羅‧葛拉漢在世界各地蹓躂過幾次之後才會發生，而現在我們甚至還沒有贏得這麼做的殊榮。

將鏡頭回到我在分子廣告偷偷準備YC申請的時候。如果我對YC和保羅‧葛拉漢的文章理解正確的話，那麼喜歡亂搞破壞的反動份子加上冷血劊子手再加上放蕩不羈的過動兒，一個擁有科技才能的十二歲小屁孩，正是YC理想中的創業者形象。找到一個被人忽略的商業盲點或科技漏洞，然後加入一點點的小聰明，我們就可以愉快地等著隨之而來的山崩（或世界末日）。

我們就是在這種精神的實踐之下回答了整份申請中我最愛的一個問題[37]：

---

35 譯注：美國知名科技雜誌。
36 譯注：美國知名財經週刊雜誌，與《商業週刊》與《財富》齊名。
37 一個沒什麼人知道的冷知識：YC的畢業生會是所有申請文件的第一手讀者，也是最重要的第一層過濾者。後來，當我也開始讀別人的申請時，這一題總是我第一個關注的重點。如果這一題被申請者跳過了，那他也差不多被我淘汰了一半。如果我讀到像是「我從來沒有駭過任何系統，也沒有做過任何違法的事」這樣的答案，那我按下「淘汰」鈕的速度會比機智問答節目《危險邊緣（Jeopardy）》的參賽者搶答的速度還快。

你曾經駭過任何（非電腦）系統嗎？

我曾經對「奎格名單 [38]」的約會網站廣告進行過中間人攻擊（man-in-the-middle attack）。我張貼了一則女性尋找男性約會對象的廣告，然後又張貼了一則男性尋找女性的廣告。我能將真實男性寄出的電子郵件轉給虛擬女性，或把真實女性的郵件轉給虛擬男性，基本上就是破壞了電子郵件的流動。我將那兩個真實人物的電子郵件從我的虛擬男女通訊中轉開，並將他們的郵件轉給了對方。就我所知，這個行為最後導致了一樁婚姻，因為在我重接了電子郵件流向之後，我就沒有再看見任何電子郵件流通了。

然後我們繼續完成申請文件中其他的問答。

我們初期點子的標語是根據個人背景而想出來的：我們大言不慚地表示自己正在打造「廣告界中的高盛集團」，好像還真有這麼一回事一樣。這種「甲物中的乙」公式裡，甲和乙都是很淺顯易懂的東西，但兩者的交集卻相當新奇或引人注意；這同樣也是典型的 YC 元素。保羅·葛拉漢其實也在他對投資者的佈道文章中提議了這麼一個修辭法。它現在已經成了老掉牙到不行的手法，但是在過去的某一刻，它就像任何流行語一樣，曾經享有某種近乎被奉為經典的受歡迎程度。就算是現在，你還是偶爾會聽見「腳踏車界的優步」或是「男人內褲世界中的Netflix」之類的說法。這樣的一句話，就能立刻把你奇怪的商業科技混搭組合變得簡單好理解，就算只有一部分也好。

即便我們即時將申請在時間限制之內提交了，男孩們還是不太相信這一切。在我們參與第一場 YC 會議之前，他們都會繼續保持這個心態。在那場會議中，保羅·葛拉漢發表了一篇激勵人心的演說，但就算是在分子廣告最後那段不確定的日子，我就已經知道，如果能順利入

---

38 譯注：Craigslist，免費分類廣告網站。

選，YC 就能改變一切。

　　再說，這是個獎品，而且還是個很難獲得的獎品。每次只要有什麼私人俱樂部的會員資格開放讓人競爭，我總是處心積慮地想要得到它，就算最後我會拒絕加入也是一樣。畢竟，根據知名哲學家馬克思（G. Marx）的思想來判斷：如果一間俱樂部願意讓我這種低等的人類加入，它能有多好？

＊　＊　＊

　　如果你正好在 2010 年 3 月 7 日那一天晚上，站在奧克蘭的百老匯和麥克阿瑟大道街角，你就會看見奇怪的一幕。一名身懷六甲、陣痛得幾乎走不動的女人，正被一名留著山羊鬍的高個男人半抬半拖地帶著往前走。那名女子已經站不住了，得不斷停下來休息，而且只能掛在男人，或是任何可以穩住她的東西上。他們掙扎地走過剩下的幾百呎。每走幾步，女人就會踉蹌一下或是疼痛地抽氣，讓所有的行動都不得不暫停。男人則同時試著注意交通、防止他的女伴在路上崩潰、拖動一個大型行李箱，並將這整團蠕動的組合帶進急診室的門裡。各位讀者們，那個山羊鬍男子就是在下我。那名女子則是前任倫敦市衍生商品交易員。

　　她目前懷孕 37 週。

　　我們認識彼此 39 週。

　　在快轉之前，讓我們先倒帶一下。

　　「人生就是當你在做其他計畫時發生的事情。」

　　如果你在約會網站上看見這種標題，你就得做好心理準備，因為你即將進入一場會改變你整個人生的約會。我是用「航海（sailing）」當關鍵字在搜尋的時候發現這名英國交易員的檔案的。主題式搜尋（像是「物理」、「博士」或「啤酒」）是我的小技巧，以找到某些共同之處好讓我可以傳送自我介紹的訊息。

　　在那時候，約會網站大部分都是用用戶的人口統計來區分彼此的。奎格是由伴遊男、佛蒙特的胖妞、和連續殺人狂所組成。邱比特（OkCupid）是給沒錢又住在教會區分租套房的嬉皮女孩用的。配對網（Match.com）上則是全是忙著蒐購老公的專業女人。先選好你的觀眾群，然後你就可以開始寫廣告了。我的廣告上全是航海和戶外冒險，沒有提到任何換尿布或接送小孩的事。就廣告而言，我多少算是誠實的。

　　她的顴骨隱隱帶著一點斯拉夫人的氣息，長著一對貓眼。配對照片上，她正站在一艘船的船舵，而那立刻就將她的魅力程度提升了五倍。我們互傳的訊息成了一場晚餐約會。晚餐約會又引出了一場歌劇邀約。一個週五晚上，她毫無預警地出現在船塢，身上還穿著上班用的套裝。我將我二十六尺長的單桅帆船莫卡莎拖上岸，正忙著改裝它以應付認真的離岸航行。我帶著渾身的泥土和油漬歡迎她來到我的船上。由於帆船高聳的龍骨，她得爬上搖搖晃晃的十二呎長梯，才能來到莫卡莎的甲板。

　　接著，一場浪漫的轉折發生了。

　　接下來的那個週末，一個瘦高的男人將他的船停在同一個船塢裡，我船旁邊的空位上。他是一名魁武的南非人，大步朝我走來，並開始和我聊起船。我們很談得來，並將未完成的話題帶到當地一間鋪著紅白相間桌巾的義大利餐廳繼續，佐以啤酒和披薩。

　　在命運的揭露之下，我得知他是最近才毫無理由把英國交易員給甩了的前男友。這下事情可嚴重了。後來我才終於從她那裡得知，儘管他們沒有結婚，他們其實一直在試著生個小孩，但無法受孕導致她認為自己可能有不孕症。

　　我和他結束了暢飲和屁話，便回到船塢處理我們各自的船。就在我為船底上漆時，我無意間瞥見一名身材火辣的女子正在和我的新南非朋友說話。我只看見她包在牛仔褲裡的翹臀。由於當時我對她的身材和骨架還不太熟悉，我沒有認出她來。但她當然是英國交易員了。她只是

順道經過船塢，偶然地想來檢查一下我的進度。整個東灣區只有一個大型船塢可以為船隻進行大改造，想在這裡遇見她的新歡並不是一件不可能達成的巧合。

由於覺得我和她前男友的關係太奇怪了，她決定掐死我們剛萌芽的羅曼史。但一週後，她又改變心意了。我和她及她的閨蜜吃了一頓早午餐，並用我最棒的社交禮儀贏得了閨蜜的認可。下一場邀約便是在她家共進晚餐。當我帶著一瓶酒和一臉微笑出現在她家門前時，開門的她化了濃妝、噴了香水，並穿了一件撩人的洋裝。門打開的瞬間，我就知道我得到她了。

我們連續幾週做愛馬拉松的現代蜜月在一段戀愛關係的開始就達到了巔峰，一切都發展的相當恰到好處。沒有什麼意外，除了她在床上喜歡肉體被人支配的品味之外，畢竟她的外表總是給人一種女強人的感覺。我的每一任女朋友都非常聰明、野心勃勃，而且很獨立。而在最近之前，每一個也都比我成功和有錢得多。但是在肉體需求這一塊，她們就像法哥納（Fragonard）的那幅閨房情景名畫《門閂（Le Verrou）》中的女人一樣：一名滿面通紅的女僕，半推半就地被她強勢的戀人緊緊扣在臂彎之間，男人則一手把臥房門上的門閂給插上。

這場從幽會開始的交往關係發生的背景，是英國交易員趁一樁合作搬遷安置案時買下的平房，而且經過一番大整修。她讓《老房子大變身（This old house）》的主持人鮑伯‧維拉看起來像個超級大娘砲。她把那些華麗過頭的客製鑲嵌架和展示櫃通通從一個房間裡拆下來，然後把它們裝在另一個房間裡。她把地板全掀了，改鋪上新鮮的硬木板（她自己動的手，就憑著一把釘槍和用不完的耐心）。整間屋子中唯一稍微能住人的房間只有廚房（裡頭裝著漂亮的原木流理台，檯面總是規律地上著油）。她的床只是一塊便宜的泡綿墊，只有特大號的衛生棉那麼寬，放置在一間剝光了牆板、只剩下骨架的房間裡。房間地板布滿施工

時掉落的石灰，而每次做完愛之後，我都只能想辦法在床墊邊緣保持平衡，才不會滾到石灰上。早上洗澡的地方則是整間屋子裡唯一還能運作的浴室。它的窗戶沒有了玻璃，是用塑膠板擋著。一個塑膠淋浴間放在浴室的角落，加上一個孤零零的白色陶瓷馬桶，這兩者是整個看起來像花園倉庫的空間裡唯一的文明象徵。我們發生關係的地方要不就是上面提過的那張泡綿墊，要不就是廚房的原木流理台。

她的祖先曾是富有的猶太人。兩代之前，她的其中一條家庭分支看見了寫在牆上的天啟文字，便從沙皇統治的俄羅斯逃到了英國。另一個分支則搬去中國，並在哈爾濱打造了交易世家。英國這邊，她的家庭則不可思議地變成地主，在貝德福郡經營一間農場。她的一名叔公有幸被登記在貴族名冊之中，一個遠房表親則靠著青黴素和亞歷山大‧佛萊明共享了諾貝爾獎。

她十幾歲時，父親便決定舉家搬至美國，卻在這裡遭遇了一場她不願意多談的經濟困境。突然再也不屬於有錢人的階級了，她便將自己拋進佛蒙特大學的紅磚建築中。她從花旗銀行的實習生開始做起，然後進入了德國聯邦銀行，幾年後，她變成了那裡的股本衍生商品交易員，在倫敦市那群打扮得光鮮亮麗的嗜血鯊魚中占有一席之地。

她有一雙狂野的綠眼睛，瞳孔上帶著奇異的紅點，讓人聯想到國家地理雜誌封面上那名阿富汗女孩的照片。她的個性固執而粗暴，就像她的皮膚一樣有韌性。她在世界上最殘酷的環境裡做過好幾個不同的工作。她是個堅定而挺立的存在，光著腳就有六呎高，穿上高跟鞋便遠遠高過我。

大部分的灣區女人都溫和又軟弱，儘管每個人看起來都非常世故，但個個嬌生慣養又天真，而且通常腦子裡都只裝著大便。她們總是以女性主義自持，而且喜歡不斷誇耀自己有多獨立，但現實是，當流感發生或異國入侵時，她們全都會變成一灘爛泥，價值還不如一盒手槍子彈或一罐柴油。

　　另一方面，英國交易員則是你在世界末日後的世界中會想要的那種隊友。她會做任何你要求她做的工作：木工、放牧、或是開槍打某個人的背。長話短說，你就是會想要讓你的基因靠著她的血脈傳下去。這也就是為什麼在一個普通的 6 月週六，當我出現在她家準備赴一個早午餐之約，卻發現她像是變了一個人般的情緒化時，我卻沒那麼緊張的原因。我應該要的。她抱怨著自己覺得反胃，而且有點精神不濟。

　　我或許有點太漫不經心了；當我從她的沙發上拿起報紙時，我建議道：「嗯，妳說不定該去驗孕一下。」

　　就像所有不在乎安全性愛的男人一樣，我當然也擔心過。我就像是那種電視劇裡的男主角，一名 X 女在發生關係後兩週淚眼汪汪地出現、並表示她「生理期沒有來」（口氣有點像是在說「我錯過公車了」），但什麼都沒有發生。而當她第三次這麼主張時，你只想告訴她：「聽著，女人，除非妳抱著一個尖叫的寶寶，而且他還長得像我，否則我們沒什麼好談的。」

　　但她很快就要滿足這兩者了。

　　「嗯，我的確去看過醫生了。」她立刻回答道。

　　作為一場週六的早午餐，事情似乎染上了一層過度不祥的氣息。

　　「啊……所以？」

　　「我懷孕了。」

　　砰！

　　一條人命。

　　該死，我想。

　　我可以聽見上帝在他的羅馬涼亭下大笑的聲音。人生還真的是當你在做其他計畫時發生的事情。

　　根據她的說法，她有個固定拜訪的醫生，而當她從醫生那裡得知這個消息時，她便哭了出來。對，就是那麼老掉牙的故事。我只朝她那雙堅定的綠眼睛看了一眼，我就確定這個孩子已經準備要擁抱這個世界

了。

比起對英國交易員的真愛，更像是基於某種天主教式的罪惡感和拉丁美洲血統的騎士精神，我將我在教會區的套房轉租出去（包括我的嬉皮女室友們），然後搬進了她的工地裡。我已經準備好接受這個乖乖的父母人生了。

如果你準備跳進深淵裡，你就要一頭栽進去。

英國交易員在病床上昏了過去，血流不止。隨著血流在她大腿上形成紅色的蜘蛛網，我心中的警鈴越來越響。但是護士們仍然像外國郵局中無聊的公務員一樣慢條斯理，嘴裡講著我們該填的文件和天氣。

生產的過程是用公分來衡量的。產道已經擴張了七公分：來不及麻醉，也來不及進行時髦的呼吸法了。該正式上場啦。

我想邀請所有對哲學有興趣的人的來見證生產的瞬間，目睹當勢不可擋的力量遇上不動如山的物體而兩者都不肯讓步時的場景。現代醫藥無法解決這場血肉所組成的矛盾之爭。眼前這幕血淋淋又尖叫不已的畫面，和我祖母將近一個世紀前在西班牙北部郊區出生的場景很可能如出一轍，唯一的不同只有那些裝在小塑膠袋裡的礦物油，像是你可以在丹尼餐館拿到的沙拉醬包，還有在一旁不斷打開包裝、將油規律地倒在那團逐漸向下蠕動的突起物上的護士們。

整個事件充滿了汗水和發白的關節，因疼痛而不時傳來的尖叫聲在產房中迴盪，而儘管護士已經將沉重的手術室門關上，尖叫聲也沒有因此變得比較不銳利。我在內心悄悄地想念著過去當男人只需要焦慮地在另一個房間抽煙踱步、等骯髒事結束就好的日子。

兩小時的戰鬥結束後，年老的肉體終於敗給了新生命，柔伊·阿雅拉降臨到這個世界上。

他們讓我剪斷臍帶，像是要作為某種詭異的分離禮物。臍帶和男人的手指一樣粗，暗紫色的皮肉外包著一層黃色的膜，在我手中的小剪

刀運作之下啪的一聲斷開。我剪斷了母親與孩子之間最後的肉體連結。

柔伊大聲哭嚎。護士將她放到一個不鏽鋼的磅秤上，籠罩在兩盞加熱燈之下，像是麥當勞裡炸薯條的爐台。測量了體重與身長之後，她用一條像捲餅皮一樣的厚棉毯將柔伊包起來。她將小嬰兒捲餅放進我的臂彎裡。

柔伊終於靜了下來。有那麼幾分鐘，緊緊包裹著她的毯子讓她以為自己又回到了母親子宮的溫暖懷抱中。她看起來小而脆弱得不可思議，還沒準備好應付這個冷酷的世界。

＊　＊　＊

儘管機會渺茫，YC 還真的請我們去面試了。隨著一封簡短的電子郵件，以及一條通往極簡主義的預約工具連結，我們的冒險就在眼前即將展開。

我為我們搶到了最後一個面試的位置，在面試期的最後一天，3 月29 號。賭的是大家都知道的選票策略，要不就是當名單上的第一個，要不就是最後一個。因此，當我們戰戰兢兢地出現在 YC 總部時，那時已經是個週日午後接近傍晚的時間。YC 位於一片工業區，座落在毫無特色的山景之間。

在毫無預警的情況下，我們就被指引進面試會議室。裡頭坐著四個 YC 的合作夥伴，一字排開地坐在一張桌子後方，像是軍法審判的場合一樣。其中的兩個人當然是保羅・葛拉漢和他的妻子潔西卡・李文斯頓（Jessica Livingston）了，後者同樣也是一名合作人。潔西卡為了她的著作《科技 CEO 的創新 × 創業學》（Founders at Work），對世界上最成功的企業家們進行了一系列淺顯易懂的訪問。這本書是創業無政府主義者的聖經，裡頭充滿了個人經驗與建議。我早已把這本書前前後後都翻遍了，而如果你也想要進來淌這場渾水，我建議你也要這麼做。

羅伯特・泰潘・莫里斯也在場。他就像是一部行動電腦科學史，

在 1988 年就發明了全世界第一種電腦病毒，並依據當時才剛出現不久的電腦詐欺與濫用法被起訴了。在他被定罪後，他便加入保羅‧葛拉漢一起投資網通公司（Viaweb），而這間公司的資金正是我們要爭奪的頭號大獎。他目前是一名麻省理工學院的電腦科學教授，但是他仍然參與 YC 的決策。保羅對羅伯特的稱讚只有一句話，而且有多簡短就有多不可質疑：「他永遠是對的。」

崔佛‧布萊克威爾（Trevor Blackwell）是第四位也是最後一位合作夥伴，同樣也是網通的創辦人之一。他同時也是安尼機器人公司（Anybots）的創辦者，這間機器人公司則碰巧租下了我們身處的大樓，YC 則會成為其中永不間斷的二房東。安尼機器人公司的實驗室座落在 YC 的辦公室四周，看起來就像會出現在《魔鬼終結者》系列裡的場景，裡頭堆滿了和天網 [39] 相去不遠的機械儀器，好像隨時都會從沉睡中甦醒般。

「所以你們打算要創造出廣告界的高盛集團，喔？」我們走進會議室的那一刻，保羅就開口了。

我們本來的計畫是讓我花最開始的三十秒解釋整個概念，然後展示我們花了好幾個晚上不眠不休、將幾種不同的技術拼湊而來的範本。但這個突兀的開場打亂了一切。

我才講了十五秒，他們的問題就接踵而來。

保羅：「你要怎麼把網路上的點擊和真人在實體店面的行為結合起來？」

在我們來得及想出一個回答之前，崔佛的另一個問題便半途插入：

「你說在美國買廣告太貴了是什麼意思？」

羅伯特：「你要怎麼做到掃瞄產品就知道什麼是出售中的商品？」

保羅：「所以，再說一次，你們這樣要怎麼賺錢？」

---

39 譯注：Skynet，是《魔鬼終結者》系列中的人工智慧超級電腦。

問題就這樣一個接著一個。我們其中一個人試著要回答一個問題，但是在我們來得及開口之前，另一個問題就會出現，於是另一個人又會嘗試回答那個新問題。

整個面試變成了一場像是一堆喝醉的政治家在爭論以色列／巴勒斯坦問題的雞同鴨講。而且節奏從頭到尾都沒有緩和下來，總是有兩到三個不同的對話在同時進行中。

當我一邊插嘴回答懸在空中的問題、一邊替我夥伴的回答背書時，我的一隻眼睛始終停留在左側的一面鐘上。那面鐘非常大，像是你會在某種體育活動上會看見的那種，上頭的時間一路從時分鐘倒數至零，那是我們僅有的面試時間。而在整個面試中，潔西卡一句話也沒說，只是坐在一側觀察著我們。

又爭論了一陣後，我們的時間到了。

「我們討論討論，今天就會給你們答覆。」保羅最後宣布道。

就這樣。

現在回想起來，那十分鐘大概是我人生中最重要的十分鐘。

站在會議室外，我們全都沉浸在集體失敗的情緒中。我們不小心碰上了 Mixpanel[40] 的其中一名創辦者，他們是從 YC 出身最成功的創業者之一，早已踏上自己的康莊大道。YC 的畢業生常常會在面試時回來，試著緩和申請者的情緒，並在面試過程中提供有效的訊號。但是 Mixpanel 的創辦者卻對我們做了正好相反的事，他攻擊我們的點子、我們的市場計畫，以及我們的企業模型。

在經歷過兩輪的虐待之後，我們已經差不多到了要一起去自殺的地步了。

「管他媽的，我們去喝啤酒啦。」我提議道。

「嗯，走吧。」阿基里斯附和。

---

40 譯注：Mixpanel，美國矽谷數據分析創業公司。

只要不開心就會縮成一團的馬修則決定回家和孩子待在一起。

我們喝啤酒的地方是當時矽谷唯一一個夠好的啤酒吧，一個臭氣沖天但十分舒適的磚頭房子，裡頭打造了自以為是的英式風格，牆上釘著美式足球的三角旗，螢幕播放著英超聯賽的轉播。這間名叫玫瑰與皇冠的酒吧在帕洛奧圖（Palo Alto）的史丹佛畢業生之間小有名氣，而且幸運地沒有什麼喜歡穿 A&F 的風險資本雜魚流竄其中。

正當我拿到一杯維森啤酒，準備在啤酒花園中找一張椅子坐下時，我的手機響了起來。我不認得那組號碼。

「我是 YC 的保羅・葛拉漢。我們決定要投資你們。」

驚嚇。不可置信。

「啊……嗯……所以我們的其中一個創業夥伴沒和我們待在一起。我可能要先問過他。」

大錯特錯！

我們就像一群超級白痴一樣，還沒決定到底要不要這麼幹。那兩個男孩，尤其是馬修，還不太買 YC 的帳。

「你還需要先問過他？」

「我可以五分鐘之後回電給你嗎？」

寫回憶錄的過程中最不愉快的一件事，就是你必須要回頭去看你自己存檔的文字檔、簡訊和電子郵件。當你重新評估當時的自己時，你會發現那個年輕又容光煥發的你其實是個徹頭徹尾的王八蛋。年老的你如果回到當時，絕對不會在自己耳邊給予任何誇獎或鼓勵的低語，而是侮辱和嚴重的警告。

我告訴阿基里斯這個新聞，並在他開口準備發問時打斷了他。我得先打給馬修。

「哈囉？」他接起電話。他的背景音效聽起來像是某種體育競賽。他的孩子們正在踢足球。

「老兄，YC 想要投資我們。你加不加入？」

　　我還得花一點時間說服他。如果我的記憶是正確的，我甚至把這檔事包裝成了一件如果真有必要我們可以中途退出的暫時差事。

　　當我回電給保羅，電話卻被轉入語音信箱時，我嚇壞了。我用我聽起來最不恐慌的聲音留了訊息，告訴他我們接受他的提議，並發了一封電子郵件給幫忙安排面試過程的前任 YC 成員哈吉・塔格（Harjeet Taggar）。

　　我們上場了。

　　我打電話給英國交易員，告訴她這個消息。懶洋洋的週日午後，玫瑰與皇冠裡的顧客對我們發生的事毫無興趣。但我們不僅是逃離了分子廣告那艘正在沉沒的船，還在瘋狂遠離那艘沉船的過程中成功爬上了另一艘偶然經過的遊艇。

逃離沉船

那些沒有反動基因、或沒有流著反動之血的人們。那些沒有勇氣、沒有心，或沒有腦袋去承受革命的英雄主義和力量的人們。讓他們離開吧！我們不要他們！我們不需要他們！

——菲德爾·卡斯楚，位於古巴馬里埃的演講，1980 年 5 月

2010 年，4 月 24 日

讓我給你更多的創業教學：如果你準備離職時所引發的鬧劇會讓你聯想到前東德居民試著翻過柏林圍牆、或是古巴人劫機逃到邁阿密去的情況，那麼你就得像那些東德人或古巴人一樣竭盡所能的逃跑。

我們決定大家一起去墨西的辦公室提出辭呈，心裡模糊地希望這樣能形成一道團結的陣線。於是我們在沒什麼預警的情況下進入了他的辦公室，只準備了一點簡單的辭職藉口。我想不起來是誰先開口的，我猜應該是我，但是我們對他公開了離開分子廣告並自己創業的消息。然後，墨西便開始了一串嘲弄我們有多麼天真的長篇大論。

「投資條件書裡面你該注意的是哪五項東西？我打賭你們連那個都不知道。」他直直盯著我挑戰道。

我已經讀了夠多關於企業合約書的操作手冊了，但是現在可不是展開雜知識隨堂考的時機。不過墨西只是在找碴而已。

「你知道當你去找風險投資者的時候，他會做的第一件事情就是打給我，而我會告訴他我是怎麼看待你們的。」他邊說邊對他的電話打了個手勢。「你們不是自己開公司的料；你們不知道自己在幹嘛。你們不夠聰明，也不夠強悍。」他就這樣喋喋不休地說了五分鐘。

　　馬克‧吐溫最振奮人心的名言表示，小人只會想要貶低你的野心，但偉大的人會讓你覺得自己也能變得偉大。墨西就是個百分之百的小人。在他碎念完之後，我們全都開始懷疑自己做的這個決定，儘管事後事實會證明這是我們這輩子最棒的的選擇。我們垂頭喪氣，垮著肩膀，走出他的玻璃辦公室。

　　我們接著便迎來了一整週來自分子廣告不眠不休的騷擾。馬修和阿基里斯承受了絕大部分，而且這是有原因的。根據我們的編碼資料庫，分子廣告接近半數的電腦編碼都是麥伊辰寫的。作為第 11 號員工，他是每一個產品製作團隊都會擁有的那種典型人物：那種有點原始人感的邋遢鬼，但背地裡知道所有可以運作的程式和所有的技術屍體都埋藏在哪裡。而他也為這間公司所有流產、取消的產品，或是那些被人遺忘或永遠沒有貨幣化機會的軟體寫了成千上萬條的程式碼。

　　墨西與他愉快的夥伴們就像鯊魚一樣能嗅到水裡的血腥味。我們三人之中，麥伊辰是經濟狀況最依賴公司的一個，因為他的老婆是個家庭主婦，有兩個孩子，還有房屋貸款。他也是整間公司最有投資頭腦的人。所以他們對他採取「不確定與恐懼」的手段，說服他自己正在親手拋棄他在分子廣告打造的一切。為了安撫他，他們給了他更多股權。但他們的策略沒有一項成功，麥伊辰的立場依然堅定。

　　相較之下，他們試著把我留下的嘗試算是簡單的了，而且幾乎就只是一場不舒服的對話而已。那場對話發生在我和新的技術副總監錢德‧沙納（Chander Sarna）之間。

　　錢德是最近才從 Friendster 被挖角過來的，據說他在那裡曾解決了因為快速擴編而產生的技術問題。他加入分子廣告的時候，也從那個奄奄一息的社交平台帶來了一組技術人才，而他們便成了他私人的黑幫成員。嚇人是他在這裡存活的手段。他不合身的 POLO 衫和像是從 70 年代晚期偷來的配色風格，總是讓我想起印度德里康樂廣場前無聊的人力

車司機，光是從廣場把你載到帕哈甘吉就要多收你一百盧比的那種。

我被他找去辦公室，坐在他的桌子前。南灣萬里無雲的午後陽光，透過他的大型景窗照進室內。

「所以，我們能為你做什麼補償嗎，安東尼奧？」錢德用他濃濃的印度口音問道。

「沒有。」

「你為什麼想離開？」他問，臉上的表情幾乎可以說是帶著父愛的關心了。

一如往常，我的原罪就是我總是選擇說實話。

「因為這裡什麼產品都沒有。我們沒有客戶，分子廣告從來沒有自己產生過任何付費的客戶。」

錢德唰的一聲從座位上站起來。

「我們當然有客戶。」他邊說邊激動地對著他的螢幕上打著浮水印的簡報檔打著手勢。這些簡報是從墨西最近一場的季會議演說中整理來的。「你怎麼能這麼說？」他氣急敗壞地說道。

我閉上嘴巴，看向錢德後方的福斯特城和聖馬蒂奧大橋。

「我覺得我想嘗試看看自己的事業。」我提出另一個比較不具有爭議的動機。

「聽著，你對創業一點概念也沒有。」他開口，然後開始滔滔不絕地說起我們是怎樣毫無經驗的新手。

最後，他又試圖用折衷的方式做出總結：「至於麥伊辰，他是碰上了一點問題，但我們也在試著和他合作改善⋯⋯」

麥伊辰和錢德完完全全合不來。麥伊辰與生俱來的誠懇和毫不偏頗只信賴科學事實的天性，和錢德對權力和掌控的欲望正好衝突。從實習生到技術長，麥伊辰對每個人的態度都非常坦白，只靠理由或數據說話。錢德要的則是像普魯士軍團的士兵們對將軍的那種說一不二的服從，而他同時又對墨西帶著拍馬屁式的忠誠。多虧了錢德，這間公司已

經失去了它最有才華的分析人才。其他人很快也會跟上他的腳步。

他嚷嚷完扯後腿的言論之後，我們花了一小段時間尷尬地瞪視著彼此。他的手臂快速地一甩，示意我可以離開了，當我走出門外時，那個猥瑣的小男人連站都沒有站起來。

這場談話最後當然傳到墨西耳裡，所以接下來的幾天，管理階層便非常小心地將我排除在所有的會議和產品團隊之外。我猜他們很怕我會把公司沒有產品的這套理論拿去到處宣揚。而這一次，我選擇什麼也不說。

經過緊繃的一週，除了那場談話之外，其他的攻擊都結束了。墨西和錢德已經對我和麥伊辰發作過，但是沒有任何結果。我們幾天之後就會離開。

不過阿基里斯就沒有這麼幸運。像許多失敗中的新創公司一樣，墨西又開始發想另一個重大的產品計畫（包含接下來一連串類似的計畫串），並聲稱這會改變分子廣告的命運（「這一次不一樣」）。阿基里斯的演算工作顯然是這個公司的救世主計畫中最重要的核心部分，他的離開則意味著拖延或放棄這一切。分子廣告在最後祭出的拖延戰術中利用的弱非常致命：阿基里斯並不是美國公民。

美國移民簽證系統就像是某種奴隸制度，使你當奴工償債。這個老舊古板的機構在美國有很長一段時間的歷史。在美國革命之前，半數在大英帝國統治下的歐洲移民來到美國，以奴工的身分工作。對歐洲毫無指望的可憐孩子或青少年們，會為了來到美國而拿自己好幾年的勞力作為交換。大西洋的這一側，雇主們則會從運他們過來的船長手中購買這些孩子，並把他們當作僕役或是工匠。僕人是可以被買賣的，就跟奴隸一樣。而且和奴隸制度相同的是，僕人是可以被體罰的，像是鞭刑；他們也不能自由婚嫁，而且他們的合約是受到法律約束的。逃跑的僕人會被抓住，然後送回來。如果女性僕役懷孕了，她們的合約會被延長，

好彌補她們無法工作的時間。合約到期之後，這些僕人們會拿到一筆的「自由稅」（一小筆現金），然後恢復自由之身，在這片新家園尋找自己的未來。

在矽谷，這一切並沒有什麼改變。

身處美國的特殊技術移民人才只有一個有效的方法可以入境：鼎鼎大名的 H-1B 簽證。雖然只有幾年的效期，但是這是每年吸引成千上萬的外國人來追尋美國夢的門票。H-1B 簽證的有效期限 3 年到 6 年不等，允許外國人在美國證明自己的價值，並在最後能申請永久居留權，也就是俗話說的「綠卡」。

就像古代從船上購買僕役的主人一樣，科技公司也得在這些外國僱員身上花費一筆不小的費用。許多公司，特別是那些較小的初創企業，他們不喜歡這種麻煩，所以只會雇用美國公民。這是一種大家都心知肚明的排外主義，而且很有可能是違法的。大公司們則知道這些外國僱員會一直待在這裡，直到他們的投資回本為止，這些公司才這套奴隸系統中真正的受益者。像甲骨文（Oracle）、英特爾（Intel）或是國際商業機器公司（IBM）這種大而無聊的公司總是無法招募到美國最棒的人才，所以他們會大量僱用外國技師。而埃森哲（Accenture）和德勤（Deloitte）這類需要誇張工時的管理諮詢公司，則用誘拐的手段招募外國人，而且他們只要辭職就會被遣送回國。這樣的公司就像是在玩簽證機構所製造出來的僱員大富翁，只需要付出 H-1B 簽證所要求的最低工資，再吃下肥滋滋的諮詢手續費，這些公司的口袋就能賺得飽飽的。這對持有簽證的外國人是很不公平的交易，但是他們願意接受這五年（或以上）愚蠢而大量的勞力付出，就為了擠身科技界的第一世界。在那之後，他們就自由了。每個人都會馬上拋棄英特爾戰場中最外圍的前線位置，但總是有人等著接替他們。

嚴格來說，H-1B 簽證是暫時的非移民簽，所以這種虐待式的移民入門儀式應該是非法的。但是所有人都在撈他們的油水，包括每一次辦

簽證就能收上千美金的政府。在整個系統都被制度化的謊言、政治私通、以及違法但被忽視的操作手段所分化的情況下，美國的的科技產業還能存在還真是個奇蹟。

所以我們已經盲目地一頭栽進了這個鬧哄哄的奴隸市場，身邊迴盪著腳鐐的碰撞聲和奴隸販子的叫賣聲。如果阿基里斯想要加入我們連名字都還沒有的初創公司，他得先拿到工作簽證。事實上，先忘了工作這回事吧：一旦分子廣告把他裁掉，他甚至不能合法的留在美國。移民法規定，H-1 簽證的持有者必須在簽證到期後的一定時間內離開。**感謝你對我們科技工業做出的貢獻，你這骯髒的外國人，現在該滾蛋了。**

我們有什麼出路？

阿基里斯是一名驕傲的希臘人，擁有讓人欽佩的事業心及嗅出法律漏洞的能力，為自己找到了一個解決方法。他交往已久的土耳其女友希姆拉（Simla）正用 F-1 簽證在史丹佛攻讀博士。如果他們結婚了，阿基里斯就適用 F-2 學生伴侶簽證。這個簽證沒辦法讓他在美國正式工作，但至少可以讓他留下來。

他唯一要做的事情就是搭上這個便車。

事實證明希姆拉非常配合我們的計畫，也同意了，不過這場在市政府舉辦的正式「婚禮」卻沒有正式的社交地位。我提議替他辦的單身派對被否決了。儘管土耳其和希臘之間的地理政治衝突可以一路追溯到千年以前的希羅多德時代，他們還是結婚了，我們也得以保留第三名合夥人。

只不過出了一個愚蠢的差錯。

我們在分子廣告待的最後一週，墨西和錢德把阿基里斯找去一間辦公室，試著嚇唬他，在他的腦子裡塞滿一堆暗黑版的未來：

你正在為了這個瘋狂的冒險拋棄自己的未來，阿基里斯。

你在我們最需要你的時候拋棄了分子廣告，阿基里斯。

你一旦離開分子廣告，你的工作簽證就會被取消，你就得被迫離

開美國和你在這裡打造的一切，阿基里斯。

阿基里斯竭盡所能地接招了。但是在最後的最後，他忍不住脫口而出：「簽證不是問題，我會透過我老婆拿到 F-2 簽證。所以隨便你們怎麼說！」

這句話引起了墨西和錢德的注意。他們問過了公司內的法律顧問，就像任何一間科技公司一樣，他們都知道要怎麼玩弄美國移民法。他們告訴阿基里斯，持有 F-2 簽證工作是違法的。

嚴格來說，這不完全是事實。F-2 簽證的持有者是可以留在美國並對公司進行投資的（而阿基里斯很快就會這麼做了，因為合夥人可以透過小小的金額購買公司的股份，正式「投資」自己的公司）。而既然我們幾乎沒有半毛錢，我們並沒有付薪水給自己，所以阿基里斯也不能算是在「工作」。就像許多外國創業者一樣（而這些人大多為美國的經濟和科技作出無法斗量的貢獻），在我們為阿基里斯弄到 H-1 簽證之前，他都會一直身處在法律的灰色地帶裡。

但這一切都不是分子廣告在乎的重點。

作為熱心愛國的美國公民，他們覺得自己有義務，義務！通知移民機構，他們的前任員工正試著違反移民法（不過技術上來說，我們沒有）。

他不會希望被提報到移民局去，對吧？

仔細想想這一切：一個擁有風險資本和上百名員工、正在準備上市的科技公司，正在威脅要把阿基里斯告到嚇人的移民規劃局（Immigration and Customs Enforcement）去。根據它冷颼颼的縮寫（ICE），你就知道，這個機構的工作就是把外星人關起來、或是把他們放上第一班飛離美國的飛機。分子廣告有效地脅迫了阿基里斯，就像一名肆無忌憚的農場工頭欺負加州中央谷裡的非法農場工人一樣。

諷刺的是：墨西‧努卡拉和錢德‧沙納也都是經濟移民，只是早了幾年離開他們原生的印度來到美國而已。他們也都被迫在美國移民系

統中走過一遭，扛過 H-1 簽證的債，並靠著某些公司的贊助過活。然後現在他們卻從奴隸變成了奴隸主，拿著簽證的大鞭抽打阿基里斯。

但是把頌讚歸給阿基里斯，他最後終於受夠了這種損人的待遇。他沒有被打垮，而是鼓起勇氣，最後一次走進分子廣告，然後告訴他們去吃屎，如果他們真的想告發他就去告發他吧；然後一切就結束了。如果分子廣告真的告發了他，我們也永遠不會知道。但只要我們在自己這間還沒正式成形的公司把阿基里斯的簽證狀態合法化，這就不會是個問題了。

最後一天上班的最後一個小時，聖人般的麥伊辰去墨西的辦公室跟他告別。他在這間公司了投資了超過四年的時間，看著它從一間還要跟別人共享辦公大樓昂貴樓層的小公司長大到現在的模樣。我不耐煩地在緊急出口的樓梯間等著，不想撞見其他任何同事。

十分鐘後他出現了，臉上的表情看起來很震驚，或者說是嚇傻了。

「他幾乎沒有把視線從螢幕上抬起來。」

他說，嗓音變得沙啞，哀求地看著我。有那麼一瞬間，我以為他真的要哭出來了。

「他什麼都沒說，也沒有握我的手。」

馬修・麥伊辰，分子廣告最棒、最有生產力的工程師，在他離開的最後一天前都還是分子廣告編碼庫裡最主要的編碼作者，但他離開時所受到的待遇還不如一個領鐘點費的打掃人員。我忍不住想，這個世界上好心而勤奮、但太過天真的工程師們是如何週期性地遭到油嘴滑舌的企業家們鼓吹，加入他們的新創企業，卻在他們不再有用之後被棄如敝屣。就連賈伯斯也是靠著史蒂芬・沃茲尼亞克（Wozniak）才有今天的。我不能不承認，在某種程度上來說，當時我對他正在做同樣的事情。他只是把墨西換成我而已。

工程師們可以對編碼很聰明，但對人類的動機卻毫無敏銳度。如

果他們少讀一點尼爾・史蒂文森（Neal Stephenson）的作品、多讀一點莎士比亞或派翠西亞・海史密斯（Patricia Highsmith），或許對他們還會比較有用。

現在沒時間搞哲學。我們走定了。

「我們趕快閃人吧，老兄。」

我把緊急出口的門推開，我們便快步跑下五層樓，離開了這場噩夢。但是分子廣告接下來會為我們留下長長的陰影。

有點商業常識的讀者現在一定會笑我們的天真，我們對創業幼稚的憧憬，還有我們覺得自己正在對抗的力量。

我們犯的錯是當時我們從來不知道羊毛是從哪裡來的；我們從來沒有真正踏足這個世界，一小步都沒有。

事實上，矽谷的資本主義其實非常簡單：投資者是有錢但沒時間的人；員工是有時間但沒錢的人；企業家則是充滿魅力的中間人。

創業是用其他人的錢所打造的商業實驗。

市場行銷就像性行為一樣：只有輸家才要付費。

公司文化是所有不成文的規定。沒有規矩，只有法律。

會向你洩漏祕密的人，也會洩漏你的祕密。

所謂的菁英制度只是我們用來偽裝的官方宣傳。

貪婪和虛榮是中產階級社會運作的兩大引擎。

大部分的主管都非常無能，靠著慣性和政治操作保有他們的工作。

訴訟只是兩個公司個體之間套好招的對打。

資本主義是一齣由每一個投資者、員工、企業家、消費者攜手演出的一場毫無是非道德之分的鬧劇。

但是，嘿，看看這些閃亮亮的 iPhone。對吧？

在那時候，我們什麼都不懂。但我們很快就要懂了。

第二部

偽隨機性

偽隨機性是指一個過程看起來似乎是隨機的，但實際上並不是。偽隨機數序是用已經存在的統計學隨機方程式得出的數序，過程則完全具有確定性。偽隨機數的優點是比真正的隨機數要來得容易製造，並且可以一次又一次製造出完全相同的數字——對於測試與修正軟體非常有幫助。

——維基百科，「偽隨機性」

讓我看看你上戰場的表情

> 如果你們這些小娘炮離開我的島，如果你們有辦法撐過新兵訓
> 練，你們就會成為武器，成為死亡的傳教士，祈禱戰爭來臨。
> 但是在那之前，你們都還是雜碎，都是地球上最低賤的生命形
> 態。你們連他媽的人類都還稱不上。你們都還只是一堆沒有組
> 織的水陸兩棲廢渣！
>
> ──士官長哈德曼，李．艾爾米飾，《金甲部隊》，1987 年

2010 年，6 月

YC 是這樣運作的。

一連三個月，被選中的創業者們要每週都和幾個名聲顯赫的創業
巨頭共進一頓晚餐。這些晚餐約會可不是什麼輕鬆的社交活動：這些創
業菜鳥們要在科技人的革命情感和共同承受的折磨中互相較勁，試圖用
逐漸成熟的產品與成長的用戶數據擊垮對方，就像是一場場的產品發表
會。這種一週一次的頻率在總是混亂至極的創業初始階段中創造了一種
秩序，能從永無止境的苦工和折磨人的壓力中稍微解脫一下是再好不過
了。

我總是試著坐在最前排，直接承受演講者的檢視。

今天的講者有梅麗莎．梅爾[41]。她的手顫抖著，說話時帶著焦慮的
停頓；護送她來的是一個谷歌的「經理」。她是唯一一個有這種待遇的
講者。

---

41 譯注：Marissa Mayer，曾任谷歌發言人及副執行長。

雷德・霍夫曼 [42] 是個大個子，也是這整群講者的領頭人，像個皇帝般大聲說著話。他講著 PayPal 創立的故事，還有他是如何成立領英，以及和微軟宣戰的事蹟。他是截至目前為止最棒的講者之一；當他的演講結束時，你會有種衝破了一堵磚牆的豁然開朗之感。

接著還有 Gmail 和雅虎信箱的創辦者、谷歌風險投資和紅衫投資公司（Sequoia）的合作夥伴，以及 Airbnb、Eventbrite 和團購網站的創辦人們，一個個為我們帶來科技戰區中的戰鬥故事。

晚餐的食物用保羅・葛拉漢禮貌的用詞來形容，稱為「飯糊」：有時候聞起來很臭，有時候又聞起來很美味的雜燴，將一堆香料隨機混在一起再倒在飯上的料理。保羅或其中一名投資夥伴會親自幫我們打飯，我們這些創業者則排成一條蠕動的隊伍，像是在公共食堂那樣。YC 的主要辦公室裡有一間設備完整的廚房，而這個「飯糊」應該就是保羅自己做的，或者至少剛開始的那幾頓。混雜著豆子和神祕魚肉的糊狀物毫無疑問是最糟糕的菜色，那是最糟的幾週會出現的食物。微波調理包吃起來好多了；而大家都一致同意義大利肉醬麵上的肉丸是所有的食物裡最棒的（所以你懂我的意思吧）。

不過，顯然你不是為了食物才出現的。甚至也不是為了那些耀眼的講者。

YC 真正的賣點是這個：你得以接觸到那些 YC 的合作夥伴，接觸到 YC 創辦人的人脈網絡，他們都是對你未來大有幫助的權威人士。然後你便得以在發表日一展身手。

隨著故事的進展，你會發現這些合作夥伴的價值益發重要。

至於 YC 的網絡，你會發現它基本上就是整個更大的科技世界的縮影。局外人總是嘲弄地稱之為「Y 組黑手黨」。

想到「黑手黨」這個詞，你就會忍不住想到那些穿著西裝、大吞

---

42 譯注：Reid Hoffman，著名人力資源網站「領英 LinkedIn」的創始者。

伏特加、對著拋棄式手機大吼，並對著彼此用斯拉夫口吻急促低語的俄羅斯人。YC 周邊總圍繞著一股集體防衛的氣息，而且當遭受威脅時，它也的確知道要如何嚴正以對。

不過這個人際網絡真正的功能是這樣的：依照每年擴張的 Y 組企業，你很有可能靠著那些公司們重現 80％的使用者，以及我們網路時代中能使用的完整科技。不管你需要什麼，不管是哪種系統監控工具、手機研發、或甚至是行銷工具（「你有沒有聽過我們的產品『廣告通（AdGrok）』啊？」），都有一間 Y 組公司可以提供給你。由於你已經家族的一員，你能夠享受最棒的服務和超優惠的價格。你也可以很確定，不管你在打造什麼，那都會成為家族其他成員的優先選擇，並會提供你一組最立即的，知識豐富又有耐心的使用者，還有簡報上一排排讓人驚艷的商標。這種自己吃自己狗食的行為是從領導人階層開始往下傳的。如果今天 YC 投資了一間航空公司，我懷疑保羅會從此只搭他們家的飛機，別的航空再也不入眼。

至於那些大有幫助的權威人士有什麼價值？我們很快就要見識到了。

＊　＊　＊

所以，我們在 YC 究竟在忙什麼呢？

為了讓你們理解，我們得再進行最後一場關於線上媒體的教學，然後我就會從講台上下來了。在那之後，故事裡只會充斥著滿滿的錢、性和死亡，我保證。

谷歌是怎麼做到年產值七百億美金，甚至比盧森堡或白俄羅斯的國內生產總值還高？因為它發明了一個叫做谷歌搜尋的魔法網站，全人類都會上去告訴谷歌它想聽的東西：「Nikon D300 相機」「線上護理學位」「亞特蘭大離婚律師」等等。這個世界充滿了三個字或四個字的欲望，全都等著被滿足，全都有著想要被打開的錢包作為後盾。在你真正

消費前的最後一刻，在欲望的頂點，谷歌邀請你點擊一則廣告。每一次有人點擊，谷歌的收銀機就響一次。

它甚至不需要知道你搜尋的關鍵字有多少價值，然後照那個價值去定價。它只是在每一筆搜尋發生時出價一次。最後的結果就是每一天谷歌都會經手數十億筆的關鍵字拍賣，以及伴隨而來的競價。谷歌會檢視出價，並預估點擊的可能性，接著選擇兩者之中最高的那個（也就是每一筆需求能賺到的錢）。接著它便呈現出廣告商製作好的相關廣告，並上傳至谷歌配合那組關鍵字。

實際印鈔票還比這難多了。

所以實際上到底有多少搜尋，或者用谷歌的話來說，「關鍵字」在流通？

1989 年發行的牛津英文辭典總共包含二十九萬一千個條目。Woordenboek der Nederlandsche Taal（荷蘭語字典）是現行最厚的單一語言字典，總共有五萬頁，包和四十三萬一千個條目。但這兩者在由文字商人，或稱搜尋引擎行銷商所製造的關鍵字條目面前簡直不夠看。股票投資經紀人需要擁有一組理論性的價格和現行價格，搜尋引擎管理人也有一組海量的關鍵字清單和它們所代表的價值。這些清單有上百萬條字串，並且長得像這樣：

關鍵字	支出／點擊	收入／點擊
里諾市離婚律師	$1.45	$0.90
內華達便宜離婚	$0.75	$1.10
內華達離婚律師	$5.55	$2.75

就像玩股票的人都會的買低賣高，我們的搜尋引擎行銷商會像個園丁般對關鍵字串修修剪剪，買入更多表現良好的關鍵字、減少不好的那些。如果點擊後的銷售收入勝過支出，出價和預算就會越高，反

之亦然。這個支出與收入的比例稱之為「轉換率品質指標（return on advertising spend, ROAS）」，是所有行銷商做任何行為的基本量尺。舉例來說，「內華達便宜離婚」的轉換率就是 $1.10 ÷ $0.75 － 1 ＝ 47%。這代表我每在谷歌上投資那組關鍵字一元，我就能回收一‧四七元，至少歷史數據是這麼說的。我樂意這麼做。是時候提升我們的預算了。

就是這個基本商業模式讓谷歌能賺得比某些歐洲國家一年總產值還多。就是這樣。你現在擁有的知識就跟全世界最棒的搜尋引擎行銷商一樣多了。

來個騙點擊的聳動標題吧，你想知道英文中最昂貴的詞組是什麼嗎？在 2011 年左右，或許直至今日，全世界喊價最高的英文詞彙是「間皮瘤」（mesothelioma）。這個繞口令般的詞，是一種好發於前採石棉工人身上的肺部疾病。多虧了那些針對工廠老闆的集體訴訟，原告律師們所收的勝訴酬金讓這個詞的喊價高到每次點擊九十美金。你想要毀掉某個討人厭的律師嗎？搜尋「間皮瘤」，然後開始隨便點擊接下來出現的廣告吧。每一次你這麼做就得花他將近一百塊錢。

不過儘管這些肺病字眼要價高昂，它們仍然只是這塊市場中的冰山一角。谷歌最賺錢、又相對熱門的關鍵字有哪些呢？排行是會變動的，但是前十名總是由「保險」、「貸款」、「課程」、「學分」或是「律師」等字眼所組成。它們是谷歌的搖錢樹，谷歌也因此有錢投資在安卓手機、Chrome 瀏覽器、無人車、wifi 氣球，或是他們最近打算研發的各種怪異又博愛的鬼東西上。

把這放到更傳統一點的產業環境中來考慮吧。像麥當勞這類的連鎖餐廳，一定會在非常繁忙、租金又相對高昂的地區擁有一間暢貨中心；汽車品牌一定會有某幾個銷售量佳、特別熱門的車款，像是福特蒙迪歐或是雪佛蘭羚羊，讓他們賺進大把鈔票。同樣的概念，谷歌有的則是「保險」和「貸款」的字串。那就是他們的銷售金牌。谷歌是個靠人腦中流經的片段字串所打造出來的科技帝國。作為銷售產業的守門員，

谷歌幾乎是所有擁有網路通路的公司保鑣，而如果作為企業主的你不願意好好酬謝保鑣，他就會把你的門關上，谷歌可不止這麼做過一次了。

所以我們要怎麼利用這一點？

非常簡單。

谷歌的金山銀山並不僅僅是透過它所提供的廣告銷售工具所賺來的。對這種經驗豐富的行銷商來說，這太初階了。像交易中心的股票經紀人一樣，中間公司會提供那些每年花上百萬購買谷歌關鍵字的企業更成熟的工具。不過小型企業，如 Esty 上銷售客製化珠寶的小店，或是地區性的水電行就用不起那些工具，因為谷歌兇暴的工具對他們來說太複雜，而且關鍵字的競價變動性又太大。這狀況就像是金融世界裡有像高盛集團這種大型投資銀行，卻沒有嘉信集團這種規模的投資銀行供普通投資者使用。由於谷歌大部分賺的錢都是來自別的領域，而且他們也沒有自己製作工具給小廣告使用的耐心和內部文化，它提供的工具總是複雜得要命又沒有效率。這之中最明顯的問題就像是網路公司的「最後一英里」問題：你需要某種科技才能從肥肥的光纖電纜前進到想要無限瀏覽 Netflix 的用戶端。我們打算成為那最後的連結，讓小型家庭企業也能花錢在谷歌上，而不只是實驗性地胡亂提高預算，最終讓自己被表現奇差的關鍵字或失敗的喊價給燒乾。

我們有不少競爭對手。

一間名叫利可博（Clickable）的公司（現已倒閉）曾有一組全明星等級的廣告投資者，並籌到三千兩百萬美金打算解決這個問題。另一間叫做雷西提（Lexity）的公司（現已倒閉）則是由一名雅虎的前任營運長所創立，並融資了六百萬美金。創達（Trada）公司（現已倒閉）則用一個有趣的手法切入問題，試著將它外包給眾公司，創造了一個市場讓廣告商們可以簡單找到領鐘點費的傭兵為他們打這場谷歌搜尋之戰。他們募到了一千九百萬美金，其中甚至包括谷歌風險投資，後者的風險投資端則連接著廣告商們。

　　你會在這裡看見許多傷亡。我們在當時並不知道，但是這世界是沒有人能成功將谷歌和宇宙中所有中小企業之間那最後一英里的縫隙給闔上的。儘管這些人全有著解決問題的熱誠，但並不是每個問題都能找到技術解法的。不過，當然，這並不代表你不能販賣它。

　　照著 YC 的遊戲規則，我們得參加他們的創業營，地點位於他們的總部附近，遠離舊金山紙醉金迷的環境。

　　我在距離卡斯楚街（Castro street）三個街區的西邊為我們找了一間便宜的單人公寓，作為我們的辦公室。那裡是山景區（Mountain View）的主要大街。儘管身為谷歌的故鄉，山景區卻只是沿著 101 號公路和連接舊金山和聖荷西的加州鐵路沿線那一串小鎮中的其中之一。比起傲慢的帕羅奧圖或門羅公園（Menlo Park），這裡更多的是小市集和工人階級。這裡座落著幾間新創公司，以及有名的范偉律師事務所（Fenwick & West），很不幸地，我們很快就要和後者產生密切的關係了。市中心的中央則是整個半島上最多駭客和創業者們聚集的紅石咖啡（Red Rock Coffee），他們的摩卡中包含的糖分和咖啡因是我們撐過接下來幾週的武器[43]。

　　我才剛從教會區的單身公寓搬出來，和小柔伊一起住進英國交易員的家裡（當時我們的感情雖然薄弱但還有希望），所以有多餘的家具。我們的公司總部很快就有了一張床墊（我們就只是把它隨意丟在地上，像是蒂華納妓院的那種風格）、以及三張用家得寶（The Home Depot）便宜的室內門板和鋸木架所做成的桌子。我們用 YC 提供的資金買了一些電腦硬體：螢幕、還有給男孩們玩的新機器，然後我們便開始沒日沒夜的編寫程式。

---

43 創業咖啡廳這片天的另一顆耀眼星星則是位於帕羅奧圖市中心的的考帕咖啡（Coupa Cafe）。那裡是你去說服投資者、和合夥人探討作戰計畫、並狩獵城裡女性（主要都是史丹佛畢業生，而且以灣區的標準來說都稱得上是讓人驚艷了）的最佳場所。

正式進駐辦公室的第一週，我們還在等阿基里斯從分子廣告中抽身，馬修和我便開始在兩張巨大的 4×8 白板（家得寶售價十一·九九元！）上試著建構我們「廣告通」的產品，也就是我們的「通霸（GrokBar）」該長成什麼樣子 [44]。

我們最初建構出通霸的概念，其實可以回溯至 4 月 16 日那天我寄給男孩們的電子郵件。當時我們還在分子廣告，而我們的點子實際上是無恥地承襲了最近已經停用的「戳霸（DiggBar）」。這東西是個附在使用者瀏覽器中的特別視窗，並讓使用者能夠「戳」某個他想要的內容（也就是早期版本的臉書「讚」按鈕）。網站主不需要特別把「戳」的編碼寫進網站裡，使用者也不需要把網址複製貼上至 digg.com，他只需要回覆並「戳」起東西，就像任何普通的瀏覽行為一樣自然。所以一個人上網時，就會事先看見網路世界對那些內容的看法。

早期的通霸和戳霸非常相似，就是讓使用者經營網路商店時有這個工具的相伴。這個工具會被安裝在瀏覽器上緣，非常細、幾乎不會被人注意到，將數據提供給你正在跑的谷歌廣告。當你瀏覽你的網路商店時，它會分析你正在瀏覽的產品頁面的數據，得出谷歌提供怎樣的廣告會刺激那項產品的銷售，以及用怎樣的價格。戳霸會讓你看見你朋友對某篇文章的評論和「戳」，通霸則會讓你看見谷歌如何將人流導向那個產品頁面、怎樣的關鍵字會讓人找到這個網頁，以及你現在正在付多少錢讓谷歌在搜尋結果的清單旁邊提供廣告。當然，那條工具列只會出現在你登入你的網路商店或公司網站時，其他時候都不會。

但是我們要怎麼出售它呢？

大部分小型的新創企業都會鎖定在中小企業（small-to-medium-

---

44 當然，當時我們的公司甚至還不叫廣告通。我們最早寫在 YC 申請表上的名字是 Vendiamo（義大利文的「做生意」），接著又短命地叫做廣告窩（AdShag）。（可怕的）後者是英國交易員的一句「你要是讓這間創業辦公室變成鳥窩，我一定會殺了你」所激發的靈感（Shag 指的其實是某種叫做鵝的水鳥，和鸕鶿相似）。馬修提出了「廣告通」的點子，我們就這麼定下來了。「Grok」一字當然是衍生自海萊茵的作品，在駭客的行話中指的則是「深刻了解某事」的意思。

sized business）市場，因為他們覺得這樣會比較簡單。和大型企業做買賣太難了，銷售循環也太長，大公司又太不信任剛起步的小公司產品（或許是很合理的）。所以他們便將目標轉向那個神聖莊嚴的對象，那個政客最津津樂道、美國價值的神祕基石：家庭式小公司。小公司的確很樂意試用任何新產品，他們所提出的軟體和服務又會讓義大利電話公司相較之下都顯得非常先進，但他們也都是出了名的不可靠，所以他們隨時都可能取消訂購某個工具，就算那工具相當有用、可以有效翻轉他們的問題也一樣。同時，由於每筆銷售只能讓你一個月賺入五十至一百美金，那些小錢便意味著就連我們這種售價低廉的新創企業，都是不可能提供任何客製化服務的。所以你得想辦法提升銷售，也許是透過和其他已經擁有中小企業人脈的公司合夥，像是企業雲端計算公司（SalesForce），或是報紙的廣告部門，或是和你的中小企業客戶一起在既有的平台上共同合作，假設你的科技做得到這一點的話。

　　至於我們的狀況是，我們幾乎沒有任何合夥企業，合作部分也幾乎沒有起色。但是這話現在還說得太早了。讓我們先回到山景區橡樹街（Oak Street）上的那間單人公寓，裡頭有三個嚇得半死的男人，正在想辦法把破船中的水舀出去。

就像結婚了，但是沒有愛可做 [45]

> 你上戰場時，你的軍隊是什麼樣子就是什麼樣子。但是過了一陣子，你會發現他們可能不是你想要的，或是你會希望一同作戰的人。
>
> ——唐諾・魯斯福，談論伊拉克戰爭，2003 年

2010 年，5 月

創業時最重要的決定，就跟你最重要的人生決定一樣，是選擇一個夥伴。那會影響你接下來要迎接的一切。只要有了正確的團隊，沒有任何人或機構組織可以阻止你，而且你會贏得最後的勝利。但如果和錯誤的團隊合作，你會比外在世界更快製造出內部問題，而你不可避免的死亡則會是妥妥的自殺。

合夥人之間的關係，會遠超過辦公室人生中典型而專業的同事關係。你當然可以把這些軍隊的例子繼續延伸出去。（沒有人在等著承受迎面而來的大炮轟炸好嗎，你在開誰的玩笑啊？）但是創業的經驗的確有一種同袍並肩作戰的感覺在。沒有人會相信你和你正在做的事，除了那些和你坐在一起的傻瓜之外，因為如果你失敗了，他們也會跟你一樣慘。除了你們共享的幻覺之外，沒有東西能夠促使你們的公司行號繼續前進。而你們會坐在一起努力衝刺，為了你們人生中最棒、也是最莽撞的工作拚命。

你最後會多瞭解你的合夥人？

---

45 這句是保羅・葛拉漢用來形容創業者的話，或許也是描述合夥人之間的關係最讓人印象深刻的一句：那就像是你已經結婚了，但是沒有任何結婚的好處、壞處倒是幾乎全有了。

最後，我到了只要進入浴室就能知道上一個使用者是誰的地步。我們的浴室是 80 年代經典的磨石子地板和廉價的磁磚所構成，是我們這三個壓力爆表的男人解放自己的公共廁所。由於吃素的關係，馬修的大便聞起來有草味，像是穀倉。而阿基里斯的大便則沒那麼像肥料，更有潮濕而噁心的人味。

只要有足夠的時間，你會比他們的媽媽或老婆更瞭解你的合夥人。當你在決定要和誰一起對 YC 提出申請時，你最好考慮一下這一點。

你或許會說，這樣很感人呀。但是錢的問題呢？稱謂呢？

好問題。而且第一個問題你最好和你的潛在合夥人一起回答。

就像平常一樣，我們是三個沒有任何經驗的笨蛋，並犯了所有第一次一起創業的團隊都會犯的錯：我們的利益是均分的。五五對拆，或是分成三等份之類的。公平就是公平，對吧？

這會引發出以下的狀況：

在廣告通中，每一個重要大決定的討論都會變成我們集體取暖的小圈圈。如果只是在討論產品裡面的小問題或是每天例行的小事，那還無所謂；但在更大的問題或策略方向和公司文化之類的層面上就變得非常致命。如果得在產品的最後階段進行軸轉（如果沒成功融資的話，我們很可能就得這麼做了），我們是不可能在三人之間達成任何協議的。這類的決定沒有數據可供參考，也沒有分布圖或圓餅圖。不，他們都是勇敢而直覺的動物，會用一己之力做出那些會賭上整間公司的決定，就像是暴風雨中的船長，或是市場變動時的華爾街交易員。那些決定會左右你的生死，而且很有可能是錯的，但是沒有決定比做錯決定更糟。

長話短說，只要一談到廣告通的創辦者動態，我們就沒救了，而且幾乎正因為我們是利益均分的狀態，權力也是。最糟糕的是，由於我們是三個人，最後我們總是演變成兩個人聯合對抗另一個反對者的局

面。就我個人而言，我經歷過幾次和阿基里斯聯手（當然是對抗馬修了），然後再變成我跟馬修聯手對抗阿基里斯。那會把人逼瘋的。

偉大的讀者們，記取我們的教訓！

權力的分配應該要是這樣：除非你有某種火神煉鐵的能力，能把你跟合夥人的腦袋熔在一起，或者你們一起經歷過嚴酷煎熬的人生階段，像是軍隊或是困難的職場，否則你只要讓一個人掌權（就算只有比你多出一個百分點的權力）。沒有第二句話。

至於職稱呢？

在初期，唯一重要的頭銜就只有首席執行長（CEO）。其他人愛把自己叫做天神宙斯就讓他們去叫吧。新創公司都是仁慈的獨裁政府。就像海盜船分配劫掠海域時總是意外的平等一樣，這些新創公司彼此之間分配主導權（和責任）也是相當平等，而不是傳統的敵對關係。但是同樣也像海盜船，一艘船上只能有一個船長。當然，船長總是靠嚴刑峻法和壞脾氣在統治他的船員，儘管在現代工作環境的包裝下看起來禮貌友善多了；畢竟，那些能在公司裡領錢的員工都能輕易地在其他地方找到工作。但是他仍然是船長。除非船員們對他信心全失，其他合夥人（還有更重要的是，船員們）才會發動叛變，並共謀將他除掉。但是在那發生之前，執行長有最終決定權，不管在成立初期公司裡爭論成什麼樣。每個人都得接受他的決定，不然就是選擇別來開會。

第一次和保羅開會時，形式是在 YC 位於山景區工業區的辦公大樓周圍散步。我不安地告訴他我們很困惑，不知道自己在打造什麼東西。在初期的那些日子裡，我們的產品「軸轉」已經夠編成一場芭蕾舞了。

十分鐘後，他便打斷了我。

「我想真正的問題是你們沒有一個清楚的領導人。」

他指著我繼續說下去。

「整個對話聽下來，那似乎是你，但你們得先把這一點搞清楚。」

我當時幾乎已經是名義上的執行長了，但是男孩們對這件事總是意興闌珊，尤其是馬修，他總是認為在科技圈裡的工作年資比較重要（當我還在唸高中的時候，他就已經在科技界打滾了）。這場會議將會穩固我的執行長寶座。

在這一梯創業公司中，我們已經看過這回事無數次了。由於 YC 的「拒絕作證」準則，我不想提起他們的名字，但是將近三十間新公司中，至少有半打（這是我所知道的數量，說不定還有更多）的公司有決定領導人的障礙。就像某種第三世界政府，他們要不就是在內鬥中崩潰，要不就是正在受內在政變之苦，把幾位合夥人排擠在外。保羅只需要花幾秒鐘的時間聽他們的產品展示，或是舉行第一次會議，就能發現這些問題（就像他對我們做的一樣）。在一個讓人難以忘懷的例子中，那間公司在一年後不可避免地休業了，兩名合夥人我都認識。他們已經募集到不少資金，也幾乎到了要可以出售公司的時刻，卻因為某個他們早就該解決的問題而難看地收尾。就如保羅所說：**生出一個領導人！**

接受他或她作為那名獨裁者吧。不喜歡嗎？覺得你可以當個更好的船長嗎？那就滾蛋去找另一艘創業之船。如果你認為這套理論太原始了，請等著看我告訴你們那些市值數十億元、最成功的科技公司是怎麼選擇領導者的。

那我的戰友們又是什麼角色呢？

馬修是個真正的工程師，能夠侃侃而談任何和技術相關的話題，從神祕的硬碟驅動程式到蘋果 OS X 最新的更新檔這類枝微末節的小東西都行。他是看見路標的螺絲掉了，不管他之前在做什麼，都會拿出工具箱把螺絲栓回去的那種人。如果一個問題技術上來說可以被解決，他就可以用技術解決那個問題。他的設計天份也不錯，設計了我們的第一個商標、我們的網頁、名片，還有任何需要藝術細胞的東西。

而這造成負面的影響就是，他總是認為自己在廣告通的架構中有

著舉足輕重的地位，覺得自己是驅動我們所有決定的引擎，因為他是公司裡最資深的科技人。不過在創業的過程中，我們所需要的科技比你想的要多得多了，而我和阿基里斯肯定也都在不同的方面占有一席之地（他也是在科技方面，我則是科技以外的一切）[46]。更糟的是，只要他看見任何閃閃發光的科技小東西，他就會分心，而就像任何一個工程師一樣，他總是會把所有的精力都投注在解決單一個技術漏洞上，或是白費心力在提升我們的基本工程中某個不重要的小部分，儘管它們在大局中輕如鴻毛。

儘管他在科技圈工作了一輩子，他童子軍般的世界觀和不成熟的政經眼光總是讓我想到還在唸大學的實習生。他的情緒非常脆弱，而且得保持開心才能維持生產力，那意味著他得隨時都知道自己的老婆和孩子在家裡過得怎麼樣，或是讓喜歡挑釁的阿基里斯離他遠一點。如果他被嚇到了或是不開心了，他的生產力就會下滑──但我們大部分的時間都處於受驚或不開心的狀態。

阿基里斯則是史丹佛的博士，出身於一個有名的機械工程實驗室。他是個科技文藝復興時代的人，從設計演算法到駭入伺服器中的配置檔案都難不倒他（而且他很樂意這麼做）。他是個多工駭客，在任何情況下都能派上用場，對創業初期非常有幫助。分子廣告是他畢業之後的第一份工作，而他才待了不到一年就跳槽開始創辦廣告通。他把所有的精力和年輕的生命力帶入了公司。

而阿基里斯的缺點是脾氣捉摸不定，非常情緒化，而且非常喜歡挑起爭端。我能體會他的個人風格，而且你可以在我身上找到和他一樣的批判性。那種黑暗、拉丁／地中海血統的個性也是我平時的狀態，但

---

[46] 讓我更清楚地解釋一下我們的角色。我們全都或多或少是從駭客起家的，而馬修則是這方面明顯的領導人，畢竟他的年資最長。隨著時間演進，我們的職位便成了這樣：馬修是技術總監，阿基里斯是全方位駭客，我則是執行長：負責去生鮮超市買午餐和按時繳房租的人。這其中的原因實在很丟臉：有一天，我又一次不小心用錯誤的編碼部署把編碼庫給搞壞了之後，他們兩個就取消了我存取編碼的權限。於是我就正式成了執「信」長（Chief email officer），並開始把注意力放在編碼編輯視窗以外的其他所有地方。

我（大概）知道這一套在盎格魯薩克遜世界中是行不通的。在會議中，阿基里斯帶來的通常是熱度而不是亮度，而好幾次針對產品的討論都被他突然引爆的脾氣給摧毀。他的情緒就像個土製炸彈，爆炸過後只會留下滿街道的濃煙和瓦礫，以及塵埃落定後看見的斷肢殘骸。我跟他經常差點打起來，但是由於瘋狂的拉丁裔血統，我們很快就會和好，然後一起去喝啤酒。這種情緒轟炸在馬修身上會留下更嚴重更持久的影響，他會選擇躲在家裡待上一陣子好避開公司裡的糟糕氛圍（而這只會讓我跟阿基里斯更生氣。）

阿基里斯的工作模式是隨他心情。身為技術總監及資深科技人的馬修應該要插手規範他，但是他沒有膽子這麼做，因此我有時候便得承擔責任把阿基里斯吼回來。這種公開的對峙會讓大家陷入陰鬱，對振奮士氣一點幫助也沒有。

除此之外（或許更嚴重的是），他們常常吵架。我一點也不想擔任和事佬，而且我總認為兩個大男人早該搞定他們的同事關係，我們才能專注在其他工作上。

剛開始創業的人們總認為技術問題是最大的挑戰。但實際上，技術問題很好解決，除非你無能、或是真的得挑戰人類知識的極限：像是如何把人放到火星上之類的。不，真正的創業問題都是人的問題，而且都是最難解決的，因為它們通常沒有真正的解決之道，更沒有修正的軟體可用。創業是某種集體心理學的實驗。作為執行長，你既是他們的治療師，同時又是最需要治療的病人。

就如同其中一名 YC 的合作夥伴傑夫・羅斯頓（Geoff Ralston）所說：人們是不會改變的，他們只是變成了更好的演員。

在接下來我們即將面臨的一連串生存挑戰中，你會發現，最後毀滅廣告通的並不是任何外在的敵人。不，是我們自己，是我們每天早上會在鏡子中看見的那幾個男人。

速度是一項特質

如果一切都在掌控之中，那就說明你的速度還不夠快。

——馬里歐‧安德烈蒂，一級方程式賽車手

2010 年，7 月

直到某一天，我們才真正知道自己到底在淌什麼渾水。在創業漫長的探索過程之中，我們已經品嚐過各種不同的屎事，吃大便基本上是創業的家常便飯，但這次卻是深深的自我質疑，那念頭就像在肚子裡不斷啃著你腸胃的寄生蟲：「我真的有辦法做到嗎？」

為了測試他們投資目標的水溫，YC 宣布我們得參與「原型發表日」，向其他 YC 團隊展示簡短的樣本，讓他們知道我們在忙什麼東西，並（像往常一樣）刺激我們產品研發的速度。在那個時候，「原型」是描述廣告通最貼切的一個詞。我們製造的應用程式幾乎還不能運作，更別提可供販售的「產品」版本了[47]。我們現在唯一能夠運行的版本還位於本地主機：3000，正好顯示出我們的科技有多麼不成熟[48]。

每個團隊都有九十秒的時間報告他們的進展，並將產品介紹給同梯的其他團隊。報告進行的方式則是讓每一個講者上去作每週例行匯報，一台投影機對準前方的牆。其他的團隊們會坐在舉辦晚餐會時的那

---

[47] 「產品」在科技行話中，指的是放到市場上、真正可以運作的軟體。那是你的使用者和外面的世界可以看見的實體。而「研發版」則還只是個編寫中的版本，還停留在某個工程師的電腦裡，或許兩秒鐘前才剛在他的程式編輯器裡寫好最後一行編碼。將東西從「研發版」變成「產品」是生產的自然過程。

[48] 「本地主機」指的是你電腦的主機名稱，而「3000」指的則是連接埠號碼。在 IP 位址的世界中，它指的是讓你的電腦變成伺服器的編碼；而在「產品」的世界中，它則能在遠端運行，並供任何人使用。

些長椅上。報告中，某些公司的產品已經完成，有些人還在起步階段，但是似乎沒有人像我們這麼落後。

接著突然就輪到我們了。我接上筆電，在瀏覽器中打開我們粗糙的軟體，然後退後一步開始向觀眾介紹——並立即勾到了投影機的電線，硬生生將插頭撤離牆壁，讓整台投影機滾過桌面，我自己也差點跌倒。螢幕立刻暗了下來，讓整個房間陷入漆黑，廣告通的成員們則咒罵著，手忙腳亂地試著將它接回來。等我們成功時，我只剩下十秒鐘的時間，其中有五秒則讓給了樣品展示。作為第一次亮相，我們完完全全搞砸了。

整場活動結束後，男孩們好好地教訓了我一番，我則認真懷疑起我們完成這一切的能力（或者更準確的說，我的能力）。

創業遊戲的規則還有這一項：

記不記得高中時代總會有那種特別受歡迎的孩子，總是人群中的焦點，更總是可以和啦啦隊員交往之類的？然後五年後當你回到家鄉，你不小心撞見他們的其中一員，卻發現他正穿著淺藍色的牛津襯衫，在沃爾瑪擔任行政助理；或者他已經和那個啦啦隊員結婚了，但她的體重卻在生完三個孩子之後增加了六十磅，一家人正過著無聊的日子，住在郊區一間有點破爛的屋子裡，而那正是你有足夠野心想辦法逃離的環境。又或許他的結果並沒有這麼糟：那名總是有時間搞課外活動、擁有厚厚一疊作品集的畢業生代表，十年之後也出現在你工作的大公司裡，跟你平起平坐，沒有比你好到哪裡去。

新創公司也是像這樣。

就拿我們這一梯的其中一間公司來說吧。我話先說在前頭，我是喜歡這間公司的，我認識那些創辦人，直到現在也還在用他們製作的產品，因為那真的非常好用。我在這裡並不是要嘲弄那些男人，而是單純地引用他們的例子來解釋一個常見的現象。

　　原型發表日的那天最棒的一組團隊，是一間名叫 Rapportive 的公司。它的執行長是一個溫文儒雅的男人，名叫拉赫・瓦拉，他自命不凡的那種態度只有帶著英國腔的印度人才做得到。那間公司已經募到一筆不小的資金，發表了一項成功的產品，也獲得了不少迴響。**他們到底在這裡幹嘛？**我邊看著拉赫進行準備完善的報告邊想。他根本不是在做原型發表，而是在透過這番演講為這項套件工具的 A 系列做總結[49]。他的產品能幫你跟蹤你正在發電子郵件的對象，整理出對方在整個宇宙中每一個社交媒體上的資料。和廣告通一樣，Rapportive 的產品也只有在你將之安裝在瀏覽器上後打開信箱才會有用，以事先提供你一組社交與交易的資訊。

　　將時間快轉兩年（劇透注意！）：我是在臉書幫他們打造搖錢樹的一名產品經理。Rapportive 已經過了他們發光發熱的時間，正在尋找脫手的好時機。我將拉赫介紹給臉書的公司拓展團隊（corporate development）。臉書決定放棄他們，但領英沒有。Rapportive 被人才收購的脫出方式就跟我們一樣。

　　猶太人之間有個傳說故事，說有一名聖經中的國王派了他的智者去為他找到一份箴言，好讓驕傲的人變得謙卑，讓不幸的人得著安慰。在市場中搜尋了一番之後，智者諮詢了當地的珠寶商，並帶回一枚雕刻的戒指。國王發現戒指上刻著這樣的文字：一切都會過去的（this too shall pass）。所以當你因為自己的困境而哀痛、又看著自己的同儕和競爭者個個都在成功時，請記得這句話。這一切都會過去的，而且比你想像中的更快。

----

49 隨著一間新創公司的價值越來越高，他們會接二連三地進行融資，並大致將這些融資過程分成 A、B、C 輪，以此類推。定義這些過程的融資範圍（舉例來說，像是從兩百萬到六百萬）是會變動的，並且是那時的風險投資市場慷慨的一種表現。「種子基金」是融資的開端，也是我們大部分的公司脫離 YC 之後能募到的金額。這些範圍並不像內衣尺寸，在超過某一個界限（像是雙 E）之後就不會再真的以倍數成長了，儘管根據某些公司膨脹但無力的資本結構表（Capitalization table）來看，它應該要是如此才對。

對新創公司來說，媒體的關注就像做愛一樣，只有兩種類型：好……還有更好。一個創業者寧可因為公然猥褻同性或是戀童癖而出現被逮捕的新聞，也不要被媒體無視。截至目前為止，我們在媒體上留下的痕跡還是零。新創公司的包裝和內涵一樣重要，是時候製造點曝光了。

男孩們離開公司後，就只剩下我一個人留在空蕩蕩的單人公寓裡和垃圾作伴，背景音樂則是樓上的印度人們正在舉辦的另一場神祕晚會。我的腦內理論是他們正在舉辦 A 片趴，因為他們的派對總是會由一堆喊叫和跺腳的聲音開場，然後突然陷入沉默，就跟我在青少年時期參與過的某些派對很像。我焦慮地在刮花的原木地板上來回踱步。我們的第一篇貼文可能激怒的最大咖是誰呢？除了紐約人那種源源不絕自我膨脹的自尊之外？喔耶，創業之神正在對我微笑了！

事情是這樣的：前一天晚餐會時，羅恩・康威[50]才提到自己驚艷於紐約的創業風景，保羅也隨口給了幾句回應。我回想著自己在高盛的日子，一邊估算著紐約創業圈所有的環境缺陷：缺少風險投資者、大部分人都只想投機而不是好好打造什麼的文化、奪走所有人才的華爾街、以及當我決定離開華爾街自行創業時得到的譏笑眼神。會認為紐約是豐饒的創業之地的人，絕對都沒有在那裡生活或工作過。保羅是我們的智多星，但是就像很多天才一樣，他有時候也會把事情全盤搞錯，而這就是例子之一。

靈感繆思在我耳邊低語，我則著手開始打字。讓人發噱的軼事加上適當的腳註，還有帶著誹謗嫌疑的以偏概全。我利用男孩們下班後的時間，連著兩天敲敲打打，便寫出了這樣一篇文章。

一點點試讀：

---

50 譯注：Ron Conway，美國矽谷著名投資人。

開放與封閉資源

　　紐約的整個經濟就是建造在壟斷的資訊之上。華爾街銀行之所以能進行完美的交易，是因為它們有自己正在交易的商品市場流通的內線消息。文學經紀人壟斷了廣大作者群和出版社接洽的小小門戶。房地產仲介（而且我在這裡指的是租賃仲介，不是買賣仲介）在你簽下合約的時候就能收百分之十五的成交手續費，兩個月的薪資便開開心心入袋（最高上看五千美金），而他們唯一做的事情只有告訴你哪裡有空公寓可以住。

　　在紐約，這些壟斷專戶是所向無敵的。

　　在舊金山，人們可不會將兩個月的房租付給那些房屋皮條客：他們創造了奎格名單，把皮條客們踢出市場。

　　還有什麼辦法能讓我騙點擊率呢？還有什麼笑話是富含時代精神的？

　　噢！

　　沒有比我的前任老闆，那個騷擾良家婦女、摧殘國家幼苗的邪惡吸血蟲更適合的人選了。最可怕的資產主義惡魔：高盛集團。每個人都會為它的私刑處分拍手叫好的。想想多少人會對裡頭真正的狀況有興趣：那些可怕的內鬥和煎熬。我會寫出一篇令人心癢的文章，讓人一窺禁忌的內幕。

　　紐約人生之高盛技師。那將會是我們的頭兩篇開場白，將讀者帶入企業導向、以賺錢為目的的文章之中——用可怕的行銷術語來說，那叫做「內容行銷」。

　　根據現行的公關祕技，選擇在一週的哪一天把文章貼出去是非常重要的。媒體會引起的共鳴和它選擇進入的領域大小息息相關。所以你

會希望當你張貼文章後還有幾個工作天讓它的共鳴持續下去。週一太早了，所有的人都還受時差、宿醉或其他週末遺留下來的鳥事影響。而週四，所有人都已經開始期待週末，並迫不及待地準備進入一星期中的第一個雞尾酒時段了。週五則是用來埋沒新聞，而不是發布新聞；所有的資遣和糟糕的收入報表都是挑在那天出現的。

我們會在星期二貼文，留下最多時間曝光並在網路上造成迴響，觸及所有層次的網路用戶，包括網路成癮的宅男和住在堪薩斯某處的老奶奶。

在太平洋時間早上 9 點左右，我進入網路上神聖不可侵犯的小角落：駭客新聞（Hacker News）。那是一個 YC 自己架設的討論版，裡面混雜著超級科技宅、偽裝的 YC 創辦人，還有那種既挫敗又愛裝模作樣的傢伙——那些想創業又始終沒有進一步動作的人。我把文章貼上去，並要幾個朋友去幫我們推薦一下，好增加文章的吸引力。才經過短短幾分鐘，它就成了駭客新聞上人氣最高的文章，全世界所有認真（或不認真）的年輕科技人都看過了。接著，史考伯在推特上貼了它的連接，這篇文章就真的爆紅了。

羅伯特‧史考伯在科技圈中是一個神祕但有影響力的傢伙。他是上個世代的那種蒼白的老人，感覺就是來自對科技一竅不通的原始時代。但是透過他參加的研討會、他認識的人、以及他胡搞瞎搞之後寫了使用心得的那些科技玩意，他便完全糾纏在矽谷的經濟體系之中。就此刻而言，他的狀態是模稜兩可地受雇於一間新創硬體公司，但是那是關於他這個人最無聊的資訊之一。儘管他對科技產品那種諂媚甜膩的態度讓人覺得有點煩，但是他似乎打從心底是個好人，而且他在推特上的追蹤者中有一整批矽谷的一級人才。如果我能這麼說而不惹上麻煩的話，我會說他是個巨大的科技影響力，僅僅是他的推特就能左右一間公司的存亡。而現在他在轉貼我們的文章。這是件好事，但是我們的部落格現

在癱瘓了。我們的部落格伺服器在源源不絕的點擊下澈底停止運作。

廣告通公司裡一片該死的恐慌。

阿基里斯和我緊張地站在麥伊辰身後，看著他嘗試登入部落格的伺服器主機。我們當初太單純地只租了一個亞馬遜雲端主機當作我們的部落格伺服器，而在今天以前，它都只需要應付一天幾次的瀏覽而已。現在馬修甚至連登入都沒辦法，它的 CPU 和網路連線被瘋狂的流量給卡死了。在一片沉默之中，你幾乎可以聽見三組括約肌同時夾緊的聲音。當我們重新整理推特的頁面時，通知便一個接著一個湧入：人們瘋狂地轉推那則訊息，而以指數成長的人數正在點擊 adgrok.com。但是那一點用處都沒有，因為伺服器拒絕呈現出我那篇大作的 HTML 版本，沒有人能看見我們的網站和我們的產品。稍作提醒，我們的產品仍然在封測階段，所以根本沒有人可以真的使用那項套件；寫文章的舉動只是為了要昭告天下我們的存在，而不是真的要刺激下載量。而且我們完全不知道這篇文章會那麼成功。早知如此，我們會做更充足的準備。像是，你知道的，讓讀者們跑來我們的網站後可以下載套件使用。

該死——！

最後，馬修終於從遠端部落格伺服器上找到了一排指令碼。經過幾個非常緩慢的指令之後，他想辦法把整個部落格複製到其他流量更大的亞馬遜主機上，並把仍然不斷湧進的流量轉移至那些新主機上。偉哉馬修，技師的救世主，要是有必要，他或許可以逼 Linux 系統在烤土司機上運作。

我從我的電腦檢驗他的急救措施。部落格再度開張……我們又復活了。現在我們該開始禮貌地回應那些甜蜜的推特訊息，並時不時煽風點火刺激討論繼續進行下去。文章下方開始出現上百條回應，正面負面都有，而且都同樣有用。最後的最後，我們獲得了上千條評價。而直到那時候，那些像是《商業內線》之類騙點擊的網路新聞才開始出現，引用我們文章的片段，搭著我們貼文曝光率的順風車寫出一篇又一篇的文

章。一個來自 20/20 電視秀（這居然還存在？）的製作人從紐約打了電話過來。一個有著 A 片女優般名字的《商業內線》記者寇特妮·康史塔（Courtney Comstock）也打給我們，並帶來一連串關於紐約科技內幕的問題（後來她也寫了和我在高盛的日子有關的文章）。某個斯德哥爾摩的科技研討會邀請我去演講，車馬費由他們負擔。人們將文章轉寄給紐約那些像是克里斯·狄克森（Chris Dixon）之類的有名投資者，並詢問他們的看法。社交網站上充滿了關於廣告通的討論，而我覺得自己就像是《奇愛博士》結局時的史林姆·皮肯斯：一邊歡呼一邊揮舞著自己的牛仔帽，乘著原子彈衝向地面，渴望著爆炸過後的那朵蘑菇雲。

以策略的角度來說，這比我想像中的更有效。造訪廣告通的人數瘋狂增長。我們每天擁有五萬次的點擊，對《大西洋雜誌》來說可能不算什麼，但對我們這樣的新創公司來說已經很了不起了，尤其我們先前一天的點擊率可能都只有十幾次。（更別提如果我們更自虐點去以網站管理者的身分登入，我們就會看見那些點擊有一半都是來自廣告通自己或是我們的家人。）

但是這是常識：當手中的牌夠棒的時候，下注就要加倍。

我們的草稿箱裡還有第二篇關於高盛集團的文章。我在第一篇描寫紐約科技圈的文章裡附註了高盛內幕的那一篇網址，但是鮮少人注意到它。我們的曝光率在週三完美地上升，並持續了接下來的整個星期。週一時，人們的關注焦點就會轉移到次要有趣的文章上了，所以我們得重燃他們的興趣。

這篇文章即將成為未來一系列超人氣的部落格貼文，而它們將讓廣告通在創業地圖上占有一席之地（如果在消費者市場上還沒有）。每三到四週，另一篇帶著人類糞坑臭酸味（也就是我）的文章就會出現，並讓我們扶搖直上成為駭客新聞（科技宅的八卦網）上最熱門的文章。直到廣告通的末期，像是「高盛」或「去死」（我寫了一篇文章描述總是難以捉摸的「去死錢（fuck-you money）」）這類的詞仍然是會能將你

導向我們網站最熱門的關鍵字 [51]。這一點把馬修氣得半死。但是嘿──我可沒看見每天有五萬人排隊想要來使用我們建造的產品；吸睛永遠不嫌多。

由於亞馬遜網路伺服器一度幾乎完全崩壞，再加上幾次的停擺和當機，馬修提議我們時不時就跑一次「潑猴（Chaos Monkey）」。這是Netflix製造和開放的一款軟體工具，用來測試一項產品或一個網站應付隨機破壞（也就是我們目睹發生在部落格上的事）的能力。

為了更清楚了解這項工具的名字和功能，請你想像以下的畫面：一隻大猩猩闖進一間裝著空調的數據庫裡；那裡頭架設著閃閃發光的機械，是從谷歌到臉書所有公司的核心。牠一下扯掉一條電線、一下又砸爛一個箱子，把整個倉庫搞得稀巴爛。這個工具做的事情基本上是一樣的，只不過是電腦病毒的版本，會在隨機的時刻隨機停用你的某個伺服器。你得讓你的特定服務，像是臉書訊息、谷歌信箱、你的新創公司部落格，隨便什麼東西在猴子搞破壞時生存下來。

更有代表性的是，科技新創公司就是這個社會的潑猴。從計程車（優步）到傳統旅館（Airbnb）到約會（Tinder），它們都在惡作劇地扯掉電源、拔掉纜線。一個又一個的傳統工業在擁有雄厚財力的創業公司和快速推出的軟體挑戰之下，就這樣被打倒了。矽谷是負責關住這些猴子的動物園，而猴子的數量只會與時俱增。在風險投資爆炸性的成長之下，已經再也沒有足夠的香蕉可以餵養牠們。現在的問題是，我們的社會能不能夠撐過這些企業潑猴的摧毀？人類又要付上多少代價？

---

51 「去死錢」指的是你得以對著每個人說去死，並在像舊金山或西雅圖這類可以住人的城市中過中產階級生活，而且能讓你保持經濟獨立的金錢數。在這本書結束之前，我們會更深入地談到這一點；它一度看起來觸手可及，然後就消失了，或許再也不會出現。

發表日

你能販售的東西，才是這世界上唯一屬於你的東西。

——亞瑟・米勒《推銷員之死》

2010 年，8 月

不管公不公正，你的人格總是會在人生中某些特定的事件裡受到考驗和掂量：某場超級重要的入學考試、在某個大導演面前舉辦的試鏡、或是一項超難獲得的工作面試。有時候我們甚至不會知道，這些時刻，其實將會在人生中造成戲劇化的轉變：像是和你未來伴侶的第一次約會，或是在某場恐怖意外前的那分鐘。

YC 的發表日就是這種轉折點。

你把小白球放在人生的轉盤上，而結局不是贏家就是澈底的失敗者，這也決定了你這個人。如果你是像我這種門外漢或是喪家犬（而如果你不是，你就把這當成未來很有可能會是的身分吧），你能期待的就是盡可能把球放到最大的轉盤桌上。嗯，這一點我們已經做到了，但是我們可不知道那顆球會停在什麼地方。

發表日的規則是這樣的：這一梯 YC 的公司中，每一個團體都有兩分半鐘展示他們的產品，並試著刺激台下廣大的矽谷風險投資菁英們對你的產品產生興趣。由於 YC 的場地實在太小，每一組的報告都有三輪，每一輪參與的投資者重要性逐漸遞減（如紅杉資本會出現在第一輪，康卡斯特創投公司則會在最後一輪）[52]。所有的公司會依照事先定好

---

[52] 從 2015 年開始，YC 租下了電腦歷史博物館的半圓形劇場，在那裡舉辦產品發表日，以免我們得再進行好幾輪的報告。由於公司成長的關係，現在一梯新創公司大約有一百間。

但隨機排列的順序上台報告，整場發表馬拉松會持續大約兩個小時，中間會有兩段休息時間。

作為某種預備動作，在產品發表日的報告前，我們有兩場彩排：一場是做給同梯的其他公司，另一場則是做給 YC 的畢業生，假裝他們是風險投資公司。很多的畢業生都已經是真正的創投者了，所以這個彩排其實不完全是彩排。這有助於我們找出所有報告中的大問題，並幫助許多創業者克服上台的恐懼感（包括我）。很多的 Y 組創業者或許在科技和創新方面很勇敢，但在行銷和自我提升的藝術上可能比害羞還糟糕一點，所以在真正的出資者現身之前，我們都需要一兩次的暖身。

「產品發表日」這個名稱其實不太貼切；在整場活動中，幾乎不會有人真的展示一個完整的產品。由於時間限制實在太緊，你要引導一個潛在客戶（消費者、廣告商，什麼都好）對產品進行什麼實際操作都是不可能的。就算你有辦法把產品介紹完，比起它的經濟面，大部分的投資者都對科技面一點興趣也沒有。所以除非那個產品是個科技奇蹟，否則產品展示只是浪費時間而已。

於是，我們的第一次彩排就這麼開始了。

我練習我們的報告已經到了半夜說夢話都在唸講稿的地步，所以正式開始時一切都非常順利。廣告通的提案其實非常簡單：谷歌關鍵字廣告代表了源源不絕的金錢，但大部分的錢都還未被任何人染指，因為它們都直接從這個世界流到谷歌手中了。我們將要想辦法占有那其中的一部分。就算我們只搶到小小的一角，那也足夠滿足我們貪婪的創業欲了。

不知道是為了娛樂還是為了品質，YC 的主管們在彩排結束後舉辦了一場匿名投票，讓創業者們選出最棒的簡報。最後結果出爐，廣告通位居第二名，僅次於那個在原型發表日時過度完美讓我覺得很討厭的 Rapportive。和像卓別林搞笑一樣被纜線絆倒、還拿一個不存在的產品在那裡胡說八道的我比起來，我們還真是天差地別，是吧？

1996 年的夏天，我在潘普洛納和牛一起狂奔。

整件事其實都被海明威誇大了。首先，根本沒有所謂「和牛一起狂奔」這種東西。這座城裡有一個慶典活動，叫做聖費爾明節（以城市的創建者與保護者命名），而整場活動則是以一系列的鬥牛表演做為大眾的娛樂。為了把這些鬥牛從城市邊緣的畜欄趕進鬥牛競技場裡，不切實際的西班牙政府便決定讓牠們衝過整座城。出自於典型的西班牙風格，當地的男孩們決定要跑在這些狂飆的鬥牛前方好證明自己的男子氣概。時間向後快轉幾百年，現在那個活動則已經變成了頹廢歐洲青年的狂歡節。

整個活動的幾何概念是這樣的：堅固的木製柵欄圍在你周遭，比你的人還高，將奔牛的路徑從城市街道中分離出來。那天早上八點，警察拿著警棍把路上所有的觀光客和醉漢趕開，留下一個靠近市政府的入口，讓跑者們進來。然後他們便把柵欄關上。所有留在柵欄裡的人全都要承擔自己的生命風險。在接下來的十分鐘，沒人會試著救你，而在那條粗糙的石子路上，那裡既沒有神、也沒有法律。

在公牛們被放出來前那難忘的十分鐘，我就這樣站在那裡。扎人的緊繃感充斥在空氣之中：你的人生在那條布滿瓦礫的黑白道路上慢了下來，你的腦中播放著像是刺殺甘迺迪的影像，就像每次你知道自己在做什麼風險極高的事情一樣。男人們的面孔死寂，盯著地面，或許是人生中第一次如此仔細的思考自己的生命盡頭。有些人看來對這場暴動感到很興奮，其他人則忙著進行最後一刻的熱身，不過比起身體的準備，他們更像是在做心理準備。很快地，我們就聽見牛蹄踩著鵝卵石的脆響，便開始為自己的生命奔跑。

你會覺得我太誇張了，但在發表日那天站在 YC 外面等待的時候，我有同樣的感覺。那是個熱得不合時宜的日子，溫度直逼攝氏 37 度，YC 則在外面搭建了臨時帳篷幫我們遮陽。

　　我們在彩排時就犯了掀底牌的小錯誤，也已經穿上我們客製的廣告通 T 恤。而在正式發表日前，**所有的新創公司**都緊急下單訂購他們自己的品牌 T 恤，並在當天穿著它們現身。由於每個公司都選了最能代表他們態度的底色，所以發表日現場緊張的人群便是由兩到三人的小團體所集結而成，每個團體都有自己的代表色。我們是一群群由長得很不健康的科技宅所組成的小幫派。人們淒慘地四處徘徊，等著他們上場的時間，不是警戒地背誦著自己的台詞，就是懶洋洋地在一旁用著筆電或手機，更有人直接躺在地上等待不可避免的結果。

　　漫長的等待過後，我站在「預備區」的帳篷下，身上戴著 YC 財務長柯斯蒂（Kirsty），這位總是喋喋不休的英國人為我裝的麥克風。前一組報告結束後禮貌的掌聲漸漸止息，便換我上台了。操作筆電的人給了我開始的信號，我便像打了古柯鹼一樣亢奮地開始了我的發表。一張張的投影片滑過，展示出我們現有的客戶、我們的成長率、我們七十億的市值、以及谷歌如何只是我們的第一步。當投影片出現我們偷渡的一名半裸美女照時（有一間女用內衣公司正在用廣告通販售時髦的內衣），甚至引起了一陣音量適當的笑聲。一切都照著練習的進行，甚至表現更好。如果那些風險投資人在廣告通的報告前睡著了，那在我們的發表後，他們肯定都醒了。兩分半鐘過去，一切結束。

　　接下來我們只有等待。

　　長長的發表會中間穿插著讓人上廁所的休息時間，人們則在矽谷首都的花圃上解放，替他們澆花。整場活動算下來有大約一百五十名創業者，每一輪發表會則至少有同等人數的投資者，所以在每一段休息時間和接下來的數小時中，場地一直都擠得前胸貼後背。

　　人群由排山倒海的二十幾歲宅男和他們身上的品牌 T 恤及牛仔褲所組成，裡頭混雜著身穿襯衫和休閒便褲的有錢白人（他們幾乎全都是有錢的白人）。所有的人同時都在朝四面八方移動、說話和傾聽，而當

你試著行走時，你得用手肘在三三兩兩的小集團中為自己開路。這裡是匯集了人類的貪婪與油嘴滑舌的言詞的糞坑，人們拿野心去換錢，再拿錢去換未來（可能）更多的錢。

　　我的男孩們也加入混戰，畢恭畢敬地收集各種名片。那是我人生中最興奮也最可怕的幾個小時，而在之後的幾週和幾個月裡，我們的人生將會充斥著那場混亂的餘波。

天使密會

他與天使角力，並且獲勝；他哭泣懇求，並得見耶和華。

——《聖經》，何西阿書十二章四節

2010 年，9 月

「就在這裡啊，老兄，我們應該要看到了才對。」

「我沒看到。」

「我們已經到目的地了，就是這裡。」我有點挫敗地重複道。

「打給他們。」馬修提議。

「該死，已經 5 點 5 分了，我們遲到了。」

沒錯，在前往第一場投資會議的途中，我們迷路了。更準確的說，迷路而且遲到了。我們答應在洛斯阿圖斯（Los Altos）的一間星巴克見面。洛斯阿圖斯是南灣郊區其中一個零碎區塊，四周則圍繞著像是帕羅奧圖和聖荷西這類著名的核心地區。這些小區塊全都是一個個由數字街道和井字街區組成的迷宮，像是笛卡兒座標的網格一般，裡頭偶爾穿插一些由建商開出來的迂迴小路，毫無實際作用，只是為了讓他們裝著冷氣的石灰牆叢林看起來更「有機」一點。我們約在「洛斯阿圖斯鄉村俱樂部北邊的星巴克」見面，那裡是投資者每天下午健身的地方。當我們從廣告通總部出發時，我們非常有信心地認為谷歌地圖會好好把我們帶到目的地。

馬修開著他的本田雅歌，我則坐在副駕駛座，用著很快就要背叛我們的谷歌地圖導航。

隨著驚慌感在心中越堆越高，我打了電話，並詢問那間星巴克是

不是在我們正死盯著路牌的街上。

「喔，對……谷歌認為我們已經到了，但我們其實還沒。我們在二街。抱歉……」

讓我們死吧。

「告訴羅斯（Russ）我們會大遲到，看看你能不能重約時間。」我對原本擔任聯絡人的麥伊辰說。

所以我們和廣告通一生中最重要的投資者之一的關係就這樣開始了。稍後當他提供我們一大疊鈔票時，我們終於得知他對這件事很不爽──事實上，我們的無能讓他氣得半死。他幾乎就要把我們甩掉了；如果他真的這麼做，那我們的故事其實在此刻就會結束。

這個救世主般的存在是誰呢？

羅斯・席格曼（Russell Siegelman）是老派天使投資人[53] 的最佳例子。他們象徵著矽谷科技的前一個世代，並和現代的那些偽天使們並存（有些人會說他們很不自在）。

他是麻省理工學院的學士、哈佛 MBA 碩士，再加上一個貝克學者（Baker Scholar）的頭銜。他在微軟工作了長長一段時間，而在臉書和salon.com 出現摧毀那個世界之前，MSN 這個有著即時通訊與電子郵件功能的雅虎式產品，是在他的監督下誕生的[54]。接著他又花了十年的時間待在凱鵬華盈創投公司（Kleiner Perkins Caufield & Byers，KPCB，在行家口中則簡稱凱鵬），一間僅次於紅衫創投的風險投資公司。在投資並服務過許多公司後，席格曼便開始將私人天使投資作為業餘娛樂。

---

53 譯注：angel investor，在新創公司創立初期就開始投資的投資者，可以在未來獲得有價債券獲所有權益。

54 哈佛有「貝克學者」、史丹佛有「亞傑・米勒學者（Arjay Miller Scholar）」，這些都是當你以全學年前百分之十的成績畢業時，能在你的 MBA 學位上錦上添花的榮譽。這些人總是把課程看得非常重要，並且認為那些內容真的有某種意義、而不是只讓 MBA 菁英擁有管理妥善的人脈及開啟新事業的跳板（在史丹佛，這其實就是你年付七萬美金所換來的）。這樣的人擁有紀律和野心，但沒有真正的才華，所以通常都會進入創投公司。

當然，他還是一名認真的自行車騎士；那些具有重大影響力、擁有大把時間和鈔票在手的矽谷人士，似乎總是會把時間花在磨練某些健康但沒有任何意義的技能上，像是路騎自行車或是風箏衝浪之類的。他的身材很好，擁有戰爭期間菁英軍人般纖瘦精實的體態。我總是覺得他像以色列國防軍的傘兵：可靠、令人敬畏，又有點嚇人。「以色列傘兵」成了他在辦公室內的綽號。

羅斯拿他自己的錢投資，並只為他自己的淨值負責，不為其他。如果你讓他的投資加倍，他會很開心。如果你讓他賺四倍，他會飛上天，不過錢當然越多越好。如果他覺得一間公司就快要內爆了，他會想要把他的錢拿回來，而不只是停止投資。羅斯是那種在甲骨文、昇陽和 eBay 初期開支票給他們，並帶出後面盛世的人：他是天使，那種長著翅膀、從天堂降下，並奇蹟般啟動你的商業實驗的超自然生物。儘管如此，他們是很理性的，他們只是希望自己的投資能有好的回報，而不會要求你百倍奉還。他們也百分之百投入；這對他們來說不僅僅是五十個風險中的其中一個，而是他們用自己的財產在玩的遊戲——那些財產也是他們透過同樣的遊戲所賺來的。

由於他傳統的特性，我們經歷了一串冗長而有些混亂的過程才通過天使們的認證。他找了行銷圈的朋友來幫忙，把我們徹頭徹尾的翻過一遍，看看我們知不知道自己在幹嘛。他把我們提出來的藍圖拿給其他朋友檢視，確認我們是否和其他現有的同行（像是臉書）方向一致。他和我通過好幾次長長的電話，彼此互相理解，好確定我們之間是否有那種化學效應，好讓我們能毫無摩擦地合作。

幸運的是，我們在發表日前就聯絡過羅斯（感謝谷歌讓我們找不到那間星巴克，這場發表日便成了我們早產的第一場會面），而接下來更有一系列和他與他的親信們一起舉辦的會議。這一切蠢蠢欲動的操作都在其他投資者加入前就發生了。我們很快就會發現，時間點代表一切，如果我們不是這麼早就開始預備羅斯（以及他預備我們），我們可

能早就失去了頭號投資者和拯救公司的小天使。

　　成功跨過他為我們倉促設計的障礙賽後，他終於邀請我前往他位於老帕羅奧圖的住家。儘管全都位於帕羅奧圖的特等地區，這裡的住宅還是有階級之分的。老帕羅奧圖是矽谷菁英居住的地方。史蒂夫・賈伯斯和谷歌創辦人賴瑞・佩吉（Larry Page）都曾經住在這裡。寬闊的道路周圍樹木林立，遮蔽了品味極佳的都鐸式、工匠風、以及仿西班牙式豪宅。這些屋子通常都座落在縮小版基地中（YC 的領袖保羅・葛拉漢就住在這種房子裡）。這個地區意外地平易近人；帕羅奧圖並不總是那些超級有錢人的領土，完全不是。如果你真的想要昂貴的房地產，你會選擇住在更像郊區的阿瑟頓或是伍德賽；許多菁英們在家庭擴張之後就搬去那裡了[55]。

　　他位於聖塔里塔大道（Santa Rita Avenue）上的房子一點也不讓人失望。那是一幢現代工匠式建築，被山形牆和拱形玻璃所包圍，並點綴著昂貴的石材和木材。羅斯在門邊和我碰面，身穿他一貫的舊 T 恤和短褲，看起來就像是剛騎完長長一段路的腳踏車回來（這或許是事實）。屋內非常華麗，高挑而寬敞，從被濃密的枝葉遮住的外觀完全看不出來。

　　我們經過羅斯的辦公室（由原木裝潢成如亞馬遜叢林般的環境），繞過壯觀的螺旋樓梯（邊緣裝飾著線條優美的扶手），然後走進開放式的客廳裡。他的兒子正在隔壁的小隔間裡玩電動，而我趁羅斯領著我走到一張餐桌旁時對他假笑了一下。我們坐在兩側角落，羅斯則在主位，並開始不著痕跡地談起我們的交易。我們（雖然你肯定已經受不了這種把融資當作約會的比喻了）正在進行風險投資與創業者的第三次約會：現階段，你們得決定這段關係要不要繼續下去。

---

55 帕羅奧圖在西班牙文中是「長木」的意思，指的是一棵位於皇家大道（El Camino Real）上作為地標千年紅木。那條路是西班牙人在殖民加州地區時所建的，現今則是行經各大教區（現今的城市）的主要幹道。那棵樹至今仍豎立在距離帕羅奧圖市中心幾個街區的地方，距離史丹佛校園不遠。

「所以你們的資本是多少，現在你們又募到多少？」

啊——**資本！**羅斯和我終於談到重點了。

這是其中一個，也是**最重要的那個**。對創業初期進行第一輪融資的公司來說影響最大的數字。我們要好好介紹一下。

＊　＊　＊

創業是用其他人的錢所打造的商業實驗。

你做實驗的資金是這樣來的：

最早的一筆錢是所謂的種子基金，就像在讓一棵巨大的紅木發芽。以歷史觀點而言，這筆錢會來自你的朋友和家人，或是像羅斯這類的天使，或是像是克里斯・薩卡（Chris Sacca）這類的假天使（我們很快就會見識到了）。從名不見經傳的廣告通到偉大的通用汽車，所有的公司都是透過貸款和股票（equity）集資的。在創業的世界中，第一筆錢通常是以貸款的形式現身，而由於它不是真正可以被付清的貸款，這個概念既不直覺，又有唬人的嫌疑。

除了那些一開始就募到天文數字的公司，所有早期的新創公司都是透過某種叫做「可轉換公司債券（convertible note）」的東西在集資。儘管名稱聽起來很時髦，但它其實就是帶有名義利率（nominal interest rate）的貸款。如果一間公司被收購、或是募到更多的錢，這張債券便會轉變成公司的股票，你便成了真正的公司主人，而不只是債權人。這聽起來比實際情況複雜，其實更簡單的說法就是：我「借」你十萬元去開公司。當你下一輪募到更多錢，我就要得到十萬元的股票，不管當時的股價是多少。

以下的例子是為了簡單說明而選擇的數字，不是圈子裡的現況。

一名投資者給了你一張十萬元的支票讓你創業。一年之後，由於達成了某種產品或用戶數的里程碑，你的公司以一千萬的估計價值募到了一百萬（這是在種子基金之後的第一次融資，也就是所謂的 A 輪）。

那筆款項也就是說那原始的十萬元便轉換成公司裡的股票。由於公司的估計價值是一千萬，而這名投資者投資了十萬，現在他便擁有這間公司的百分之一。

從這名投資者的角度來看，其實這很有問題。假設你這間火辣辣的新創公司聲勢正如日中天，而你的預估價值是某種瘋狂的的數字，像是一百億之類的，那麼你的天使投資人就只能哭哭了，因為他只得到這間公司的 0.1％。也就是說，一間企業發展得越好，他得到的就越少。儘管他的股票每一股的價值和接下來其他投資人的金額保證都是一樣的，那對他來說還是一個很不划算的風險；因為他在公司最不穩定的時候就把他的錢投下去了，比任何人都早。

此時，投資者最好的朋友就要現身了：資本額。這個資本額是一間公司預估價值的最大數字，是為了在一間公司獲得更多投資時保護天使投資人而存在的。用我們先前的例子繼續說，假設那筆十萬元的投資是在估價三百萬的前提下出現的，那麼儘管這間公司未來的價值可能來到一千萬，那麼天使投資人獲得的債券便是十萬元除以三百萬，也就是3.3％，比原本的數字要大多了。對這名投資者有效的股票價值便是用資本額來算（而不是估價），讓他比更晚加入的投資者擁有更多折扣。因此，就算這點沒有白紙黑字寫下來，這個資本額幾乎就是一間新創公司剛被投資時的預估價值。早期的新創公司會對這個資本額討價還價，好像真有這麼一回事一樣，但是它充其量只是一個前提式的計算而已，未來不一定真的會達到。

透過債券或貸款來開公司，是完全不同的兩回事。一張有資本額的債券，是沒有公定價值的。你可以不斷在投資人之間換來換去，像是在花叢間採蜜的蜜蜂，把債券用不同的資本額賣出去，沒有人能有第二句話。至於用統一定價的股票來融資，每個人就得同意一個共同的價值、以及銷售總量，而且每個人都得同時簽字。典型的融資會由一個領導人來帶領，通常都會是那一輪裡面投資最多的資方，他會幫助你把其

他投資者趕進羊圈裡。此外，白紙黑字寫下的法律文件複雜多了，因此也貴得多。把文件處理完之後，銀行就會進入程序，你就會拿到錢。如果要做個比喻，一張債券就像是在引誘五個女人一個接著一個和你上床，而股票則是說服五個女人同時和你上床。後者當然比前者難多了[56]。

為什麼要對資本額或實際價值這麼著迷呢？難道除了身為獲得更多錢的操作手段，它還有別的意義嗎？

有的，因為每一間新創公司最大的敵人、每一張資本結構表中的魔鬼，就是逐漸帶來萎縮和腐敗的「稀釋」（！）[57]。我們把這裡的數字和公司比喻成一個香噴噴的大起司蛋糕好了。最初，你和你的合夥人可能擁有90％的蛋糕（剩下的10％要留給最後一定會出現的員工股份所有權），但隨著你得到的外資越多，你們所擁有的蛋糕份量就會越少。你們的預估價值（或資本額）越高，投資者的持份就越低；就算他們投入的金額是一樣的。所以隨著每一輪成功的融資，你切的蛋糕每一份都會變得越來越小，不管投資者是怎麼拿到他們的債權（貸款或債券），所以創業者才會掙扎著把資本額（或估計價值）維持得越高越好。那能有效地將他們的每塊起司蛋糕價格的價格和尺寸保持一致。價格越高，他們為了同樣一筆金額所售出的起司蛋糕就越少。

身處帕羅奧圖的財富中央，坐在羅斯的餐桌旁，我們在討論的正是廣告通起司蛋糕的價格，或者說是那個會決定一切的假估價。2010年的暑假，對於那些被揀選的 Y 組菁英們而言，理想的資本額是六百萬元。一流公司的資本額大約落在八百萬左右，而只有某些真的很屌的

---

56 拿女人來做的比喻其實在某一個點上會不成立，那就是如果你引誘了越多的投資者，就會有越多人想要加入。這些科技投資人和旅鼠集體跳海自殺的行為有異曲同工之妙，不過他們之中的很多人幾乎承受不起他們的頭銜。

57 所謂的「資本結構表」是一份名單，上面列出所有債券的持有人（投資者、創辦人、或是員工），以及他們擁有多少百分比的公司。這幾乎是每一間公司最重要的一份文件。上頭的每個人都會知道自己持有的數字，精確至小數點第一位。

公司，像是 Reddit 其中一個創辦人的副業，一間名叫 Hipmunk 的旅遊公司，才有可能達到那個水平。中等的 Y 組學員（像是我們），則位於三百至四百萬的範圍內。當這場晚餐對話發生時，發表日早已過去，我們也和幾個不同的投資人談過了。我已經摸透他們，並大概知道我們的安全範圍是三百萬元資本，又或許能再高一點點。所以對於他的問題，我是這樣回答的：

「羅斯，我們是用四百萬的資本額在融資，打算募五十萬到七十五萬。我知道我們談的是三百萬，但我不認為其他投資者是用那個資本額在談的。」

用自己的錢在打賭的羅斯不太開心地迎接這個消息。

「那聽起來很棒啊。」

一個停頓。

「讓我知道你們最後跟其他投資者談到多少……」

他微微一搖頭。

我在創業遊戲中能稍微派上用場的一個技巧，是我能偵測到人們的弱點。人的弱點就像新鮮的狗屎一樣臭，而我能聞到它們。羅斯的猶豫和搖頭透露得非常明顯了：只要適當地推他一把，他就會同意在四百萬的資本前提下出錢；我們只是需要讓他感受到一點急迫性。

我們很快就要出現燃眉之急了——只是它並沒有把資本額往我們想要的方向推。

廣告通的另一名大投資者和我們的以色列傘兵是完全相反的案例。克里斯·薩卡是矽谷最有名的天使投資人之一。他在社群網站上的聲音響亮，個性頑固，早期在谷歌工作，並在最早的階段就投資了推特和優步。他是早期投資世界中的少數明星之一，所以只要把他的名字印在你的資本結構表上，你就能得到那個必要但神祕的效果：光是他的名字就能說服軟弱的投資者投資你的公司。不過和羅斯不同的是，他不是

用自己的錢投資，至少不是全部。在他們那種等級的投資人之間，融資的金額是兩千至四千萬，來源是科技圈中的其他懶得調查公司背景和玩投資遊戲的有錢人。儘管這些專業投資者看起來都很囂張，他們其實是有老闆的，或者說一群老闆，也就是出錢讓他們投資的人。如果這些投資者沒有用他們的錢賺夠本，他們就得回去當吃自己的天使（如果他們還有任何自己的錢留下來的話）。

發展日那天，我一下台就收到了薩卡的電子郵件。它的標題寫著「我喜歡」，裡頭提到他過去在谷歌工作的背景，所以他理解我們在幹嘛。

在接下來的故事裡，薩卡會是非常重要的角色；不過，我們第一場和他面對面的會議卻是發生在發展日過後的一個星期。這週的推遲是因為他住的地方是位於太浩湖（Lake Tahoe）邊的滑雪小鎮特拉基（Truckee），一個位於山坡上的天堂，距離舊金山有三小時的車程。年輕的創業者會成群在那裡租房子，而有錢的老創業份子（例如薩卡）則會在那裡買房子。

我們的會面地點是磚屋咖啡。那間咖啡館是一間西部主題式的雙層複合式餐館，位於舊金山的南市場區正中央，平凡而破舊得詭異，但是談投資和收購的重要據點之一（還有一間叫「奶油工廠（Creamery）」的咖啡廳也是）。它的隔壁則是要價高昂的亞歷山大牛排館（如果你想大肆揮霍一番，就去點一客松露牛排吧），距離發生什麼都不奇怪的南方公園也只有一個街區的距離。

儘管我想辦法要男孩們遠離所有跟談錢有關的屁事，阿基里斯還是堅持要跟我一起去。我們在咖啡館裡找到薩卡；他本人看起來就像是他在社群網站上做的宣傳那樣，身穿一件西部牛仔襯衫（非常符合情境），坐在硬木構成的小隔間之間。它站起身和我們握了手，我們便擠進狹窄的木座中，談起公事。

就像 YC 教的那樣，我們試著將薩卡講成我們的一份子，開始灌輸

他（現在終於）練習完整的廣告通思想。才經過半小時，或是不到半小時，他就宣佈：「算我一份！」然後會議基本上就結束了。就這樣。

桌子兩側的人們都站了起來，準備離開，薩卡朝門邊跑去，接著向左一轉，跑上通往中間夾樓的樓梯。我們悠哉地晃出餐館，仍然不敢相信事情會進行得這麼順利。我們在門邊遇上另一名同梯的 YC 創業者索羅門・希克斯（ Solomon Hykes ）[58]。我們短暫地彼此問候，然後有點愚蠢地提到我們是來這裡和薩卡見面的。「我也是。」他說，然後跑上通往夾樓的樓梯。

這種撞見其他 Y 組學員和某些重要投資者會面的狀況，會變成這類會議的自然現象。這就像是大家都在參與某種整個大灣區都在舉辦的快速約會活動，從舊金山到門羅公園，座落於各種咖啡館和會議室中，每個人都試著用最短的時間找到適合的對象，好進行下一場會議（如果有必要的話），或是得到一張支票（如果有可能的話）。

對當時的我們來說，這是一場勝利，因為我們覺得在第一輪融資的比賽中搶先是最重要的事。薩卡已經入手了，我們的資本結構表上現在有了個金牌。但是我們如果要把這整件事做對，我們就得去追求比這更大筆的資金才行。

---

58 索羅門・希克斯的公司是 DotCloud，專門製作電腦基本管理工具，最後則被 Docker 收購。他們提供了系統佈置與管理的新模式。但是真正會成為他們註冊商標的產品，其實是一個開放資源的副產品，是他們內部自己進行的其中一個計畫，卻突然（意外地）被整個工業所接受了。他們在 YC 提出的產品計畫反而難產。在 2015 年時，那個產品實在太成功了，因此讓 Docker 晉升「獨角獸俱樂部」，意味著他們的公司估價超過十億美金，並成為矽谷最有聲望的公司之一。他們當然毫無疑問地成為我們這一梯 Y 組學員的冠軍，不過在合夥人改組的過程中，他們踢出了一名最早的合夥人，塞巴斯欽・包爾（ Sebastien Pahl ）。就算是最棒的公司，還是逃不了創業鬧劇的魔掌。

沙丘

夏洛克：一磅從男人身上取下來的血肉，甚至還比不上一磅羊
　　　　肉或牛肉的價值呢。我是把他當作一名朋友才為他這
　　　　麼做的。如果他接受，很好；如果他不接受，那就再
　　　　見吧。而我希望你別誤會我的意思。
安東尼奧：是的，夏洛克，我同意這份合約。

　　　　　　　　　　——威廉・莎士比亞，《威尼斯情人》

2010 年，9 月

　　說到威尼斯人：幾乎所有我們現今所了解的現代銀行系統都是發源於義大利北部的城區，介於文藝復興早期與中期。當時的銀行家們是猶太人；大部分的他們都是賽法迪猶太人，是 1492 年在西班牙天主教雙王的驅逐令下出走的。當時的教會禁止基督徒放高利貸，但這宗教限制反而為猶太人壟斷了借貸的工作，替他們製造了一筆意外之財。猶太人們遭受屠殺與壓迫，被迫戴上特殊的標誌，將他們從人群中分離出來，也禁止他們擁有土地或進行大部分的交易，並只允許他們住在城門之外。至 1516 年時，猶太人證明自己實在太有用了，因此威尼斯總督開始考慮讓他們搬進城內。他們被准許住在城裡一個破爛骯髒的貧民窟，名叫諾沃（Ghetto Nuovo）。（「貧民窟」的義大利文意指「煉鐵廠」，指的是那一區裡先前的居民所留下的鐵渣。）每天晚上，猶太人會被鎖在貧民窟的牆內，因此他們只透過白天進行金錢借貸的工作，基督徒們則得跑到城裡鳥不生蛋的地方借錢。

　　現代的矽谷貧民窟則是沙丘路（Sand Hill Road），雖然已經不像古

時候的威尼斯，沒有了那些在門後偷偷進行的高利貸。這條蜿蜒的雙車道柏油路一路從帕羅奧圖延伸到門羅公園。在這片毫無特色可言的郊區中，遍地爬滿了隨身帶著一台筆電和狡猾說詞的創業家。

　　紐約有一個老笑話，說華爾街是從一座墓園開始，直達河裡。矽谷這裡的笑話則一樣有象徵性：沙丘路從一間購物商場開始，直達一座粒子加速器。那間購物商場是史丹佛購物中心，蓋在以前利蘭‧史丹佛（Leland Stanford）的葡萄園上，是郊區一個重要的地標，目標是奢侈的高消費族群。在二次世界大戰過後，讓他們獲利無數的科技爆炸之前，史丹佛大學只是一間平庸的學校機構，而且身陷財務危機之中，因此他們試著將土地租給開發者使用。在這個前提下所蓋出的購物商場，驕傲地站在矽谷最優秀的教育機構旁，事實上正是矽谷潛在價值最佳的提醒（更別提史丹佛的學生和員工了）。

　　所謂的粒子加速器則是指 SLAC 史丹佛線性加速器中心（Stanford Linear Accelerator Center, SLAC）。當風險投資家和有錢的校友都比較喜歡投資谷歌，而不是領諾貝爾獎時（SLAC 就拿過幾個），這個機構是由美國能源部出資的。加速過後的粒子跑道沿著沙丘路前進，位於 280號州際公路下方，直至聖克魯斯山，也就是矽谷最西邊的邊界。

　　最後這裡還有一間高級妓院：紫檀沙丘。那是一座看起來很奢侈的餐廳與飯店複合體，座落於 SLAC 和 280 號公路之間。每週四晚上，沙丘飯店都會舉辦有名的「美洲豹之夜」，寂寞的老女人（年輕的都要把鐘點費算得清清楚楚）便會在聚集在這裡勾引附近的外來者。

　　所以你看，沙丘這裡充斥著各種騙子和婊子，都在試著從那個開著奧迪 R8 的傢伙身上榨出下一杯油水。而我只不過是眾多騙子中的一員而已。

　　第一個和我們碰面的投資機構是紅杉資本。1972 年由唐‧華倫泰（Don Valentine）創立，他自己本身又是矽谷第一代公司（像是快捷

半導體）的一部分，紅杉資本是業界的佼佼者，創投世界中的王中之王[59]。

會產生這場會議，是因為和 YC 有所聯繫的紅杉行銷合夥人馬克・丹普斯特（Mark Dempster）先前已經聽過了我們的推銷。YC 在我們創業營開始的前幾週曾經舉辦過「紅杉日」，告訴我們與大型創投公司合作會對我們的公司有多大的幫助。在紅杉日的前一天，我告誡男孩們，說我們現在要報告的對象是矽谷中最大的投資公司，所以拜託他們別搞砸數據庫。結果事實是，他們其實根本沒聽懂我的意思，並把數據庫改得讓我筆電上的區域碼沒辦法再繼續運作（畢竟他們一天到晚都躲在廣告通的總部裡嘛）。我一直到和紅杉開會前一分鐘才發現這件事，因為廣告通的產品突然間無法在我的瀏覽器上載入了。我生氣地打電話回去對馬修大吼大叫了一番，最後聊勝於無地收到一封附帶著螢幕截圖的電子郵件。

根據我的絕望推銷術，我們的提案中充滿了許多冠冕堂皇的詞彙，以及一大堆手勢（因為我們沒有其他東西了）。但是有時候你就算靠著一付爛牌也能贏錢。丹普斯特喜歡我們的點子，並為我們預約了一場更正式的會議，地點就在紅杉資本，要我們與他的投資夥伴布萊恩・史契爾（Bryan Scheier）見面，而後者則是 Dropbox 去年新一輪融資的投資領導人。

現在男孩們終於知道我們在應付的是什麼對象了，所以他們也想一起參與會議，看看偉大的紅杉資本葫蘆裡賣的是什麼藥。

這是個壞主意。通常只有執行長、或是最油嘴滑舌的創辦人才應

---

59 快捷半導體占據了美國科技史中非常重要的一部分。它的創辦人是威廉・夏克立，擁有一項諾貝爾獎的殊榮，也是我們世代的科技中樞：電晶體的發明者。他以招攬了一個團隊、最後又和他們翻臉而聞名，而那個團隊則成了後來的英特爾。由於身陷科學種族歧視與優生學的爭議，他的事業最後草草終止。此外，他的著名事蹟還有向精子銀行捐精，期望能培養出天才與奧林匹克運動員。當他去世時，他是一個苦毒而扭曲的人，名聲敗壞，受到所有家人與同事的漠視；他的孩子還是看到報紙上的訃聞才得知他的死訊。親愛的讀者，來矽谷是找不到正常心智的。

該去參加投資會議，而且只能有他一個。融資就像拉丁美洲電視台上看到的肥皂劇一樣。盡可能避免整個公司的人都進來攪和，並把募資時毫無意義的喧鬧不計代價地自己吞下。

　　紅衫資本座落於一間普通的雙層樓水泥房裡，擁有開放的中庭，位於沙丘路修剪整齊的斜坡上，就在史丹佛與 280 號公路之間。這樣的外觀讓人不由地低估了他們的價值，畢竟帕羅奧圖全區都給人一種像是極樂世界般超自然的美好之感。如果你毫無頭緒，你或許會以為這座平凡無奇的總部屬於某種國際保險公司，或是稍微有點奢侈的洛杉磯近郊高中。

　　不過他們的內部裝潢卻十分俐落，帶著加州的現代極簡風格：深色原木桌，奶油色的木頭地板打亮拋光，會議室的椅子則用彩色的布料和外露的金屬產生鮮明對比，並且到處都裝設了鹵素燈。整體設計似乎是要向《銀河飛龍（Star Trek: The Next Generation）》中企業號的艦橋致敬。

　　他們的接待員個個都正得嚇人。我指的是「不小心從紐約時裝周走丟了」那種程度的正。她們登記我們的名字，然後帶我們進入一間會議室。接著我就看見牆上掛著的東西了。

　　真正的壓箱寶，是像博物館展示品般掛滿所有牆面的裱匡商標及融資墓石（Tombstone）。

　　所謂的「墓石」，其實就是便宜的壓克力磚，上頭刻著像墓誌銘般的文字，紀念高風險的美國公司人生。在華爾街，他們會將股票或債券交易（像是股票首次公開或債券發行之類）的公開說明書裱框起來，並用還算可以的認真程度將他們裝飾在投資專員的桌子上。在矽谷這個認真的世界中，這些墓石都被看得非常重要，並像壁磚一樣貼滿任何超級成功的創投公司內部。因此谷歌先前兩千五百萬融資的墓石，就像墨西哥市大教堂裡的瓜達魯普聖母像一樣，散發出一股神聖的光芒。所有的

宗教都需要神聖的奇蹟或傳說來供人崇拜；資本主義的奇蹟則僅靠著納斯達克股票代號就夠，不需要任何聖人的遺物。

蘋果、雅達利、谷歌、甲骨文、雅虎、領英、Youtube、Zappos、PayPal、Kayak、Instagram、Airbnb、Dropbox……這些公司的商標以大幅輸出掛在牆上，讓這裡看起來就像象徵著美國資本主義與公司勝利的迷你羅浮宮。走過這些由公司所組成的萬神殿其實很讓人心慌，因為他們就是要看看我們究竟有沒有本事和這些公司平起平坐。

正妹接待員讓我們在會議室中坐下，我和男孩們緊張地等著，不知道接下來要迎接什麼。布萊恩很快就出現了；他長著一張帥臉，打理得宜，面帶微笑，身家背景則是投資者必備的組合。貝爾明預校（Bellarmine Prep）（和我讀的高中一樣，是一所耶穌會男校，位於聖荷西）、普林斯頓大學，接著在摩根史坦利和谷歌工作過，最後來到紅杉。他整個人散發出貴族般的自在感，裡頭微微帶著一點如狼似虎的企業家特質（不知道是真是假），這對頂級風險投資者來說似乎是基本設定。我們向他介紹了現在廣告通擁有的產品（這次是跑得動的版本了）、我們的願景及未來的可能性。他禮貌地傾聽，時不時靜靜地點頭，並提出相關的問題。作為一個曾經為谷歌的「線上經營與銷售」部門工作的專業人士，他馬上就抓到了我們的市場問題。

最後的最後，紅杉資本會決定不要投資我們，據稱是因為他們投資了另一間名叫「Kenshoo」的以色列公司，後者正在研發和我們有點類似的搜尋行銷工具。根據紅杉發給我們的電子郵件，他們說他們喜歡在投資的公司之間「劃清界線」。這句話既是事實，也是個禮貌的謊言。不管如何，紅杉仍然熱心地鼓勵我們，與我們禮貌地溝通，最後甚至幫我們做了幾個有用的轉介。在風險投資的世界中，跟在人生裡差不多，那些沒有競爭力和沒有安全感的人通常都是渣男渣女；有本事、有成就的人，更別提那些在各領域中早被公認為頂尖的人才玩的是更長遠的遊戲。你永遠都不知道誰會是下一個 Airbnb。

＊　＊　＊

　　銀行投資專員打高爾夫球，華爾街交易員打壁球，風投與企業菁英則玩風箏衝浪。這種運動是滑翔翼與衝浪板的合體，你要站在一塊衝浪板上，身體接著一個幾乎和小型飛機一樣大的 U 型風箏，而你總是覺得那個風箏在威脅要把你吹到永無島上。這和所有的貴族運動一樣，它需要昂貴的器材及某些特定場地的使用。我們玩風箏衝浪的地方經常是位於水邊的克里斯公園（Crissy Field），座落在舊金山最囂張的地區：海港區（Marina District）。

　　當我乘著我的小帆船駛過這區時，那種想要開進風箏衝浪水域並撞翻幾個風險投資家的衝動幾乎無法抑制。他們正在北美最大的風洞前來回滑行，位於遊艇與貨櫃船之間。時不時會有人感到疲憊、或是被自己的風箏線纏住，因此不得不趴在浮筒上休息。接著便會有行經的船隻將全身濕透的科技菁英從水上撈起，以免他淹死、或是被大白鯊吞食。這種生物時常會讓金門灣的入口處擠滿觀光客。

　　因此，自然會有矽谷的科技新貴壟斷風箏衝浪了。在查爾斯河創投公司（Charles River Ventures）工作的資深風險投資人比爾‧泰（Bill Tai）以及專業風箏衝浪手蘇西‧邁（Susi Mai）主辦了一個擁有雙關名的「邁泰風箏衝浪營」[60]，地點在夏威夷。就像矽谷裡的一切，那裡集中了某種程度的嬉皮、回歸自然的超驗主義（這個組織支持許多海洋慈善活動）、美國人對運動的癡迷，還有創業家不要臉的無賴特質。

　　東方的遊艇俱樂部（Eastern yacht clubs）是用出生時間與決算表來決定你是否可以入會，但邁泰的入會資格卻是社會資本、個人品牌、以及（或者）某種難以捉摸的帥氣特質，而最後一項通常會透過身為某個產業的思想領袖來體現。就像所有發生在這裡的事情一樣，只要你有辦法找到人接受你向外兜售的貨幣系統，矽谷就有辦法承受你。我認識幾

60　譯注：MaiTai，同時也是一種夏威夷雞尾酒的名稱。

個俱樂部成員，而他們全都是典型的矽谷玩家，總在接收或提供風險投資之間擺盪；總是在創立一間新創公司、當另一間的顧問、或是在這兩者之間買低賣高──也正好是他們緊密小圈圈中的模範。

比爾・泰的名聲也是我們第一輪融資的觀望對象之一。在發表日當天的過程中，我就注意到了一個黑頭髮的身影，坐在第一排的最右側。政治家們都會在人群中選擇那個進場的傢伙，並像是在對他說話一樣地進行演說，我也鎖定了瘋狂做筆記的他，讓他當我想像中的焦點。後來我發現他是喬治・查克利（George Zachary），是比爾・泰在查爾斯河創投的合夥人。我在結束發表之後和他聊了一下，他便邀請廣告通去他們的公司提案；而男孩們也在發表日時想辦法爭取到了比爾的邀請。

當天我直接切入報告。到了這個地步時，我就像是古老的發條娃娃一樣，所有的台詞就這樣源源不絕地湧出來，是一齣上演過幾百遍的獨角戲。在我回應了幾個基本的問題之後，坐在我正對面的比爾・泰死死地盯著我看。

「但是如果微軟想要用五千萬買下你們呢？你們願意出售嗎？」

這個問題將我腦子裡滾瓜爛熟的稿子完全嚇跑了，讓我愣在原地。微軟砸下八位數字買我們這三個傢伙和幾千行的露比編碼（Ruby code）？我已經可以感覺到一股笑聲在我心底蔓延。但我用超我將它抑制住，最後臉上只出現一抹假笑。

「嗯，比爾……你知道……我們正在試著追求比這更大的市場……哈！……而且我們想要解決谷歌的終端問題……所以……」

那該死的假笑不管怎樣都不肯消失，我的笑聲則在表面下沸騰，像是即將漫出的水。

「所以，真的……我們的目標比五千萬元大多了……而且，誰想為微軟工作啊？哈……」

這裡有誰是從微軟來的嗎？該死。

我沒辦法一邊憋笑一邊回憶他們每個人的背景。

　　錯誤答案，蠢材。

　　一陣寒風刮過會議室。我帶著臉上的怪表情繼續胡言亂語了一陣，最後終於放棄。

　　「嗯，我們很快就會做出決定，所以今晚請等著收電子郵件吧。」查克利最後說道，然後握手把我送出門。

　　那天晚上，電子郵件便依約出現在我們的信箱裡，既簡短又甜蜜：「不。」但是泰所提出的收購問題，之後會證明他很有先見之明。

　　發表日當天，我剛下台，就立刻有兩個人來接近我了。第一個是前面提過的克里斯‧薩卡；另一個則是班‧奈拉辛（Ben Narasin）。我才剛從舞台上走下來，他便立刻從一整群的投資人之間跳了起來，追在我身後。我們有點尷尬地站在 YC 的門外，我將延伸版的提案又說了一次。他迫切地聆聽，連珠炮般地問了我一堆問題，顯然對我們有誠摯的興趣。

　　奈拉辛長得又瘦又小，一雙明亮的藍眼睛藏在圓圓的細框眼鏡後方，留著一頭剪短的捲髮。他工作時總是有一套固定的制服：襯衫、白色或卡其色的休閒便褲、有著小綴飾的滑動皮帶（童子軍會戴的那種）、以及必備的史派瑞（sperry）藍色帆船鞋，不穿襪子。在接下來幾個月我們共事的時間裡，我從來沒看過他打扮成別的樣子。

　　他的認真和對話快速的節奏會讓人懷疑他是不是紐約人，但他其實是來自亞特蘭大的南方人，為了大學才去波士頓，最後因為想進入時尚工業而到了紐約。90 年代末期，在第一次網路爆炸的開端，他便創立了 fashionmall.com，同時也是最大的股份持有人；這間網路商店專門銷售高價位的服飾，在當時利用網路銷售仍然是相較之下非常前衛的一種做法。他將那間公司的股票公開上市時，正好是經濟不景氣前的最佳時間點，因此賺飽了口袋，接著便進入了半退休的生活，擁有大把鈔票和享用不盡的美食。於是他便成了美食與品酒的專欄作家。

在這段過程中的某一刻，他來到西岸，開始投資公司。他目前在一間名叫三點資本（TriplePoint Capital）的創投公司工作，正領導著這間公司進入他們的種子階段。三點資本是創投世界裡的小眾，提供需要真正資本支出（像是一堆載貨卡車之類的）的科技公司貸款（一筆你得真的還給他們的錢！）。它才剛開始加入股權投資的遊戲，但是嘿，所有的風雲人物都在玩這個遊戲啊，所以為什麼不呢？它雇用了奈拉辛來領導種子階段、替它找合約，所以在我們發表日後第一次約的投資會議中，他便邀請我去公司，發表給他的投資關係人（investment associate）。

讓我們先談談創投的職稱和階級。

在創投公司中，你會看到一堆投資人自稱的名目：「關係人（associate）」、「經理（principle）」、「分析師（analysts）」、「合夥人（partner）」、「經營合夥人（operating partner）」、「管理合夥人（managing partner）」、「一般合夥人（general partner）」等等。這些名稱之間最主要的差異，就是他們有沒有所謂的利潤分成（carry）。簡單來說，利潤分成就是一間創投公司用投資人的錢投資時所得來的一點金錢利益。

從創業者的角度來說，這些全都不重要。唯一的重點是，你眼前這個穿著白色襯衫和羊毛衣、面帶微笑的傢伙，有沒有本事在週一合夥人會議中提出並支持一份合約，並讓其他擁有決定權的合夥人們同意那份合約。除此之外，在創投公司裡的其他人就跟正妹接待員一樣，都只是裝飾品。

最省麻煩的方式是這樣的：問你眼前這位假裝自己大權在握的投資人一個問題：「你有沒有決定權？」如果他或她有最微小的一絲猶豫，那你就知道你是在和一個走狗對話（不管他或她的舉止像不像個走狗）。他或她唯一的用處就只有帶你去認識那個有決定權的人；其他的

都是屁。所以如果你的最終目標是拿下那份合約，那就想辦法避開這種人。基本上（這是 YC 神聖的建議），如果對方沒辦法誠實而肯定地回答上面那個問題，那就連他們提出的會議都不要參與。你只是在浪費時間而已。

回到我們的故事。

和之前造訪沙丘路上的創投公司一樣，我又開著那輛狼狽的 BMW 敞篷車來到另一群毫無特色的雙層樓建築之間，在許多豐田普銳斯、保時捷、和特斯拉之間停下來。

進到室內時，我的眼睛便得適應周遭冷冷的黑暗。接待員們遠遠比不上紅杉那裡的模特兒水準，反而更像是牙醫診所的等級。我對創投的世界還不夠了解，不知道這到底是不是個好預兆。以沙丘的標準來說，這間公司的裝潢偏暗，有許多黑色大理石磚、灰色地毯、不成套的黑色桌子。我被獨自留在一間大會議室內等待奈拉辛的關係人，這裡或許就是週一合夥人會議舉辦的場所。這個地方的整體氣氛只能用安靜來形容，幾乎都快要進入完全無聲的狀態了。四周甚至聽不見電腦風扇或冷氣通風口的低鳴。這是創投辦公室讓人錯愕的特色之一：就算是日正當中，它們都還是一片寂靜，像是空蕩蕩的博物館或圖書館。

奈拉辛的關係人出現了：印度裔，某個美國大學的 MBA 畢業，普普通通的創投入門玩家。我和他有幾個共同的專業背景，這也讓他對我的印象更好。這一點凸顯了在矽谷培養人脈的重要性。在華爾街，你的專業網絡自從你出生於紐約州萊伊郡開始，一路到安多弗學院[61]、耶魯大學、進入高盛集團為止（或是完全不是這條路），大致就這麼底定了。但在矽谷，一切都更浮動且更即時。任何能交到幾個加州酒肉朋友的無賴，只要能寫出幾篇部落格等級的文章、並獲得社群網站的支持，你就能和哈佛的菁英平起平坐。當然，你也很有可能同樣輕易地失去你

---

61 譯注：Andover，美國最出名的寄宿高中。

的地位，而這是東岸菁英們永遠都不用擔心的。但這就是矽谷名望的吸引力：任何人都有可能晉升，但也沒有任何東西能防止你墜落。

我又進行了一番裝飾性的提案，口氣懇切，奈拉辛便同意在週一合夥人會議中將我們提出來。這可是件大事；週一合夥人會議是整個資本科技世界運作的前提。這種會議通常會一開就是四、五個小時，早早就會開始，一直進行到下午，中間只有一個午餐休息時段，直到把合夥人之間的公事都處理完。會議中，相關的合夥人（通常都不太重要）會報告目前合作中的公司近況，被邀請來的創業家則會像是在經歷人生中最重要的一小時般提出他們的企劃，並讓潛在的合約浮上檯面。由於這次只是個小小的種子合約，是大局中的小零頭，我（幸運地）不需要親自現身面對那些權威人士。

和創投公司談合約，同意的回覆通常都會非常即時，否決則緩慢許多，如果他們真的有回信拒絕你的話。如果合夥人們在週一會議中反應良好，我們當天晚上就會收到電話或電子郵件。如果相反……嗯，他就得在那一週找一天回信給我們，而我們能做的只有等待。

迴旋復迴旋，在逐漸擴大的漩渦裡 [62]

> 我們身處於一個不斷轉動的圓之中，而每個人都樂見於風水輪
> 流轉。如果你願意，你當然能夠向上攀升，但是有一個條件：
> 當遊戲規則要求你下台時，別抗議它對你不公平。
>
> ——波埃休斯，《哲學的慰藉》

2010 年，9 月 10 日

　　我們坐在阿基里斯位於教會區的公寓客廳中。這裡就是我們想出那個拋棄式原型的地方，而它從未正式誕生的產品正是我們整趟 Y 組歷險的推手。我們仍然帶著發表日後的慶祝心情，喝著啤酒，體驗著在欣喜若狂和恐懼之間那股令人心醉神迷的情緒波動，像嗑了藥一樣。

　　就在這時，我的手機響了。

　　「我是羅傑・柯爾。」

　　羅傑是矽谷法律三巨頭之一、范偉律師事務所的合夥人。透過我們很快就會深入談到的小手段，我們已經不可思議地雇用他來代理我們，然後再有效地替我們自己買到特權。

　　但是現在，莫名其妙地收到律師打來的電話肯定不是什麼好事。我立刻從阿基里斯的便宜椅子上坐直身子，在腦內穩住自己的腳步。

　　「很遺憾，這通電話是為了通知你，今天分子廣告在在聖塔克拉拉（Santa Clara）法院對你們提出了告訴。」

　　作為我們的律師，羅傑已經收到了起訴書。「我現在就把文件傳給

---

62 譯注：Turning and turning in the widening gyre，引用自葉慈的詩作〈二度降臨〉。

你。」

　　我打開電子信箱，文件則好好地躺在那裡：

加州高等法院

聖塔克拉拉郡

分子廣告公司

原告

被告

安德魯・F・葛西亞・馬汀尼茲[63]

馬修・R・麥伊辰

阿基留斯・西尼斯

電子脈（Electron Mine）（別名：廣告通）

侵害商業機密；

拒絕履行契約；

蓄意侵害契約關係；

破壞忠實義務；

以及禁令性救濟。

　　那一場串的粗體罪行就是我們的犯罪檔案。它幾乎包含了一名矽谷員工所有可能被控告的罪行，追根究底也都跟侵犯智慧財產權有關。由於廣告通和分子廣告都在搶類似的搜尋引擎行銷飯碗，我們的前公司便決定以此作為控告我們的藉口。但事實上，這只是墨西自尊心受創的

---

63 沒錯，我的名字變成「安德魯」了，這大概是我的名字英文化之後最可怕的版本。阿基里斯的名字也拼錯了。

報復而已。

　　我們在幾週前就收到預警了。分子廣告寄了許多法律黑函給我們，內容全是經常被用來當作最後通牒的員工合約限制。於是我們才先發制人地建立了和范偉事務所之間的關係，也就是因為這樣，羅傑才會在這裡替我們收法律文件。我原本希望分子廣告可以晚點再採取行動，至少等到我們結束發表日後第一輪融資再說。作為馬基維利的頭號粉絲，我一直都記得他在《君王論》裡說過的那句話「戰爭從來沒辦法避免；它只是為了某一方的優勢而延期罷了。」我以為我能把這場官司延到對我們比較有利的時候，但顯然我們錯估了墨西的報復心。

　　最讓人錯愕的是，我們全都被指名道姓了。這不再是公司和公司的戰爭，還能讓我們躲在公司的保護傘下。這些指控全是針對我們而來，而我們要竭盡（財務上的）一切來捍衛自己。

　　威爾森律師事務所（Wilson Sonsini Goodrich & Rosati）是矽谷最貴、最有聲望的事務所，已經受僱要透過法律途徑謀殺我們。當時，我們銀行裡大概還剩下兩千塊。在矽谷聘請好一點的律師大約要價八百左右。我們現在唯一的解決辦法只有融資，並用那筆錢來請律師。但是心理變態的墨西卻偏偏挑在最糟糕的時間提出告訴：發表日剛結束，我們融資的力量最強的時候。現在那股得來不易的動力已經全部煙消雲散。

　　我們完完全全、澈底搞砸了。

＊　＊　＊

　　我是個災難思考者。我喜歡末日電影和僵屍入侵之類的影片。《衝鋒飛車隊二：公路戰士》（Mad Max2: The Road Warrior）大概是我最喜歡的動作電影。《二十八天毀滅倒數》（28 Days Later）則是緊追在後的第二名。我不知道那是反映出我心中對全人類的憎恨，或只是喜歡看到天下大亂世界毀滅的模樣。不管如何，我總是做著最壞的打算。

　　我對廣告迫在眉睫的司法末日是這麼設想的：

　　馬修還有一個家庭要養，沒有心思打延長戰，所以他會辭職，然後找一份普通的工作。

　　想想：他銀行戶頭裡本來就只有一點點現金，但在我們打造廣告通的時候，他就已經在用他的老本養家了。除了一點點股權和普通的家境之外，他現在什麼都沒有。如果我們打輸官司、被送進監牢裡，他的整個家庭都得一起付上代價。沒有空手道課程、沒有學校旅行、甚至可能連房子都保不住。他全家都會被摧毀。

　　所以如果他離開了呢？

　　阿基里斯和我會繼續撐下去，他負責科技部分，我則負責其他所有的一切。如果我們無法融資，我們還可以把我所有的部落格和行銷技巧拿來盡可能地整分子廣告。我對紐約科技圈、高盛集團和其他諸如此類的文章已經累積起了數千名穩定讀者，而且他們多半是矽谷內的八卦王。像我們現在正在面對的這種醜陋的法律鬥爭，絕對能夠吸引到那群多嘴又批判的觀眾。我們可以公開所有對我們提出可笑指控的法律文件。

　　如果那仍然一點幫助也沒有，而且事情仍然很難看，接下來又會怎麼樣呢？

　　請記得：起訴書裡，我們每個人都被指名了，所以全都得以個人名義承擔對方所有的損失。分子廣告聲稱遭竊的智慧財產權儘管完全不值錢，卻在上千萬的融資後開始研發了，在法庭上也會被認定其價值。在他們的民事損失之下，我們會被摧毀殆盡。比那更糟，我們全都會負債累累。我們的名字在矽谷會被貼上標籤，因為我們是智慧財產權小偷，是科技界的強暴犯。沒有找到新的工作，我們是不可能賠得起的。

　　在公司毀滅的後期，阿基里斯會跳上飛機飛回希臘，一路咒罵美國，永遠不再回頭。英國交易員可以照顧柔伊，但是我在不久的未來中將會窮到沒褲子穿。

　　我從來沒和男孩們提起過，其實我真正的恐懼是，在墨西的操弄

之下，他會用好得荒謬的條件把男孩們找回去上班，他們會拋下我。

事實上，在分子廣告寄來的一堆法律文件裡，墨西還真的有提過歡迎馬修和阿基里斯回去工作（並且非常刻意地略過我），好像他們是什麼迷途的羔羊。但是他從來沒有真的試著把他們哄回去公司，像是提出什麼特別待遇或任何對他們個人的好處。而且看他們離開時遭受的那些差勁待遇，這招或許根本行不通。但不管如何，墨西現在已經殺紅了眼，而且不毀滅廣告通的整體結構絕不罷休。不過他犯了一個嚴重的錯誤。

就像孫子所說的那樣，不管一個人的天性再怎麼懦弱，要是被逼到牆角，任何人都會誓死反擊的。一個聰明的戰士總是會為自己的敵人留一條退路，而墨西對我們的窮追猛打則正好相反。如果沒別的選擇，最膽小的男孩也會奮戰到底，尤其當奮戰的代價（除了打輸之外）已經被轉嫁到他人身上的時候。

但是儘管我沒什麼信心，馬修倒是堅持住了。他願意把家庭的未來賭在廣告通上，將那些我和阿基里斯總是認為在害他分心的孩子們的未來作為賭注。雖然他平常總是膽小怕事，馬修其實是個敢死隊員，在資本主義的遊戲中賭上全部，不堅持到底絕不退卻。儘管我總是被他惹毛，但他其實是我們之中風險最大的人。我從來沒有忘記過這一點。

阿基里斯也堅守崗位。當分子廣告威脅要將他上報到移民局時，我們的希臘阿根廷混血博士便硬起來，緊守他在創業小船上的職責。

對所有的新創公司來說，這裡有個關鍵：你或許會覺得自己是開放市場巨人之中的一名侏儒，而突然間，你就和其中一個巨人對幹起來了，不管是司法糾紛或是直接競爭。但事實是，那些大公司該害怕的事情其實比你還多。

首先，他們的戰鬥意志比你薄弱。他們的員工都是不怎麼在乎的傭兵，責任心淺，對大型企業的情感投資也很少。對你來說很可能是個存在危機的事件，對他們或許只是一個分心的工程師對自己的產品感到

無聊了；一場法律糾紛對早已工作過度的法律顧問來說，或許還不比他的下一筆股票投資來得重要。

同時，大公司有重要的公眾品牌形象要顧慮。就連我們這種小公司都有可能對他們的品牌造成傷害，尤其是在像矽谷這種緊密連結、又有形象包袱的經濟體系中更是。

美國還是喜歡弱勢的，而且你會很意外的發現，當一個邪惡的大公司被某個小企業看來可信的故事所挑戰時，有多少同伴會站出來挺你。

所以你只要有辦法保持整個單位的協調，擁有共同目標，並能維持基本的生活，你就能撐到最後，打敗任何打算要摧毀你的公司。當一個人已經沒有什麼好損失了，就沒有東西能阻止他勝利。

在我們宣布要離開分子廣告的不久前，公司裡的一名早期投資人兼精神導師不可思議地過世了[64]。拉傑夫・莫特瓦尼是史丹佛電腦科學的傳奇教授，同時身為無數名學生和創業家的精神導師，其中還包括了谷歌的創辦人。他之前是公司的樣品顧問，所以當他意外逝世時，墨西還特地大張旗鼓地哀悼了一番。

用盡各種威逼利誘的手段阻止我們離開不成，墨西送了我們一份臨別禮物，主動介紹我們認識了在矽谷最有權力的其中一名律師，范偉律師事務所的王泰德（Ted Wang），就像家暴的老公帶花回家彌補一樣。墨西聲稱那是拉傑夫遺留下來的最後一點心意。當他這麼說的時候，他的眼角似乎還帶著點淚光。

我立刻就打了電話聯繫泰德，因為我害怕那個介紹我們認識的中間人。我不相信墨西會讓我們走得這麼輕鬆。

----

64 莫特瓦尼是個菸槍，住在阿瑟頓（Atherton）。那天晚上，據說他離開了他和妻子與兩個孩子共享的屋子，到外頭去抽菸。隔天早上，他的妻子發現他淹死在自家的游泳池裡。沒人知道他是不小心跌進去，或是明明不會游泳但卻突然決定來個夜泳。郡內的法醫在他的血液裡發現極高的酒精含量。

事後證明，泰德是個有腦袋又有知識的矽谷玩家。在我們應付墨西的早期階段，他就提供了我們許多智慧的建議。當衝突在三個月後正式白熱化時，他便毫不猶豫地將范偉事務所帶入戰局；他這麼做並不是因為廣告通這個新創企業多有價值，而是因為分子廣告違反了矽谷的潛規則。一間大公司不能因為他們有能力就來控告小公司。這是在創業界遊樂場上的霸凌，而王泰德不會忍受這一點。

當法律戰爭開始一來一往之後，泰德便介紹我們認識了另一位范偉夥伴，羅傑‧柯爾。柯爾是范偉的訴訟律師，是真正在前線作戰的士兵。他不是你心目中那種自以為很屌的法律鬥士，他完全在掌握中、呆板的言行舉止讓我們給他起了一個綽號，叫做「葬儀師」。

不過我們還是有一點付款的小問題。泰德喜歡我們，但還沒有喜歡到願意免費替我們打官司。泰德和葬儀師的鐘點費是六百到七百元。不過我們和泰德建立起來的友誼遠比銀行裡的存款來得有價值，尤其是當我們現在還是可悲的輸家時。我們得想辦法抓住這個角色。

最後的事實證明，如果沒有范偉，我們根本不可能成功抵禦。說墨西被自己一絲絲的善意反咬一口或許還有點太低估了。這裡你該學會的教訓是這個：如果你要當個極端自大的反社會瘋子，那就澈底一點，並把敵人一刀斃命。不要丟給他們一根骨頭，然後想著之後如果出問題再來殺人滅口。因為他們很有可能把那根骨頭變成武器。

我們必勝！

現在這個世界通行的規則是，只有雙方實力均衡時才有所謂的
公正。但是強者可以為所欲為，弱者只能被動承受。

——修昔底德，《伯羅奔尼撒戰爭史》

2010 年，10 月

一邊進行融資一邊打官司，就像是身穿一件寫著「我有愛滋病，
你呢？」的 T 恤走進一間單身酒吧一樣。這對你的前景可不是什麼好
兆頭。

你不能不對潛在投資者據實以告，但你可以拖到等他們筆都拿起
來準備簽字的時候再講，你到那個時候再把炸彈投下去，然後希望他們
不會尖叫著逃走。我悲慘地一一打給那些即將簽字的投資者，並把這個
消息告訴他們。許多人便落跑了。

有些人勉強留了下來，但他們想知道官司的細節，以及可能的花
費。儘管我們努力想要把大事化小，聲稱這只是做生意的基礎成本罷
了！但他們還是想要知道更多。所以我只好讓他們和葬儀師通電話，並
給他們一份簡化過後的報告，然後希望他們會回電給我。

看在他們一直以來的信用上，羅斯和薩卡並沒有在危機顯現的第
一時間就逃走。他們都投注了最多錢在我們公司；羅斯是我們假定的第
一輪投資領導人，而薩卡則是我們的金牌。但我華爾街金融工程師的直
覺告訴我，如果我們真的想辦法成功融資，這個風險不管如何都會一併
被算進我們的成本裡。

為了得到一份（或許）可以給投資人看的預估表，我讓葬儀師準

備了一份明細，裡頭包括了官司從頭到尾每個階段的法律程序，以及分別的金額。那個數字非常嚇人。光是讓我們走到官司正式開始，就得花上我們五十萬美金，在那之後又要加上另外五十萬。整場官司的支出這樣算下來要上看一百五十萬左右，包含最後的判決和收尾，一路延伸至接下來的十八個月。

就像所有有上進心的總監一樣，我做了一個 Excel 表單，把所有的事實都列進小方格裡。

表單中列舉了接下來一年中我們所有的實際花費，以及預估的法律支出和可能的時間軸（六個月後證據揭露，十二個月進入訴訟，以此類推）。如果沒有一點愚昧的樂觀估計，這就不叫創業了，所以我在其中加入了近期產品發表後的淨值，以及用戶數和貨幣化的百分比成長。最後，我用折線圖畫出我們目前手頭擁有的資金，用時間作為橫軸，並思考這份圖表的軌跡。

那看起來很像新聞上會伴隨著飛機失事一起出現的圖：一開始是水平線，接著突然驟降（引擎故障？機長的失誤？）最後俯衝地面，在地上留下一個燒焦的坑洞從，浸滿機油，裡頭散落著焦黑的衣服和破碎的肢體。

不管我用什麼數字來塞滿淨值、支出或打官司的花費，這架廣告通飛機都不可能滯留在空中的[65]。就算現在沒有官司危機，我們的飛機就已經很冒險了，但至少我們會有比較多降落的跑道。我們把那張支出表暱稱為「死亡倒數」；不管我怎麼試著分割表上額度數據，我都不知道我們要怎麼用四十萬到五十萬的融資來打這場官司。我們每個月都會因為訴訟而失血兩萬美金，再加上薪水和其他支出，我們之後很快就會墜機，少則九個月，最多一年。

---

65 在矽谷裡有一個老掉牙的說法，說創業就像是從懸崖上跳下來，並要在墜落途中想辦法打造一架飛機。懸崖有多高、你在死前擁有多少時間，全看你融資融到多少錢。在我們的例子裡，墜落的同時，還有人不斷拿防空飛彈打我們。

　　我沒有把這份估計拿給男孩們看；那只會無端製造他們的壓力而已。我也沒有讓投資人知道；要是這份表格曝光，廣告通就會見光死。

　　所以我撒了謊。

　　我把官司支出削減到比葬儀師的估計低得多，並將我們推出產品的時間提前到下個月，好立即製造淨值，但是看男孩們正在對產品做的改變，這是絕對不可能發生的事。接著我把我們的成長率提高到一個不可思議的境界。這是徹頭徹尾的詐欺，是最糟糕的做假帳行為。但是如果不這麼做，我們就得棄權了，而投降是絕不可能的。

　　我到現在還是不敢相信投資人會相信我給出的數字，但他們信了。

　　羅斯之前提議要做第一輪融資的領導人，因此他是這一切成功的關鍵，也似乎成功被這份預估說服了。他要不就是對這些數字毫無概念，要不就是被我一通又一通的電話講到心軟。儘管我什麼都沒說，但讓我驚訝的是，他仍然願意繼續做這一輪的領導人，只是將用兩百萬的資本額作為基礎，而不是一開始在他的餐桌邊講好的四百萬。同時，由於他不想繼續把錢投入一個瀕臨死亡的企業，他表示如果我們要繼續擁有他的投資，我們就得想辦法從別的投資人手中再拿到另外的二十萬美金，所以在他和其他人之間，我們至少會得到將近五十萬的戰爭基金。

　　羅斯的討價還價帶給我們一線希望。將我們的資本額砍半後，我們就能融到足夠的資金支付自己的薪水、並讓公司繼續運作下去。我們會在種子階段賣出比正常比例更高的公司（將近22％），而且這會在A輪融資中產生一點問題。投資人不會樂見前一輪的投資者買到太多的公司股份。那代表著他們不是在自己的那輪只能得到更少的股份，就是創辦人得將自己擁有的股份讓給新的投資者，並讓自己獲得的股利大幅下降。同時，投資人在給你錢的時候，都會期待你表現得像是他們養的小狼狗一樣，其他投資人又會抓住你的小辮子，讓你這個公司老闆做得很窩囊。

　　不過就現階段而言，A輪融資的鬧劇還被歸類在「未來可能會發

生的問題」中。如果我們真的走到那麼遠，那就到時候再來想辦法。現在擔心這個，就像是當你已經到了癌症末期，卻還在擔心你的膽固醇指數。所以我們現在的燃眉之急只有找到另外的二十萬，並看看我們有沒有辦法稍微再把訴訟支出減低一點，或許和范偉做個協議，或許是擊垮墨西。

就錢的方面而言，如果我們可以說服薩卡將他的投資從十萬提高到二十萬，這個問題就解決了。或者我們也可以想辦法找更多的投資者。在經歷過所有的掙扎、人工製造的危機和各個擊破的投資者後，我們兩者都得到了一點。薩卡給我們的支票比我們預計的要大，我們這一輪也找到了幾個額外的投資者。

這裡我們簡單的做個介紹，讓你一窺科技界的神經病行為：

記得那個永遠不穿襪子的帆船鞋愛好者班・奈拉辛嗎？嗯，他想辦法讓我們通過了三點創投的投資人會議，並讓我們得到了一筆合約。在這種子階段，負責把合約搞定的人通常也會投資一點自己的錢，和公司的投資金額併在一起。所以當三點創投終於把錢匯給我們時，班現在也想要開張支票給我們了。或許是因為班寫美食美酒專欄的副業，我提議在羅羅餐廳見面。那是一間結合了土耳其和墨西哥料理的實驗餐廳，裡頭的食物全是神祕的文化融後下的產物。土耳其墨西哥式的塔帕和萬花筒般五顏六色的餐廳裝潢，是我們收下整場融資中第一張紙本支票的背景畫面。但一如往常地，和奈拉辛進行的任何會面都不會那麼簡單就結束。就在我們花了半小時顛三倒四的對話之後，他終於發現自己沒把支票簿帶來。

「喔，等等……我想我應該有張備份支票。」

他從卡其褲裡拿出一個破舊的皮夾，開始在裡頭翻翻找找，最後拿出一張褪色發皺的紙張。有些人會在皮夾裡放幾張支票，以免自己偶然沒有現金可用。

「再說一次，這張支票是要開給誰？」

那張支票來自嘉信銀行，顯然是支付他日常生活和突如其來股票投資的小額資金。

「電子脈股份有限公司。」我給了他原始的公司名稱（我們為行銷而用的名字已經改了好幾次了）。

經過一番混亂，我們終於拿到一張寫著五萬元的支票。

在我緊張的小手接過支票後，奈拉辛便被他皮夾裡孩子的照片分了心。在他撈出那張「保釋金」支票的時候，他把那些照片都攤在櫃檯上了。他一一將孩子們指給我們看。

「看……現在你們是為了這些孩子在工作喔。」

他開始介紹他的孩子們，像是個驕傲的父親。我看著跟我一起現身的馬修，希望他不要說出任何扯後腿的話。

最後我們走出餐館，進入教會區的臭味與陽光之中。

「嗯，那我的孩子呢，啊？」馬修問。

他當然會這麼說了。就像那些徹頭徹尾的工程師一樣，這個男人不會說謊，也不懂得判讀社交場合。我很高興他有辦法在那三十秒之內管住自己的舌頭。

於是火燒屁股的廣告通又被人加了一點油。

接下來的另一段故事則來自更奇怪的來源，如果不用更有趣來形容的話。

發表日當天在會場晃蕩的時候，我就注意到了一個人。他的身材纖細，身穿合身的歐式襯衫，看起來十分昂貴的髮型讓他在四周的設計師災難中顯得特別突出。我的猜測是對的：克里斯·凱爾（Chris Kile）來自瑞士，代表的是 Ace & Company，一間和《真善美》來自同一個家鄉的神祕家族企業。我和他談到最接近投資的對話，是他提起那好像跟一個埃及電信業賺來的錢有關。或者，至少那是他的版本。我唯

一確定的是，當我們要剛開始準備收錢時，我們可憐的公司帳戶裡出現一筆匯款，來自瑞士楚格（Zug, Swissland）的一間私人銀行。楚格是所有的非洲獨裁者、南美緝毒警察、俄羅斯寡頭政治家、以及黎巴嫩軍火商退休住的地方。但是身為一個在 80 年代的邁阿密長大的古巴男孩，我有什麼好說的？一點點危機訊號並不會讓錢變得比較不好用。這是另一件火上加油的事。

總的算下來，在所有的訴訟鬧劇之後，總共有四名投資者留了下來，我們的融資金額也來到五十萬。就算是在泡沫化前的日子裡，這筆金額也算是小了。但是你上戰場的時候只能依賴你身邊的戰友和手頭上有的基金⋯⋯

不過別忘了，這一切都是建造在一個謊言上。就算有了這些現金，我們還是撐不過整場官司的。現在那只代表我們不會馬上斃命。

我們有沒有辦法把官司的支出壓低呢？

我問過王泰德這類高級律師，想知道他們能不能轉介我們給其他比較便宜的選擇。所有的大型律師事務所都有一小份名單，上頭是較低價的律師，通常都是個人經營的小事務所，裡頭的律師多半是被大事務所踢出來或是還沒和他們打好合作關係的人。他們的價碼和高級律師每小時六百到七百的金額不同，只需要大約四百。我和幾名獨行俠律師通過電話，但他們的態度都像是那種幫你打超速罰單官司的訟棍。他們不願意接受股票作為酬勞，也一點都不在乎創業界的經濟體系。

一如往常，可憐人只有付現的份。如果我們選擇便宜的律師，對現在的我們來說其實更貴，因為他們開出的帳單只能用白花花的鈔票支付，而不是某些不可靠的公司股權。

不行，我們得想辦法讓王泰德幫我們的忙。

有一個關於淫亂法國數學家的笑話是這樣的：他已經結了婚，卻又在外面找了情婦。既有老婆又有情婦的他要怎麼工作呢？很簡單，他

告訴老婆自己在情婦那裡，又告訴情婦他在老婆那裡，然後就到辦公室去證明數學定理去了。這其實就跟我對廣告通做的事情差不多：我告訴律師們我們已經融資成功，也正在往成功之路邁進，難道他們不想拿點股份參與其中嗎？然後我又告訴投資人們可以放膽投資，因為官司的支出很少，而且律師們很快就會接受以股票代替現金的付款方式。於此同時，阿基里斯和馬汀則去辦公室寫編碼。

但開玩笑遠比實際動手做來得容易。

現在我們照理說應該有錢了，王泰德就不想接受股權，而且他總覺得自己光是思考這個可能性就是在幫羅斯賺取津貼（不過，當然，他的確是）。

於是這一切就變成了難搞的電話馬拉松，不斷在羅斯和泰德之間折返跑。兩名收話人都隨著一通通的電話變得更生氣，而且都拒絕對對方讓步一分一毫。

「嗨，泰德，我是安東尼奧。」我宣布道，一邊走上艾拉梅達（Alameda）的第九街，也就是英國交易員家門前的那條路。現在這條路已經變成我個人版本的受難路了。「聽著，現在投資者們都出資了，所以我們有錢讓公司繼續經營下去，但還付不出訴訟費。」

「我絕對不要幫你們付訴訟費，還讓某些有錢人從中獲利。」

對話就這麼繼續下去。

最後，透過一連串狡詐、貪婪和頑固的電話組合，我們終於說服范偉事務所接受一部分的廣告通股票來替我們打官司。

他們提供我們二十五萬美金的法律諮詢費用（基本上就是我們的貸款），換得一部分的股權和幾個股權選項。對我們來說，這筆交易簡直好得不可思議。如果我們打輸了，公司倒閉，那我們一分錢都不用付。如果我們贏了，我們就付出一小部分，也能獲得其他所有的好處，然後繼續為另一天奮鬥。要死，就算要我們出讓半個公司的股權，我們也會接受的。

對范偉來說，更糟的還在後頭：如果我們想辦法活過了官司，並在使用量、淨值或運氣上聲勢看漲，我們只要用賺來的現金或下一輪融資得到的錢把范偉的帳單付完就好了。我們的合約裡沒有任何提前還款罰金的約定，像是某種債券或抵押等等，所以我們只要用現金就可以讓他們的股權作廢。由於范偉得到的股權是以我們現在的估價來計算的，我們到時候出的錢就跟早期投資人買低的金額沒什麼兩樣。

也就是說，我們賣給范偉一張中獎率只有百萬分之一，獎金二十五萬的樂透……而且還是用二十五萬賣出的。他們最多就是賺回本，最糟可能會什麼都不剩，而其中的任何金額都是他們送給廣告通的一份禮物。我的金融工程腦盤算著整個不合理的風險。這就像是物理學規則被破壞，而我正目睹一隻大象在筷子尖端上跳舞一樣。這份合約對我們理想中的法律救主，范偉事務所來說太糟糕了，糟得讓人忍不住感到羞愧。

嗯，你可以把一個人踢出高盛，但你不能把高盛的遺毒從他身上清出來，對吧？

「泰德，太感謝你的提議了。我們完全樂意接受這些條件。請立刻把契約書寄給我們。」

成交。

我們的銀行裡有錢付薪水、房租，和伺服器了，現在我們的訴訟費問題也獲得解決。廣告通在第一場生存危機中倖存，儘管我們都還沒有正式開戰。

現在是時候把墨西一鼓作氣除掉，永絕後患。

＊　　＊　　＊

這世界上有比創業更糟的貨幣化手段。但如果你有更好的建議，我洗耳恭聽。

微軟是怎麼壟斷個人電腦桌面、創造出好幾十億的財富、並盤據科技界一席之地好幾十年呢？

　　簡單來說，比爾蓋茲是來自富有的西雅圖世家。80年代初期，他母親和當時IBM的總監約翰‧歐佩爾（John Opel）一起在美國聯合基金會（The United Way）的執行委員會服務。這讓威廉‧亨利‧蓋茲三世（William Henry Gates III，她的兒子）有機會和IBM開會，並提議為他們跨時代的新產品，IBM個人電腦製作一款編譯器（code compiler）。不過IBM真正想要的，其實是一套操作系統，那個可以管理記憶體和運作程式的核心編碼。當時蓋茲的小公司微軟還沒有創造出任何完整的操作系統，便誠實地將IBM轉介給蓋瑞‧基戴爾（Gary Kidall）的公司。在電腦中最值錢的部分還是硬體的那個時代，這間公司便已經是操作系統的先驅。

　　但是無巧不成書，當IBM的代表來到他的公司敲門時，基戴爾正好乘著私人飛機出門去了。他的妻子（公司的企業管理人）拒絕簽署IBM強硬的保密協定，並打發他們走人，於是IBM便不情願地回到蓋茲那裡，問他能不能想辦法弄出一套操作系統。蓋茲發現這是個大好機會，便接受邀約，然後聘了西雅圖當地的一名程式設計師，複製基戴爾的操作系統，將之稱之為QDOS（Quick and Dirty Operating System），最後又以DOS（Disk Operating System，磁碟操作系統）的名稱灌入IBM的個人電腦裡。由於蓋茲猜到別的硬體公司會想要複製IBM的途徑，將軟體和硬體分開，於是他便保留了這個從別處拷貝過來的DOS系統的智慧財產權。1980年代時，硬體設備還是不可互換的，軟體則否；但是現在的新電腦世代，則正好相反，因此這個新世代的財富便是朝微軟靠攏，而不是IBM。

　　這個授權使用軟體的協議則成了我們現在所熟知的微軟系統，提供從文書處理（真的還有人在用這個詞嗎？）到瀏覽器、行事曆、和其他所有的工蜂軟體（Work-bee software）。至於基戴爾呢？IBM最後丟給他一根骨頭，將他（創始）的操作系統和微軟的並用，但它實在太微不足道，又出現得太晚，最後便無疾而終。

　　將時間快轉三十五年：現在的蓋茲正以慈善家的身分在非洲旅行，並能隻手治好瘧疾。基戴爾最後則成了酒鬼，死因成謎，很可能是因為在蒙特瑞（Monterrey）的一間機車酒吧和人酒後打架，享年五十二歲。套句巴爾札克的話來說：「來源不明的巨大財富都是出自於被人遺忘、但計畫良好的罪行。」沒有比這掩蓋得更好的犯罪了。

　　至於史蒂夫・賈伯斯（Steve Jobs）呢？

　　如果我想要以賈伯斯資料完善的自傳為基準，把他所有的罪行簡述一番，接下來一整本書的篇幅都不夠。

　　說個比較有代表性的事蹟好了：1975 年，賈伯斯還只是個（字面意義）臭嬉皮，剛結束一段宗教朝聖之旅從印度回來，在雅達利擔任低階工程師。他狂妄傲慢，讓公司裡的所有人都討厭死他，只有總監諾蘭・包許內爾（Nolan Bushnell）欣賞賈伯斯多方面的聰明才智，因此保他不被開除。包許內爾想要將引起電玩遊戲改革的傳奇對戰遊戲「乒」變成單人遊戲，也就是最後的「打磚塊」遊戲（比較老的讀者肯定記得）。在那個年代，一個新遊戲發行，需要硬體也需要軟體，前者相較之下則更重要。包許內爾懸賞七百美金，讓人替它製作一組能夠跑這款遊戲的硬體和軟體組合包，而且迴路裡少用一個晶片就多加獎金一千元（當時的晶片還很貴）。

　　賈伯斯說服了他最後的蘋果合夥人史蒂夫・沃茲尼亞克（Steve Wozniak）和他一起接下這個任務，並規定要在四天內完工，好配合他的社交時間表（他得去某個烏托邦社區撿蘋果）。沃茲工作得要死要活，賈伯斯只負責動手測試設計好的電路，不過他們如期完工了。但是賈伯斯沒有告訴沃茲獎金的事，只提到基本的賞金。他騙了沃茲，只給他三百五十元，並把剩下的現金拿來支撐他的生活型態。

　　賈伯斯是個野心極強、權力薰心，又孤芳自賞的人；所有和他共事過的人都說，他只是一個品味很好的平庸工程師，知道如何用別人的

優點截長補短，並讓他們為他賣命，同時認養辦法避開競爭者的挑戰。就這個角度來說，他就是成功的創業總監最棒的模範，儘管這和一般人的認知不太一樣。

喔，還有祖克伯。

紀錄公開後，所有人都知道，臉書的點子（點子本身其實不怎麼值錢）是他從一票常春藤聯盟的小屁孩身上偷來的。他們雇用他來編寫臉書的應用程式，但他決定帶著這個點子落跑。最後，臉書得付給那群常春藤聯盟的孩子們幾千萬的賠償金（這還是明顯詐騙之後的金額）[66]。

我們現在可以從蓋茲和賈伯斯的特例繼續延伸出去。

當我這麼說的時候，你得相信我：每一間新創公司大概都有和我差不多的故事。透過電話以避免留下法律痕跡的交易、對投資人和合夥人的背叛、誘騙員工來為自己的公司瞎忙（就像分子廣告那樣）。我為廣告通所做的一切，別擔心，還有更多更醜惡的事情。這不是什麼奇怪的例外，那是明明白白的規則。儘管科技新創公司總是打著透明化的名號，口口聲聲喊著要創新、要反以往穿襯衫打領帶的死板傳統，他們其實就是一票反動分子而已。這群人將自己的公眾形象梳理打造得閃閃發光，像維多莉亞時期的女人為自己撲粉一樣，並拒絕承認任何會破壞他們行銷良好的形象的事情。當然，這沒有比傳統產業或政壇更糟，但肯定也沒有比較好。

在廣告通的例子中，這代表所有藉口或卑鄙的手段都是被容許的。在創業遊戲裡，沒有真正的遊戲規則，只有法律，而且還是漏洞百出的法律。最後的最後，贏家的罪都會被赦免，就像蓋茲和賈伯斯一樣，還有其他千千萬萬的創業家們。

畢竟，難道我們會責備大衛用他的彈弓擊敗巨人哥利亞嗎？

---

66 文克萊沃斯雙胞胎是臉書點子真正的創始者，是富有的北方後代，並都是奧運等級的划船手，就像是兩個從伊恩・佛萊明的小說中跳出來的角色。最後賠償金定案時，他們上訴，控告臉書對他們判決結果出爐時的股票價值稟告不實。但法院並不同意他們的說法。

狗屎三明治 [67]

創業就如同吞玻璃渣或凝視死亡深淵。

——伊隆・馬斯克（Elon Musk），
PayPal、特斯拉汽車與太空探索科技公司（SpaceX）創辦人

2010 年，10 月

分子廣告正舉著一把法律的槍抵著我們的頭。范偉也給了我們一把槍，但現實是，我們負擔不起持久戰，因為我們沒有時間也沒有錢。唯一獲勝的方法只有偷偷找到墨西的卵蛋，然後拿一把冷冰冰的利刃對準它們，直到他願意溝通為止。既然最後的結果不是公司滅亡就是所有人傾家蕩產，我們怎麼做都不會更糟了。

不管一間科技公司有多大，它都有兩個弱點：它的投資者和潛在商業夥伴。前者能夠影響最頑固的公司老闆，可以是透過個人關係，或是透過董事席上的投票權。如果創辦人在融資時失去牽制的能力，總監就會失去地位，只能看有投票權的董事們臉色。總監就是這樣被踢出辦公室的，像是議會制度下被不信任案踢出政府的總理大臣。如果你保有地位的方式是討好別人，那就算你的名牌上寫的是「總監」，你的脖子上也永遠掛著項圈和鐵鍊，而鐵鍊永遠有被人收緊的可能。

另一個弱點：潛在商業夥伴。製造產品是一回事，簽約才是讓你的新創公司賺錢的來源。如果你的產品是企業軟體，像分子廣告那樣，那就代表一年中的幾個合約就是維持整個公司的經濟命脈。公司的長期

---

[67] 這個超有記憶點的新名詞是矽谷王牌律師王泰德發明的。他宣稱當官司開打後，我們就「不必再吃狗屎三明治了」，但是他錯了。

價值是透過幾個大合約來維持的。但如果不只是合約,而是合作夥伴的話,那就是像婚姻一般的配對;(通常是)一個較大的公司配上一個較小的公司,這麼一來風險就更高了。這些夥伴關係就像某些忠誠的婚姻一樣,是靠著微妙的貪婪、長期策略和某種程度的互相誘惑在維持的。像是官司這種醜陋的現實,不管有多瑣碎,都會粉碎這個魔法,並會讓較有權勢的那一方逃之夭夭。就算是有幾十億資本額的大公司也會害怕在大眾面前丟臉和法律的泥沼。

所以我們已經找到卵蛋的方向了。

現在我們要的是刀子。

一位分子廣告的員工在幾杯黃湯下肚之後,無意間向我透露分子廣告正在促成一份和微軟的合約。這可是個大新聞。商人墨西前一筆騙來的大笨錢是來自於埃森哲(Accenture)的口袋。分子廣告正在虧本,也沒有辦法透過開發客戶的方式得到真正的產品收入。為了不讓行跡敗露,墨西得再把別人拖下水才行。他需要更大的目標。五千萬、或者更大的目標。微軟是個明顯的選擇,因為他們自己的搜尋引擎「Bing」總是想要把谷歌的廣告商和用戶搶過來。看看我們還在分子廣告時他們正在經歷的顯示廣告(Display Advertising)災難,我很清楚地看見墨西正在轉移目標到比他的上一個商業賭注更成熟的搜尋市場上。透過迎合微軟的自卑心態,墨西正在替自己製造一點新鮮空氣。我們得找個辦法和微軟聯繫上。

第二把刀則是創投公司。分子廣告的兩大投資者都是圈子裡一流的創投公司:奧古斯都創投(August Capital)以及梅菲爾德風險投資公司(Mayfield Fund)。奧古斯都的資金來自合夥人約翰‧約翰斯頓(John Jonston),他的外表和背景都和他的名字一樣是名符其實的菁英白人。梅菲爾德的尤根‧達拉(Yogen Dalal),則是印度理工學院及史丹佛出身,是坐滿矽谷董座的人才們的基本配備。託當時矽谷投資潮流

的福，我們一度能夠牽制這類的矽谷玩家，但現在那些風潮早已滿地開花，沒有人稀罕了。

　　原因在此：傳統上，創業早期的資金要不就是來自創業家自己的財富、家人或朋友的支援，要不就是來自創業「天使」。那些天使投資人們自己也都個個家財萬貫，通常曾經都是創業者，現在則想要用這些剛萌芽的小企業再賺一筆，或只是閒閒沒事幹。用歷史角度來說，專業的風險投資者不會在種子階段瞎搞，有些人甚至會避免在早期融資階段淌混水。由於擁有上億元的外部資金可以用來投資，這些創投大家們根本懶得花時間去開可憐兮兮的五萬元支票[68]。

　　隨著 2010 年左右開始逐漸擴張的科技產業泡沫化，現在我們仍然持續見證著空洞化的過程。整個大局已經改變了。谷歌和其他一整票的矽谷收購公司讓許多矽谷玩家們變得非常非常有錢。那些懂得自保的矽谷天才們都想要用自己的財富創造更多科技財富，提供多得幾乎讓人感到尷尬的早期天使投資資金。這些投資人們不僅擁有自己的錢，他們更進行小額融資，在兩千萬到四千萬之間，好讓他們在不斷萌芽的新創公司之間提升自己的競爭力。那些以前只能開出兩萬元支票的天使投資人，現在都能隨便開出二十萬、甚至更多的金額（就像我們的薩卡）。像 YC 這樣的培育公司變得越來越多，許多人也越來越能接受以創業作為職業，這意味著許多有能力的工程師和產品研發人都在跳過經營公司的路線，直接製作讓人耳目一新的產品。隨著這種統包（Turnkey）式的緊急需求越來越多，像是亞馬遜伺服器這種隨叫隨用的產品，或是像 RoR（Ruby on Rails）奇怪的網頁應用框架（Web-development

----

68 內行人指稱外部資金的用詞是「LP」，也就是「有限合夥人」（Limited Partners）。這些資金通常都是來自鉅額的家族資金（想想谷歌創辦人以及華頓（Walton）家族）、投資債券或養老基金，從廣義來說較為保守的投資策略中跳出來，用其中一部分的錢去進行高風險的投機投資。他們是「有限」合夥人，儘管他們提供大筆資金讓人操作，但他們對最後的投資決策沒有（正式的）影響，而且接下來的幾年之間，他們的錢都會被合約綁定。

framework），這代表新點子越來越容易受到測試。許多創業家開始選擇製作鐵鍬供別人淘金，而不是自己動手，製造出更多軟體程式，為創新奠定根基，例如 Parse 這種後端伺服器，刺激創業公司以逼近指數的速率成長。

這種改變的最終結果就是，種子階段的融資金額都幾乎已經達到以往 A 輪融資的水準；一間才開始兩個月的公司靠著說服力強的總監而融資兩百萬，並稱之為「種子階段」，這已經不是什麼驚人的新聞了。只要用短短的時間行銷、配上快速的科技成長，那間公司在六個月之內就能達到它的里程碑，然後再接著進行下一輪的融資。有這麼多不同等級、不同大小的資金，最棒的創業家們便有餘裕可以選擇投資人，而不是由投資人來做選擇，而許多投資人則焦慮地試著擠進融資的圈子裡。由於合約保障一輪的投資人有權進入下一輪的融資，那就像是投資者與創業家之間的私人連結，而想要在 A 融資占有一席之地的投資者就得想辦法先擠進種子階段。在接下來的其他融資裡，這個理論依然成立。這意味著那種先前會說「等你進行 A 輪或 B 輪融資時再來找我」的投資人，基本上都被擋在這間公司的融資之外了，因為還有更多投資人是在創業家們還只是爛辦公室裡的兩個無名小卒時，就在餵養孕育這間公司的。像梅菲爾德和奧古斯都這種重量級的投資公司都懂這一點，並也開始投資種子階段。他們不是為了得到一小部分的公司股份（他們可以花一整天的時間開出一張張的小額支票，不動用到他們的整筆基金），而是為了在接下來真正的融資中獲得更大的財富。

這就（終於）講到我們的重點了：在日常生活中，一間創投公司的命脈並不是錢，而是交易流。能看見下一個優步或 Airbnb 的潛力，是區分一流創投公司和癟三的關鍵。由於 YC 總是能成功地找出最棒的創業家，它基本上就是矽谷現在和未來最佳交易的守門人。就像在乾旱地區的農業經營一樣，誰只要掌握了水流的上游，就等於掌握了其他的一切──這就是 YC 的發表日象徵的重要性。因此那些強大的風險投資

人如果想要參加 YC 的產品發表活動，他們就得在一個男人面前卑躬屈膝，剝去所有的屁話和花言巧語。那個人當然就是保羅‧葛拉漢，那個人類歷史上最狡點的科技投資人。而當我們在面對這些讓人絕望的生存危機時，保羅也是我們第一個求救的對象。

就像所有的父母一樣，保羅也假裝自己平等地愛著他所有的新創公司孩子們。現實是，有些公司就是會比其他人得到他更多的關注。看看他這種有條件的愛和我們亂七八糟的現況，我實在很懷疑他會不會來幫廣告通的忙。畢竟，我們只是這一批新人中的中庸份子，不像 Hipmunk 或 InDinero 那麼出色。

但我們根本不必擔心。就算我們是家族裡的私生子，保羅爸爸還是會盡力保護我們的。在這種膚淺的關係與屁話橫行的世界，沒有比真正的忠誠更令人懼怕的力量。保羅為我們動用了整個 YC 的網絡。

讓這一切顯得更偉大的原因是我一直錯把保羅定位在慈祥學者般的存在，好像他只會寫寫創業文章、舉辦創業家晚餐會、或者開開支票而已。但這和現實天差地遠。YC 是那種毫不饒恕人的掌權者，他們會記住招惹過他們旗下公司的投資者，或是在外頭破壞 YC 名譽的傢伙，並把這些人列入 Y 組交易或創辦人心中的黑名單。那些投資人的錢或在矽谷的影響力完全不在考慮範圍之內，Y 組能夠讓那種自以為是的投資人被臭罵，或是被擋在某一輪融資之外，因為創投公司的老闆們事先被保羅警告過了。

殘酷的現實是這樣的：要有影響世界的能力，你就要願意且有能力獎勵你的朋友，同時懲罰你的敵人。

所以當我們得知保羅‧葛拉漢發郵件給墨西討論這件事時，我們終於鬆了一口氣。墨西在公司裡對員工們頤指氣使，但是對外有求於人時就變成了馬屁精。他回信諂媚地誇讚保羅的功績，並說自己是 YC 多年的粉絲。接下來是一連串冗長的郵件往來（他們沒有把我設為副本收

件人，但是保羅寄了一整份的備份給我）。

最後，保羅發了一封信給我。

「這週末來我家把這件事搞定。你一個人來，不要帶其他人，最好別讓他們攪和進來。」

另一個關於創業的小教訓：

當你正在應付某種壓力極大、花時間、風險又高的挑戰時，最好把公司的其他人隔絕在外。他們基本上幫不了什麼忙，而且那種不確定性只會影響他們的生產力，尤其在你現在最需要他們的時候。不管外面的世界發生什麼事：官司、缺錢、或是殭屍末日，都不要讓它影響你的公司總部，也不要讓你的公司成員掛心。

所以我一個人來到老帕羅奧圖，保羅的家。那是一幢加州建築師熱愛的新西班牙式房屋，史丹佛大學的校舍就是最佳的例子。

但他的家似乎沒有前門。我沿著牆走到角落，尋找可以敲門的地方。有一輛腳踏車隨性地靠在一面牆邊，把手上掛著一頂安全帽，旁邊則是一扇微開的小門。我試探性地走了進去。

矽谷最成功的科技投資人保羅，從宅邸裡巨大的廚房走出來，身上穿著他標準的制服：橘色翻領衫、卡其短褲，還有一雙勃肯（沒穿襪子）。我從來沒看過他穿別種東西。

保羅毫無預警或招呼地開口：「我去了一趟威爾森事務所……我大概是第一個騎著腳踏車現身的人。」

我可以想像保羅踩著勃肯鞋走進事務所裡，身上仍因為騎車而冒著汗，並告訴他撞見的第一個合夥人：「我們得談談廣告通的事。」

在我們深入話題之前，保羅的妻子兼 YC 二老闆潔西卡也走了出來，和保羅討論午餐。接下來他們為了前一晚剩下的義大利麵小小爭執了一下，包括為什麼剩菜沒了，還有誰計畫要今天下午吃的。保羅看起來有點惱怒。

　　我別開視線，好給他們一點家務事的隱私，但其實內心默默覺得很有趣。就連 Y 組創辦人都會為了誰把剩菜吃掉而吵架。

　　午餐事搞定後，保羅便開始向我透露他反分子廣告的作戰計畫。有夠瘋狂：Y 組將要開除所有和分子廣告合作的投資人，並宣告他們在把這件事處理好之前，Y 組再也不會和他們合作。我認識保羅這個人，他這個宣言意味著這些人不但不會再獲得發表日的邀請，他很有可能也會操弄那些創投公司用別人的資金投資。由於大部分的 Y 組融資總是都有過多的投資人想要參與，被開除的投資人根本不會影響正在融資的公司。畢竟，誰在乎支票是來自奧古斯都或紅杉？不管如何，錢就是錢。這意味著那些投資人會開始失去 Y 組的交易流，而且就像我們先前提過的，也會被擋在之後更有利的融資之外。保羅正準備要把那些投資人一拖拉庫的交易沖下馬桶，就是這麼簡單。

　　我微笑，想像著當保羅把這份聲明讀給梅菲爾德和奧古斯都的合夥人聽時，他們挫敗的嘴臉。YC 其實很樂意為了像廣告通這種鳥不拉屎的小公司，切斷和幾個鼎鼎大名的矽谷投資人的關係。讀者們，或許這對你們來說沒什麼，因為你們習慣了 21 世紀以牙還牙以眼還眼的社交慣例。但是在矽谷這種充斥著小人行為的地方，如果有人願意為你奮戰，字面意義的奮戰，像是叫重要人物去吃大便這類的，那可是比夏天下雪還要稀有又稍縱即逝的大事。

　　我萬般感謝保羅，然後他就踱回廚房裡去吃午餐了。

　　我決定不要告訴男孩們這關於場會議的事。如果保羅的舉措沒有帶來任何實質結果，那只會白白讓他們失望而已。

　　刀子對準卵蛋任務：完成。

　　下一把刀就需要我做點解釋了。巧合的是，這把刀也牽涉到一位 Y 組（未來的）老闆。但此時，他還只是像我一樣的創業者而已。不過他是例外中的例外。

　　Y 組總是在嘗試不同的活動和機制來微調他的創辦人經驗，並提供更成熟的導師制度、或是更強力的人際網絡和融資。其中一個活動叫做「天使之日」（Angel Day），大約出現在我們創業營的中期，並透過電子郵件通知了我們整梯的成員。在那天，我們全都要進行一次迷你版的提案，對象是一票經過選擇的 Y 組投資菁英。就像選秀節目那樣，這些投資人會投票決定他們要不要和某間公司談話，而在這天過後，我們便會得到兩個天使投資人，為我們最後的融資版本提案做準備。我們的兩位投資人都是矽谷非常重要的存在：傑恩‧夫蘭西斯‧克萊弗爾（Jean-Francois Clavier）（傑夫）和山姆‧奧圖曼（Sam Altman）。

　　山姆‧奧圖曼是 YC 現在的老闆，而且是保羅‧葛拉漢欽點要他將他的寶貝轉型成長壽並不斷擴張的大型企業。在 2010 年時，他是一間率先生產出打卡產品的公司：Loopt 的總監與創辦人，在那之後，Foursquare 將會借用這個功能（儘管沒有太成功），最後也會被臉書加入它的應用程式之中。

　　不過在當時，Loopt 還只在把玩定位功能而已，而山姆會在每週忙裡偷閒地抽出一個小時（通常是週五下午），回答我所有的問題，沒有任何規則。男孩們只有第一次跟著我來，後來就再也沒有了；我想他們是有點怕他，而且不是沒有理由的。在保羅談到成功創業者特質的一篇文章裡，他是這麼形容山姆的：「你可以把他遺棄在一座充滿食人族的島上，五年之後你再回來，你會發現他已經變成國王了。」

　　我相信這句話，男孩們也是。他在廣告通的綽號是「曼森‧藍波（Manson Lamps）」，根據《黑道家族》中男主角東尼‧沙普蘭諾的瘋狂對手來命名。他們兩人都有著緊迫盯人、讓人心神不寧的視線。但這當然是個輕率又不公平的比喻；山姆是個厲害的公司經營者，也是 Y 組公司們忠誠的朋友。

　　每次見面時，我都緊張兮兮，講話飛快，靠著咖啡因、恐懼和貪婪在運作。但是「大師」（駭客新聞和推特上人們都是這麼稱呼他的）

可不是省油的燈。每次和他見面後一個小時之內，我就會想要轉移陣地到附近的啤酒吧去。他站著的身高或許才五呎七吋（約 190 公分），瘦而結實，總是弓著肩膀，雙眼是清澈的藍色，眼神總是驚人地強烈。和他的對話總是這樣：我們談著第一個話題，接著總會不小心岔題到第二個話題上，而他總是在考慮著第三件事，同時又不斷地用手機發訊息和掃視筆電螢幕。我們的話題會從充滿智慧的融資細節轉移到投資條件書動態和股權稀釋的問題，他則同時對投資廣告通與否的立場保持曖昧，然後又熱切地和我談起團隊氣勢的話題。這些週五午後的會面時光總是會耗盡我的精力。那就像是迎接週末前的最後一道關卡，儘管我們基本上也沒有什麼週末可言。

當分子廣告的威脅風暴出現在地平線上時，我覺得我們和他的關係應該已經好到可以讓我開口請求協助了。我用一封熱切的郵件，提到他似乎和微軟資深決策團隊關係很好，而那就是我們要用來擊垮分子廣告的弱點。我先前非常絕望地試著找到能進入微軟的切入點，所以一直在領英上偷窺別人，像是要準備挖角的星探，想找出我和微軟之間的交集。山姆就是那種人脈遍布矽谷的節點；只要你認識他，你距離那些真正有權有勢的人的關係最多不會超過兩層。

山姆・奧圖曼保證他會盡他所能的幫忙，然後就切斷通話。

一週過去。當我正駕車行駛在 280 號公路上時，他的號碼在我的手機螢幕上閃現。我在路邊停下，我可不能以時速八十哩的速度接他的電話。

「所以我和〔消音〕談過了。他是分子廣告在微軟業務拓展團隊的窗口。他說他在和分子廣告開會時提起廣告通的事了。他表示，如果分子廣告正在打官司，和微軟的合約就會出現問題。」

我的手機差點掉下去。這正是我們要用來擊垮墨西的致命一擊。現在的墨西已經是困獸猶鬥，現金短缺又缺少可以販售的產品，不管是會計面或行銷面都需要微軟大量的資金。像他這麼狡猾的人總會記得要

先自保，當然也還夠理性，知道讓分子廣告和廣告通同歸於盡是多麼不值得的事。如果微軟業務拓展團隊真的已經意識到廣告通的案子，那分子廣告絕不可能繼續堅持這場官司了。那會是自殺。

「山姆，我真的不知道要怎麼感謝你。」

「不客氣。」

通話結束

　　保羅為我們出的力，證明就沒有來得這麼直接了。我們的一名投資人朋友為了另一件不相干的業務去了一趟梅菲爾德。由於大部分的創投辦公室都是開放式的，所有的會議室和合夥人辦公室都是面向通風、陽光普照的中央空間，他可以看見梅菲爾德對分子廣告的管理合夥人尤根・達拉，正在另一間會議室裡和墨西進行看起來相當緊繃的談話。在這個階段，董事會議或意見問答（當然，墨西是不會接受任何人的意見的）應該要在分子廣告舉辦，而不是在梅菲爾德。這個場景加上發生的時間點，代表這個談話顯然跟廣告通有關。看來保羅的話已經傳到了，而分子廣告的投資者正在對墨西施壓，運用他們的道德（和經濟）力量逼分子廣告放棄訴訟。

　　廣告通從瀕臨全盤崩潰的邊緣，現在終於將分子廣告團團包圍。

　　從其中一方面來看，一名矽谷的大律師正在透過傳統的法律途徑奮戰，並認定我們有足夠的資金撐過整場官司。我們的葬儀師朝聖塔克拉拉法院發射一篇又一篇言詞犀利的抗辯，反駁分子廣告的指控，樂意提供我們由外部會計做出來的結算表來證明我們的清白，並開始進行苦不堪言的舉證程序（對質真的會耗盡人們的精力、浪費大量時間，就連墨西自己都會被困在其中）。

　　但另一方面，墨西的金主們大概正在臭罵他，叫他別再當個混蛋、並尊重矽谷不成文的規定，別和微不足道的小公司打貴得要命的官司。感謝保羅把那些投資人擋在發表日的殿堂之外，那對他們未來融資

的影響，正好說明墨西的胡搞讓那些創投公司的命脈岌岌可危。而且話又說回來了，你為什麼不能好好專注在拯救自己有生命危險的公司呢？

最後，墨西現在最需要的大合夥企業、他身為創業者的最後一張牌，終於告訴他這紙合約成功簽字與否，就看他們怎麼處理廣告通出的亂子。

我願意付出我在分子廣告一半的股權，好好欣賞當墨西不得不思考廣告通與分子廣告的關係時臉上的表情。

* * *

創業成功的因素有哪些呢？

首先，肯定不是智商。

我在柏克萊唸博士時，成績在我們物理系班上是掛車尾的，而且我預試考了三次才過。我所認識的大部分創業者都算是狡猾又機敏，但和那些我在學術界遇過真正有證書加持的天才相比，他們絕不是拿費爾茲獎或諾貝爾的料。

再者，也肯定不是科技實力。我是個差勁的程式設計師，而且我能做的頂多就是修整已經到達完成階段的產品原型。有些創辦人真的是科技大師，但是我懷疑大部分的人都不是他們電腦科學課上的頂尖學生（假設他們真的都有受正統教育的話）。

當然，也絕不是獨特產品或是行銷眼光。每個有使用過谷歌廣告購買工具，並發現這個垃圾工具居然每年有七百億產值的人，只要五分鐘，就能產生跟廣告通一樣的點子。有些創業點子的確很有遠見，像是Airbnb那樣，但大部分像Dropbox這類的產品，都只是在現有的科技上做出極有效率的運用而已。

在我有限的經驗中，有兩大特徵能夠判斷一個人是不是成功的創業者，不管是在公司的哪個階段，不論還是個奈米小公司（廣告通），或是改變時代的大企業（SpaceX）。

第一點，是你有沒有辦法犧牲人生中的一切，一心一意只專注在一件事情上，就只有一件事情。我活著、呼吸和排泄，都是為了廣告通。由於全心放在廣告通上，我是蹲在山景區的廣告通糞坑裡，透過Skype 視窗看著我女兒長大的。除了喝酒閒聊的科技界活動之外，我沒有任何其他的社交生活，而在那些場合裡，我則永遠穿著廣告通的 T 恤，和我完全不在乎的人聊著沒什麼意義的科技話題。我沒有任何嗜好或戶外活動，只有偶爾上個健身房。那個花了我兩年的薪水和兩年的週末在維修的帆船，正緩緩地在陽光下腐爛。除了科技新聞之外，我沒有讀任何其他東西；電影就更不用說了。女人呢？儘管我和英國交易員名義上還在交往，我的老二就解剖學的角度而言就跟尾椎骨是一樣的：是舊時代遺留下來沒有意義的退化器官。

再來，你得有能力承擔無窮無盡的麻煩。我從小是被比我大十歲的虐待狂姊姊養大的，承受著她永無止境的嘲弄和虐待。我父親從各種方面來說都是個專橫跋扈的人。我在天主教男校裡待了好幾年，成天應付殘酷的霸凌和冷酷疏遠的神父。在那裡唸書的學生，除了每天打架和打手槍之外，什麼事都不會做。接著我又身無分文地在一座昂貴的城市裡想辦法念完碩士，並在金融危機發生時，於華爾街競爭最大的交易辦公室裡存活了三年。長話短說：在白領階級能遭遇的所有折磨範圍之內，我沒有什麼不能承擔的。

你或許會覺得我很掃興。創業一定還是有點有趣之處，對吧？

當然，創業的過程中，還是有某些時刻會讓你覺得你贏得了全世界。你才剛和一個備受尊敬的投資人談到你這輩子見過最大金額的支票，接著，砰！那一大筆錢就這樣出現在你空空如也的銀行帳戶裡。你發表了一項產品，或寫了一篇獲得極大迴響的部落格文章，因此有那麼一刻，你就成了科技界的當紅炸子雞。但是這些時刻和數不清的自我質疑、焦慮和苦工相比，實在不成比例。如果你和你的合夥人們關係良好，那你們之間的同袍關係就能讓你撐下去。事實上，在許多運動與戰

爭中，那種不想讓你的同伴們失望的力量，通常是唯一能讓你繼續往前走的原因。但如果你是獨自一人，或者你們之間沒有那種革命情感，那麼讓整個公司運作的東西就只有堅定的意志。你就是每天早上起床，被人痛揍一頓，然後回家，等著隔天繼續。

心無旁鶩的專注力，是在你長大成人之後就太難去養成的人格特質。不管你要稱之為決心或毅力，或什麼都好，這個特質是可以學會的。如果你不覺得自己有這種力量，那就去進行騎腳踏車橫跨美國的壯遊、駕船跨海航行，或是去加入海軍。不管如何，你要去想辦法打造那種心靈的承受力。或者你就直接下海吧，或許你會發現自己不為人知的能力。

同時，擁有敵人也是很有幫助的。愛是非常美麗的力量，但是在歷史上，更多的帝國、書本、錯誤、戰爭及野心，都是因為想要證明某些人的批評是錯的、或是想要擊垮某個存在的敵人，而建立、書寫、導正、獲勝、及意識到的。愛很偉大，但痛恨與恐懼會持續更久。

勝利

沒有比在槍林彈雨中毫髮無傷更讓人雀躍的事了。

——溫斯頓·邱吉爾,《馬拉坎德野戰軍紀實》

2011 年,2 月

10 月底時,分子廣告的態度已經完全從原本的盛氣凌人變成討好求全的樣子。我們毫無預警地收到一封撤告的通知。

到 2 月時,一切都已經結束,只剩下繳律師費的問題了。我們又簽了幾份象徵性的同意書:只是重申我們之前在受聘於分子廣告時簽過的合約而已,既幼稚又可笑。我們得提供一份編碼庫給范偉做備份。我們寄給他們一包壓縮過的檔案,但那些律師是不會知道要怎麼用他們的 Windows 系統打開的。我的意思是,就算我們寄的是一整包的人獸交 A 片,他們大概也不會發現,就算他們真的有心檢查也一樣。因為好玩,我們甚至在檔案上加了密;沒人有資格擁有廣告通官方存檔的編碼。

當最後的判決書下來時,我寄了最後一封嘲弄的郵件給墨西。我們的道路在未來會最後一次有公事的交集,接下來不管於公於私,他都和我再也沒有關係[69]。

我這輩子除了我父親之外,從來沒有這麼恨過一個人。西班牙文有一句老話是這麼說的:「你最好活得夠久,才能看見你敵人的喪禮在你家門前進行。」這又多了花我幾年的時間,但我最後終究會看見墨西

---

69 命運真的很奇妙。在我加入臉書後不久,分子廣告便試著和臉書合作。高格知道我曾經在那裡工作過,便把郵件轉交給我,讓我決定要不要和分子廣告有任何掛勾。根據我的基本分析,臉書連一天的時間都沒有浪費在他們身上。

的喪禮。2014 年時，分子廣告會終於崩盤，而且是那種可悲的變相失敗：在融資超過十三億美金之後，被別的公司火速「收購」。購買過公司股票的員工們全都因為曾經相信分子廣告能夠成功而輸光了積蓄。他們的斯德哥爾摩症候群一路持續到了最後。

墨西則活該被人遺忘。他在矽谷歷史上留下的唯一章節就是這一章，我替他寫的這一章。

至於廣告通和我們這一幫男孩，現在是我們考慮真正發表產品的時候了。

當廣告通正想辦法從生存危機中脫身時，我和英國交易員的感情則在壓力和彼此的摩擦中掙扎著。我已經受夠了她跋扈而頤指氣使的態度，和總是隱藏情緒的壞習慣。和她與小柔伊非法同居並沒有那種波希米雅式的神祕感，反倒更像是住在女王的禁衛軍裡。事實上，她的哥哥還真的是英國軍隊裡的一名軍官，就是那種戴著熊皮高帽、穿著硬挺紅色夾克，在白金漢宮前面踢正步的英國御林軍。整個家裡早上只剩下皮姆之杯（Pimm's cup）、週日燒烤（Sunday roast）、以及馬麥醬（Marmite），假日則只有肉餡餅，以及當英國女王在 BBC 上發表什麼愛國碎碎念時一定要看的新聞。

英國交易員想當這艘船澈底的船長，可以；但是一艘船或一間公司只能有一個領導人。如果她這麼想要這個角色，那她可以自己一個人維持這個家。

我還記得我們正在萌芽的家庭劇真正洩漏了結局的那一天，清楚得彷彿昨日。那是一個週六早晨，一個創業泥沼中短暫的休假。國家廣播電台放得震天價響，我則正在煎鬆餅或歐姆蛋。那是我人生中難得體會到的穩定祥和之感，就像早晨明亮的陽光般閃爍，但也同樣易逝。

英國交易員和柔伊正在後院裡漫步，隨意打量著小番茄園或雞籠。我推開那種當你放手時會自己彈回來關上的後門，看著她抱著小柔

伊走回來。她們在我起床之前就在外頭了（前一天晚上我又在舊金山待到很晚），這是我今天第一次見到柔伊。她的眼睛在脫離嬰兒期後就從海藍色漸漸轉成棕色，頭上頂著一叢棕色亂髮，臉上掛著像是惡作劇般的愉快神情，儘管她的童年現在才剛開始。當她對我露齒而笑時，她的臉頰鼓起的樣子讓我無法轉移視線。和我的人生大不相同，她的微笑不帶任何質疑，沒人能夠把那股笑容從她臉上抹去。

「你現在看到我都不會那樣笑了。」英國交易員諷刺地說道，從我旁邊走過，手臂仍然圈著柔伊。

這是事實。唯一讓我還在艾拉梅達附近打轉的唯一原因就只有那個棕色小毛球，而且很快就連她都不夠了。

當分子廣告的鬧劇終於在 2010 年底告一段落時，我也終於決定我受夠在英國兵營裡生活的日子了，便宣布我要離開這間屋子和英國交易員。

這個宣言當然少不了後續的冷戰熱吵，所有你能想像的橋段都不會漏掉。由於這一年之間我們的人生改變了太多（一個孩子、一間重新裝修的屋子、一場官司、一間公司，而且幾乎全都是毫無計畫的出現），這些爭吵比平常更激烈。我在舊金山找到一間別人轉租的公寓，便搬了出去。

我在 12 月 1 日前就表明我將離家，將我少少的家當搬到波托羅丘（Potrero Hill），並把心思都投注在我們剛獲得自由的公司上。12 月 3 日，我回家去把最後的幾樣東西打包，然後我們便進入了那種因熱情與思鄉的情緒而互相包容的狀態，就跟大多數剛分手的情侶一樣。

將時間快轉兩個月，來到 2011 年的 2 月。廣告通正在享受分子廣告之戰的正式結束，假惺惺地進行著所有不得不照做的法律程序。突然之間，英國交易員告訴我，她又懷孕了。用日曆一算，那正好是我 12 月搬走、分手後最後一次和她發生親密關係的時間點。經過短暫的爭論，英國交易員不管我的意見，堅持她要生下這個孩子。

　　我意識到最後這一次還有第一次的受孕，可能都是她計畫好的。更年期近在眼前，她又是一個女強人，人生中擁有一切，就只差一個願意陪伴她的男性伴侶，而我則被她溫暖的微笑和柔順的大腿給拐了，中了最老掉牙的那招。不管是不是騙局，我們只不過是這個世界中各種陰謀的主體或客體而已。我們只能期待自己謀劃所帶來的利益大過被人騙取的損失；在我的例子裡，這比例則是一間新創公司比上一個小孩。

　　說到這個，這對廣告通會有什麼影響呢？

　　我的第一個念頭是別讓男孩們知道。他們會比我更有壓力，而我需要他們保持警惕與生產力，好對付我們模糊的產品發表計畫。我的第二個念頭則是，嗯，所以呢？我已經置身在極高的風險之中了；我們的風險回報狀況（risk-return profile）（華爾街金融工程師的行話）完全是以二進位在計算：我們要不就是戲劇化地成功，一口氣賺進一百萬，要不就是灰頭土臉地失敗。

　　所以再加入一個孩子進來攪和又有什麼關係？我不介意多一個繼承人。不管在科技界或遺傳學上，多一份備份永遠不是壞事。

發射！

我注意到有些男人就像差勁的賽跑選手，在接近目標時就忘了
自己的初衷；而那一刻，是敵人最容易擊敗他們的時候。

——波利比烏斯，《歷史》

2011 年，3 月

一年前的這時候，我們正好加入 Y 組。我們的公司在十個月前成
立，七個月前發表第一個版本的產品。六個月前我們開始融資，而一個
月前，我們終於將墨西和他的鳥事埋進屬於他的墳墓裡了。

在我們的例子裡，產品發表這回事，比起科技面，我們更在意公
關層面的影響。我們的網站已經開始接受付費用戶，我們的產品也已經
上市一陣子了。男孩們打算在最新的更新版本中加入新的功能，但是那
就跟在你的手機裡不斷吵著要你更新的應用程式差不多。我的任務是讓
這個發布產生一點新聞價值。科技媒體比一般的媒體更樂意報導誕生、
死亡、婚姻及血腥的意外：而這些則意味著新一輪的融資、新創公司崩
壞（越慘越好）、收購或是難看的醜聞，像是創辦人之間的鬥爭，或是
性騷擾事件。

將我們雇用的經紀人約翰・龐德（Jon Pond）的話換句話說，就是
以下這樣：行銷就像性行為，只有輸家才要付費。所以我們就像個輸家
一樣付費，請了一位公關來幫我們處理印刷媒體的部分。結果他為我們
搞來了一堆進行不完的訪問，而且都是像《網路銷售》雜誌（Internet
Retailer）和《直接行銷新聞》（Direct Marketing News）這種偉大的出
版商。我就像個被政黨洗腦的高官般第 N 次重複著我的講稿，囊括我

們最近的更新功能。這一切都是在「禁運」（embargo）條件下進行，但是可不像古巴禁運那麼讓人興奮。那基本上其實就是保密條款，通常對媒體都不太尊重，要求他們將新聞稿保留到某個特定的時間點再發布。就像雷雨雲積飽了水氣之後再一口氣讓大雨傾瀉而下，我們操作媒體的重點就是能夠在網路上引起騷動，且能持續得越久越好。

由於我們堆積如山的媒體採訪行程，再加上準備發表的產品新功能，3 月的第二週便是我們最棒的發布時間。我們希望所有的媒體迴響都能延長，因此我們會在週一出手。

只是有一個問題：3 月 7 日，星期一，那是柔伊的第一個生日。那幾乎跟我們去年開始籌資的日子完全重疊，而柔伊是在我們那個超慘烈的 Y 組會議前出生的。一如往常，在新創公司和任何其他之間做選擇的話，我總是會選公司。小柔伊甚至不會記得她的第一個生日，而如果我們成功把廣告通炒起來，這個公司將能付她 21 年後上哈佛的學費。柔伊，如果妳讀到這裡，請接受我遲來的道歉。

週一當天，男孩們動手開始部署新的編碼。媒體們發表了久候的新聞稿。一小波新用戶註冊了，也丟出了幾個協助使用者的問題（「我試著把這個工具跟我的谷歌帳號連結，但是不成功……」）。託我們花錢打的媒體知名度，廣告通弱弱地在科技地圖上出現了幾天。成功射出！

* * *

YC 裡的一個白板上有一幅褪色的圖表，正對著我們的主會議室兼飯廳。那幅圖只是由簡單的 L 型 X 軸和 Y 軸，中間順著時間進展，從左到右畫出一條彎彎曲曲的線。線條的高度代表一間新創公司的表現好壞，而線條從零急遽上升，製造出第一個高點，上面標註著「產品發表！」緊跟著高峰而來的則是突然的暴跌，接著在低點持平，幾乎一路來到線條的終點。在長長的直線過後，線條終於又上升了一點，然後再度下跌（標注：分析碼配置錯誤），隨後便開始穩定攀升，直到「被收

購」的時候。那段位於發表高峰與逐漸成長之間的長長距離被標上了大而可怖的字眼：「絕望的低谷」。

想像一下如果你是一個新創公司的創辦人：你好不容易修整出一個產品，或許也得到了一點投資。你發表了產品，得到一點公關注意，一切都蓄勢待發。你打開你的統計平台，然後看見像汪洋一般有興趣的使用者正在點擊並嘗試你歷經千辛萬苦所打造出來的功能。

接著幾週過去了。

媒體的注意力開始轉移到其他閃閃發光的新東西上。你的統計曲線看起來像是心臟病發作的病人心電圖。新用戶加入的速度回到發表日前的涓涓細流。

如果你是個菜鳥，你或許會對成功創業有幼稚的幻想。人類都喜歡讓事情按照順序發生或產生意義：在一齣戲第二幕出現的事件肯定和第一幕有關係。好人最終將會獲勝，壞人將會受到懲處。如果我們看見像是 Dropbox 的德魯・休士頓（Drew Houston）那種創業家面帶微笑地出現在《財富》雜誌封面上。那我們便會假設：一、他一定有什麼過人之處才能讓他出現在那裡；二、他是透過一連串合理的操作；一個又一個的小勝利才來到這個位置的。

但這種童話故事總會在產品發布後自動現出原型。你花了好幾個月的時間，將你的事業賭在一項產品上，而在一點興奮過後，你卻發現那東西根本只是個畸形又無用的廢物。這樣的危機會殺死 90％以上的新創公司，儘管他們都已經想辦法活過創辦人鬥爭、編碼編寫失敗，或是融資失利的內部問題。在關鍵科技或其他科技討論版上經常出現的「發生什麼事了」文章背後，都有著這個幾乎無法跨越的鴻溝。許多看起來勢不可擋的新創公司突然宣布結束營業，並把剩餘的資金退還給投資人。它們的創辦人和管理階層無法走過絕望的低谷，而他們就像迷路的英國冒險家試著穿越沙漠那樣，基本上只有死路一條。

這種失敗當然不僅是因為沒有抗壓性而已。那有可能是因為這間

公司提供了免付費版本的軟體，並需要許多免費用戶升級成付費用戶，但他們並不知道要怎麼讓用戶掏錢。或者也可能是因為一間服務公司擁有許多用戶，但是不知道要如何提升他們的營運（例如一間清潔公司沒辦法找到並維持有品質的清潔人員）有無限多種原因可以讓他們走不過絕望的低谷，但它們總是會包含找不到付費用戶或服務無法滿足的障礙。

有什麼解決辦法呢？

現在最流行的答案是所謂的「產品市場相符法則」（Product-market fit）。這聽起來很時髦，但其實基本上就是說你得打造出讓人們願意付錢的東西。這其實很難，因為除非你要求他們付費，否則你不會知道他們到底願意為什麼東西花錢。而如果你打造的東西非常創新，那你也沒有歷史紀錄可供參考。幸運的是，軟體產業的循環週期很短（我們不需要改裝任何運作的機械），所以如果你有個不怎麼偏頗的開始，最後你總是可以在這兩者之間找到一個交點，作為你產品的平衡點。你的週期轉得越快，在找到那個完美平衡前你能走出的腳步就越多。每一個腳步都會消耗你的薪資、伺服器費用、以及時間。但是如果你真的走到那個平衡點附近，你的用戶付的錢超過你營運的支出（以及你用來招攬用戶的支出），你就能躲過財務危機。記得我們先前提過跳崖後製造飛機的比喻嗎？如果你所謂的「運行速度（Run-rate）」是正值，那就像是你終於把翅膀裝上去、啟動了引擎，並看著這個怪機器真的保持、甚至提升了一點高度（不管它長得有多麼畸形）。

根據我們的營收和用戶量，廣告通距離這個階段還遠得很。在我們前方等著的，是一個月又一個月、遙遙無期的絕望之谷。

與推特有約

魅力與屈服的結合，就是我們在探討的愛的本質。這樣的組合並不僅是並存而已；它們並不只是比肩平行的兩個部件。其中一者孕育並餵養另一者的存在。透過魅力讓人屈服，是之為愛。

——何塞・奧特加・伊・加塞特，《愛》

2011 年，3 月 17 日，星期四

永遠別忽視可以開超大支票給你的人。

廣告通部落格擁有一群規模不算大、但相當死忠的粉絲。他們的其中一員是一名很有影響力的早期推特員工，名叫潔西卡・維利利（Jessica Verrilli）（推特帳號是 @jess）。@jess 是正在快速發展的推特公司的公關面孔之一，似乎總是身處推特高層，和創辦人傑克・朵西（Jack Dorcey）與伊弗・威廉斯（Ev Williams）、及他們的其他指揮官一同居高臨下地打量著推特的領土。

去年 11 月，在一篇特別成功的部落格貼文之後，她曾短暫地用推特傳訊息給我。而這個 3 月，她聽聞了我們操作出來的產品發表熱潮，便邀請我去推特的辦公室共進午餐。

不管我要和誰見面，就算只是一起喝個咖啡，我都還是會費盡心力。而在這個例子中，對象便是 @jess。

再給你一點創業訓練：

和任何人會面時，你最好把對方的底細摸得清清楚楚；如果做不

到，你就輸了。套句愛默生與《真人快打 3》的開場畫面上出現的名言：「知識就是力量。」談到人與人交際的時候，這更是不變的真理。這代表你得做一輪臉書、推特、和領英的三方調查。你應該早就要把和你同領域的人都調查過一番了。記得，要推敲那些藏在經過整容美化的履歷中的小細節：如果在一間公司待不到一年，那代表這個人這一年並沒有拿到股權，而這意味著要不就是這個人爛透了、要不就是公司爛透了，或者以上皆是。待到剛好四年就走，代表這個人是個孜孜不倦勤奮工作的人，在矽谷的白領階級中乖乖打卡，直到被下一輪取代。

我們有什麼共同好友或聯絡人？他們認識的是你因為工作關係而保持友誼的那些笨蛋自大狂，或是你真正尊敬的人？就跟馬基維利的時代一樣，人是會用你身邊的朋友來評判你的。

他們都在哪裡出沒？便宜的餐館或是高級餐廳？他們有像《凱撒大帝》裡的卡利烏斯那種「削瘦而飢餓的神情」，都在髒兮兮的小墨西哥餐館用餐，或是用便宜的拉麵或代餐在充飢？那些人才是真正危險的傢伙，那些生活得像是組織犯罪集團份子、游擊隊、或航海水手，用爛食物果腹、或是住在便宜又差勁的小公寓裡，完全不在乎生活品質的人 [70]。那些傢伙才是你該害怕的對象，因為他們不需要任何可能會變成對手把柄的東西。或者他們總是喜歡在班奴、賽遜和昆西 [71] 這類的地方打卡？如果他們不是經濟獨立，那他們就是毫無威脅性的工具人而已；他們會用盡一切確保自己的餐桌上總是有蕈菇砂鍋魚及桔醬鮑魚。

隨著時間進展，他們在照片裡看起來怎麼樣？他們看起來健康又結實，而且總是有穿著公司商標的腳踏車裝、在天際大道上騎車的團照嗎？他們有穩定的生活平衡，總是有時間去健身房兩小時、或規律的週四約會夜嗎？或者他們看起來像是被鯨魚吞下肚之後要花三天才能被消

---

70 山姆・奧圖曼，廣告通曾經的導師、Y 組現在的老大，在創辦自己的定位系統公司 Loopt 的時候曾讓自己因敗血症病倒。你知道要保持多長時間營養不良才會導致敗血症嗎？他就是削瘦而飢餓的典型。
71 譯注：Benu, Saison, and Quince，全都是舊金山南市場區米其林二星與三星的餐廳。

化掉？

　　和無條件的愛一樣，創業中唯一重要的事只有全心全意的投入。那些騎腳踏車和約會的人永遠都不會對一間公司或一個點子全力以赴。他們或許會寫許多看起來意味深長的部落格文章，或是在書架上擺滿二流的長篇大作，或者讓自己看起來像某種大破大立的創新者，但他們全都只是自滿的中產階級而已。那些會被當作遊民的人，才是創業界的敢死隊員，會為了創業的目標犧牲一切，只有死亡或監獄才能阻止他們。

　　他們是那種統治美國的菁英嗎？他們是來自馬里蘭的契維萊斯（Chevy Chase, Maryland）、伊利諾斯的維尼卡（Winnetka, Illinois）、加州的提伯倫（Tinorun, California）、紐約的斯卡斯戴（Scarsdale, New York），或是其他特權地區外圍的小鎮？或是來自加州的威薩利亞（Visalia, California）、或華盛頓州的奇馬肯（Chimacum, Washington）？他們去的高中是根據某個太空人或某任總統命名的嗎？他們的高中有沒有「預備」一詞包含其中，或是公式化的「某某學院」，並隨你填入某個聽起來非常崇高和（或）很英文的名字？那麼他們打的就是延長戰，緩緩地累積他們的社會資本和個人品牌，就像螞蟻為冬天存糧。他們是怎麼成為科技菁英的？他們是從常春藤聯盟畢業、成為顧問或進入金融界、然後把自己燃燒殆盡？或是他們是逆流而上、靠著厚臉皮才得到自己的地位，或是出其不意地獲得成功？後者很可怕，但前者……就只是還好而已。

　　在你與那些可以左右你和你子孫未來經濟狀況的人坐下來面對面之前，你得先搞懂他們，最好比他們的媽媽還懂。你知道他們想要什麼：錢、權力、各種不同的社會地位，或只是一段舒適的人生，你就能90％預測他們最後的決定。

　　這些身家調查看起來很詭異或很沒品嗎？我先說，這些全都是公開的資訊，而且沒人說你的謹慎違法。

回到廣告通與推特的第一次約會。

一手掌管著推特企業發展團隊的潔西卡，曾經是史丹佛大學曲棍球隊的甲級選手。她的父親是西雅圖的內科醫生，她則是在那裡長大的。他們所住的屋子是一棟位於華盛頓湖岸的五房三衛建築，正好是西雅圖的高級地段。這也解釋了她高中所唸的「預備學校」。她出身於西岸的貴族世家。如果你想知道的話，她當時正公開地和一名推特員工交往中，而對方（劇透注意！）正是後來面試我的人。

當時，推特的總部還座落在一棟不起眼的辦公大樓（也沒那麼大）。那棟大樓所在的街道是佛桑街（Folsom Street），夾在第三街和第四街之間，離廣告通只有往北幾個街區遠。我挑了一條景色優美的道路，沿著後巷越過波南街（Brannan），走過一條有著一間菲律賓共濟會寺廟的小路（那是你會偶爾撞見的「科技前舊金山」的時代遺產），然後右轉進入南方公園的正中央。

南方公園是都市沙漠中的綠洲，給人一種小巧親切的倫敦社區公園之感。這不是什麼意外。1850 年代，他們打造南方公園時就是為了複製那種倫敦小屋與公園的舒適感。

一條圓弧的道路圈住綠草如茵的公園，以及裡頭的樹木、長椅、和一個不太協調的遊樂場（不協調到方圓半里之內似乎沒有半個孩子的身影）。2011 年時，這個公園是舊金山創業潮的中心，四周的建築物二樓布滿了新創公司的商標，午餐時段，公園內則會穿梭著身穿公司上衣的科技宅。幾個設計與建築公司想辦法在逐漸抬升的房租下生存了下來，將這個地區從科技前 90 年代曾遍布南市場區的遊民和毒蟲手中救出[72]。

我走到第三街和佛桑街的路口。一個街區之外座落著舊金山現代藝

---

72 和耶穌的出生對西方歷史所造成的影響相似，舊金山歷史中的一切也都能用科技爆炸分成「科技前」和「科技後」。酒吧和餐館之所以經常被光顧（或是在受不了擠壓而關門大吉後受人哀悼），不是因為他們哪裡比較特別，而是因為它們讓討人厭的科技人們提早在這裡落腳了。

術博物館（San Francisco Museum of Modern Art, SFMOMA）。他們的館藏總是一成不變，但建築物本身卻是瑞士建築師馬力歐・波塔（Mario Botta）讓人眼睛為之一亮的設計。SFMOMA 是整座城市裡唯一一個藝術殿堂；除了這個博物館、或許還有交響樂之外，這裡是個文化沙漠。但當你有谷歌的時候，誰會想要高更呢？

莫斯科尼中心（Moscone Center）正對著博物館。這座展覽館是以舊金山的市長喬治・莫斯科尼（George Moscone）命名。他最知名的事件，就是 1987 年時在辦公室裡與加州第一位公開出櫃的政治人物哈維・米爾克（Harvey Milk）一起被暗殺了。一座巨大的建築群橫跨了兩個街區，所有的主要科學技術會議都在這裡舉行。舉凡甲骨文、蘋果、SalesForce 或是谷歌，他們都在這裡舉辦過產品發表會，像 GDC（遊戲公司）、JavaOne（Java 程式語言公司）或是 RSA（網路安全管理公司）這種小角色也都出現過。如果你最後真的擁有一番科技事業，你總有一天會披上你公司的緞帶和名牌，然後走進稱之為科學技術會議的資本主義小圈圈裡。他們會在台上發表新產品、進行「爐邊談話」、並搭起一座座臨時的展覽廳。

我左轉走上佛桑街，然後進入佛桑街 795 號那棟完全不起眼的水泥大樓中完全不起眼的大廳裡。推特只擁有這裡的兩層樓，但是接下來他們會緩緩擴張，在不同大樓中擁有許多的兩層樓。穿著制服的警衛負責管理接待，然後我得穿過兩層安檢。第一個關卡在一樓，警衛會給你一個名牌貼紙，並指示你使用特定的電梯抵達特定的樓層。到了之後，接待員便會拿走你的名牌，給你另一個推特專屬的名牌。牌子上用時效墨水蓋了章，隨著時間過去，它的顏色會越來越淡，幾小時之後便會完全消失，確保你不會保留並重複使用。這種等級的維安措施通常都會出現在規模大而高級的新創公司，好阻擋記者和變態粉絲闖入偷拍、或是偷聽對話。在一個人們會穿著公雞裝前來開正式會議的文化環境之中，維安是這間桀驁不遜的公司少數幾項看得特別認真的事情之一。

　　我被要求簽署一份保密條款，只要我洩漏任何一點在推特看見或聽見的資訊，不論是科技面或是八卦，甚至是廚房的壁紙設計，我就違法了。後來我很快就會得知這是上流科技社會的基本禮節。

　　接著我就開始等。幾個過度盛裝打扮的人緊張兮兮地和我坐在一起，或許是來這裡面試工作的候選人。茶几上擺著大本的裝飾書，介紹著數據科學的新世界和風景照。接待區有品味地以回收木板拼接而成，放眼望去，所有的東西上都能看見推特的那隻藍色小鳥，就連小廚房裡接待員用的馬克杯都有。

　　潔西卡現身時，看起來和她在網路上的公開照片一模一樣。她的臉上掛著不變的微笑，就像所有能把腦內啡的製造等級推到人類生理極致的運動員那樣，精力充沛、熱情洋溢。

　　「想要在午餐前先四處看看嗎？」她提議。

　　我怎麼可能拒絕？我們穿梭在辦公室之間，往咖啡廳走去。

　　以舊金山新創公司的標準來說，他們的工作環境是很酷的那種。一排排長條的共用辦公桌，點綴著每個員工的個人物品：大螢幕、人體工學椅、零零散散的書本，以及一點個人風格。裸露的水泥天花板上布滿長長的網路和水利管線，四處交錯，一束束的淺藍色 RJ45 粗電線沿著上漆的鑄鐵水管排列。四處都是未經磨光的木紋木板及熱軋鐵家具。用人工材質塑形的假雄鹿頭掛在牆上，背景則是一群群惡夢般的鳥，不是公司商標的普通小鳥，而是杭特‧S‧湯普森（Hunter S. Thompson）式那種嗑藥般的迷幻風格，直接畫在光裸的牆壁上，色調則多半是粉彩般的藍色。公司的員工餐廳保持著同樣的設計，但現在我已經沒有什麼可愛的用詞可以形容你會在 Restoration Hardware 看見的商品了，所以你自己想像就好。

　　我後來才知道，推特的創辦人兼總監伊弗‧威廉斯的妻子莎拉‧莫里西（Sara Morishige）是公司設計美學的標準。難怪這裡和很多其

他科技公司男孩子氣的破爛設計如此不同。

這個階段的推特公司擁有大約四百名員工，所以辦公室的大小以「大公司」的標準來說小了一點。儘管如此，撇開此時推特的收益淨值還少得可憐的事實不談，他們的餐廳仍然提供了時下流行的健康食物，有較「普通」的選擇（自己醃製的牛肉三明治），也有更時髦的（烤鮪魚配上精心設計的綠菜）。我隨便拿了一份離我最近的食物，然後找位置坐下。

我簡單地向潔西卡介紹了一番廣告通，並描述了我們成功的產品發表及未來的產品計畫。我們愉快地閒聊著我的部落格文章；她是我們網站活躍的讀者。我們在先前就已經打過「照面」，在一篇特別熱門的文章出爐之路後，便在推特上互相追蹤、也傳過幾次訊息。

在這場禮貌但不怎麼重要的午餐約快結束時，一個會讓推特賺錢的男人出現了：這場會面會是一連串幸運巧遇的其中一場。亞當·班恩長得很高，頭髮梳得整整齊齊，衣著在某些以外表為重的公司裡也能說是相當出眾。他是最近最八卦的挖角事件中，從福斯（Fox）過來的人才，就是他領導福斯走向數位貨幣化的路，打造出魯伯特（Rupert）的帝國。在這個充斥著嗑藥份子和未經琢磨的木頭（和人）的嬉皮世界中，他是負責管理一切的大人物。

潔西卡介紹我們認識。

「所以你們目前在忙什麼？」他用自己一天中寶貴的一分鐘問道。

我驚慌地發現自己沒有把廣告通的筆電帶來吃午餐，所以沒有可供展示的樣品。

失敗！

到手的案子絕不能溜掉，王八蛋！

不過我們還是有出路的。

馬修是個可以從同一組編碼中用六種不同方式榨出價值來的天才工程師，所以他設計了一個廣告通的樣品網站，可以在任何機器上示範

通霸的功能，就連平板或手機都行。

「我可以用你的筆電開給你看嗎？」我問，一邊對他半闔的筆電打了個手勢。他好像不帶著筆電就會沒有安全感一樣，典型的主管舉動。

「當然。」

我接過班恩的筆電，並展示了足夠讓他驚艷的通霸功能，領導他瀏覽我們美好的表現數據和走勢圖。在我遊走於我們的商務網站時，我發現我們所有的資訊都已經優雅地更新到最新的版本了。我以不錯的行銷表現總結了產品的現實面，好讓他更樂意接受我們的提案。巧遇結束，他便動身前往他的下一場會議。

潔西卡領著我回到接待區。一個保全像保鑣一樣站在門口，帶我下樓，過程中硬是拿走了我用消失墨水寫的名牌。

回到公司時，阿基里斯正獨自工作著。馬修又一次決定留在家裡，這樣他就不用從沿海小鎮的住家通勤。這種狀況發生的次數讓人不安。他總是有各種不同的藉口，但我和阿基里斯都不吃他那一套（尤其是阿基里斯）。絕望的低谷已經開始製造傷亡了。

「所以和潔西卡的午餐吃得如何？」阿基里斯漫不經心地問，眼神完全沒有離開他的螢幕。

我直接站到他旁邊好喚起他的注意。

「你覺得和推特做生意怎麼樣？」

2011 年，3 月 22 日，星期二

午餐約過後，潔西卡便寄了一封正式的介紹郵件給推特的兩名關鍵人物：凱文・威爾（Kevin Weil）及艾立克・羅伊特（Alex Roetter）。他們都在當時還很小的廣告團隊當工程師。顯然在第一次午餐後我感受到的那股讓人心癢的合作吸引力，已經得到回應了。潔西卡說我是個

「屌哥」，建議他們立刻跟我聯繫。

　　在這裡我要做個免責聲明，那就是我在科技方面的事業完全沒有什麼很屌的地方。我現在擁有的微小成功完全只是個偶然，或許再加上一點無賴厚臉皮。不，我提到這一點，只是為了表示大公司對小公司產生滾雪球般的興趣，其實就像一個人對新的感情對象、房子、或車子感受到的致命吸引力。你產生興趣的對象對你釋出一點意思，並試著引誘你，但是在過了某個時間點之後，是身為買家的你自己騙自己進入那筆交易的。

　　我和凱文禮貌地交換了幾封郵件，然後便定了另一場午餐約會，這次是包含整個團隊。於是我們一行人便從總部動身前往推特，大家都有點緊張，不知道我們將面對什麼。入場程序又重複了一次，我們便置身於推特的餐廳中、被午餐時段的喧鬧聲所包圍。

　　凱文・威爾是成績優異的哈佛畢業生，而且就和我一樣，在加入科技業之前，他也中途放棄了物理學的博士學位（只不過他是在史丹佛）。艾立克・羅伊特則在谷歌工作過很長一段時間，並且是創立了AdSense 的工程師團隊其中一員[73]。 兩個人都是廣告團隊的業務主管，是科技公司中真正指揮軍隊作戰的指揮官。我們之間的對話很快就轉向廣告通面臨的科技問題：我們得擴張我們的後端平台，更重要的是，還要應付谷歌有時候過度挑剔的廣告 API。男孩們描述了一下他們之前駭入那個系統的經驗，以及他們看見的一些不為人知的小祕密。

　　API 就是「應用程式介面（Applicaton programming interface）」，它的功能和子程式能讓第三方使用者在該公司的伺服器上打造他們自己的第三方伺服器。

---

73 AdSense 是谷歌貨幣化大業中的第二把交椅，僅次於 AdWords。你知道你為何會在谷歌搜尋結果的頁面右側（現在頁面上端也有）看見那些小小的文字廣告嗎？ AdSense 也是同樣類型的廣告，只不過不是在搜尋結果頁上，而是其他任何隨機的網頁，只要對方在自己的網站編碼裡加入一小段谷歌編碼就行。那是窮人的廣告網絡，就連你自己經營的部落格都可以參與。儘管它貨幣化的效果不大，但總體而言，它卻為谷歌帶來可觀的收入。

　　舉例來說，推特的 API 便是允許某人打造一個小工具來搜集你的推特發言，並優雅而有用地呈現最終的集合數據（像是你的轉推或按讚的項目）。簡單來說，它是不同的公司旗下所擁有的電腦對話的方式。以廣告系統來看，API 便可以讓研發團隊為成熟的營銷商打造工具來創造並管理廣告。由於谷歌和臉書這類大型發行商提供的原始介面都不太有用、或是為較小的廣告商所設計，廣告 API 便是貨幣化策略中非常重要的一環，而且是大筆收入入帳不可或缺的推手。在我們的故事中，此時的推特去年才剛推出「宣傳推（Promoted tweets）」的功能，根本稱不上廣告。大家當然都在猜測他們很快就要推出供研發者使用的 API，而凱文對此話題的注意力也肯定了這點。

　　突然，坐在我右邊的凱文打斷了我們的科技閒聊，並定定地看著我。「或許你該和我們合作。」

　　「合作？怎麼合作？」我問。

　　「像是收購之類的。」凱文微笑。

　　儘管我在和潔西卡吃完午餐之後就已經有預感了，當聽到推特工程師親口講出這句話時，感受還是大不相同。

　　「嗯，我想我們可能得討論一下，凱文。」我說，喉頭一陣緊縮。

　　回到廣告通總部後，我們便召開了臨時緊急會議。這是我們第一次在算是有點嚴肅的對話中聽見「收購」一詞。由於我們菜到不能再菜，我們根本不知道如何應對，所以我把消息傳給所有我們信任的對象，或是至少知道這他媽的是怎麼回事的人。

　　保羅是我的第一個收件人。和我預料中的一樣，他對整件事都不太看好，說這只會讓我們分心，並建議我們忽略這件事、並習慣拒絕。他其實說得沒錯，因為在一間新創公司成長茁壯的過程中，大概會收到十幾次收購的提議。用「提議」這個詞其實太輕忽了，其他公司們會提出收購的可能性，但他們只是用此當作藉口打探你們公司的底細，好讓自己保持資訊流通，並避免被某間新秀公司給蒙蔽，是市場行銷的一種

智慧。他也偷偷建議我別讓男孩們參與任何收購的對話。

接著，我也聯絡了薩卡。

廣告通和薩卡之間的關係在這時已經明顯地冷卻許多，而我一直不知道原因。在與分子廣告的戰爭剛開始的那段時間，我們交換過幾次郵件，然後他就沉默了。他忽略了我所有想要與他的前老闆谷歌牽線的要求，其實也忽略了其他所有的一切。羅斯和班每週（如果不說是每天的話）都和我們保持聯繫，甚至來參與我們第一次的科學技術會議，表示支持。薩卡基本上就像是完全從廣告通消失了一樣。

不過這一點很快就要改變了。

我寄出郵件後幾分鐘之內，他便打電話來問我到底發生了什麼事。我告知他這段沒頭沒腦的收購對話。接著，他便打來告訴我們他得知的那場午餐的內幕：顯然威爾當初完全是信口開河，根本還沒人正式同意對我們提出收購的意思。

接下來的幾週，薩卡的電話便打個不停，多半是他坐在計程車裡的時候；他甚至會在半夜兩點傳簡訊來。我們不懂他為什麼突然變了，也不知道我們究竟能不能信任他的專橫跋扈來影響我們的未來。儘管我們很歡迎他的投資，他既沒有投入血汗、也不願意和我們建立信任，現在卻要我們對他保持信心。但薩卡是專業投資人，是投資人的投資人，他有自己的優先順序，而那和羅斯・席格曼與我們的都不相同。

這裡我要重提一個我已經說過，但讓你唬哢過去的相關細節：克里斯多福・史蒂芬・薩卡是推特最大的股東之一，從早期就一直在投資，後來據說也不斷增加自己的投資額度。我們也聽說他在 2011 年 2 月時幫摩根大通[74]從創辦人和員工手中私下交易，用（相對之下）極高的每股二十一元買下推特 10% 的股份。薩科是個推特專家，總是公開吹捧他們，又在每一個剪不斷理還亂的推特八卦裡都參了一腳。

---

74 譯注：JPMorgan，全球歷史最長、規模最大的金融服務集團之一。

　　如果我們要找一個人帶領我們踏出接下來的腳步，那就是薩卡。但我們能信任他嗎？

2011 年，3 月 23 日，星期三

　　「我聽說那場午餐很成功。你能來公司見見亞當·班恩嗎？」在我們結束和凱文與艾力克的會議後，潔西卡便寫了郵件給我。

　　我們無法拒絕這個邀請。

　　於是隔天我又再一次透過一樣的步驟進入推特總部，再一次於一票緊張的面試者、裝飾書和昂貴的設計家具之間和潔西卡會面。

　　她帶我走進一間會議室，指示我在這裡等著。

　　在她消失的這段時間，我理解到這就是亞當和我準備多認識彼此一點的那種會議。

　　二十分鐘過去。我開始有點惱怒。就連等個啤酒都不用這麼久，更別說是開會了。

　　「嘿！」亞當·班恩探頭進來說道。

　　他的半個人還在會議室外頭，手抓著玻璃門。

　　「女神卡卡在這裡耶！」他宣布道，臉上掛著小粉絲會有的愚蠢表情。他指著走廊另一端的半圓形劇場區，裡頭聚集了一大群推特員工。

　　女神卡卡是什麼鬼啊？

　　我先說一聲：當你談到流行文化的時候，我絕對是白痴中的白痴。我完全不看電視。我不會聽你稱之為「音樂」的東西（我則稱之為噪音）。對我來說，最棒的週五夜晚就是一瓶修道院啤酒和醉醺醺地讀米歇爾·維勒貝克（Michel Houellebecq）的作品。有時候我當然還是會來個小小的男歡女愛，但那是我和我同輩的男人（或女人）最有共鳴的部分了。

　　同時，由於太常被引擎和軍火武器摧殘，我的聽力超差，而且患上永遠去不掉的耳鳴，那股高頻率的哨音是我日常生活不變的背景音效。最後的最後，在跟我的鋼琴老師姨婆浪費一整年學過鋼琴之後，我學到的唯一一件事就是我是個澈底的音癡。

　　長話短說：我完全不了解那些現在負責讓小屁孩們保持娛樂的傢伙。我露出微笑，那種某人聽不懂笑話時會出現的微笑。

　　亞當在窄桌的另一側坐下，正對著我。接下來的四十五分鐘之間，他在推特當時對貨幣化的理解範圍內描述了他的計畫。

　　他是個很棒的策劃人。就像最棒的業務那樣，他文鄒鄒、但並不臭屁。

　　在這場不到一小時的會議裡，我對他產生的印象是：如果有人可以從一週數十億條的推特中榨出錢來，那肯定就是亞當・班恩，而歷史也即將證明我的看法。

＊　＊　＊

　　劇透注意！如果你喜歡懸疑、杜斯妥也夫斯基和（或）更多的角色發展，那就別往下讀了。

　　我之所以會保留臉書上半數的好友比如像那些高中同學或前同事之類的人，是因為我想知道我最初對他們的猜測和對他們人生走向的推斷是不是對的。我把他們從我的動態時報上擋掉，因為我不需要每週都看見他們小狗或孩子的照片，但是每隔幾年，只要我回想起某些老記憶，我就會關注一下他們。你以前暗戀過的正妹最後嫁給誰了？那個做作的孩子最後是不是真的跟我想的一樣變成了一個雅痞馬屁精？

　　現在，以放馬後炮的角度，我要告訴你們這幾個你剛見過的推特人物們的未來。

　　凱文・威爾會成為推特產品線的老大，為推特打造的一切設定目標與時間表。艾立克・羅伊特會變成工程師總管，管理一間科技公司的

引擎室，以及裡頭一排排忙著編碼的工程師。

亞當‧班恩會變成營運總監（COO），負責公司每天的業務和銷售。潔西卡維利利則會成為企業發展經理（Director of corporate development），掌管支票簿，負責吸收所有的人才和科技。

一間公司打造了些什麼（產品經）、如何打造（工程師）、最終產品如何為公司所用（營運），以及它將買下哪些公司（企業發展）：這幾個要素是所有大科技公司的核心，而我在 2011 年緊湊的 48 小時內遇到的這群人，這群從推特廣告團隊起家的人，到 2015 年時便會成為推特的領導核心。

事實其實沒有聽起來的那麼天方夜譚。

通常，如果一間科技公司的廣告業務和用戶取向的產品綁在一起，那麼廣告團隊就是這間公司最弱的團隊之一。大家都覺得廣告很討厭，行銷也一點都不酷，所以二十幾歲的年輕人才不會想要加入。有遠見的總監不在乎錢、只在乎使用者體驗，管理公司的方針也是靠用戶數量來決定、而不是營收。大膽的產品發想永遠不會被拒絕，總監也總是分派最多的資源給他們。與此同時，廣告團隊則像是專門幫暴走的小孩擦屁股的保母，追在後頭，試著在產品研發的過程中把能換成錢的的東西貨幣化。

但推特不一樣。這裡的廣告團隊其實是整個組織中最活躍、最有生產力、也最忙碌的團隊。儘管推特的核心產品好幾年都沒有改變過，廣告團隊還是不斷在推陳出新，雖然總是甩不掉對手臉書，但一直都保持運作。他們也說服公司的管理階層在廣告科技界進行野心勃勃（且大手筆地讓人驚訝）的收購行為。

這就是推特的廣告團隊，所以不管在消費網路公司（consumer internet companies）的生態中有多不尋常，他們的團隊領導人最終變成整間公司的領導人，其實沒什麼好意外的。

2011 年，3 月 25 日，星期五

　　推特寄給我們創業策略中不可或缺的公司保密協定，事情便真的開始運作了。這其實就是公司世界中的 Snapchat：你可以收看訊息，但是訊息最後會被刪掉（或是只能保存在你的腦子裡）。

　　既然要玩真的，我們就需要一個律師。不是像葬儀師或王泰德那種訴訟律師，而是知道要怎麼精緻地處理公司管理的人。

　　幾個星期前，我正好在擔心我們的公司文件。在剛成立公司的時候，所有的文書都是我一手包辦，因為男孩們只要碰上現實生活中的文書工作就完全不行了，不管是房租、薪資單、或是任何和官僚系統扯上關係的東西。但我當然也不是這方面的專家，我用的全都是 Y 組的公司範例文件，並全都是透過傳真。從註冊公司名稱到獲得特拉華州[75]寄來的確認文件，大概才花了我兩個小時。但如果我們真的要進行融資或和其他公司合併，我們就得把文件通通整理好，否則很可能會親手毀掉自己的機會。

　　很久之前，我們有幸見過推特第一個收購的公司創辦人，一間名叫 Mixer Labs 的新創定位公司。其中一名創辦人名叫以拉・基爾（Elad Gil），是 Y 組投資人，也是知名部落客；他豐富而知識多元的早期創業文章是我定時服用的糧食。另一位則是奧斯曼・勒拉齊（Othman Laraki），是前任谷歌產品經理，見面的當時則是推特成長團隊（Growth team）的一員。兩人都會在未來成為推特的資深副主管，也都對合併收購和創業這塊領域有完備而深刻的了解，並不時給我們免費的建議。

　　我們就是被他們介紹認識了在重量級的奧利・海林頓・瑟利非律師事務所（Orrick, Herrintong & Sutcliffe，在矽谷則簡稱「奧利」）工

75　譯注：Delaware，是美國公司註冊的地點。

作的大人物米契爾‧祖克力（Mitchell Zuklie）。講過一通熱切的電話之後，他便安排他的學弟合夥人于哈洛（Harold Yu）替我們做法律檢查[76]。這當然也是免費的。矽谷最棒的律師事務所都是打延長戰，也相信「免費試用」的模式。他們知道一路上會有更多更昂貴的法律工作要做，因此他們只根據一段介紹詞、Y 組的標誌、以及和我講的半小時電話，便禮貌地請我把公司文件寄過去。接下來的那一週，我便花了一個又一個免費的小時和哈洛通電話，討論我們的法律健康檢查結果。

更方便的是，米契爾‧祖克力和奧利事務所正在和 Mixer Labs 合作，為他們做法律顧問。因此他們非常熟知合併與收購這個殘酷的領域，更清楚推特的遊戲規則。他們是這方面最能信賴的律師。關於創業的另一個小教學：別對律師吝嗇。如果在簽大合約或討論收購的過程中犯個小錯誤，很可能就會讓你從和名模女友去伊維薩島避暑的未來，墜落到在甲骨文做安慰獎般的產品經理（看，你還可以領到稅前的車馬費喔）。想辦法找到你經濟能力範圍內能負擔得起的最佳律師，而如果你付不起現金，那就想辦法說服他們接受不是錢的其他替代品。律師之所以會成為律師，可不是因為他們懂怎麼做生意。在可能的範圍內盡可能繞得他們暈頭轉向。

我把那份保密條款寄給奧利試水溫。那或許只是一份樣板文件，但這可是我們第一次見到公司等級的暴民協定。你可以信任他人，但需要證明——然後最好在床下放一把上膛的槍。

＊　＊　＊

思考一下 16 到 19 世紀的歐亞政治形勢，以及它和現今的差異。

當時的西歐還沒有完成支配世界的霸業，伊斯蘭世界也還沒有開

---

76 在矽谷求生有一個小驚喜，就是你永遠不知道一個人是怎麼調動一整群由律師、會計師、工程師、公關、野心家和合夥關係人所組成的大軍，基本上是讓矽谷的印鈔機運作的一切，卻完全不用真正見過任何一個人。和廣告通扯上關係的所有人物中，我大概只見過一半。其他人則只存在於電話和電子郵件裡。

始顯著地萎縮。大家可別忘了，1683 年時，土耳其帝國還在拿維也納當練砲的標靶，而只靠著最後一分鐘勉強找來的同盟，才將伊斯蘭帝國擋在包法利亞之外。歐洲強權們當時積極地想要尋找潛在的亞洲國家作為聯盟，好和其他歐洲國家抗衡，想像法國和伊朗最近聯手對抗英國的狀態，就像拿破崙在 1807 年時幹的一樣，而中東政府們則以現在我們想都不敢想的方式攪和著歐洲的形勢。

在那樣的世界中，歐洲各國和中東的鄂圖曼土耳其與波斯帝國幾乎是平起平坐，其中當然少不了外交手段與各種騙局。在這讓人著迷的文明戰爭中，「譯員（dragoman）」是個關鍵性的角色（該字的字根是源自於阿拉伯文的「翻譯家」）。譯員不只是普通的翻譯者而已，他們是文化配對的媒介，會選擇性地翻譯（錯誤）外交文件好達成想要的外交目的（而通常在溝通的兩方都不知道他們動了什麼手腳）。所以，當土耳其政府將英國女王當作附庸國的領導人，祭出專橫跋扈的訊息時，譯員便會將文件中的囂張氣焰改寫成更平等的外交夥伴口吻。而當維多利亞女王以冷漠的態度回應時，譯員則會把訊息加上東方國家期待的尊崇態度。

當然，當兩國必須簽署停戰協議時，事情就會變得比較複雜了，因為這不僅僅只是翻譯的語調問題，而是真的有地理政治因素要考慮。在這個條件下，譯員們便會為他們自己與雇主帶來各種麻煩。儘管協議總是會以選擇的外交語言簽署，需要簽名的兩方仍然都會得到一份翻譯的文件；因此這些文件在最好的狀況下會被翻得模糊不清、最糟則會完全對應不上。

所以這裡我們可以看見兩種誤譯的方式：一種是刻意作為外交潤滑劑的誤譯，好讓事情能夠妥善完成；另一種則更為嚴重，讓簽署的兩方都各自對那份協議有自己的理解。

矽谷的世界就完美地複製了這種局勢，我們也有自己的合約譯員。當一樁交易真的開始有點眉目時，事情便會出現勒卡雷式（Le

Carre）的懸疑感。一樁交易的溝通管道有兩種：一種是正式的、典型的聯繫方式，如電子郵件和附加檔案等等，一般是在創辦人和另一間公司的企業發展團隊之間流通，或許還會包括相關的產品團隊。第二種則是非正式的暗中作業。因為沒有更棒的用詞，我們就暫且稱之為「陰謀」吧。

陰謀通常都以電話或面對面溝通，沒有電子郵件或訊息保留。根據加州法律，電話錄音是違法的，這類的錄音通常不能在法庭中作為證據，除非刑事法庭有搜索令。在創業世界中 99.9％的溝通都是透過非即時的電子郵件、簡訊和社群軟體，但一但開始策劃陰謀，所有的通訊便會突然倒退一個世紀，並通通躲在關起門的會議室裡。這個時候你才會知道你是真的把一樁生意大約搞到手了；換句話說，如果這一切都還停留在電子郵件，那代表你什麼屁都還沒得到。

這第二種溝通方式，一部分跟冷戰時期的手段很像，另一部分也很像小學四年級時你在班上宣布自己第六節體育課下課之後要親班花，並在班上引起一陣八卦和竊竊私語的狀態。事情繼續進行，鬧劇便會變得越來越孩子氣。儘管你在創業世界中已經鬼混了這麼久，根本不需要再多一個證明，但最終你會相信人類即使已經成為少數經濟頂端的菁英，他們的本質其實都還是害怕又空虛的小孩，還在玩扮家家酒、假裝自己是大人。

現在，如果這一切是發生在華爾街，並扯上上市公司，或是快要被收購的公司創辦人、員工和投資者被發現在用保密電話互通內線資訊，並帶有明顯的個人謀利意圖（不管是真的得到錢或只是左右公司決定），我們就全都得去坐牢，或至少會被控告。但打從一開始，這在科技圈就是常態，沒有人會把這當一回事。你可以決定開口、在這個遊戲裡面參一腳，或是決定不開口、因為害怕自己洩漏機密而被開除，但是不管如何，在這裡，沒有人制定十誡給你，也當然沒有人負責執行任何一條戒律。

　　既然我們已經講到道德的黑白界線，我們就不得不提到這本回憶錄中第一個、也是唯一一個複合性角色（Composite character）。我們已經提過了幾個推特的圈內人，但是許多不知名的圈內人也牽扯在其中。如果每個人都有罪，就代表每個人都無罪了。從現在開始，任何推特圈內人，或是提供給我們內線資訊、幫我們算舊帳、搞定交易、或是有其他不為人知目的的第三方團體，我們將用一個複合性名詞來稱呼他們，請歡迎——不可告人的「深推特」（Deep Tweet）。

　　對，就是「深推特」。

　　深推特告訴我們推特真正的內線價值，以及它是怎麼一下子融到山一樣多的錢；他告訴我們手頭上擁有的推特股票總值究竟有多少、董座的內部運作、以及推特為什麼最後會看起來像是一群王八蛋的集合體（因為它內部就聚集了一群王八蛋）；他洩漏給我們董事們與管理階層彼此之間與各自內部的鬥爭，那通常都是發生在失去功能的董事會議中，每個大咖的董事都會帶著自己的黨羽出席；他也讓我們知道伊弗·威廉斯和比斯·史東（Biz Stone）的心早已不在公司裡（事實上，他們在兩個月之後就會雙雙離開推特了）；還有，在產品團隊的主管傑森·高曼（Jason Goldman）離開之後，這個團隊就再也沒有任何可以領導的人了；同時，我們也知道讓每個科技公司突然引起曇花一現的成長的內部操作，以及他們如何殷勤地掩飾一切不讓外部世界看見，留下一片潔白無瑕的畫布，準備讓媒體隨意揮灑他們的敘事謬誤（Narrative fallacy）[77]。

　　但是所謂的公平競爭怎麼辦呢？有道德良心的讀者這麼問道。

---

[77] 這輩子第一次（也是最後一次），我要引用自作聰明的做作鬼尼可拉斯·納西姆·塔雷伯（Nicholas Nassim Taleb）的一段話：「敘事謬誤的意思是，我們在描述一連串線性事件時，我們無法阻止自己為它們製造出某些解釋，或是在之中強加入某種邏輯、某種關係走向。這種傾向的危險在於，它會影響我們對事物的理解。」這種謬誤正是打造出數十億新創公司價值的基底。

　　讓人難過的是，創業遊戲不是照規則來的。身為創業者，你是哥利亞面前的大衛、以阿戰爭裡的以色列、阿拉摩之役中的大衛·克羅、溫泉關之戰的斯巴達戰士。隨便選一個你喜歡的以小搏大組合：那就是你。不管怎麼看，新創公司早在開始之前就該死了。所以如果某個不忠的內線者背叛了正對你提出收購的公司，在酒吧裡跟你搭訕、開始把祕密告訴你，你就再買一杯啤酒給他，然後叫他繼續。你會需要任何你能得到的資訊。

　　再加上一點地方色彩好了。這些深推特會議通常都在哪裡舉辦呢？除了前面提過的那些毫無紀錄的電話之外，我們時不時地也會私下碰面。其中一個見面地點是「中央咖啡（Epicenter Cafe）」，位於哈里森街（Harrison），夾在第三街與第四街之間。

　　好笑的是，它的隔壁正是一間公立精神科診所，病患通常是嚴重精神病患者和吸毒者。它的另一側則是南市場區的全食超市（Whole food），是領著過高薪水的科技宅們（包括在下我）買菜維持生計的地方。不管你從西邊或東邊沿著哈里森街接近中心咖啡，你都會撞見會花六塊錢買有機蘆薈水的創業宅宅、或是認為全世界的法國鬥牛犬正在聯手起來伺機做掉他們的神經病。大部分的時刻，從這個地區蠢女人的審美角度來看，你其實沒辦法馬上看出科技宅和吸毒流浪漢之間的差異。（用一句南市場區的老笑話來說：流浪漢拿安卓，科技宅拿蘋果。）

　　中心咖啡之所以會變成深推特的重地，是因為它根本就是推特的附屬咖啡廳了。當時的推特總部座落在這間咖啡廳正後方的佛桑街上，一扇後門開向推特辦公室，所以當你抵達的時候，你的聯絡人就已經在裡面等你了。點一杯黑到不能再黑的西岸焦炒咖啡，在一群在筆電上瘋狂打字、像是亞斯伯格患者般的工作狂熱宅宅之間就坐，然後開始和深推特人士搭話，討論你在科技叢林裡的求生法則吧。

　　如果你還沒有注意到，整個舊金山的創業世界其實只發生在第一街到第八街、金恩街與市場街之間，位於舊金山的南市場區。這裡在

90 年代曾經是擁有幾間破爛旅館、被藥頭占領的彈坑，但現在，這個 8×8 的街區卻是全世界科技的主宰。

　　想想這些座落在鳥不拉屎的街道上的科技公司對這世界帶來的影響：推特提供政治犯和政治狂熱份子一個廣播平台，讓世界級的首長因為上面流通的醜聞而下台，並讓中東國家動蕩不安、使整個地區的情勢搖搖欲墜。

　　像 Airbnb 這類的地方性新創公司大成功，導致巴賽隆納和柏林的房地產價值開始陷入混亂。那些城市中保存了兩世紀之久的中產階級財富，撐過了佛朗哥槍黨的統治和美國空軍的轟炸，卻被一群寫程式的宅宅和幾間位於奢侈重劃區的設計師住宅耍著玩。

　　如果優步這類的地區性公司真的坐大，巴黎與墨西哥市的計程車司機是會暴動的。如果優步贏了，馬德里計程車司機的妻子們會不知道下一頓晚餐在哪裡。

　　這是大聯盟等級的戰爭、認真的玩意，是科技創業中你死我活的廝殺。如果你想玩這個遊戲，你最好帶著隨時咬熊屁股的心理準備[78]。

---

78 這句話當然是向麥可・路易斯的《老千騙局》致敬了。那本書裡的反派約翰・古佛蘭（John Gutfreud）說，如果一個人想要在所羅門公司（Salomon brothers）工作，他每天早上進辦公室時都得保持著「咬掉熊屁股的決心」。

收購膽小鬼

我問你，一個大男人跑來跑去追著球打，這合理嗎？撲克牌才
是唯一一個適合成年男人的遊戲。你要用你手上的牌對抗每個
人，每個人都用他手上的牌對抗你。團隊合作？誰有辦法靠團
隊合作發財？發財只有一個方式，那就是擊垮對抗你的人。

—— W・薩默塞特・毛姆，《同花順》

2011 年，3 月 27 日，星期日

「雖然這會損害我的權益，但我建議你為你的公司開個拍賣會。」
在收購排隊開場不久後，深推特人士就在我耳邊這麼悄悄說道。

作為公司的總監，我義不容辭的責任便是將本公司股票持有人的利
益最大化，而我自然是其中持份最大的一個。「義不容辭」（fiduciary）
一詞的字根是拉丁文「fiduciarius」，意思是「信心綁定」。就法律角度
而言，那意味著一方以另一方的名義行事，並擁有完全的代理權及預設
的信任。實際操作層面呢？當一間公司的總監說出「義不容辭的責任」
時，那就代表他們正在給自己一個道德理由去毀滅某個人。在這裡，我
指的當然是我要對推特做的事了。

我為什麼要這麼急呢？

在我們和推特的關係進展超越一開始的探索階段之後，假設他們
真的想要把我們買下來，他們就會寄出一份投資條款書。在那之後則會
是一份禁止交易條款（No-shop），意味著我們沒有任何機會再將我們的
公司出售給其他公司。禁止交易條款可能是一份獨立的合約，也可能包
含在投資條款書裡，規定這間公司在協商的時間內不可再向其他收購方

推銷自己。這段期間通常會是六十天，具有法律效力，有時候甚至會包含罰則，目的是阻止公司繼續努力地把自己賣掉，好讓雙方能好好地、認真地討價還價。

深推特的建議來得正是時候且正中紅心。如果我們真的希望有和推特談判的條件，我們就得儘快開始行動了，要越快越好。事實上，我們或許已經太慢了，因為其他公司的速度可能會比推特從天上掉下來的收購禮物來得慢得多。

我在矽谷裡四處奔波，尋找願意幫我介紹的人（而大部分的人都不願意），試著把我的公司賣掉。我找盡我所有在谷歌的關係人，想和他們公司推銷，甚至請羅斯把我們介紹給他們的合併與收購團隊。我也問了薩克，但他完全無視我的請求；我們很快就會認清他是個只顧自己帳本的人[79]。直到最後的最後，我們連谷歌的一封電子郵件回應都沒有收到過，儘管我們的整個產品都是打造在他們的伺服器之上。

我也聯繫了微軟的創業推廣人（evangelist）：一個小小的奇蹟工作者喬爾・法蘭紐斯（Joel Franusic），請他將我們介紹給位於雷德蒙（Redmond）的收購團隊。他們回應了，我們便在接下來的那個星期進行了遠端提案。

接下來當然還有臉書。

我可沒有忘記同梯的 Y 組新創公司中，有一間名叫 Whereoscope 的公司，他的其中一名創辦人現在正在臉書工作。這間公司出的手機應用程式可以追蹤你的所在位置，不論是公開給女朋友看的那種，或是用來滿足比較疑神疑鬼的市場族群：像是青少年的父母。這間公司的總監是個名叫米克・強森（Mick Johnson）的人，在 Y 組的生涯最高成就是在發表日當天的影片最後放上一段自己用空手道劈磚的錄影。他的長

---

79 這個說法非常華爾街，形容一個人只顧自己現有的利益，自私地提升他的個人收入，不願意提供任何與他無關的分析或建議。這句話通常是用來批評那些在彭博新聞（Bloomberg）或 NBC 財經新聞（CNBS）上推銷某些股票的名嘴。

相和態度總是讓我想到《無法無天》（Romper Stomper）裡頭年輕的羅素‧克洛。（如果你也看過這部片，這個形容應該會造成你的恐懼）

我記得某一天 Whereoscope 突然無聲無息地消失了，流言透露這和某椿私下交易有關。最後，強森又神奇地再度出現，只是這次他的身分是臉書的產品經理。

我發了一封電子郵件給他，裡頭使用了肯定會引起收購方興趣的用詞：我說我們也在「市場上」，想要在臉書錯失他們的選擇機會前和相關的產品團隊談談。他將我們介紹給廣告世界中的一顆明星：高格‧拉札蘭，一名會在各個方面影響我人生的男人。

2011 年，3 月 29 日，星期二

場景：一個狹小擁擠的會議室座落在推特總部的深處。潔西卡‧維利利和推特的商業發展副主管凱文‧塔烏（Kevin Thau）坐在我的對面，看起來有點尷尬。我有預感會是個壞消息。

在這一幕之前的設定是這樣的：

克里斯‧薩卡用他無盡的交易智慧編了一個睜眼說瞎話的謊言，告訴他們我們也在和另一個公司討論收購的事。不過如果推特給我們一份投資條款書，我幾乎可以肯定我們能得到另外一份收購提議。所以你瞧，這不是真的謊言，只是一個還沒有成真的事實。「想久了就是你的」，這在矽谷中多半是對的。

因此，推特感到自己像是火燒屁股，決定加速推動交易的進展。我將（保羅敷衍我們的電子郵件所啟發的）筆記唸給他們聽，說如果條件不好的話，我們連出售的可能性都不會考慮。因此在上週三和亞當‧班恩約會過之後，我便不斷重申盡快看到條款書的必要性。潔西卡還答應上個星期五就會寄一份給我們。

但是推特並沒有做到。我們從頭到尾只有收過一份制式的保密條

款，讓我們開始和奧利事務所聯繫，就這樣。我向薩卡抱怨過這件事，他則保證我們很快就會收到條款書，而且不會是「某種爛金額，而是個漂亮的數字」好說服我們出售。

面對潔西卡這邊，我則保持著困擾而惱怒的態度，另一方面又用盡全力在表達他們似乎有競爭對手的假象。儘管我們這種急迫性是騙人的，但推特的確欠我們一個答案，不管是或否都好，但最好附帶一個數字。而現在這個會議便是他們為自己辯解的時機。

短暫的開場表明他們的週一會議不像我們想像中的那麼順利，然後潔西卡說道：

「我們在想，或許五百萬左右。」

她直直望著我的眼睛。凱文坐在她旁邊，沉默地微笑著。

我想了一下。這和合約該有的價值大相徑庭。我們在和分子廣告打官司之前就已經是用差不多這個數字的資本額在融資了；這筆合約至少要比這多一倍。

一段適當的沉默之後，我回答：「嗯，我得跟其他創辦人和投資者談談。」

我們交換簡短的道別，我便走了出來。消失墨水的名牌在我的脖子上還掛不到十分鐘。走在推特後方小巷中距離大樓一百碼的地方，我撥了一通電話給薩卡。就某方面來說，他的訊息傳遞也失敗了。他保證過推特會很快就給我們條款書的。電話中，他大發雷霆，並發誓會再回電給我。

打完電後，我在小巷中徘徊。我確認四周沒有認識的推特員工，然後便打開我的電子郵件信箱和行事曆。

前一天，臉書寄了一封信給我，請我們去和廣告團隊見面。我們要去向他們的幾位領導人做正式的提案。米克把我們介紹給高格，終於開花結果。高格的行政助理在今天早上確認了會議的時間：明天下午。

這一次，我得確保推特的速度夠快。我往南走上第三街，走上那

條廣告通和推特之間往返無數次的道路。

＊　＊　＊

　　五百萬！想想。一個超棒的數字。

　　真的嗎？

　　在官司之前，我們是用四百萬的資本額（一個有名無實的價值）在融資，而就連我們在討論這筆交易的當下，其他剛結束 Y 組創業營的菜鳥公司們也都有五百萬以上的資本額。矽谷聘請工程師的平均市場價格是五十萬到兩百萬之間。這指的是未來四年（可能）的股權價值；而你每年領的薪水通常落點在九萬到十五萬之間，你只要拿來付房租和買啤酒就好，而且這還不包含在上面的市場價格之中。

　　所以用五百萬聘三個人、再加上推特可能會使用的智慧財產，以及 Y 組的光環和我們用部落格累積起來的「思想領導人」稱號，這價格實在太低了。我們在矽谷冒著經濟和精神狀態崩壞的風險，可不是為了要用四年才賺得回來的一百萬。

　　但我可以想像男孩們考慮這個提議的模樣，或許還會跟他們各自的伴侶討論。

　　對阿基里斯來說，那代表著一間在雅典的公寓，以及他一直幻想著要和他的新科妻子希姆拉一起經營的複合式咖啡館兼黑膠唱片行。他家境本來就很富裕，但這意味著他能經濟獨立，而且還是在畢業後這麼快就成功。

　　至於馬修，這意味著付清房租，也不用擔心孩子們的空手道班，更別提他們接下來的大學基金。這會是他長而辛苦，但報酬低下的事業中最大的一筆收入。廣告通剛開始那幾個不支薪的月份中，馬修已經把他少少的積蓄用光了。這會改變一切的。

　　那對我們的投資人來說呢？他們又是什麼狀態？

　　我們在絕望的種子階段時，便以過低的價格有效出售了 22％ 的股

權。這筆交易按照比例來算，他們的報酬上看稅前一百萬美金。由於他們只投資了低於五十萬的金額，這意味著百分之百的報酬率。他們能在六個月之內讓自己的投資賺翻倍；對任何誠實的人來說，這個金額都很不錯。

不過有些投資人的看法就完全不同了，而他們的理由就是我前面提過老派天使投資人及現代微創投（micro-VC）之間的差異。對羅斯來說，他投資的是他自己的錢，而就像一個在賭場間優雅的賭徒，他在人才市場中也是一樣的玩法，這對他來說的確是個不錯的報酬。他能得到現金（或是推特的股份），很可能會把它們轉手出售，再去投資其他公司，提高自己的收入，並同時承受偶爾會出現的火燒屁股。

薩卡對潛在的交易則抱持著完全不同的態度。這也就是薩卡，或是其他創投者會逼你模仿他們扭曲的風險回報檔案（risk return）的原因。他們想要的是十倍的投資報酬，就算那意味著極高的失敗率。只賺兩倍對有限投資人來說就是不夠酷，而且他們可不是為了這少少的兩倍而把錢交給薩卡去操作的。

創辦人和投資人對風險的預期時常天差地別。我討厭用運動作比喻，但只有這個才能切中重點：大部分的風險投資人就像是在打棒球，但在他們版本的遊戲規則中，只有全壘打才算分。他們不在乎你如何讓自己丟臉或用盡全力揮棒，他們也不在乎你打出一支安打上了二壘。對他們來說，安打就跟揮棒落空一樣毫無意義，所以他們只奉行「打出全壘打」的口號，不管比賽進行到哪裡、也不管你的對手是誰。

這種不是全拿就是全無的取向，是肇因於他們的資金結構。這些風險投資人（或是像薩卡這種「天使」）募資，然後將這些資金分散成幾筆不同的投資。他們不會在同一間公司投資第二次，儘管當一間公司再次融資的時候，這些投資很可能早就被遺忘了。這筆資金的總獲益量會將所有的投資報酬加起來計算。組合投資管理人會將一筆賺回本的資本轉入下一筆投資中，讓一連串的報酬累加成一筆大錢，但風險投資人

不會將從一間公司贖回來的資金直接轉入下一間公司[80]。這就是為什麼全贏或全輸的策略會對矽谷世界影響這麼大，以及為什麼創業家們總是逼自己成為下一個 Airbnb 或乾脆洗手不幹。有些創業者反對這種模式，傾向長期經營的企業，製造穩定但相對較低的營收，但他們總是被取笑只是在經營「生活式企業（Lifestyle business）」，而這在風險投資人之間是個非常糟糕的稱號。當然了，那些創業者們會很高興自己創造的是一間能穩定賺錢、稅率又較低的企業，而且可以享受滑雪或玩吉他或其他任何美好的生活。但是他們的投資者就討厭他們這樣，所以這類投資者將會損失許多社會資本，並很可能在下一輪融資時發現自己募不到錢。

就我個人而言，其實我很高興身為機構投資人的薩卡會不可避免地反對這筆交易，並成為我逼男孩們也拒絕的利器。我當時身上或許連五千塊都湊不出來，但是用五百萬買一個九個月大的公司和三個員工、以及一個數據庫，這真的不太夠。這種階段的公司的市場價格比這高多了，而小小的前任高盛金錢工程師只會在市場價格或更高的金額下鬆手。

如果只有我一個人，我很可能會敗給男孩們和羅斯。但薩卡，大聲而充滿主見的薩卡將會說服他們。

---

80 這不是百分之百完完全全的事實。某些少數的資金被稱為「常春資金（evergreen funds）」，每次加入新投資人或收到前一筆投資的報酬時就會讓資金成長。

被按讚

你打發人去窺探我所賜給以色列人的地，他們每支派中要打發
一個人，都要做首領的。

——《聖經》民數記十三章，二節

2011 年，3 月 30 日，星期三

　　臉書總部的每一扇大門上都寫著大大的「HACK」一詞，橫跨雙扇
滑門，像是天主教大教堂上的壁畫，但既不是受審判的耶穌、也不是最
後的晚餐，而是一個要員工們製作打造的指令。

　　建築物本身則是普通的商業環境，和其他點綴著整個南灣的其他
倉庫兼辦公室建築群（統稱「矽谷」）沒有什麼區別。如果你看到它的
照片，你可能會以為它是一間製造光纖的工業研究實驗室、或是衛星公
司，而不是使全球人類無法抑制地想要與他人連結和分享的社交網站公
司。

　　一旦你通過「HACK」之後，你右手邊的一片平板螢幕上會顯示出
臉書全球好友活動的即時動態影像。每次只要有人同意一個人的好友邀
請，一條白線就會在圖上連接起兩人的所在地。那個地球的模樣就像是
被一堆蜘蛛所織成的網給團團包圍，每隔幾秒鐘，整張網就重新編織一
次，永不止息。

　　我們在櫃檯簽了嚴謹的保密條款，以此換到名牌，然後緊張地在
接待區打轉，看著尋常員工、面試者和外部合夥人來回穿梭。通往內部
聖地的入口是一扇玻璃門，由電子鎖保護，只有磁卡才能刷開。一名守
衛小心翼翼地守在門口，確保沒人跟著別人偷渡進去、或是試著搶在門

關上之前強行進入。和推特一樣，這裡總是有一大群記者想闖進來，但只有被揀選的人才有這個殊榮。我們有沒有本錢成為其中之一，正是我們要在今天做決定的。

高格的行政助理帶我們穿過顯然是建築物中心的走廊，寬敞的畫廊中穿插著一排排的桌子和人體工學椅（還有什麼別的？）。我們右側是「臉書牆（the Facebook Wall）」，是一幅簽滿訪客名字的大壁畫，上面的名字層層疊疊，讓整面牆看起來幾乎像是黑色。中廊的側邊和後方都裝著天窗，牆壁則是普通的白牆，讓整個空間感覺通風又明亮。一塊塊的橡膠板鋪在上漆的水泥上，使這裡看起來像是蓋到一半的工廠（而或許它原本的確是）。

我們之間最重要的一個人是艾明・佐夫倫（Amin Zoufonoun）。他是臉書的企業發展團隊領導人，近期才從谷歌挖角來，這是他的第一週。他是個經驗老到的談判家，在谷歌時，他就已經完成數十筆（如果不是上百筆的話）的併購交易，是矽谷最多產的企業購買人。

還有一個人幾乎和今天會議正式的主持人一樣重要的角色，名叫金康辛（Kang-Xing Jin），是 2006 年就和一群哈佛碩士生被誘拐著離開祖克的母校、一起加入臉書的老鳥。此時他是臉書廣告團隊的技術經理（engineering manager），而儘管當時我們還不了解，但他其實是臉書貨幣化過程中的一名關鍵角色。

「叫我 KX，或是『康辛』吧，就像我老家『威斯康辛』。」他說，面無表情的臉上閃過一絲轉瞬即逝的微笑。我猜他頂多還不到三十歲，身形消瘦，戴著方形細框眼鏡，後方則是儡人的視線。

會議室中的另一個人是安伯・潘薩里（Ambar Pansari），廣告 API 的產品經理，是臉書打算收購我們這種廣告購買工具時最相關的團隊。臉書 API 計畫到產品市場經理尼普・馬瑟（Nipun Mathur）也在這裡，我曾經好幾次試著向他乞求使用他們 API 的機會。

　　寒暄很快就結束了。我在會議桌中央找了一個位子坐定。桌面上蘋果和聯想電腦的充電器及投影機的電線糾纏在一起，像個鳥窩。每一個影像輸出的轉接頭都用束帶繫在電線上，以免弄丟。

　　我把正確的那個插頭拆出來，接上我貼著廣告通貼紙的電腦，然後開始進行我早已背得滾瓜爛熟的產品展示。我們美麗的線性圖立刻就下載成功，谷歌關鍵字及它們的競價，和相關的廣告也完美地配合在一起，我則信心滿滿地帶著大家瀏覽一個正在和我們合作的網站，上頭正在販售上百萬種昂貴的智慧型手機殼，他們的產品型錄我已經早就記住了。與會人士們看起來都滿驚豔的，康辛是最興奮的一個。每個人臉上都面帶微笑，房裡充斥著一股大家正講完笑話或喜歡的老故事時那種愉快的氣氛。

　　其中一個人問我們打算怎麼在臉書上使用這個技術，也就是在這時，艾明打破了戀愛粉紅泡泡的假象，並提到我們之所以會在這裡，是因為別的公司對我們有興趣。他毫不拖延地問我們正在和誰交涉，直直盯著我，而我一直到後來才知道他當時臉上的表情其實只是個面具。這很有趣。康辛的臉本身嚴肅又緊繃，但會一下子變得輕鬆；艾明則正好相反：他的親切和愉快會一下子變成深不可測的算計。

　　「我想你猜得到是誰。」我對著螢幕比劃了一下，上頭仍顯示著在通霸裡閃爍的谷歌關鍵字。

　　「啊……」他揚起一邊的眉毛。

　　「艾明，我們跟你一樣，也想成為未來的一部分，而不是過去。」我說，指的當然是他短短三天前才從山景區離開的小小搜尋公司。

　　他的表情再度回到刻意做出來的親切模樣。

　　我即興創造出來的餌釣到他了。他以為我們從谷歌那裡得到了一份認真的收購提案。我大可宣稱這是我精心設計過的步數，但事實上這完全是我信口開河，沒有任何根據，只是認為在螳螂捕蟬、黃雀在後的生態之中，所有的科技公司都怕谷歌。

　　艾明從搜尋引擎巨擘離職加入臉書的事件非常重要，其中一大原因如下：不管是誰離開一間公司加入敵方陣營，都會在身後留下罵名，尤其是像艾明這種顯然是被挖角的資深主管。他所有的前任團隊成員都會保持戒心，而且至少有好幾個星期不會和他有任何聯繫，也不會有那種將人跨職位、跨公司連結起來的訊息交換。因此艾明不會有谷歌的聯絡人，對谷歌在做什麼（或沒做什麼）一無所知。這會使他對我們這種將產品圍著谷歌打造的公司所編出的謊言不疑有他。接下來發生的事，我那句隨口說出的話或許要負一半的責任。

　　雜要結束，團體解散，大家便各自前往各自的下一個會議。艾明在我們離開時將我拉到一旁，保證他很快就會和我聯繫。

　　距離臉書的 HACK 大門一百呎之外的加州大道上（California Avenue），我們的團隊聚集在廣告通行動會議室裡（也就是馬修的本田雅歌內）。我們還得回電給薩卡，和他談推特的開價。我建議大家先別提到兩分鐘前的那場臉書會議。

　　從事件的走向看來，薩卡不僅會是這場交易的顧問，更會變成其中一名玩家，能對結果產生影響（不管更好或更壞）。從他對推特的積極度來看，他正努力想把我們導向某個結果，而如果他知道我們和臉書的會面，天知道他會做出什麼來。臉書有一半的人都是來自谷歌，他很可能認識不少，畢竟他自己也曾經是高階谷歌員工。男孩們同意了，儘管我們正盯著十碼之外總是有觀光客想要合照的「南加州大道 1601 號」臉書門牌，我們暫時還不會提到臉書的小插曲。

　　那天早上，薩卡寄來的郵件上是這麼開場的：「你們他媽的才不該接受這個開價。」

　　然後接下來是：「我們合作可不是為了今天讓你們接受一個比前估

值（pre）還低的價格把公司賣掉。」[81]

於是我期待他會在這通電話裡大發雷霆，或是先發制人地抗議。但讓人意外的是，他大部分的時間只是靜靜地聽我們說。我對交易本身含糊其辭；我太膽小，不敢當著男孩們的面拒絕那個交易。簡單來說，我孬掉了、不想扮黑臉，並讓薩卡在另一端氣炸。

機敏的薩卡立刻就發現了弱點。通話一結束，他便開始發給我一封又一封憤怒的簡訊，指責我願意作踐自己的公司。他提議立刻打電話給羅斯，因為他懷疑是羅斯在背後逼我們同意那個金額。在開回舊金山的路上，我打給羅斯，提議進行一場團體通話，好好討論一下這檔事。（在和薩卡講完電話後，我就打電話通知他了，而他早就有了心理準備。）

當我們開進 101 號公路上逐漸形成的車潮時，我們已經安排好一場和羅斯及薩卡的集體通話。我們在廣告通世界總部的停車場開會，我坐在副駕駛座、馬修在駕駛座、阿基里斯在後座，兩名金主則各自在他們的話筒另一端。

整場會議其實就是薩卡的獨角戲。比起他尖叫的簡訊和電子郵件，他用更溫和的語調表示，我們應該要切斷和推特之間的所有聯繫，直到他們給出一個更認真的提案為止。

風向變了。男孩們和羅斯都同意，我則附和個不停。我們決定暫時封鎖推特的收購案，直到他們願意拿出更多錢。

交易風波暫時告一段落，我們全都回到辦公室裡。那天晚上，我寫了三封電子郵件。第一封是給薩卡的，謙卑而愧疚地保證我沒有在後面操作這筆交易，也保證我們會拒絕。我同時也替似乎被薩卡不公平

---

[81] 「投資前估值」（Pre-money valuation），或「前估值」，指的是一間公司在投資金額加入之前的公司估價。「後估值」則是同一個數字加上投資者的現金之後的數字。舉例來說，如果你用一千萬的資本額融到一百萬，那就代表你的投資後估值是一千一百萬。這是紙本價值和手頭上的現金加總的結果。由於資金總是一大筆一大筆的加入（在較早的幾輪融資中，你會賣出百分之二十的公司之類的大數字），你得小心區分現金價值與非現金價值。

地批判的男孩們辯解了一下，指出他們都是優秀的合夥人，只是不是賭徒。

第二封則又長又官腔，告訴潔西卡我們對五百萬的開價不感興趣。我同時也禮貌地提醒她我們還有工作要做，所以我們沒辦法被這種交易分心。

最後，我寫了一封信給臉書。

那天晚上，艾明照他的承諾發了電子郵件給我，將我介紹給他的屬下戴爾．杜威（Dale Dweller），並讓他安排流程。我們已經過了第一階段的篩選，臉書也對我們的團隊和產品相當驚豔。那場會議大成功。他了解我們還有另一個不知名但迫在眉睫的收購提案，講得更準確一點，是我們才剛拒絕的提案，所以他們會讓收購的流程加速。他問我們週五（在短短的 48 小時之內）能不能進公司、進行一整天的面試？我答應了，並要他給我們更多關於面試的資訊。我們要對他們做全盤調查，就像我們對推特做的一樣，再一次，親愛的朋友們，再一次提醒，這次的對象則是臉書。

被戳

如果你這輩子只能選擇一個專長，請選說謊……因為如果你擅
長說謊，所有的事都難不倒你。

—— 2013 年，7 月 25 日，@gselevator[82]

2011 年，4 月 1 日，星期五

想知道被像臉書這種公司買下來是怎麼個情況嗎？

事情是這樣運作的：

這種早期階段的「人才收購」，比起「收購」，其實更像是「聘
用」。所以每個臉書感興趣的員工都要通過和各自報名的面試者一樣
的聘用窗口。你們以綁定的狀態一起來公司，只是改變了經濟層面
的東西而已。我們能夠以工會（Union）的方式和資方進行集體談判
（collective bargaining）。現在我們搶手的新創公司就是我們的工會，而
且唯一的入會資格就是你在公司工作的年資。歡迎光臨我們的新集體主
義，同志們。不過由於你們將各自的才能也綁定了，你們談判的空間就
變小了——如果不喜歡那個價碼，我們就連談都沒得談。

那些熬夜苦幹的讀者們可能會問：如果你們其中的某些人面試的
表現很棒、但有些人不怎麼樣呢？嗯，你想得有點太遠了。讓我們來看
看廣告通的員工們是怎麼做的。

當你從負責安排面試流程的行政助理手中得到邀請時，記得在前
一天跟他要面試官的名單，好讓你能像我這個優秀的圖書館員的兒子一

---

82 譯注：此推特帳號是由約翰‧拉斐爾（John LeFevre）創立，專門曝光華爾街的八卦或內線
交易。

樣乖乖把功課做好，也就是把他們好好地調查一番[83]。

為什麼呢？

所有的面試都一樣，不管是強硬的科技／技術面試，或是做作的產品經理面試，你要面對的挑戰都一樣簡單：你要不就是毫無競爭力，面對面試問題時一個可能正確的答案都想不出來，要不就是相反，而且你的腦子裡還有兩三個可能的選項。它們都很有可能是對的，但那得看你的面試官是誰。世界上的正確答案只存在於數學公式或物理實驗室裡。其他地方的正確答案都是觀點的問題，而如果那成了某一群人共同的觀點，那麼「正確答案」便成了一個專有名詞。所以你必須搞清楚某個特定環境中的正確答案是什麼。你可以透過肢體語言和對方的學術專業背景（如果有的話）來判斷這一點。把這個條件記牢之後，你就可以從你的選項中選一個答案來作答了。

再一個解釋，我們就繼續說故事。

這些面試其實都有另一個潛在的目的。如果你最後真的接受了這份工作，那麼你在面試那天所受的折磨其實就跟加入幫派時被人痛毆一樣，是某種入會儀式。這很詭異，但是你會從這個經驗中得到某種附帶價值，它也是你成功勝任這個工作時不可或缺的團隊聯繫的起點。一名面試官永遠都會記得自己是如何將一名優秀的員工引入公司的。公司同時也會強調這個面試經驗，並試著找到挑戰與合作之間微妙的平衡，好吸引最棒的人才。許多雜七雜八的部落格都會分析大型公司的面試癖好，像是蘋果、谷歌或臉書，以期找出他們的模式是公平、殘酷、或是隨機的。從很多角度來說，這個面試過程就是公司的真面目。

回到我們面試的現場。

我的第一名面試官是阿隆·阿密特（Alon Amit）。他（顯然）是個

83　是的，我媽曾經是個圖書館館員，所以直到高中以前，圖書館就是我的保姆。你以為那條波利比烏斯的引言是從《巴特利精選格言》（Bartlett's Familiar Quotations）裡選出來的嗎？

以色列人，在加入谷歌再轉入臉書之前，他在耶路撒冷完成了數學博士學位。就跟所有三十幾歲的以色列人一樣，他不高、光頭、身體健壯，還有一張看起來像木板一樣毫無表情的臉。但是也跟所有土生土長的以色列人一樣，在我努力證明我的腦子裡不是裝屎之後，他便友善了起來。他建議我們到外面去面試，於是我們便並肩坐在一張長椅上，有點分心地盯著臉書後院那個看起來根本沒人想用的可憐排球場。

第二位則是羅西‧達溫（Rohit Dhawan）。他也是從谷歌轉來的員工，身上帶著那種認為自己已經精通了自身領域的一切的人才會有的自信氣息（他是賓州大學的碩士，當然了）。他從我的分析能力切入，並問了我一題改編過的經典費米問題。他的改編版本是要我估算某個特定時中天上有多少架飛機。這個題目只需要一點基本的粗略假設，大概抓一下世界上有多少機場、一天又有多少航班，再加上一點空間分析，讓我的答案大幅度貼近現實；於是這個面試十分鐘之內就結束了。

關於定量科學的一點小宣傳：現實是，大部分的人類都能想辦法讓自己豐衣足食並保持娛樂，但他們卻無法根據有理論基礎的觀察建構出一個合理的論述、根據三段式推理導出結論，或是理解數學的證明公式。在任何定量科學領域中進行進階研究，就像是想辦法在海軍訓練營裡求生存，而世界上的其他人卻都在衝浪或是大啖奧利奧餅乾。你其實根本不需要害怕伏地挺身測試。就連在那種用智力測驗來區分菁英與否的世界級科技公司，如果你瞭解所謂的問題領域，你也不會越級打怪。所以別的不談，那些努力上進的物理學家或數學家，都能安心地知道你在完成長長的教育之後，你便能超越大部分的人。

在接下來的三十分鐘裡，我們坐在兩張安樂椅上，閒聊著 BMW 和它的 3 系列及 5 系列，還有它的 M 級升級究竟值不值得我們多花錢（我的看法是：值得）。

下一名面試官則是傑瑞德‧摩根史坦（Jared Morgenstern）。這是我第一次和一個真正的臉書資深成員過招。他是個典型的哈佛人，在自己

的小社群網站被一個大公司收購之後，便無聊地選擇在 2006 年加入臉書。馬克誘使他成了臉書設計團隊的第一個成員。他長得又高又精壯，進會議室時幾乎一句話也沒說，接著便開口要求我為臉書設計一個音樂應用程式。儘管我的設計才能只停留在早上起來的時候選出兩只成對的襪子，我還是想辦法唬哢了過去。

接下來，作為隨機的智力測驗，他要我解釋當使用配對軟體的兩個人都在搖手機的時候，配對是怎麼運作的。他看見履歷上的物理學學歷，便決定要走智商派的路線。一如往常，你怎麼推銷你自己、就會怎麼怎麼被買下。這關面試也很簡單，就跟羅西那關一樣提早結束了[84]。

當時我只模糊地意識到，每一關面試其實都是在測試理想的臉書員工必須要有的標準技能。這其中包括了五大特質，而我才剛完成「設計師」的部分，接下來還有幾個要應付。

就跟先前的每一場面試一樣，面試官準時出現，帶著我進入另一個房間。我們之所以一直換面試間，我猜是因為我們的面試安排實在太臨時了。在換房間的過程中，我便趁機打量四周的環境。以這麼大一間公司來說，臉書看起來，感覺起來（和聞起來）都還像是某種早期拼湊出來的公司，像廣告通這樣。毫無特色的桌子隨意拼在一起，到處都是電線，盤子上還留著剩菜，地毯上布滿污漬和破損。滑板、塑膠槍、和各種小男孩的玩具散落四周，顯然是團隊私人酒吧的桌子上堆滿了酒瓶。這裡的環境整個就是違反職場安全衛生的標準示範。但我沒什好抗議的就是了。

賈斯汀・薛佛（Justin Shaffer）是我的下一名面試官。他身高大約有六呎四吋（約 193 公分），比我高出一截，頭上頂著濃密的頭髮，臉

---

84 如果你在思考這一點，讓我給你一點小提示：這個世界上，同一時間搖晃的時機實在太多了，而衛星定位系統還沒有準確到可以做為連接的訊號。當用戶的手機配對時，他們基本上就是「撞」在一起的，像是被彈簧連在一起一樣。而如果它們真的是用彈簧連接，就像某種共振器，你覺得手機裡的粒子加速器讀到的會是什麼呢？

上掛著三天沒刮的鬍渣。他和我握了握手，屁股都還沒在椅子上坐定就開始問我廣告通的事。我們有多少用戶？我們的收益看起來如何？我們在進行什麼優化？接下來有什麼計畫？以此類推……我覺得我像是又一次進行對個人創投的提案，好像得再一次把我們的公司推銷出去（雖然我們的確是在這麼做啦）。

拷問進行的同時，我逐漸開始聞到一股傲慢的氣息瀰漫在空中，像是討厭的鬍後水臭味。我之後才會了解，我聞到的其實是他「祖克好朋友」的味道，而顯然我天生對這個味道過敏。事實證明，有些過敏原只會隨著接觸時間增加而惡化。

但是他的腦袋看起來反應很快，問的問題也都是創業福音中的標準問題，而這些問題的答案我都像是虔誠的聖經學者般背得滾瓜爛熟了。根據我的面試前調查，他自己也是幾年前被人才收購加入的員工，是大聯盟等級的選手，並正在紐約號召一小群來自世界各地的臉書人。他的一連串問題終於告一段落，而在這段時間裡我們兩人都在以時速一百二十哩的語速說話，整場自我的對決在半小時內就結束了。「很高興和你聊！」他宣布，然後衝出會議室。

現在回想起來，我才了解到他是在尋找矽谷中其中一個最脆弱、最罪惡的概念，名叫「文化契合」。文化契合就像三位一體中的聖靈一樣，是神祕不可捉摸的存在，難以想像，更難定義，但是對於科技公司卻至關重要。理論上，它指的是一名候選人的價值觀在合作方式、產品研發風格、以及其他多樣目標（「一個更開放、更有效連結的世界」）等方面是否與一間公司契合。在大部分科技公司自我膨脹的觀點中，他們的公司「文化」都是獨樹一格的，而且他們就像亞馬遜雨林中未開化的部族一樣看重這一點。同時，公司文化也被推崇為公司天價價值的根基。因此，一名候選人和公司的文化合不合非常重要。熟悉 C++ 程式語言是不夠的——你的思想和靈魂也都必須要是我們的一份子才行。

但是在現實中，文化契合的運作方式通常是這樣的：

一名會破壞雞尾酒時段興致的女性候選人？

「文化契合問題」。

一名態度溫軟的印度或中國工程師，其實很有競爭力，但就是缺少美國人像穿牛仔褲般每天都戴在身上的自我中心主義？

「文化契合問題」。

一個從名不見經傳的爛大學出身，自學成師的孩子，偏偏沒有哈佛或史丹佛畢業生信手捻來的那種優越感？

「文化契合問題」。

以此類推。

薛佛連珠炮般的問題和傲慢讓我很不安。我想我可能在他這一關失敗了，而我需要讓腦袋清醒一下。今天一整天，我就在一間間又小又暗又臭的會議室裡接受一個接一個的拷問。這種古巴關達納摩（Guantanamo）監獄般的氣氛實在太累人了。儘管我們得接受國安局等級的安檢才能入內、我們又像是不能被丟掉的燙手山芋般被人拋過來又拋過去，但是在薛佛之後，似乎沒有人要來繼續面試我了。晚餐和小酌顯然不在安排之內，我便開始四處閒晃，想要找東西來吃。

我腳下的地毯骯髒至極，最後一次清理的時間看起來像是雷根時代。我找到一間小廚房。櫃子裡唯一一樣像是食物的東西是一罐罐頭雞湯。我打開它，倒進一個馬克杯，然後送進微波爐裡加熱。我囫圇吞下微溫的濃稠液體，然後前往正位於小廚房旁的男廁。我選好小便斗，拉下拉鍊，解放膀胱的同時腦子裡想著卡斯楚將軍的臉。與此同時，我注意到身邊傳來鍵盤敲打的聲音。這間廁所非常小，布局狹窄，只有兩個隔間、兩個水槽和兩個小便斗。某個人正坐在其中一個隔間裡，褲子脫到腳踝，屁股坐在馬桶上，手指不斷敲打著筆電。這可不是在和女朋友聊天的節奏。不。他一鼓作氣地連續打了二十秒的字，伴隨著兩秒鐘的停頓思考，接著又是一連幾行的敲打，然後是一次性的快捷鍵存檔，

像是在使用 Emacs 這類的打字軟體。這種節奏錯不了的，過去六年之間，我聽得太多了。這傢伙在拉屎的時候也在全力以赴地寫程式。

我完成自己的任務之後，便前往水槽。水槽旁放著兩個大桶子，裡面放著拋棄式的牙刷和小管牙膏。我往垃圾桶裡瞄了一眼，看見幾個拆開的牙刷包裝袋。**他們真的會用這些牙刷耶。**人們在大便的時候寫程式，還要在上班時間提供他們牙刷。這引起了我的注意。

我看了看時間，便回到我的會議室／行刑房，等著我的最後一名面試官。後來我發現那正是高格本人。

在當時，高格·拉札蘭是廣告科技界的大頭目。他是谷歌在 AdWordsc 後的第二金礦「AdSense」的教父，是各種科技會議的常客，也是每一間還有談論價值的廣告科技公司的重要顧問或投資人。

在他被人才收購來到臉書前，他在一間小公司工作，但那其實只是他在谷歌和臉書的事業中一小段休息時間而已。畢業於印度科技大學（IIT），他在美國念了一個 MBA，擁有標準印度科技人的背景，而且或許是印度除了鐵和塔塔機車（Tata Motors）之外最有價值的輸出品。

「如果我們雇用了你，你對臉書廣告要做的第一個改變是什麼？」

高格開場白的潤飾程度大概就只有北韓外交政策的等級。

「我會建立一個轉換追蹤系統（conversion-tracking system）。我實在不敢相信你們居然還沒有這個東西。」

轉換追蹤系統是一套軟體，可以告訴你一個廣告有沒有辦法成功驅使轉換發生（也就是行銷圈指的「銷售」），並讓你根據廣告表現調整你的廣告策略。沒有轉換追蹤的廣告系統就像一輛沒有後照鏡的車；不，更像是一輛沒有後方和側邊車窗的車。你只能看見前面，一路開心地往前開，但完全不知道你後面有什麼，也不知道你輾過了什麼。這樣的車對自己和他人都是個危險，而這正好顯示了臉書的廣告團隊管理階層是多麼地不食人間煙火，居然沒有把這個系統排在優先順序中。

　　高格的微笑讓我很清楚結果……標準答案！

　　於是我們的對話就這麼繼續下去，討論臉書廣告團隊各種潛在的層面、以及這間公司該打造的產品。

　　最後，亢奮的高格送我來到大門口。後來我很快會發現，他幾乎隨時都這麼亢奮。男孩們和我不是一起來臉書的，也預計我們不會同時結束面試，最後我們是各自回到廣告通總部。我們在那裡比較了一下各自的筆記。馬修和阿基里斯回顧面試過程時可一點都不興奮。事實上，那裡法西斯主義般的氣氛顯然非常不對他們的胃。在我們去參加臉書的研發活動時，男孩們就從來沒有真正喜歡臉書，不管是他們的產品或是公司本身。而這一整天混沌的經驗一點加分作用都沒有。

歧路的各種未來

天國好比一個王為他兒子擺設娶親的筵席……但王進來觀看賓客，見那裡有一個沒有穿禮服的，就對他說：朋友，你到這裡來怎麼不穿禮服呢？那人無言可答。於是王對使喚的人說：捆起他的手腳來，把他丟在外邊的黑暗裡；在那裡必要哀哭切齒了。因為被召的人多，選上的人少。

——聖經，馬太福音二十二章二節、十一到十四節

2011 年，四月五日，星期二

一千萬。

推特正式回歸了。他們終於提出一個真正的開價。儘管我們還沒拿到正式的投資條款書，而且魔鬼絕對都藏在那些細節中，但我們很清楚推特正處於 2011 年科技泡沫化的（不穩定）精神狀態中。我們的不接觸政策終於有了點回報。我和薩卡都不得不承認這其實是個誘人的價格。

電話響起時，我還在享受這波爽感。

「哈囉，安東尼奧！」

現在是晚間 6 點 30 分，這通則是我們等候已久的電話，艾明將要告訴我們那天在臉書原型面試的結果。

「所以，我和我們的工程師談過，然後得出最後的結論了。」

如果我們現在是在艾倫・索金（Aaron Sorkin）的戲裡，那麼此時就是小提琴開始急遽堆砌起緊張感的時刻了。

「很抱歉，我們不會對廣告通提出收購的開價。我們對阿基里斯

和馬修的評價不太一致，而我不認為現在我們能雇用他們。」

他媽的！

創業者，準備再接受一擊吧。

「你可以告訴我你們對廣告通的評價嗎？」我結結巴巴地問道。

艾明的聲音轉換成那種像是人們躲在草叢中竊竊私語時壓抑而緊繃的語調，不過我猜他正坐在一間關著門的會議室中，然後開始講起一連串的專業術語。阿基里斯或許是個可以考慮的人才，但馬修絕對不是。馬修當然是一名傑出的工程師，但是臉書對傑出工程師有一套特定的想法。而且這其中還有那個邪惡的「文化契合」問題擋在那裡。

在我面試完之後，我就猜馬修和臉書的相處狀況不會比一名柏克萊文青和海軍偵查狙擊手之間的感情來得更和諧。我沒猜錯。

「太可惜了，艾明。謝謝你和臉書其他人花那麼多時間在我們身上。」

「等等。雖然我們對工程師的評價是那樣，但是對你的評價不一樣。我們想要你來加入臉書廣告團隊。你的評價超好，每個人都認為你是一名非常有競爭力的面試者。」

我的思緒在這句話上頓了頓。當你不確定該怎麼做的時候，記得保持模稜兩可的態度。

「嗯……艾明，我相信你也了解，我對廣告通和另一個收購提議還是有責任在的。我得好好想想。」

「你好好考慮。但是真的，我們想要你來加入臉書。」

我突然抬頭看向我們裝著窗戶的辦公室。我現在人在陽台上，以保持電話的隱私。阿基里斯正在辦公室內，擔心地皺著眉頭看我。他和我一樣急著想知道結果。我對他豎起兩隻手指，用嘴型說「再兩分鐘」，表示我還需要更多時間。他點點頭，視線再度移回他的銀幕上。

我他媽的到底該怎麼辦？我不能把這個結果告訴男孩們，至少現在不行。

我裝成像是在調電話位置的樣子，偷偷結束通話，然後撥給英國交易員。儘管我幾個月前就搬走，我們也正式分手了，卻還是時常保持聯繫。你不可能就這樣和你小孩的母親切八段，而且她還是想聽廣告通八點檔的後續發展。

「嘿，怎樣？」

「聽著，臉書不想要男孩們，但他們要我。阿基里斯還在公司裡，我不知道該怎麼辦。」

作為一名交易員，她完全是科技界的門外漢，對圈子裡錯綜複雜的關係也只了解皮毛。但是她對職場的人性有深刻的理解。此外，由於我對大部分人與人之間的界線和道德完全缺乏概念，她總是對我的行為保持關注，確保我還在理性的範圍內。

「別告訴他們，這只會打擊他們的信心而已。你得想別的辦法來應付。」

我們一來一往地繼續說下去，我給出更多細節，她則提出意見。

我瞄了一眼手錶。幾乎快要七點了。再過幾分鐘，阿基里斯就會像箭一般飛走，去和現在已經是老婆的西姆拉共度美好的夜晚。如果我再拗一陣子，他就會離開辦公室，而我就可以忽略男孩們的電子郵件，用一個晚上的時間好好考慮這一切。

英國交易員和我繼續談下去，阿基里斯則接到另一半的電話，便朝我揮揮手，一臉憂慮地離開了。

我鬆了一口氣，結束和英國交易員的對話，然後在阿基里斯有機會折回來之前溜之大吉。

＊　＊　＊

讓我和你分享一點家族史：

1961 年左右，古巴政府會在電視上公開政治犯處刑的畫面，而當時被處決的正是那名阿根廷媽寶，肖像被印在一堆嬉皮人士上衣上的

切‧格瓦拉。我的父母就是在那段時間裡逃離古巴的。他們和許多其他人一樣以少數族群的身份孤獨地離開，被嚇壞的父母趕上末班飛機。他們（正確地）預見了鐵幕很快將會通過加勒比海，將古巴包圍其中。

當時的行李重量上限是四十四磅。那是他們的人生濃縮後的重量。

我的祖母比我父母更難逃出古巴，但她卻將那四十四磅中的五磅花在一件必需品上：她沉重、鑽石般堅硬的骨牌組[85]。和尋常的六點骨牌不一樣，祖母的骨牌是九點的（古巴是唯一一個用九點作為標準骨牌的國家），牌的背面是綠色，整組好好地收在堅硬而俐落的木盒裡。這盒骨牌是回憶的膠囊，是和那個被革命撕碎、又在冷戰的禁錮中掙扎的世界唯一的連結。它讓人憶起陽台上的夕陽、和朋友們溫暖的談話、以及一路喝到晚上的黑咖啡，全伴隨著推牌時的清脆背景音效。

而現在，那付骨牌在哪呢？

可憐兮兮地蹲在衣櫃的一角。多虧了 Zynga、臉書和其他公司，現在像我媽這樣的老古巴人只忙著玩「農場鄉村（FarmVille）」這類的社交遊戲，忙著點擊購買一塊錢的粉紅拖拉機和兩塊錢的電子斑點乳牛，不再坐在桌邊玩那副費盡千辛萬苦偷渡來的骨牌了。

臉書讓古巴老女人開始玩電腦遊戲了！還為遊戲花錢！

好好思考一下這個奇蹟吧。

而且中招的還不止是古巴老女人而已。

2010 年 12 月，Zynga 發表了農場鄉村的姐妹作「星佳城市」（CityVille）。這個遊戲只是「模擬城市（SimCity）」的白痴版而已，但是卻在一個月之內招攬了一億的用戶。

一億耶！

如果人類等到 2010 年才發明自慰這個行為，它也達不到星佳城市

---

85 對大部分的美國人來說，如果他們這輩子真的玩過骨牌的話，骨牌總是被當成幼稚園小朋友的無腦遊戲。但幼稚園小孩玩的骨牌遊戲和古巴骨牌其實天差地遠，就像大老二和橋牌的差別。它們或許都是用同一付骨牌或撲克牌，但規則完全不一樣。

的風行程度。臉書就是有辦法用這種速度讓某件事發生。

再給你另外一個小知識：為了讓我們能更有利地拍臉書的馬屁，我已經對這間公司設定谷歌快訊（Google Alert）好幾個月了。其中一條新聞特別吸引我的注意。2010 年 10 月，一名佛羅里達的母親把自己的嬰兒親手搖死了，因為小嬰兒總是在她玩農場鄉村時大便，打斷她的遊戲。一名母親居然親手毀滅在她的基因中流傳了幾千年的母愛，就為了能隨時回應某個蠢遊戲在臉書上對她送出的通知。這種會讓願意母親謀殺自己的孩子好繼續使用的產品，如果它們是合法的，那它們就在這世界裡成功了。臉書是個合法的漏洞，而且還是有整個網路這麼寬的漏洞。這樣的公司當然能想出一個辦法來賣鞋子囉。推特是很可愛沒錯，但它還沒有製造出任何死亡名單，所以不管這個女神卡卡發了多少條推文都一樣。

選擇臉書準沒錯。

但推特已經對廣告通提出了正式的開價，臉書卻什麼都還沒有。

瘋狂嬉皮和裝潢奢華的辦公室、幾千塊打造的腳踏車架和失敗鯨的繪畫[86]？或是穿著連帽衫、身懷重任、連在大便的時候都要寫程式的兄弟會成員？我們該選哪一個？我們可能兩者兼顧嗎？

告訴你另一個科技圈的真理：那些會說矽谷是菁英制度的人，絕對都是靠著非菁英的飛來橫財、特權人士的加持、或是某種藏得好好的完美詐騙行為大量獲利的傢伙。既然我從來沒有那種好運，也沒有可依賴的特權人士，我們只好來陰的了。

* * *

想要在臉書和推特之間弄出一個兩者兼得的交易，就像是想要同時讓一個潮吹肌還沒發展成熟的女孩和一名性冷感的女人同時高潮一

---

86 就跟這本書裡的其他句子一樣，這句話在當時也是真的（或至少看起來是真的）。現在的推特和 2011 年的推特已經完完全全不一樣了。

樣：難如登天、極度危險，而且需要一雙非常穩定的手。

我們在前面已經提過米克‧強森這號人物，他是我們同一梯的 Y 組公司，神祕地消失了幾個月，接著米克又神奇地出現在臉書。就是他介紹我們給臉書廣告團隊、衍伸出這一串肥皂劇的。

我們都喜歡啤酒風味飲料，所以在奶油工廠喝下兩杯 Lagunitas 啤酒之後，他便告訴我當時發生在他公司身上的事[87]。

他和他的 Aussie 合夥人詹姆斯（James）一起工作了很長一段時間，花了好幾年駭過無數台手機，試著找出其中的障礙。但是在經過月薪只有兩千美金（或更少）的兩年之後，詹姆斯就受夠了。他和他的女朋友已經論及婚嫁，並再也受不了這些創業鬧劇，於是他們決定要把這間公司賣掉。米克鼓起勇氣，擠身進入人才收購的市場。他們不斷毛遂自薦，與推特、Zynga、谷歌、臉書、和其他比較小的公司進行了許多併購的討論。

一開始，他們和 Zynga 及推特發展得最遠，推特更對整間公司開出了天價。米克對推特沒有什麼好感，一點也不想加入他們。透過一點人脈，米克終於得到和臉書對談的機會。他們推著米克和詹姆斯跑完所有併購的折磨，最後只對米克一個人提出雇用。Zynga 也對他們開了價，但是對象是整間公司，讓這場收購案中的追求者變成了三個公司。聽起來很耳熟嗎？

接下來，是一連串會讓索馬利亞海盜討論贖金的過程都看起來相當有秩序的價格大亂鬥。簡單來說，米克去臉書，Zynga 則會帶走詹姆斯和公司。這其中最大的問題是 Zynga 和臉書都得做出特許才能讓交易成立，但是這兩間公司都不願意對這場混亂的買賣提出較高的金額、變相補貼另一方的收購行為。他們發現自己被卡在一場零和遊戲之中，

---

[87]「奶油工廠」咖啡廳是舊金山的創業重鎮。這裡，在你的咖啡冷掉之前，你很可能已經一口氣從一名創投身上募到資金、雇到一名工程師和業務，然後再轉身把自己的公司賣給另一間更大的公司了。

而且對象還是一間他們都沒有特別喜歡的公司。我沒辦法逼米克告訴我最後的結局，只知道定案是兩間公司各給出一筆奇怪的頭期款、以及兩筆生效時間不同的股份，以及一份理所當然能讓投資者賺錢的合約。

我後來慢慢發現，其實我現在的處境並不特殊，只是沒有人會在大庭廣眾下討論。許多公司都用收購作為手段，從一筆交易中他們想要的東西。你帶著你的公司去和對方談收購；他們草草檢視過一遍，然後告訴你：「我們想要甲和乙員工，但不想要丙，而且我們也不在乎你的技術。」接著他們用低廉的金額得到他們想要的，你則得行騙、買斷，或毀掉某個人的人生，以期完成這筆交易。大公司，如臉書和谷歌可沒有少幹這件事，只在乎每一名工程師的單價（或產品人員），而不是整體價值。他們也當然不在乎投資者們得到了什麼。許多早期階段的收購都是用這種禿鷹般的方式展開的。

我會把米克的例子銘記在心，有兩個主要原因。

第一個：因為他真的走過這一遭。他把矽谷中領頭的大公司全走遍了，並讓他們彼此廝殺，直到他和合夥人得到自己想要的結果。當 Zynga 開始展開行動時，他也穩住了腳步，甚至不惜讓他和臉書之間的交易陷入危機。他完成了一件就連保羅・葛拉漢都沒見過、也告訴他不可能成功的事。而且他是從澈底弱勢的一方進行操作的。當時他的公司一點影響力也沒有、也幾乎花光了當時他們好不容易募到的一小筆資金。如果這筆交易失敗，他就毀了。他唯一真正的能力就是讓 Zynga 和臉書互相殘殺的本事。

第二個原因則是因為我喜歡米克。在一個充滿騙子、自我中心主義、自我膨脹和孤芳自賞的創業家們的社會中，米克是個真性情的男人，一個可以信任的對象。他沒有打算從我的合約中獲利，只是在幫助一個陷入困境的創業同袍。

當我們喝完杯中啤酒時，我已經確定，如果米克可以搞定這筆交

易，那我也可以。

但是我要付上什麼代價？

在廣告通的鬧劇結束好一陣子之後，我聽見一個東岸的科技人完美地總結了西岸科技圈的主流態度：「他們好像完全沒有記憶。那裡是個無狀態機聚集地（land of the stateless machines）。」

在這裡，所謂的「狀態」是個科技名詞，是一組保留在記憶體中、讓一個程式或功能運作的數據。一個「狀態機」指的是一組抽象的計算模組，其中的計算過程會在一連串的狀態之間運行，每一個都由一組特定的指令或數據所構成，並透過外在刺激進行轉換。因此，所謂的無狀態機就是一個僅憑著某些指令就開始運作的裝置，沒有任何前置的歷史記憶，就像得了失憶症的人一樣。這名東岸科技人在嘲笑的是，加州人沒有記仇的能力，不管對方有多麼厚顏無恥。同樣地，他們也不會記住別人對他們施的恩惠。

每個來到加州的新人最後都會學到，那些膚淺又陽光的「嗨！」其實真正代表的是「去你的，我才不在乎。」不過這是雙向的。如果你沒去參加他們的婚禮，他們不會因此討厭你，而他們會心不在焉地踏過街上的流浪漢去參加自己滿心惦記的瑜伽課。這個社會中的每個人都生活在自我滿足的小泡泡中，不受家庭或地區傳統的約束，也幾乎不會被收入不平等或敘利亞內戰這類的事情影響心情。「放輕鬆，老兄」是他們的生活哲學。矽谷這裡的社會是由自私自利增強過後的失序狀態，表面上尊崇一些讓人「感覺良好」的原則、或是為了集體科技努力，但事實上只是透過資本主義的光譜在追求不斷的個人發展：一群有著資產結構表和股票行權計畫（vesting schedule）的嬉皮人士。

所以矽谷會怎麼看待我的背叛？我的背叛會讓我做出什麼犧牲？

我想這些資本主義嬉皮們會接納我的，只要我做出一點成績就行。這堆無狀態機會繼續運作下去，不斷消化更多的人和資金、製造出

產品，因此它們當然不會介意把我再度捲回那堆混亂裡。

2011 年，4 月 6 日，星期三

在我們的共事期間，我第一次決定要騙我的合夥人。

就跟其他許多的謊言一樣，我這個謊言也是為了更崇高的目標。我們經歷過的所有事已經男孩們的壓力大到讓他們沒辦法好好呼吸的地步了，現在我們還把一切賭在一個隨時都有可能崩塌的收購案上。如果他們發現這場推特交易對他們來說真的是生死攸關的大事，他們會窒息的。所以你身為一個總監的任務就是把公司的壓力內化成你自己的壓力，讓自己成為唯一的犧牲者、保全其他人。

這個理由夠冠冕堂皇了吧？

此外，臉書對我提出的邀請甚至還不知道是不是真的。看在上帝的份上，其他對我提出邀請的公司都已經寄給我紙本的邀請了。那天早上便打給高格，說我覺得臉書對我的興趣很讓人受寵若驚，但我需要收到正式的邀請才能開始在我這一端進行操作。

不過今天是屬於推特的日子。

任何收購案中都有一個環節叫做「盡職調查（Due Diligence）」。不管是在科技圈或法律界，它指的都是一間正在進行收購的公司對對方所進行的刺探，好確定對方真的是自己想要的。以科技的角度來說，它指的是了解一間公司的「堆疊資料（stack）」；堆疊是一連串讓產品運作的相關使用者介面與後端伺服科技。這種調查甚至可以細節到請被收購額的新創公司工程師來，一起對產品編碼進行一行行的仔細審查。現在，要在創業界充胖子已經越來越容易，因為像是亞馬遜網路伺服器和許多現成的後端零件，都能讓沒什麼競爭力的冒牌貨建立起一個還真能運作的網路應用程式。對公司成長進行智能規劃對新創公司來說實在太難得了，但在大而快速增長的科技公司中，這才是辦事的方法。等著一

個團隊從科技圈青少年長大成人，就算對大公司來說還是太慢了。

作為第一步，推特邀請我們整個團隊一起進公司，和一群屬於凱文‧威爾的工程師談談科技層面。我們花了坐立難安的一小時，和推特廣告團隊的資深工程師待在一間辦公室裡，帶著他們一一看過讓廣告通走到今天的後端數據庫。我在這裡用的是「我們」，但其實完全是男孩們的主場。我已經好長一段時間碰都沒碰過廣告通的編碼庫，因此根本無話可說。儘管整個會議看起來很不錯，但和推特談得越深入，我就越清楚地看見對廣告通的投資已經到了一個沒有轉圜餘地的境界。

「聽著，我們得決定我們到底要不要把公司賣了。」一走出推特辦公室的聽力範圍內，我就這麼說。

我們坐在南方公園的野餐桌旁，男孩們和我分別在桌子的兩側。這裡是推特在 2006 年成立的地方，是一群人在溜滑梯上腦力激盪時誕生的。這其中的諷刺感強得讓人驚訝。

我們尷尬地猶豫著，眼神死盯著眼前綠色的桌面，最後終於開口。這大概是我第一次和男孩們正面談起我們自從一個月前的產品發表之後就沒有再做出任何成績的事實，以及我們公司的科技部份似乎已經開始萎縮。由於廣告通的科技層面和其他層面之間時不時會出現障礙（也就是他們和我之間），我想確定他們是不是和我有一樣的想法。

他們並沒有否認。

馬修看來已經心不在焉好一陣子，也已經幾週沒有寫出新的編碼了。阿基里斯和我談過這件事，但截至目前為止，我們唯一做的事情只有在他遲到的早晨打電話叫他滾進廣告通。阿基里斯還有做好自己的本分，但他們兩人之間那股從我們第一天入住山景區破公寓時就存在的完美心靈同步已經消失了。產品研發團隊是一間科技公司的核心。如果他們玩完了，那我們也就玩完了。如果這個核心無法恢復原本的生產力，那我們就得在還有辦法把公司賣掉之前脫手。

　　我來回打量他們：他們看起來又累又擔心，而且已經受夠這場創業遊戲了。他們同意讓這場收購案走到最後。我們必須把廣告通買給推特，否則我們就完蛋了。

轉推不等於同意

如果你想要引誘一個美麗的女人，就先對她的醜姊妹下手。

——西班牙諺語

2011 年，4 月 13 日，星期三

　　我不會是矽谷中第一個去自己一點都不想工作的公司面試的人，但這種狀況畢竟還是沒那麼稀鬆平常。我得幫助男孩們在推特眼中大放異彩，好得到他們的合約，我則可以立刻抽身加入臉書。

　　就和在臉書辦公室時一樣，我們得經歷一整天的面試折磨。男孩們的是工程師面試，我的則是產品經理。我從潔西卡那裡得到面試官名單，於是我又再次進行了身家／盡職調查。

　　有趣的是，推特會用內部曾經的創業者來面試新人。我的面試官裡有一半都是推特第二次收購和近期收購進來的成員。DabbleDB 是一個由加拿大人成立的數據庫公司，在 2010 年 6 月被收購。我的面試官裡有兩個就是這間公司的創辦人，男孩們會各獲得一個，其他則都是推特自己的工程師。

　　我們再度走過南方公園，進入推特公司，然後又玩了一次隱形墨水名牌的遊戲。我們就像是被抓去拷問一樣，一進公司就分別被帶進了不同的房間裡。

　　我壓力很大，但是次級的那種壓力——我為男孩們感到緊張。如果我的面試表現不好，受苦的會是他們、而不是我。當然，就現實面來說，這對我和對他們都一樣重要。如果他們沒有得到應得的結果，我是不可能拋下廣告通的，就算在科技圈這種自掃門前雪的生態裡也一樣。

就算是在無狀態機聚集地，這招也太卑鄙了。不，我得幫助他們跑過終點線才行。

我不太記得面試的過程，但我的確記得一句來自 DabbleDB 工程師的評價。經過壓力滿滿的面試問題之後，我問他：「所以你最喜歡推特的地方是什麼？」

直到此時，我們已經建立起不錯的友誼，所以他一點頭一眨眼，然後說：「嗯，你知道，像臉書和谷歌那種公司，他們會供應你早餐、午餐和晚安。但在推特，他們只提供早餐和午餐。」

我的肚子一陣緊縮。所以這裡最大的賣點是沒有人會工作到晚上，於是我們都能得到那個完美的工作生活平衡點[88]？我保持微笑，好讓溫暖的氣氛繼續持續下去。但那句評價更讓我確定了我的選擇。我可不會為了一間不願意工作超過晚上六點的公司毀掉我人生中最大的事業轉機。

幾小時後，男孩們和我回到廣告通。過去幾天裡，我們已經漸漸習慣了這個加入推特的點子，並興奮地開始規劃推特的廣告產品要長成怎樣才能在未來成功。他們看起來相對地開心許多，並對他們的面試過程感到驚艷。

這或許聽起來很像在自我安慰，但我相信我去臉書、男孩們去推特，是廣告通唯一可行的最好出路了。

不過這裡還是有一個討厭的小細節：我還是得告訴他們關於臉書的那個部分，還有我不會跟他們一起去推特的事實。就像我先前提過的，我騙了他們，告訴他們臉書拒絕了我們全部的人。我撒這個謊是因為懦弱，但如果考慮得更遠，我發現如果他們更早知道這一點，他們或許會緊張到搞砸和推特的機會。如果整個大計要成功，他們都就必須要

---

88 就像其他任何敘述一樣，這句話在當時也是真的。現在推特也開始提供晚餐了。

得到推特的聘書，而這個小小的白色謊言確保這一切的發生。出來混總
是要還的，而坦白的時間很快就要到了。

2011 年，4 月 14 日，星期四

　　潔西卡寄給我一封電子郵件，主旨是「打給我」，要我空個時間給
她和凱文・威爾。

　　賓果！

　　記住這一點：如果他們要和你通電話，交易就還在。電話代表
「有戲」、電子郵件代表「沒戲唱」。

　　我走到唐山街（Townsend Street）上去打電話。

　　電話才接通兩秒，潔西卡勸說的口吻就告訴我我需要知道的事
了。推特想要買下廣告通，這次是玩真的。她保證二十四小時之內就會
寄給我們投資條款書。他們之前就說過一樣的話，但這次我相信他們。
給你一點小提示：潔西卡後來又打來問我們資產結構表上的細節。這意
味著他們已經在思考合約上投資人和創辦人分成的問題了，那是合約中
最重要的部分之一。

　　是時候和男孩們坦白了。我的良心讓我沒辦法把這個謊言繼續持
續下去。

　　西班牙繪畫中有種獨特的類別，叫做「幻滅藝術（desengano）」。
「幻滅藝術」指的是字面意義的「童叟無欺」，「幻滅」是最貼切的翻
譯，用更繞口的方式來說則是「揭露殘酷的事實」。典型的幻滅藝術描
繪的是人類日常生活中卑鄙骯髒的騙局：一名年輕男子撞見自己的愛人
和自己最好的朋友纏綿悱惻；一名商人發現自己的合夥人正在挪用他
們的存款，以此類推。這些作品的目的是為了讓人獲得生活中的寶貴教
訓，只是昇華至藝術的層次。「幻滅者（enganado）」（被騙的人）臉上

被背叛的表情總是被畫得特別誇張，幾乎到了憤怒的境界。這些圖暗示著下一幅接續的畫面會帶著某種修正性的道德行為，像是情敵決鬥到一方死亡，或是把小偷上銬後遊街示眾。

我希望這天下午即將在廣告通辦公室展開的鬧劇不會引起迪亞哥・委拉斯奎茲[89] 的注意。

「嘿，所以我得和你們聊聊。」我對著他們的背說。他們帶著疑惑的表情轉過身來。在我們經歷過所有的高潮迭起之後，他們大概可以接受任何東西，像是另一場官司、或是我決定告訴他們我其實是一名貨真價實的變性人。

「所以，記得我告訴過你們臉書拒絕我們的事嗎？嗯，那其實不完全是事實。」

我繼續說下去，告訴他們我和臉書的關係，還有我為何在過去兩週內對他們撒謊。

一段僵硬的沉默後，他們的反應比我想像得更有同理心。

「你知道，我本來就有點覺得臉書的事情比你說得更複雜一點。」阿基里斯說，口氣意外地平靜。

炸彈解除，或至少還沒引爆。我向他們解釋我在臉書可能的未來，以及我相信（說到這裡時，我真的是如履薄冰）如果我們肯試，我們應該可以完成一筆雙面交易。

這場面不怎麼好看。男孩們嚇壞了，如果推特發現他們的合約得不到我，這會毀了他們的未來。儘管這不是廣告通的團隊驚嚇史上最強烈的一次，我們的爭吵還是差不多來到早期那段時間的等級。

迪亞哥，快帶著你的顏料來畫畫！

他們試著說服我加入推特，但是這就像是在說服一頭驢子去跳雷鬼一樣沒有任何成功的可能性。我沒有給他們任何商討的餘地，將臉書

---

89 譯注：Diego Velazquez，文藝復興後期、巴洛克時代、及西班牙黃金時代的著名畫家。

的事情以既成事實的狀態告知他們，不需要一個團隊來做決定。他們最終放棄了，垂頭喪氣地轉回去面對爬滿程式語言的螢幕。

　　直到真正和推特開始協商之前，我們都沒有再談過這件事，而懸而未決的氣氛也差不多一直維持到那時候才消褪。一如往常，我總是有辦法把簡單的事情複雜化、把相對安全的事情變得冒險。

虛線

加速、加速、再加速，直到速度帶來的快感超越對死亡的恐懼。

——對杭特·S·湯普森的頌讚詞

2011 年，4 月 15 日，星期五

　　在和我們共享辦公室空間的許多新創公司之中，有一間公司達成了比廣告通高出許多的成就，他們的名字叫做 Getaround。如果套用那個創業者都超愛的自誇公式「甲物中的乙」，那麼這間公司就是「車界中的 Airbnb」。你只需要在你的車子裡裝一個小小的儀器，容許他們監控你的車，你就可以把你的車子登錄在一個面對使用者的網站上，讓用戶們搜尋和篩選。用戶們付出鐘點費，Getaround 抽成，你則可以用一輛你不怎麼使用的車子賺錢，就像是在 Airbnb 上出租多餘的臥室一樣。

　　這場科技創業大秀中，一個名叫麥特·提爾曼（Matt Tillman）的創業者和我找了點樂子。我在這之前就注意到幾個 Getaround 的創辦人們盡責地在狗糧生產圈中扮演自己的角色，把自己的車登錄在網站上；於是，有一輛特斯拉羅斯特跑車（Tesla Roadster）和一輛保時捷 911 悄悄地躲在那裡等人來租。在他種種的墮落行為之中，提爾曼是一名經常被請去北卡繁忙的賽車跑道上跑幾圈的賽車手。

　　我向提爾曼提議租下那兩樣車，當作我們對創業圈的一點研究，他則建議我們乾脆來一場賽車比賽，終點是史丁森海灘（Stinson Beach）。我訂下特斯拉，然後收到一封確認見面時間地點的電子郵件。

　　兩名來和我見面的 Getaround 成員都是我認得的創辦人，他們大費

周章地把車子介紹了一番，才終於給我鑰匙。

「輸家付費。」提爾曼在車門外說道。他沒搶到保時捷，但還是租到了一台寶馬 Mini S。由於我們要跑的路是風大的山路，其中還有得和路上行車搶道的交通問題，那輛車其實不失為一個好選擇。再加上提爾曼半職業的開車技術，這場比賽其實很公平。

從舊金山到金門大橋的這段路，我小小地領先了一下，利用特斯拉像火箭般的加速器在車流中為自己開出一條路。電動車和一般汽油動力的車不同，電動車的引擎每秒鐘轉速的成長範圍超廣，加速時傳動力不斷，所以它們其實不需要變速器。一輛特斯拉其實就是一台加上仿生藍斯阿姆斯壯踏板的單速自行車。因此當車子一路從零加速到時速一百二十哩時，這其中沒有任何轉換、沒有任何能源代溝、也不會晃動，就像是一連串違反物理規則的加速器高潮。

但提爾曼可不是省油的燈。而且在擁擠的車流中，這種明顯的動力落差其實一點都不重要。我們變成是在比超車，看誰能把自己擠進最小的縫隙之間。當我們離開八線道的 101 號公路，駛上只剩兩線道、通往史丁森的蜿蜒一號高速公路時，我只在他前面一點點了。儘管我的引擎動力非常暴力，但那輛特斯拉並沒有好好發揮這項優勢：電動車的池太重了，儘管這輛車小得讓我幾乎擠不進座位，但整輛車還是重到不行，而且在轉彎時還有方向盤失靈的問題。我還沉浸在腦內的車評中，完全沒有注意到提爾曼在我的車尾後面等著超過我。當我看見寶馬從我的左邊一閃而過時，就算是特斯拉的引擎也來不及阻止他了，現在我被他擋著，只能開在他的屁股後面。

該死！

輸比死還難看，但是我實在無計可施了。尤其前往史丁森的路既窄又迂迴，邊緣像是懸崖一般，要是犯了比較嚴重的錯，我就真的死定了。就算我能完全掌控這台擁有超級引擎的特斯拉好好轉彎，在車流輛

大的週五午後，我也別想超車。

終於，在接近距離史丁森只有幾哩遠的摩爾灘（Muir Beach）小鎮前，我看見了一個（不合法的）空檔。我們眼前的路非常直，放眼望去可以看見好幾百碼之外。如果任何一輛車從左側開出來，我們雙方都會死在昂貴的爆炸裡。確定我不會撞翻提爾曼之後，我壓過雙黃線，將特斯拉的車頭開上對向車道，然後加速。在 2011 年的 4 月 15 日（報稅日！），將近當地時間下午三點時，我毫無責任感地用上百哩的時速逆向行駛，急速穿越了摩爾灘。從跑車的小窗戶看出去，整個小鎮只是一片維持了大約三秒的色塊。

提爾曼輸了。現在沒有超車道、也沒有車道之間的虛線，而且道路開始帶著弧度，而不是筆直的線條，他是不可能超過特斯拉的。

哈！

幾分鐘之後，我在史丁森的沙錢餐廳（Sand Dollar）前停了下來，並立刻吸引來一群騎著腳踏車的當地孩子，圍著火紅色的特斯拉驚嘆不已。車電池只剩下四分之一的電力，儀表板上則閃爍著一堆我看不懂的警告標誌。但那不重要。在和提爾曼大喝啤酒、大啖生蠔之後，我們便啟程往舊金山出發。

我不太確定到底有沒有辦法用一顆幾乎完全耗乾的電池開回去，於是在開到九曲花街之前，我都開得像個老奶奶一樣。接著我撞見了一台敞篷保時捷 911，它的雙排氣管說明了這是渦輪動力增強過的版本。這才是真正的賽車機器。舊金山大部分的住民都是小孬孬，所以要找到一場適切的街頭車賽是非常困難的。這輛車的駕駛又老又胖，但穿得很高級——我猜是房地產仲介或廣告仲介這種老派創業家。電動車使我沒辦法加速挑釁，所以當我和他平行時，我就只是用力踩下油門，不期待任何回應。

他早就預料到我的目的了。在我超越他後，只隔了一小秒的時

間，他就追了上來，於是比賽就開始了。九曲花街上的交通繁忙，但還是有在移動。每一個紅綠燈都是一次平手，我們的特斯拉和保時捷就在尖峰時間的通勤上班族車輛和人生之間穿梭。這個老瘋癲很懂車，也顯然對街頭賽車一點都不陌生。我們來到三線道的九曲花街盡頭時，我落後了他幾輛車的距離。綠燈轉黃，他便呼嘯而過，而我前面的龜速車則選擇停下來。我被困在他後面，輸了這場比賽。保時捷吵鬧的引擎聲在轉上凡內斯街（Van Ness）之後便消失了。

就算你贏了一場比賽，後面永遠還有另一場，永遠有人的車比你的更快，對吧？這個老頭很清楚這一點，所以他才會和我這種年輕的小混蛋比賽。他或許有老婆、有小孩、有自己的房產和一堆有的沒的，但當他在後照鏡裡看見一名挑戰者時，他便把那些全都拋到腦後，只為了一場小小的競速。他並不在乎這種蠻橫的駕駛、不計後果的危險、以及「速度極限」（用加州法律的用詞來說的話）。他可不是因為拒絕了這些全心投入的比賽才得到這台保時捷的。你也不能，親愛的讀者。

回到莫斯科尼中心的停車場時，那兩名 Getaround 員工正在等著他們的出租品。他們似乎對我如何在三小時的租賃期內把電池幾乎完全用盡，而且還只開了五十哩（耗盡電池的正常範圍應該是兩百哩以上）一點好奇心都沒有。Getround 的總監潔西卡·史高皮爾（Jessica Scorpio），如果你正在讀這本書，請接受我遲來而誠摯的道歉。

當我回到正常的精神狀態，開始面對電腦時，有兩封電子郵件正在那裡等我：一封來自推特的凱文·塔烏，一封則是來自高格，兩封都夾帶著文件。

2011 年，4 月 16 日，星期六

「你的意思是你跟這個惡整投資人的合約一點關係都沒有嗎！？」

我幾乎就要把聽筒拿離耳朵了。薩卡才剛看完我轉寄給他的推特

條款書。

　　我則在平時緊張踱步的地方一程又一程地來回走著：艾拉梅達的第九街，在英國交易員的家門前。此時，我已經搬回去和她及柔伊住了，但我不知道這是不是個正確的選擇。

　　「跟我一點關係都沒有，克里斯。這是我們第一次收到的條款書。」

　　推特對薩卡不留任何情面，他們開出來的條款書只獨厚創辦人，所以整個矽谷最知名的投資人才會對我這樣大吼大叫。

　　薩卡有什麼資格這麼生氣？

　　推特（難得一次）提出了和廣告相符的合約，所以我們的條款書上寫的是一千萬美金。但是劃分給投資人的金額不像你想的那樣接近兩百萬之類的，而是毫無價值的一百萬。

　　我很快會發現，這其實是一個很常見的策略。你施捨給一間公司少少的補貼，並確保投資者只拿到一點點，然後把真正有價值的部分包給人才收購的員工。關鍵科技會報導一間公司以某金額被收購，但技術上來說，它真正的出售金額只有那金額的十分之一，剩下的全用簽約獎金和股權兌現期進了創辦人的口袋。儘管我們沒有任何意圖，但推特還是給了我們一個甜約。

　　薩卡是有資格對推特生氣，但他完全高估了我的知識和能力。我一點概念都沒有，我一直以為推特最後的合約會是讓投資者和創辦人照比例來分錢，基本上資產結構表上他們占多大比例就拿多少錢。我怎麼知道在現實世界中，所謂給投資者的「補償金」完全是隨創辦人和收購方的心情而定？

　　它的運作方式是這樣的：

　　收購方完全不在乎錢在投資者和員工之間怎麼分配。像我們之前提過的，他們在乎的只有高價值人才（也就是工程師和產品經理）的單價。如果這一點沒什麼大問題，而且付款的方式是隨便一種他們喜歡

（或願意接受）的現金與股權組合，那麼這份合約就是個好合約。每一個收購方在認真討論一筆交易時，腦中都會有每個人的目標價格。你身為談判人的工作，就是確保你領到的錢盡可能人性化地達到那個金額。

但是創辦人則有更微妙的觀點。這種小合約很可能不是那種改變你人生的「去死錢」。當你加入收購方的公司、也領到股票之後，你大概又會再度捲入創業糾紛之中，需要重新融資，並再度回到新創公司的經濟體系裡。如果你毀了你的投資者，話就會流傳出去。同時，你可能也對投資者有點個人情感連結。畢竟他們多半都是在沒人願意挺你時站在你身邊的人，而且像薩卡的例子，他甚至是你公司成功出售的一大推手。所以創辦人面臨的道德抉擇其實很兩難。他們當然可以選擇回報投資人們投入的錢與時間，但他們得自掏腰包。這種合約的最後階段基本上就是創辦人與投資人之間的零和遊戲。

如果你想知道收購方對投資人有多麼無情，請記得，薩卡其實是推特僅次於創辦人最大的股權持有者，以及發言最有份量的推特擁護者。他們的最近一輪融資是他安排的，而且雖然有點不好說出口，他也幫助不少內線人士及早將推特的股票賣給華爾街的投機客。說白一點，這是一個恩惠，讓在推特工作好幾年的員工，可以在冗長的股票初次上市過程開始之前，擁有一點資金的流動。這種次級市場存在於許多高規格的新創公司中，恰好說明現在的科技泡泡中權力的平衡是如何從投資者和華爾街轉移到創辦人與員工們身上。

廣告通的交易對薩卡（和推特）來說只是一點零頭，但是當談到自尊的時候，這點小事就不得不被放大了。所以薩卡是有權利大吼大叫的。從另一個角度上來說，他的投資在短短六個月內已經翻倍了，儘管對薩卡（和他的有限投資人）來說這樣還是不夠好。而且事情還沒糟到極致。

「克里斯，還有一件事。後來我發現，臉書想要請我過去，想要把我從推特的合約裡切割開來。他們拒絕了其他人，但他們想要我。」

沉默。

「什麼？」

「對。我不會說我百分之百相信，但他們的確希望我去臉書。」

標準的睜眼說瞎話。

「你覺得推特會怎麼樣？你覺得如果沒有我的話他們還會接受廣告通嗎？」

「你這個**該死的**瘋子。你會毀掉整個合約的！如果沒有你，他們當然不會要廣告通。你真是……你真是……」

他掛了我的電話，我們再也沒有說過話了。

接下來還有臉書那邊的問題。

金融界有個概念稱為「複製投資組合（replicating portfolio）」。這是一個由股票、債券、金融衍生商品、及其他任何能模擬報酬的東西，同時由許多不同的部分組合，湊成的一部分資產組合。這種組合多半是由金融工程師所創造出來，好用之從已經擁有的股票升值上獲利，而不必在已經夠擁擠的資產結構表上真正占有一部分比例（也就是所謂的債權換股，equity swap）。

面對臉書時，我請高格幫我做了一份比照我在推特合約的複製投資組合。事實上，我平鋪直敘地告訴他（雖然是句屁話），如果我拿不到跟推特相同或更高的報酬，我是不會放棄那份合約的。而臉書還真的回應了我的要求。他們上市前的股價是每股三十二美金，所以我們現在在談的是兩百三十萬元，就跟薩卡嚷嚷完之後，我在廣告通所擁有的25％的股權價值差不多。這個數字已經好得不能再好了。

得到這個答案後，在我心中醞釀好幾天的決定就這麼定了下來。我要加入帽T男的世界。我們會想辦法搞定推特那邊的。從局勢上來看，他們已經差不多就要同意合約了，就算沒有我，他們也很有可能簽約。沒有比現在更好的下手時機了。

「高格，我是安東尼奧。」

在喬合約的時候，星期六一早打電話也沒什麼問題。

「感謝你們寄了正式合約給我。很高興我們差不多達到彼此的目的了。」

「所以你打算加入了嗎？」高格問。我很快就會知道，高格這種對事情的急迫態度不只是針對即將成交的案子，而是他面對整個職業生涯的方式。

「我很高興能加入臉書，高格。」

「太好了，老兄！我們很期待你的加入。請盡快把合約回簽給我們。」

「會的，高格。」

就這樣。廣告通的鬧劇差不多要告一段落了。

2011 年，4 月 18 日，星期一

這天日正當中，我們和推特的交易團隊舉行了收到投資條款書後的第一場會議。

週六時，我一和高格談完，就馬上把我加入臉書的決定告知了男孩們。他們一點也不訝異。就算他們不高興，他們也隱藏得很好，但在電話另一端，我注意到他們的聲音中帶著某種像是恐懼感的成份。

當我們走上前往推特的第三街時，我們最後一次演練了我們的作戰計畫。我將在會議一開始的前幾分鐘就宣布退出這份合約。他們討論的合約內容不需要包括我，因為那是不可能發生的。我不會讓他們知道我要去哪裡，只會在最恰當的時機溜出會議室，並平靜地把總監的棒子交給馬修，暗示從那一刻起，他就是發言人。

但是事情完全沒有照我們想的進行。

潔西卡又一次和我們在接待處碰面，並把我們帶進一間會議室。凱

文‧塔烏已經坐在裡頭，還加上一個新的面孔：薩帝亞‧佩托（Satya Patel），推特新請來的產品主管。薩帝亞那天早上就友善地提議我們喝個咖啡互相認識一下，但我在一小時之內就要尷尬地將這個約向後延期了。他是前任谷歌員工和推特其中一間創投的合夥人，是矽谷中正在爬升的新興貴族。

這種「權力會議」總是會有戲劇化的誇張排場。所有的廣告通成員都坐在桌子的一側，推特團隊則坐在另一側，好像我們是 1973 年在商討和平外交協定的美國和越南代表。每個人都就坐之後，我便直接根據我們第一幕第一場戲的台詞開口了：

「所以……我們應該要談談之後的合約，而不是我們截至目前為止所討論的那一份。我很抱歉……但其實我不會跟著廣告通一起加入；我會去另一間公司。現在我們得談談阿基里斯和馬修，以及他們要怎麼加入推特。」

潔西卡的表情像是吞了一隻蜜蜂。凱文一如往常地面無表情。薩帝亞是第一個開口的，口氣帶著一點兇狠的成份：「所以你是在告訴我們你要跳出合約嗎？」

「是的。」我回答，一邊點點頭，像是要強調某個已經夠明顯的重點。

「好吧……」這次說話的是潔西卡。「我們得討論一下再回應你們。」

接下來，推特團隊便全都站了起來，逼得我們不得不跟著起身。我們的表情尷尬不已，盯著地面，一個個走出會議室。我甚至不確定有沒有推特員工陪我們一起走到門口。

回到街上時，從男孩們的表情上來看，如果那能對他們的情況有任何實質幫助，他們絕對會活活把我踢死。

尾聲

後來我查看我手所經營的一切事和我勞碌所成的功，誰知都是
虛空、都是捕分，在日光之下毫無益處。

——《聖經》，傳道書二章十一節

2011 年，4 月 18 日，星期一，下午兩點

回到辦公室後，男孩們表現得像是他們打算繼續編輯程式，但是
顯然心不在焉。我的計畫風險極高，對他們只有壞處，而且基本上完全
是因為我狠心地堅持要加入臉書。這個幫助我們融資、並保護我們躲過
官司的狠心，現在毀了我們苦心經營的一切。

半小時內，推特就打來了。馬修接了電話；我再也不是談判過程
的一員。我靜靜地品味著這一切。他們兩人圍著馬修的手機，他開了擴
音，專注地聽著潔西卡·維利利說的每一個字。馬修寫下幾個和合約相
關的數字，然後一一回報給潔西卡做確認。

哇喔。他們的開價是五百萬和一點零頭。這比我想像的高多了。
這和一週前他們提出的開價是一樣的，當時我和薩卡還拚命說服男孩們
不要接受。

推特的這一手其實下得很弱。他們在我破壞了合約的價值（而且
這只反映了我們公司的內部衝突）後一小時之內就打了回來。如果他們
真的有種，他們就應該要讓廣告通陷入僵局、無視男孩們所有的電話和
電子郵件，好讓他們沉浸在恐懼與焦慮中。在這段沉默之後，他們就能
用一張星巴克的禮物卡把廣告通買下來了。但是他們卻帶著另一個開價
回來了，在短短的一小時之內，金額還跟原始的差不多。推特的作法就

是職業撲克玩所說的「跟注站」[90]，而且還是很弱的那種。男孩們得到的錢比他們夢想中的還多，也比他們已經決定接受的金額還高。這筆交易已經完成了，儘管簽約雙方都粗製濫造又毫無競爭力。廣告通已經死了：男孩們和推特在討價還價的只是喪禮的價格。

接著我心裡一陣騷動。

我手上有的只有收件夾裡的臉書邀約信，以及高格說臉書會跟進這份邀約的保證。我才剛侮辱了推特，還把這個侮辱重重甩在它最大的股份持有者，也就是克里斯・薩卡的臉上。男孩們已經接受了開價，現在已經無法阻止他們了；不管有我或沒我（很可能是沒有我），他們都會接受推特的合約。我必須馬上接受臉書的聘書，但是在那之前，我得找一名就業律師幫我看過合約。

矽谷的工作合約非常複雜，每一個人才收購案中都包含著現金、股權選項、股權兌現期、智慧財產同意書、和其他有的沒的，所以就算你只是要出售你自己，你還是會需要一整群的律師幫你協商合約。

我打給所有和我們有過交集的律師：范偉、奧利、還有我們接觸過最便宜的合約律師，請他們幫我轉介。

半小時後，我便和我最新雇用的就業律師通上電話。「我拿到一封聘書，但我不知道該不該簽。公司的其他人被另一名競爭者買走了，我是總監和創辦人。妳需要些什麼？」

「聘書、你和現在雇主的股票購買契約書、還有你的員工合約。」她簡短地回答。

此時，男孩們正在辦公室裡團團轉，忙著整理公司文件，並緊張地接著一通通電話處理他們的交易。我則用我們緩慢的低階掃瞄器掃瞄著我的文件，並偶爾到外頭去講我的電話。

---

90 譯注：Call station，指很少棄牌、也不加注，總是跟注的玩家。

　　事情開始染上那種世界末日來臨，德國大軍壓境前那種緊繃感，或者就像是 1979 年時最後幾分鐘躲在德黑蘭美國大使館中的氣氛一樣。一群人把致命的資訊傳送給第三方相關人士，另一群人則忙著收集、掃描、並摧毀資料，一邊計畫逃脫。

　　一小時過後，我的律師終於發了電子郵件給我。「你得馬上接受臉書的聘約。但是你也得在那之前辭職，否則你會破壞兩邊的非競爭協議（noncompete agreement）。」

　　現在時間是 2 點 45 分。

　　我快速打給艾明位於臉書企業發展團隊的屬下，並問他什麼時候會下班。矽谷的談判家就和小鎮裡的銀行行員一樣有著鬆散的班表；他五點就會離開。

　　我得趕上 3 點 7 分的加州火車前往帕羅奧圖，不然就會趕不上時間。我是不可能讓這筆合約拖過夜的。

　　男孩們正低著頭討論著合約的某些部分，現在那是他們的合約了，而我不想打擾他們。我拿起腳踏車安全帽，走出我這段時間工作、擔心，偶爾還過夜的辦公室。

　　我在最後一分鐘趕上火車，然後開始用 iPhone 打起辭職信的草稿。一小時後，我便在帕羅奧圖的加州大道上踩著吱吱叫不停的腳踏車，回到臉書的「HACK」大門前。我已經在手機上準備好辭職信，當臉書的企業發展人把頭探出玻璃門時，我便按下「寄送」鍵。

　　我失業了整整五分鐘。艾明‧佐夫倫的屬下戴爾‧杜威和我閒聊著，但我心裡只不斷在想：**拜託，快給我合約！**簽完名，他便陪著我走到門外。

　　我們的新創公司寶寶廣告通就這樣死去了。而在經歷了長長的一年之後，這是第一次，我走進加州午後的陽光中，無事可做。

＊　＊　＊

　　這筆交易成為矽谷中一個罕見的例外，讓負責寫報導的記者相當困惑；直至今日，我都還會收到記者的問題。長話短說，我是個徹頭徹尾的大白癡，這筆交易也處理得很糟，完全是靠蠻幹、無知和運氣所完成，而不是深思熟慮的結果。

　　真正的大師手腕應該要像是這樣：

　　繼續偷偷地和兩方討價還價，直到榨出整個情況中的最後一點價值，並要求推特進行單觸發加速（single trigger acceleration）或大筆的頭款現金[91]。接著我會接受推特的合約，第一天上班就辭職，然後帶著大筆的頭款加入臉書。我甚至可以進行套利，同時和推特與臉書簽下員工合約，然後要求臉書給我無薪假，等推特那一邊搞定。這當然是明目張膽地違反了兩份合約中的非競爭協議，但是只有推特方會在乎，而且就像每一場完美騙局中的受害人那樣，他們會因為太丟臉而放棄訴訟，最終只會在公司內隱瞞自己的員工[92]。

　　但是這個計畫要成功，我就得欺騙我的合夥人，因為他們絕不可能幫我爭取一份更好的合約，只會顧著擔心自己的未來。對你的投資人或收購方耍小手段是在大城市裡的生存法則，但是這樣玩弄你的合夥人、那些和你一起經歷創業千辛萬苦的同袍，就算用騙子的標準來說也太超過了。

　　為什麼我一定得騙他們直到即將成為推特員工的那一刻、並隱瞞我加入臉書的決定呢？你只要記住一件事：我們正式進入廣告通才十個月，而我們這幾個創辦人的股票都還沒有到生效期。沒錯，儘管我們扛著沉甸甸的創辦人頭銜，廣告通的團隊其實什麼都還沒有得到。

　　為什麼？仔細想想。每一個創辦人都擁有 20％到 40％不等的公司

---

91 所謂的單觸發加速是指你未生效的票突然因為某單一事件而生效兌現，通常都是因為合併或收購的關係。在我們的例子中，這指的是加入推特後，我會立刻看見我在廣告通中投入時間的獲利，而不是要等到加入推特之後再從零開始重新等待股權生效。
92 推特真的就這麼做了。當我叛逃的事情出現在科技關鍵上時，他們便在推特內部發了一封電子郵件掩蓋我跳票、玷污了他們第三筆收購光輝的事實。

股權。這跟在一輪融資中能出售的股權一樣多，甚至更多。如果每一個創辦人的股權都在第一天就生效，那這就等同於拿著一把槍抵著公司的太陽穴。如果任何一名創辦人在爭執後決定離開（或是被其他合夥人逼走），他就會毀了公司，因為沒有投資人會願意砸錢在一間被一個不滿的局外人擁有大筆股票的公司上。所以就算是一間根基穩固的公司，創辦人的股權也都有生效期，就跟每一間大公司裡的員工一樣。

事實是，儘管我身為掌控全局的總監，我完全沒擁有任何一部分的廣告通。什麼都沒有。一股都沒有。男孩們也是。所有早期創業的創業家們也都是。所以如果我真的想要看到廣告通的股票開花結果，我就得至少再多等幾個月，直到交易完全定案。

到頭來，廣告通其實只是一場又長又逼人的臉書面試（對男孩們來說則是推特面試）。我們聲稱我們「出售」了廣告通，但實際上，廣告通其實只是我們用來得到真正有經濟助益的槓桿，而且如果沒有這間公司，我們根本不可能拿到最後這樣的工作聘書。大型科技公司的企業發展部門，其實是荷包更飽、光輝更耀眼的人資招募人員。這是那些被收購的公司創辦人通常會遺漏的小小細節。

如果我真的採用最理想的手段，我在廣告通的獲利很有可能達到數十萬、甚至上百萬，而不是像現在這樣。同時，額外的現金或推特股票則會成為我加入臉書的保障。

在科技圈中，道德的代價實在太高了。

第三部

快速行動，破除常規

臉書原本並不是要打造成一間公司的。它是為了完
成一項社交任務──讓世界變得更開放、更團結。

──馬克‧祖克伯，

臉書公司股票公開上市聲明（2012 年）

新兵訓練營

一旦跨越了門檻，英雄便進入了一個如夢般的環境，其中充斥
著洪水與模糊的形體，而他將在那裡接受一連串的試煉。此
時，英雄先前會見過的所有超自然協助者，將會悄悄提供他建
議、守護、及媒介。進入試煉之境，僅象徵著接下來一連串危
險的開端，他將面對野蠻的征服、以及有時乍現的啟蒙時刻。
在此階段，龍已經被消滅、出乎意料的障礙也已經跨過——一
次、一次、又一次。同時，英雄也會看見勝利的預兆、感受到
無法抑制的狂喜、以及對未來佳美之地的驚鴻一瞥。

——喬瑟夫・坎伯（Joseph Campbell），《千面英雄》

2011 年，4 月 25 日

在臉書變成後來的一小座城中城前，這間公司擁有兩棟位於帕羅
奧圖下市場區的大樓，在史丹佛校園的東方。其中一棟在加州大道上，
祖克、工程部門、廣告團隊、和其他所有與製作真實產品有關的團隊全
都在這裡。第二棟則位於下一條主要幹道（佩姬米勒路）旁，銷售、法
律、營運等等所有和臉書的科技面沒有關係的部門則在這裡。整潔的接
駁巴士會在兩棟大樓之間來回接送員工，有時候臉書人也會決定自己走
這半哩路當作運動、或者難得見見陽光的機會。

為期一天的員工就職訓練是在非科技大樓舉辦，所以我便搭著白
色小巴士經過佩姬米勒路。指定會議室名叫「乓」（沒錯，它的隔壁間
則叫做「乒」），是一間用來報告的大型會議室。房間前端有一座高起的
舞台，長而窄的桌子像籬笆般從左到右地跨過教室。我一如往常地坐在

最前排，就在講者的鼻子前，以便觀察講者的一言一行、進而得知他真正的為人。

一名人資人員簡短地開場介紹了一下，接著便讓第一名講者（也是我的頂頭上司）上台了：臉書的產品總監克里斯・卡克斯（Chris Cox）。

卡克斯是像雷恩・葛斯林（Ryan Gosling）或強尼・戴普（Johnny Depp）那種類型的帥哥：經過加成的男性氣概藏在可愛的外表之下，完全是為女性欲望客製打造。每次臉書舉辦公關活動時，推特上一波波讚嘆他外表的推文總是臉書內部永遠講不膩的笑話。他很會說話，也把這個技能拿來發揮得淋漓盡致，將臉書和媒體的未來描述得天花亂墜。作為第一名講者，他的目的顯然是為我們建構大局遠景，好讓我們知道自己被揀選的目標是什麼。

「臉書是什麼？幫我下個定義。」他幾乎一出現就拋出這個問題，挑戰台下一張張屏氣凝神的面孔。

「是一個社交媒體。」

「錯！完全不是。」

他掃視群眾，等著另一個答案。

一名年輕漂亮的實習生口齒清晰地開口，讓我忍不住懷疑她其實是臉書安排的暗樁。「是你的個人報紙。」

「正確答案！臉書是我該讀、該想，每天直送給我的一切。」

接著他便開始進行矽谷間常見的類比手法，先用歷史角度表示某個產品是如何奠基在先前的科技之上，以及它最後是如何無法避免地成為勝利過程的完結篇。收音機和電視是去個人化的媒體，提供的訊息大量而無篩選，在它們的時代相當創新，卻缺乏永續性。焦點更明顯、更主題化的媒體，像是只專注單一議題的專門汽車雜誌、你的地區性報紙為你的社區特別劃出一份專刊，一個延續著不斷提升的個人化趨勢。但是，臉書卻是現代媒體的終極目標。

　　臉書是紐約市時報的「你的專刊」、你的個人頻道，讓你自行閱讀與書寫，並能觸及全世界，從矽谷創投到華爾街銀行員，再到印度犁田的農場主人。每個人都會收看他們好友的頻道，就像人們以前打開陰極射線管電視機一樣，並活在一個由個人化溝通作為媒介的世界中。你會看見一篇華爾街日報的文章，那完全是個偶然：你的朋友佛萊德轉貼了這篇文章、你的另一個朋友安迪在下面留了言，你的妻子則把它分享給自己的朋友。臉書的新進員工在這裡第一次嚐到一個新世界的滋味，不透過書報雜誌、或甚至政府或宗教等傳統媒介來理解，而是你的個人人際關係圖。你和你的朋友將會重新定義「社交名人」和「社會價值」的意義，並決定我們這些靈長類繁忙的腦袋中每天該消化的訊息有哪些。

　　安迪‧沃荷錯了。在未來，我們的一生不會只有十五分鐘出名的機會；我們會一天二十四小時、一個星期七天，在十五個人面前出名。這是一個全新的模式，儘管外在的世界還不了解這一點。臉書的員工們，也就是我們這些少數人知道世界會變成什麼樣子，而我們要協助打造那個世界。

　　這是一番很棒的演講，觀眾席上的孩子們都陷入了瘋狂。任務完成了，卡克斯露出一抹演員男神般的微笑，然後轉眼就消失在舞台上，顯然是去趕塞滿他一整天行程的其他會議了。我忍不住認為這是卡克斯雙週一次的固定行程，專門為菜鳥員工進行士氣演講。但這對他來說只不過是宣傳帝國功績的演說詞，而且已經背得滾瓜爛熟、成了某種反射行為了。臉書顯然不吝惜為我們獻上一場好戲。

　　下一個講者則是佩卓蘭‧克亞尼（Pedram Keyani），是臉書網站正義（Site Integrity）部門的經理。我後來才會知道，「網站正義」是臉書的專門用詞，指的是網站安全維護團隊，負責阻止廣告機器人、色情廣告、詐騙、及其他邪惡的下三濫角色破壞臉書，或是破壞你的使用經驗。佩卓蘭是臉書的公司文化用來傳遞其獨特價值的重要渠道之一。他

會負責舉辦兩個月一次的「駭客馬拉松」，用來讓工程師連夜寫程式，而許多真正成功的臉書產品都是在這樣的馬拉松期間隨機出現的（臉書影音就是其中一項）[93]。身處於谷歌誕生後工程師至上的科技公司文化中，這種馬拉松時段同時也成了用來宣傳臉書主義的士氣大會，不僅僅是個熬夜寫程式和吃難吃外賣中國菜的藉口。我接下來還會得知，毫無意義的類似活動也會在其他根本沒有工程師的地區分公司舉辦，用以慶祝某種「自己動手做」的生產價值、對公司的完全投入、以及大破大立的創新之力。

佩卓蘭就是來為我們解釋這些價值概念的。我們已經從卡克斯那裡得到了先知性的遠景，恰好就是那種極具魅力的產品經理要做的事。現在是時候來聽聽把這份遠景套入現實世界後，我們該怎麼達成實際的成就了。這是工程師的任務。

佩卓蘭的個子高大，肩膀寬闊，像是健身了很長一段時間。他穿著臉書的 T 恤走上台，並用威嚇的口吻對我們命令道：「不管你從之前的工作學到什麼，不管你現在懂什麼政治操弄手腕或其他屁事，現在你要全部忘記。」

佩卓蘭的口氣越來越熱切，開始描述起這個臉書的新世界。在這個世界中，唯一的準則只有事實，無私的合作則是唯一的規定（「別管是在誰的名下」），每個人對臉書的產品都有主權（如果只談科技面，不談經濟面）。

這裡是整個入職訓練中、甚至整個臉書公司裡的天才真正聚集之處。人們加入臉書，就像來到愛麗斯島（Ellis Island）的移民一樣，完全拋下了陳舊過時的文化，以全新的文化取而代之。這個入職訓練的設計就像是新加入的美國公民要在國旗與官方人士面前立誓一樣，幾乎帶有宗教般的意味，並被人真心誠意地接納。儘管這裡的環境充斥著互相

[93] 臉書的其中一個傳說中，祖克伯其實否決了最原始的臉書影音功能。但是負責的工程師忽視他的決定，自己召集人馬關在一間會議室中連夜趕工完成產品，並在沒有祖克認可的狀況下發佈了這項功能。臉書現在是繼谷歌的 YouTube 之後第二大的影音分享平台。

鄙視的風氣，但我從來沒有聽過任何針對臉書憤世嫉俗的言論，不管是在就職訓練時、或是我接下來在這裡工作的好幾年內。就像美國人尊重「我們的軍人、母親、以及憲法」一樣，某些事情是人們尊為天命，並無人敢褻瀆。

在一個缺少超然價值觀的史後已開發世界中，我們供在萬神殿中的神祇少得就像北韓雜貨店裡貨架上的商品，架子上一片空蕩蕩，而這種企業法西斯主義實在是太吸引人了。除了擺在我們面前的新 iPhone 和新蘋果電腦之外，我們每個人都得到了一個筆電包，裡面裝著一樣東西：一件 T 恤，上面用臉書的註冊商標字體印著臉書的名字。每天都至少會有一半的臉書員工穿著這件上衣，而且很多人會拍他們的寶寶穿著印上臉書字樣的連身衣的照片（當然也會貼在臉書上了），作為他們在社交媒體上首次亮相的模樣。我們全是臉書的（納粹）衝鋒隊，只是棕色上衣換成了藍色上衣。

只有無能的人才會憤世忌俗。我會有這種絕對論者發言，不是為了那些酷得不適合上學，也酷得不相信任何事的嬉皮人士。我會這麼說是因為我完全買帳了，就跟接下來將要坐在「乓」會議室裡的其他人一樣，或許還比他們更超過。人類總是需要信仰某種永恆的事物，那些超越人類目標與存在意義的一切。這種需求從金字塔時代就存在，只是現在的應許之地和當時不同，「進入應許之地」的方式也不一樣了。

經歷過卡克斯的完美演說和佩卓蘭跋扈的命令後，我們便獲得了一小段休息時間。

實習生們一小群一小群地聚在一起，好像早就認識彼此一樣。我猜他們是一起在柏克萊、史丹佛、麻省理工學院、或是其他任何學校唸書的學生。想像一下你是個 19 歲的大學生，你的人生就是由臉書、推特、Instagram 等社群網站所構成的，而現在你卻突然出現在臉書巨獸的肚子裡。如果我在那個年紀就有這樣的機會，你就算用膠帶把我的嘴

巴封住也無法阻止我的興奮。

「乓」會議室的外面是其中一座遍布總部的小廚房。說它「小」，是和負責出菜的咖啡廳廚房比起來算小；而且它也不是個真正的「廚房」，因為它其實沒有可供做菜的設備。這裡他們提供的食物全是會引發高血壓或糖尿病的袋裝食品，是那種大學生用來自我毀滅的標準食譜。由於灣區也很強調清脆的口感，小廚房裡也擺著一碗碗的水果和一罐罐的堅果或穀片。我當時還不了解，但臉書其實正在追隨谷歌那種養肥旗下員工的做法，廚房裡的食物也變得越來越高級，從士力架變成了三角巧克力，多力多滋玉米片也被原汁原味的印度辣點心給取代。這裡提供的咖啡品質也變好了，從和每間公司都差不多的咖啡變成了非利斯咖啡廳（Philz Coffee）的等級（那是從時髦的教會區發跡的咖啡屋）。等到我要離職的時候，臉書總部裡會有一間功能完備的非利斯咖啡廳，是臉書的咖啡因總站、社交中心、以及非正式的會議廳。但是那個未來距離現在還有一段距離。

補充了足夠的葡萄糖後，我們便回到了「乓」會議室。

講台上放著一張椅子，上頭坐著一個捲髮的印度人，面孔平靜，肩膀挺直。這個男人不需要任何介紹，而且他的知名度已經超越了臉書的等級，和佩卓蘭甚至卡克斯都不同。他是卡馬斯·帕里哈比提亞（Chamath Palihapitiya），是使臉書成功最主要的推手之一。作為公司成長團隊的總監，他負責為臉書招攬新用戶、鼓吹加好友的行為，使臉書從用戶大多是大學生的小社交平台成了全球化的線上身分，當時的用戶幾乎已經達到十億人。

他同時也是個極具競爭力的撲克玩家，總是在家舉辦矽谷傳奇等級的撲克牌局，許多大牌投資人和創業家都是常客，偶爾也會出現職業撲克玩家和明星運動員。卡馬斯最廣為人知的故事也和撲克牌有關，我已經聽過不只一次，而那大概是最能展現他兇狠競爭力的描述。

在一場高規格的撲克牌局之後，卡馬斯賺了一筆五萬美金。他決

定買一台德國汽車，所以便動身前往 BMW 的經銷商。業務看見一個穿著毫無品味的小子，便冷處理他，並拒絕讓他試駕。於是卡馬斯便前往對街的奔馳經銷商。對方並沒有無視他，所以他便當場用現金買了一輛車。接著他開著新買的賓士回到 BMW 的經銷商，找到趕走他的業務，並把他錯失的大好交易展現給他看。這就是我們現在在面對的傢伙。

「聽著，我們不是來這裡鬼混的。你現在在臉書，而我們有很多事情要做。」

他是入職訓練行程中的鐵腕。「產生影響」、「全力以赴」、「完成比完美更重要」，以及其他種種鼓舞士氣的標語印在公司牆壁的海報上，而我們很快就會在自己的新電腦螢幕上看見一樣的文字，以免我們忘記。這些標語便是卡馬斯稍嫌零散的演說的核心觀念，但裡頭夾雜著許多髒話，說話的節奏也像是華爾街交易員一樣如機關槍般清脆而快速，那是他從前一份工作帶來的習慣。

「所以他媽的做就對了。」經過二十分鐘的威嚇之後，他總結道。

在他的演講過程中，卡馬斯動也沒動，挺著肩膀坐在椅子上，雙手緊緊抓著椅子的兩條後腿。當他起身離開舞台時，他幾乎看都沒看大家一眼。所有人似乎都有點傻眼，就像一個導演在電影結束前幾秒突然來個大轉折一樣，當畫面開始跑工作人員名稱的時候，觀眾們只是吃驚而沉默地坐在那裡。

接下來，臉書的創辦傳奇人物們便被硬梆梆的公司警察，也就是所謂的人資人員取代了。兩名人資人員肩並肩地坐在台上，一男一女，好像非得有這兩種性別的人在場才能討論敏感的話題。

從人資警察學到的第一課是臉書永遠的焦點：保密性。

就像耶穌在教導祂的信徒一樣，臉書教育員工時多半也喜歡用寓言故事。我們在這裡所聽到的寓言主角是一名誤入歧途的臉書員工，他把臉書即將發表的產品資訊洩露給了科技媒體。祖克得知後便發了一封

給全體員工的電子郵件，主旨叫做「請辭職」，讓每個收到的員工都心驚膽顫。人資人員把那封郵件的內容放在簡報上，帶著我們一字一句地讀過，內文請那名洩漏機密的員工立刻辭職，嚴厲譴責這名嫌疑犯的人品、並指控他背叛了整個團隊。故事的浪子回頭了，但是父親卻不肯原諒他，這裡的道德教訓非常清楚：你敢在臉書搞鬼，警衛就會逮到你，然後把你像是半夜在墨西哥餐廳胡鬧的醉鬼一樣踢出去。

故事說完了，接下來便是臉書最重視的第二項規則：自我約束。

除了美國國土安全局之外，臉書是擁有最多個人資訊的機構，所以如果資料落入錯的人手中，很有可能就會造成濫用。資訊濫用不僅不道德，而如果一名疑神疑鬼的員工使用臉書資訊跟蹤他的老婆，或是不成熟的實習生偷窺名人的私人訊息，這對臉書的公關面將會影響重大，而且非常丟臉。人們本來就很擔心會讓人成癮的臉書，他們在上頭分享自己最私密的人類經驗，但是潛意識裡既害怕又焦慮。如果沒有最嚴格的自我約束力，我們就會威脅到數十億同意讓這個深藍色小方塊掌控他們人生的用戶與臉書產生的脆弱連結。

未來，我至少會認識一名犯了這條罪的員工。他在被臉書俗稱的「糾察」發現沒有正式理由就偷看他人檔案之後，便被開除了。就是這麼簡單：你有種就試試看，我們一定會逮到你，而且你被踢出去的速度會快到來不及喝完你的咖啡，還得請人把你桌上溫熱的馬克杯清掉。

群眾沉默地吸收這一切，只偶爾傳來窸窸窣窣和鄰居低語的聲音。前半場訓練所激起的熱情還迴盪在人群中；現在這個由人資負責的課程，就像是你從一場非常特別歡樂的派對中離開後遇上的酒駕測試。在跑流程的警察們或許是有點頑固，但還能溝通。

然後我們便談到了職場騷擾。（奇怪的是）台上的男人站起來，開始對著新員工們發言。

想像一下臉書的工作環境：一棟棟建築物裡聚集著年輕、又有感情障礙的宅男，其中零零星星散布著人數只有 10% 左右的年輕女性。

你覺得有可能發生什麼問題？

比起嚴格地規範所有性別法律之間的模糊地帶，臉書更傾向對員工們訂下基本的行事原則。人資人員謹慎而清楚地表示，我們可以約同事出去一次，但如果對方說不，意思就是不，在那之後你就沒有更多機會了。約過一次之後，你就玩完了，在那之後的一切都要受到制裁。

所以你只有一次機會去挑選目標，是吧？我想。最好好好利用這個機會。

接下來則是給女性同胞們的警告。我們的人資老兄在女同事不時的補充說明下，發表了一篇演說告誡她們不要穿會讓同事「分心」的服飾。我後來會發現，主管們真的會時不時把女員工拉到一旁，並把員工守則唸給他們聽。這種事情也發生在廣告團隊裡。我們有一個看起來只有 16 歲的實習生，總是喜歡穿熱褲來上班。這簡直不合時宜到了荒謬的地步，但我們這個時代並沒有比較高尚。

最後的最後……還有猥褻的問題。

我們在臉書這裡簽約時最奇怪的一份文件，是一份臉書表示不為任何猥褻之事負責的免責聲明。不管我們在這裡看見或聽見什麼，只要是在臉書裡，那些都不能作為呈堂供證。我不知道這是因為我們很有可能在臉書監視頁面上看見色情影片，或是因為這裡男生宿舍般的文化，時不時就有人拋出跟男性生殖器有關的笑話、或是有人在雞尾酒時段穿著內褲喝到昏倒之類的。

「我們不希望製造出那種每天都有人到人資處抱怨的公司文化。如果有人說了什麼話，你們就自己去和他對質。最好讓事情到那裡就終結，然後你繼續過好你的日子。」

訓練結束。我們抓著自己的新包包、筆電和手機，滾出會議室。

我回到被指派的廣告團隊座位區，然後打開電腦。信箱裡已經有兩封信在等著我了。一封是制式且簡單的「歡迎加入臉書」。另一封則是來自作業追蹤系統，告訴我已經有人指定我去修正幾個程式漏洞。就

像所有的工程師一樣，儘管我是產品經理，我還是得參加工程師的訓練營，六週的訓練結束後，我這個 N00b 就會變成一個臉書工程師[94]。這同時也是臉書的篩選機制，好讓管理層稍微有點底，知道哪些人可能是他們錯誤的決定。隨著前端程式編寫和後端基礎的課程越來越緊湊，我們會學到臉書的處世之道。臉書所有的科技堆疊幾乎都是我們工程師自己打造的，只有偶爾使用開放資源的程式語言或工具，但我們還是會把它們都客製化到像是臉書自己出產的產品。由於就算是極富經驗的工程師也像是來自另一個完全不同的宇宙，臉書勢必得灌輸每個人它的唯一真理。對那些剛從學校畢業的員工來說，他們對真正的產品工程一無所知，所以他們的整個科技世界觀將會被打造成臉書的版本。以後就算他們去別的公司工作，他們也將帶著這些偏見和態度，好像這是上帝給的某種啟示。現在在臉書工作的谷歌人大概也在做一樣的事。

我有五個程式錯誤要修。我甚至不知道要怎麼寫 PHP（臉書前端編碼使用的程式語言）。這個爛得出名的程式語言，現在的研發圈裡只有少數用戶在使用。祖克之所以選擇它，只是因為那是他當時在哈佛當駭客時學的語言。

我照著線上說明書，成功地架設起一個研發伺服器。這是我未來用以編寫程式用的儀器，有點像是我的個人遊樂場。接著我把臉書完整版本的編碼從伺服器裡複製下來，用程式編輯器瀏覽一遍。

所以剛剛那堆麻煩就是為了這個，是吧？

為了搞笑，我把所有「按讚」鈕的編碼改成了一個髒字，儲存檔案，然後重新整理我的瀏覽器，接著我便看見我個人版本的臉書畫面。現在，我可以在網路上和所有的一切性交了。

創造影響。財富是留給勇敢的人。

我的開始還不錯嘛。

----

94 「N00b」是駭客用語中的菜鳥。在網路程式語言中，它指的則是一個完全不夠格的人。在臉書，它則被人用來半嘲諷半憐愛地形容新聘員工。

產品大師

因此，一位君主若能征服並保有一個國家，他的手段總會被認
為是光榮的，並總是被人讚揚。因為俗人總是被外表和事物的
結果所吸引；而這個世界裡盡是俗人。

——尼可洛・馬基維利，《君王論》

2011 年，6 月 [95]

所以臉書雇我來做什麼的？

我的官方職稱是「產品經理」，也就是大家俗稱的 PM。

產品經理的角色不論在什麼規模的科技公司裡都有，但是它們實
際上的工作內容很可能大相徑庭。產品經理做的事，基本上就代表了
一間公司研發產品的方式。某些公司也會給這個職位不同的名字。在微
軟，他們被稱為「程式經理（Program Manager）」。億萬富翁彼得・西
歐（Peter Thiel）所創辦的加密保護智慧軟體公司 Palantir，則把這個職
位成為「產品領航員」，聽起來超級浪漫。

不管名稱叫什麼，產品經理的工作到底是什麼呢？

用 MBA 的方式來說，這個職位是「產品 CEO」，因為這些 B 咖們
最喜歡用縮寫了。很多公司都會用這個定義，它也不完全是錯的，但它

---

95 眼尖的讀者會發現，我們的時間軸突然向前跳了兩個月。在我和臉書簽約之後，我馬上就進
行了前一章所寫到的員工入職訓練，然後開始放無薪假，讓男孩們把廣告通的交易搞定。
一場正式的收購，不管規模有多小，都需要經過好幾週的法律與科技盡職調查。如果我就這
樣公開在臉書工作，那麼關於廣告通崩盤或被收購的流言就會開始在矽谷亂傳，威脅正在
進行中的脆弱交易。因此，對外我仍然得扮演廣告通的總監（「所以你的公司現在怎麼樣了
啊？」「呃……」），然後把大部分的時間都花在我的小船上，哪也去不了，因為我只是紙面
上的百萬富翁，口袋裡什麼都沒有。

讓這個職位比實際上聽起來高高在上多了。

更生動一點的形容則是「大便傘」。想像一下天上一堆拉稀像上帝的怒火般降下，這大概就是你在新創公司，或是像臉書這種高規格、結構又複雜的大公司中會遇到的情況。你，我親愛的產品經理，你就是手下工程師團隊的男僕，負責在他們瘋狂趕程式的時候為他們撐起那把笨重的大傘，擋住頭上的一切。

就定義來說，你做的事就是除了動手寫程式之外所有該做的事。那代表你得參與無數個與隱私權法律團隊的會議，用經過嚴格篩選和大量編輯過的產品版本解說你們產品的目標，以及它是如何符合某些上古時代的法律框架。那代表你得對著一整屋面帶微笑但腦子空空的業務做產品報告，好讓他們可以去鼓吹客戶花錢，並讓你剛誕生的產品寶寶獲得多一點預算。那代表你得去和其他產品經理交涉，要嘛就是在產品上動手腳、要嘛就是去請求別人施捨給你一點技術資源。那代表你要在與資深主管的高階會議中為你的產品出頭並像是在玩俄羅斯方塊一樣，試著快速將你的產品卡入公司未來的藍圖中。那代表你要保護你的團隊不被其他產品經理糟蹋，不論他們是要你們幫忙、或是試著想要把你產品中的某個部分踩到他們產品的腳下。

作為產品經理，如果你能說服工程師們打造你所計畫的東西，你就所向無敵了。但如果他們不聽你的，你就會像是無法控制軍隊的暴君。不管你是有聯合國或教會幫你撐腰（譬如說，如果你是被管理層指定成為主管的話），你遲早都得面對一支對著你開火的大軍。在臉書廣告團隊中最讓人難過的事，莫過於失去工程師信心的產品經理，他們空有其名，像是某種被趕走的流亡政府：高高在上地坐擁頭銜，不斷地發送電子郵件發號施令，但實際上一點生產力也沒有。

就內部而論，產品經理是個自取其辱的低賤工作。

但從外表看來，那完全是另一回事。

作為一名臉書的產品經理，你就像是一名阿富汗軍閥或海盜船長

一樣：外表在局外人眼中看來十分嚇人，是所有公司和整個產業中的火炬，但其實你只能勉強控制你的一小群工程師，而且總是在暴動邊緣徘徊。對外在世界來說，你的工作很簡單：你只需要寫封兩句話的電子郵件，就能讓任何一間公司的資深管理階層幾乎立刻就出現在臉書的接待區，飢渴地等著和你碰面。很多新創公司就是這麼被我召喚來的，儘管我遲到又無禮，他們對我的態度還是受寵若驚，我會要求他們帶我仔細檢視過他們的整個產品和企業模型，然後在四十五分鐘之後再打發他們離開。

臉書是業界龍頭。如果你能讓這頭龍耍點小把戲，你就能獲得所有人的注意力。許多臉書產品經理都誤把這個能力當成是他們自己的了。這種討人厭的做作鬼占據了每一個擁有產品管理的公司，但是臉書身為目前市面上最有實力的公司，讓這種人的存在比平常更囂張。

明確來說，我究竟要打造什麼產品？

我的新任務是為臉書廣告系統設定目標受眾。目標受眾是透過一系列數據和工具來設定，可以根據人口統計（例如：三十至四十歲的女性）、地理統計（住在佛羅里達薩拉索塔方圓五里之內的人口）、或者甚至是臉書帳戶資料（你有小孩嗎？意思就是「你是媽媽團的一員嗎？」）。

這樣說好了，設定廣告目標受眾就是數據轉變成現金的起點。用物理學來做比喻的話，每單位所受到的力是為「壓力」，同樣的，每單位圖像廣告所承載的數據就是「貨幣化」：每平方寸的螢幕像素能承載的數據量越多，那個廣告就越有價值。針對目標客群所做的廣告設定，就是數據拿來應用在螢幕方塊上的方式，是把純粹的數據轉變成現金的煉金魔法。

由於越多的（好）數據就意味著越多的錢，我得先看看臉書每一個廣告貨幣化的效果，才知道他們數據與金錢的轉換成效到底好不好。

於是，在我正式開始上班之後的第一週，我便登入了臉書的收入控制台。臉書的收入控制台是一系列的內部網站，只有資深管理階層或廣告團隊員工才能存取。你只有非知道某些數據不可時才能進入這個控制台，因為收入數據十分敏感；每個人都知道臉書某天終究會股票上市，儘管沒人知道確切的日子，而所有的局外人都會想要一窺這些數據。

所有的收入控制台頁面都是黑的，字母則是黃色或白色，很像你在華爾街股票交易桌上可以看見的彭博終端機。你可以用不同的變項來切割數字，像是地理關係、廣告產品、一天中某個特定時間、以及任何跟廣告系統運作相關的因子。

我進入最高階的控制頁面。我最後會知道，臉書在每個領域中都有一份最高階的報告，不管是廣告、公司成長或任何方向，並會在頁面的左上角用大大的黃色字母，寫出定義了成功與否的關鍵數字。不論是每月活躍用戶（臉書的尺標）、每日收入、手機版用戶……任何丈量你在臉書世界健康與否的度量標準，而那些數字都是毫無爭辯空間的最終版本。

等等！什麼？

我又看了一次，確定我沒有把結果設定在某個只有最低貨幣化等級的國家。我重新整理了一次頁面。

不。由於臉書的禁令，我不能和你分享這個可憐兮兮的數字。但是這就是臉書平均的 CPM[96]。

這數字完全是個屁。身為網路最天花亂墜的未來，臉書的貨幣化結果怎麼會這麼低？我指的是低到谷底的那種低，跟你用谷歌 AdSense 的廣告把你的星際大戰部落格貨幣化的成果一樣的低。

說我嚇傻了還不足以描述我的心境。我拋棄了我的公司、出賣了我的合夥人、接受了一間大公司的洗腦……就為了這個？就和大部分不

96　CPM 意旨「千人成本（cost per mille）」，指的是一個廣告觸及一千人（或說曝光）所需的成本。這是媒體世界的房地產每坪的售價。

了解臉書的局外人一樣，我當時也不了解他們貨幣化的實際價值。我們總被他們號稱每年二十億的收入所矇騙，讓我一直假設他們每一次曝光所產生的貨幣化是個健康的數字。

但現實完全相反。如果你想知道臉書在 2013 年以前是怎麼賺錢的，其實答案非常簡單：你把十億乘上任何數字都是個可觀的收入。如果純粹比較千人成本的層面，臉書和谷歌比起來簡直可笑。但用戶數量是很驚人的。就和海洛因、醣份或週薪一樣：臉書的成癮性和有益程度就是如此。

再給你一個明顯的例子：當時臉書的手機版本反應速度慢得像屎一樣（在某些開發中國家，手機應用程式的反應速度最慢可以達到九十秒的延遲）。儘管如此，許多人仍然每天耗費好幾個小時在臉書上，每一次點擊或留言後都得等上整整一分鐘才能跑出結果……並無視他們的周遭環境，不管老婆的怒視、也不管孩子們需要他們的關注。臉書所吸引來的這些眼球，在經過無數個小時之後，終於轉變成便宜的廣告，並像雨水終於匯集成河流般，漸漸形成臉書的收入。2011 年夏天，臉書廚房裡那些免費食物，就是用這些錢來買的。

* * *

我開始上班後發現的第二個真相，跟人比較有關，而不是錢。

我當初加入時，臉書廣告團隊的人口組成是這樣的：我們擁有三十多名的工程師和一名設計師，分別在處理十幾個不同的產品，並由六名產品經理集結成不同領域的團體，我就是其中一個。整個團隊是由我的上司高格・拉札蘭領導，他看起來總是同時一邊在寫三封電子郵件，一邊參加兩場會議，一場親自參與，另一場則是透過 Skype 或手機。

高格是廣告團隊名義上的產品領導人，也就是「產品大師」，負責管理臉書真正在廣告團隊打造的產品方向，並管理所有的產品經理。此時的產品經理人數多得不太合理，每個人都擁有自己的一小塊工作領

域。

　　當時，我們的團隊並沒有整體的廣告策略，只有一種抽象的氣氛、某種集體情緒，就像傾斜的地板一樣，讓人們傾向某個特定的方向。在廣告定位與優化團隊（由面試我的那名以色列人帶領）等等相關範圍中，我們其實就像是一個沒有目的地的巡迴馬戲團，總是隨便決定下一站的目標和表演的點子。在這團混亂中誕生的點子，有些其實很有趣又令人興奮，但其他的就只是奇怪又幾乎不可能有機會實行。這其中許多天馬行空的幻想完全沒有數據支持，是根據臉書上的分享功能、或你為自己的臉書專頁打造特定觀眾所帶來的效益而發想的。

　　所有的產品經理都會有一個搭擋的產品行銷經理，負責把那個團隊的心血結晶銷售出去，所以行銷團隊裡也有一個高格般的存在。我們在第一場和祖克的會議就介紹過的布萊恩・波蘭就是高格的夥伴，負責管理手下的產品行銷經理大軍。在臉書產品團隊裡，產品行銷經理和產品經理會配對在一起，是產品圈與行銷圈的雙胞胎。業務團隊的成員分成許多不同的階級，分散在幾十個不同的地區辦公室裡，和廣告團隊息息相關。他們是由雪莉的左右手，來自谷歌的大衛・費斯傑負責。除了費斯傑會向雪莉定期回報之外，業務們完全就是產品團隊的下游，不論什麼產品都照單全收，並要接受先被波蘭手下某一個產品行銷經理消化過的提案。

　　我在加入臉書之前，唯一在大公司工作的經驗就是在高盛集團的交易辦公室裡，但那個經驗非常奇怪，對我現在驚覺自己陷入的政治氛圍中一點幫助也沒有。我很快就會相當深入地了解高格／波蘭這個等級的人物，因為我的工作時間有一半都會花在和他們交涉上，（多半很沒有效率地）試著操縱他們的情緒和看法。

　　每個對臉書產品有所貢獻的個體都要向高格或波蘭這個階級的主管報告：產品經理（包括我）隸屬於高格，產品行銷經理屬於波蘭，而

工程師們則各自回報給他們的工程師經理，後者再統一回報給廣告技術
經理康辛（廣告通第一次來提案的時候就認識的人物）。這些人便是廣
告團隊既定的領導階級。

　　這群隨機前進、沒有任何計畫的主管們實際上是怎麼合作的呢？

　　臉書廣告團隊的產品管理群，在高格的帶領下，每週都要進行一
次產品經理會議。當時，這個會議的成員主要會有六到八個，分別回
報他們當週正在進行的產品研發進度。這其中總是帶有一點炫耀的成份
在，幾乎就像 YC 的晚餐聚會，每個人都期待聽見你說你們的發展節奏
有多麼飛快。每次要去參加高格的週會／迷你產品發表會，我和其他產
品經理同事一起走在走廊上時，我總是會在腦子裡默背事先寫好的提案
台詞。

　　除此之外，我們還有每個月一次的全產品經理會議，用意是將全
公司不同團隊的產品經理們連結起來。這類的會議是由入職訓練明星克
里斯‧卡克斯主辦（還會有誰？），因為他是當時臉書產品的總監。這
些會議將產品發表日般的會議模式提升到全公司的等級，其中充滿了強
力的推銷術，每一次當月最受歡迎的產品經理上台時，台下總是會歡聲
雷動。每一場會議中，所有的產品經理們會推出一名當月最佳 PM 上台
領獎[97]。卡克斯有個奇怪的習慣動作，會大幅度地揮舞著他的手，一邊
鼓掌，一邊隨著每一輪揮舞的動作瘋狂地彈他的手指，鼓動大家跟著他
一起鼓掌。

　　廣告團隊接收到的指令非常簡單：賺越多錢越好，但賺錢的時候
不要惹毛使用者。臉書的貨幣化政策，目前仍然停留在非常卑躬屈膝的
地位，就像某些早期階段的新創公司，大部分的決策都是根據用戶端來
擬定的，總監還特別厭惡所謂的骯髒錢。臉書的廣告團隊有點像是個耐

97　在轟動一時的愛爾蘭數據隱私審計事件（Irish Data Privacy Audit）發生時，我處理這件事的
　　方式讓我獲得了一次當月最佳 PM 的殊榮。但是就跟所有的獎勵制度一樣，我獲獎的原因在
　　我看來其實是再平凡不過的行動；而我其他真的值得讚賞的功績反倒沒被任何人注意到。這
　　種情形最終只會培養出懷疑主義論者，而不會提升自信。

心的好媽媽，不厭其煩地跟在到處搞破壞的小孩身後收拾殘局，我們則是被公司期待用任何公司發表的產品或功能賺錢。但這些產品在發想的時候，就完全沒有把貨幣化考量進去；事實上，在最好的狀況中，產品是根據好好研究過的策略、為了強化用戶連結而打造，而最糟的狀況則是根據某個祖克的親信、或是祖克本人隨便想出的「遠景」所做的。然後，他們會強迫廣告團隊把那些品質參差不齊的產品拿來變成錢。用這些東西打造出來的企業，就像你用一堆從 Home Depot 隨機選出的材料來蓋房子：如果你運氣夠好、或資源夠多，你或許還能成功，但你更有可能蓋出一個四不像、沒人想住的破爛小屋。這正是 2012 年年中前臉書廣告團隊的運作狀況。

現在你知道了，這就是臉書股票上市前的產品經理人生。

夾在廣告團隊與公司會議之間，我開始懷疑我是不是進入某種平行宇宙、某種意料之外的社交媒體灰色地帶。因此我便開始做我一直以來做的事，透過臉書或領英，刺探這間生態奇怪的公司中每個人的背景。

我後來發現，廣告團隊中，沒有人，我的意思是真的沒有任何一個人曾經在任何類型的廣告公司工作過。唯一的例外只有從谷歌跳槽過來的員工，可能在過去接觸過發行商端的科技。

這個情況之所以很詭異，有以下幾個原因：廣告科技界是一個非常吃窩邊草的世界，所有的廣告產品經理或工程師，都會擁有一份滿載各種新創廣告公司工作經驗的履歷。它同時也是個非常孤立的世界，很少會有門外漢入行，圈內人也很少離開，通常都是被某種奇妙的產業忠誠所禁錮，覺得自己應該要效忠於這個將螢幕小框框轉成鈔票的工業。

但臉書的廣告團隊成員只有通過臉書價值觀的認證與接納，但沒有人（除了上述提到的前谷歌員工之外）真的知道外部的廣告世界是什麼樣子。更奇怪的是，每個人似乎都覺得這沒有什麼問題。他們不知道

的事就當作那些事不存在，而且他們只覺得這是個特質，而不是缺陷。

就某方面來說，這是好事，因為廣告世界已經開始有自成一格的模式和產品點子：把點擊率最大化、在電影預告片前自動播放影音廣告、鎖定「汽車意願者」（在市場裡尋找汽車的人）。這在每一間公司裡都一樣，一樣老掉牙。臉書理當成為付費媒體的新典範，打破所有的常規或既定模式。但是就另一方面來說，老天，你們這些人知不知道真正的廣告應該要根據使用者行為（像是購買或瀏覽產品型錄）設定目標受眾啊？

當然不知道了。

任何把自己關在封閉小圈圈裡的世界最後都會以某種獨特的方式陷入瘋狂，而這正是臉書對廣告團隊所做的事。但就像在華爾街，儘管某人知道一張證券真正的價值，他還是無法忤逆市場的意願，你也不能忤逆四周人們的瘋狂。因此你只好隨波逐流。

最後的最後，臉書會創造出賭上全公司命運的產品「開放內容（open graph）」和它的姐妹產品「動態贊助（Sponsored stories）」，你在後面的章節中會讀到更多和它們有關的細節。而我們前面所提及的這種毫無章法的行為模式終究會在這兩項產品的興衰之間達到極致。

不過就像我形容推特的時候一樣，我也要在這裡下個但書：我在這裡所說的一切，以及我接下來要說的一些更該死的東西，都是當時的事實（或至少在我的理解裡是事實）。不論規模大小的科技公司，它們的變動都非常大。它們都進步得很快。臉書最可取的地方，也就是讓它在過去得以生存、也讓它在未來能夠保有一席之地的神奇特質便是它有能力快速適應環境、或應付它大膽的產品所帶來的結果。在 2011 年和大部分的 2012 年，臉書的廣告產品都還爛得可以，就連最沒有洞察力的廣告商都不相信它們的價值，對大部分營銷商推動銷售的目標也一點幫助都沒有，只有幾個討人厭的遊戲公司願意使用。臉書的貨幣化成果相當可悲，負責出售廣告的管理工具也充滿漏洞、難以使用。

　　但是臉書很快就會學聰明了。

　　在 2013 年初，臉書就會發現它真正的價值在哪，而那和廣告團隊 2011 年時那堆亂七八糟的政治情勢，或它強迫推銷給有錢廣告商的公共行銷工具一點關係也沒有。臉書真的是線上廣告的未來。而它從狗熊變成英雄的過程才是我們故事的重點。

谷歌必須毀滅

> 孤獨的天才難以產生任何原創的思想，如同獨身的女子無法自
> 體受孕。外在世界將會使天才開花結果，孕育他的成就。
>
> ——亞瑟·叔本華，《文學的藝術》，「論天才」

2011 年，6 月

馬克·祖克伯是個天才。

不是像杜撰的《社群網戰》電影裡描述的那種亞斯伯格症、擁有
意外天賦的認知天才。那是現代社會將天才一詞剝去原始的意義之後所
形成的誤解。

我也不會說他是像史蒂夫·賈伯斯那種產品天才。如果有任何人
這麼認為，那他們可得為臉書滿滿的失敗產品想個合理的解釋。記得
臉書為安卓手機所設計的「HOME」桌面嗎？這個產品在 2013 年時盛
大登場，祖克驕傲地和 HTC 的總監一起露面，但最後卻讓對方失望不
已。還有 2012 年莫名其妙的出現、讓手機應用程式慢到比蝸牛還慢的
HTML5。更別提臉書第一個版本的搜尋功能，只能用英文搜尋，而且
最有用的功能只有偷窺你朋友的女性朋友，然後很快就被停用了[98]。還
有赤裸裸地抄襲 Flipbroad、自成一格的手機應用程式「Paper」[99]。有些還
沒發表的產品，我甚至連名字都不知道，就在祖克改變心意後胎死腹

---

[98] 「我朋友住在舊金山的女性朋友」是臉書搜尋功能發布後最受歡迎的搜尋詞條。這個搜尋功
能很快就被取消了，臉書在那之後對搜尋功能便進行了極大的調整。

[99] Paper 的點子和其他失敗的應用程式都是在一個叫做創意實驗室（Creative Labs）的地方發
想的，祖克打算用這個團隊捕捉年輕世代的創意。但在 2015 年 12 月。這整個團隊都被停掉
了。

中。

如果他是個產品天才，那他的運氣一定是太不好了。

不。我要說他是一個老派的天才，那種有超自然的力量保護、領導、餵養他，並同時餵養他的隨從的那種天才。傑佛森總統、拿破崙、亞歷山大那種天才……吉姆‧瓊斯、L‧隆‧赫勃德、約瑟夫‧史密斯那種天才 [100]。他擁有救世主般的遠見，儘管教義模糊又奇怪，但卻提出了讓人憧憬而強烈的新世界願景。如果你只是有個瘋狂的點子，那別人會覺得你是神經病。如果你能讓一群人跟你一起相信，那你就是首領。他把這個異象加入佈道中，他便創立了一個新宗教的教堂。所有早期臉書的員工都擁有受到聖靈感召的那一刻，並了解臉書不像 MySpace 那類的普通社群網站，而是另一種人類體驗的夢想。隨著新興教徒的熱情，新入教的信眾們也吸引了其他熱衷、聰明、並勇於挑戰的工程師和設計師，一個個都受到祖克教中信徒熱忱的影響。

接下來還有他所創造的文化。

許多很酷的矽谷公司文化都是以工程師為中心，但臉書卻將這一點提升到完全不同的層次。在這裡，掌權的人就是工程師，所以只要你有辦法寫出編碼、並不要（太常）破壞東西，你就是臉書的金牌。這裡，充滿破壞性的駭客精神統治一切。很久以前，一個名叫克里斯‧普特曼（Chris Putman）的喬治亞大學生創造了一款電腦病毒，能把你的臉書個人檔案頁面變得像是當時的產業龍頭 MySpace 一樣。接著它便逐漸壯大，然後開始刊出使用者資料。但臉書並沒有找聯邦調查局來對付普特曼，合夥人達斯汀‧莫斯可維茲（Dustin Moskovitz）反而邀請他到公司進行面試，並提供他一份工作。於是他便成了臉書中最有名也最有熱忱的工程師之一。這其實是某種獨特的海盜精神：只要你能把事

---

100 譯注：這些人分別是聖殿教、山達基教、摩門教的創始人，全是影響力極強的宗教領袖。

情搞定、而且夠快，沒人真的在乎證書或傳統的法律道德。駭客精神凌駕於一切之上。

就是這樣的文化，才能在這個只要有錢就能享受的城市中，將一群年收入超過五十萬美金的 23 歲小鬼們拴在一間公司裡，每天工作十四小時。他們的三餐都在公司裡吃、有時候甚至在公司過夜，除了寫程式、檢查程式，或是在臉書內部社團裡評論新功能之外什麼事都沒做。在臉書股票上市的那天，也就是臉書的勝利大典那天的週五晚上八點，廣告部門擠滿了忙著工作的工程師們。在那一刻，所有的一切都值錢了，有些甚至是某人的去死錢，每個人都在他們的空頭支票變成真正現金的那天努力寫著程式。

在臉書，你開始工作的那個日期，會被當作福音派教徒受洗歸入耶穌名下、或是美國新歸化的公民在國旗前宣示的日子那樣慶祝。這個日子會（真的）被稱為你的臉書紀念日（Faceversary），你所有的同事都會湧入你的臉書頁面（廢話）恭喜你，就像任何人過生日時一樣。通常，公司或你的同事們會為你訂一束俗爛的驚喜花束，並配上那種寫著數字的氣球。當某人離開臉書時（通常都是氣球上會寫著四或五的時候），每個人都會把這當作去世般看待，好像你離開了現存的世界，準備前往下一個世界去（而且不保證下一個會比現在這個更好）。你的臉書之死會以一張破爛陳舊的臉書工作證作為總結，然後配上一篇聲淚俱下的自殺遺書／自撰的墓誌銘，而這篇貼文會在幾分鐘內就獲得上百個讚和留言。

對離開的人而言，這舉動也像是某種逝世的過程。當你離開臉書時，你就離開了臉書員工專屬的網絡，這也代表你再也看不到那些來自臉書內部社團的貼文（包括公司的小祕密），你的臉書貼文將會比較少出現在（總是一天二十四小時、一星期七天掛在線上的）其他員工的塗鴉牆上，而你的動態時報，那個變成你看待世界唯一窗口的動態時報，將會變得空空如也。在你辭職的那一刻，幾乎馬上會有人把你加入一個

前任臉書員工的社團，有點像是辭職後的淨化手續，讓前任員工在那裡討論公司。

停下來想想這一切吧：這種好戰的工程師文化，這種大量消耗性的工作模式，這種像使徒般投入某種更崇高的目的的態度。喜歡冷嘲熱諷的人會針對祖克伯或某個資深執行編輯說過的「打造一個更開放、更連結的世界」，心想：「喔，就是句裝清高的屁話。」批評家們會針對他們在產品或合夥人之間所看見的調整，然後認為臉書只是為了賺錢才這麼做。

他們錯了。

臉書裡充滿了那種真的、真的、真的不是為了錢才做事的信徒，在全世界的每個男人女人小孩都盯著畫有臉書標誌的藍色視窗前，他們也絕對、絕對、絕對不會罷休。如果你仔細想想這一點，這其實比純粹愛錢還可怕。愛錢的人總是可以用錢或其他東西買通，他的行為也是可預期的。但是使徒呢？你不能收買他，你也不知道他的瘋狂夢想會帶領他和他的信眾做出什麼事來。

我們在討論的馬克・艾略特・祖克伯和他所創造的公司，就是這種角色。

＊　＊　＊

2011 年 6 月，谷歌發表了一個明顯就是在抄襲臉書的新功能「Google+」。它和谷歌其他服務邪惡地牽扯在一起，用意是要讓所有谷歌服務的用戶都進入同一個網路身份之中。由於你基本上可以在任何谷歌提供的網站上看見加入 Google+ 的按鈕，它的用戶數量很有可能在一夕之間爆炸。同時，這個產品本身的品質也很好，就某些方面而言甚至超越臉書。Google+ 的照片分享功能比臉書好，目標對象是專業的攝影師，而且大部分的設計都比較極簡風格。此外，它還有另外一大優勢：由於谷歌可以用賺錢的搜尋引擎 AdWords 來資助它，所以它沒有任何

廣告。這是典型的、隻手遮天的壟斷，就像 90 年代時微軟用 Windows 賺來的錢打造了 IE 瀏覽器，然後狠狠地打敗了網景領航員（Netscape Navigator）一樣。由於掌握了搜尋引擎，谷歌也能席捲社交媒體。

這個突然的動作其實頗讓人意外。過去幾年中，谷歌從來沒有把臉書放在眼裡，因為它壟斷市場的能力讓它看來高不可攀。但不斷從谷歌出走前往臉書的高級技術人才，或許終於讓谷歌感到緊張了。公司就像國家一樣：人民是用腳來投票的，不管是前來或離去都是。谷歌有一個政策，只要任何谷歌員工收到了臉書的報價，谷歌就會用更高的薪資來留下這名員工。這當然讓一群谷歌員工跑到臉書去面試，只為了用得到的開價當作讓谷歌為他們加薪的籌碼。但是也有許多人真的合法地離開了。前往臉書的谷歌員工有點像是羅馬帝國興盛時的希臘人：他們擁有許多聞名與科技文化，但在不久的將來，誰將會領導這個世界是毋庸置疑的。

Google+ 的誕生說明谷歌終於注意到臉書，並決定要和我們正面對決，而不是用小手段在背後偷挖角或在科技會議上對我們齜牙咧嘴。這產品狠狠擊中了臉書；祖克把它視為一個生存危機，就像 1961 年蘇維埃政府在古巴裝設的核武。敵人的腳都已經踩到我們頭上來了，而祖克沒辦法假裝沒這回事。他宣布臉書要開始「關禁閉（LockDown）」，而這是我在臉書的任職期間唯一的一次。用他們告訴新人的解釋來說，「關禁閉」是臉書從創辦初期就有的措施，戰爭時專用，在公司遭遇到某種威脅（不論是競爭或駭客）時，沒人可以離開公司。

你或許會問，他是怎麼宣布關禁閉的？Google+ 發佈的當天，我們全都在下午 1 點 45 分收到了一封電子郵件，信中指示我們到「水族箱」旁集合。事實上，它是要我們在禁閉標誌旁集合。所謂的禁閉標誌是一個架在玻璃方塊上方的霓虹燈，看起來幾乎像是高速公路旁汽車旅館的「客滿」標誌。當全公司的員工到齊時，那個標誌正大放光明，警告我們接下來要面對的敵人。

　　祖克其實不太會演講。他說話的節奏是那種只著重在內容的語言分析學者所熟悉的頻繁斷句，速度則快得沒有任何修辭可言。基本上他的演說就只是宅宅發言，是那種每天都得用四個螢幕寫程式的人會說的話。他和聽眾之間的關係疏離、毫無連結，但是他還是保有那個幾乎可以被稱為神經病的強烈眼神。他上過封面的《財富》或《時代》雜誌都完美地保留了他令人不安的瞪視，當某些可憐的工程師在檢查失敗的產品時，他的視線真的可以非常嚇人。從那樣的視線中，你或許會覺得他的人格相當詭異，而這種不幸的第一印象和《社群網戰》中那個出格的角色描述，或許就是大家都認為臉書的存在動機隱晦不明的原因之一。但在某些時刻，祖克又會展現出驚人的、純粹的領導魅力。

　　2011 年的關禁閉演講並不算在那種時刻之一。它完全是在執行長們所坐的長桌旁即興產生的。臉書所有的工程師、設計師、和產品、經理全聚集在他周圍，形成一個氣氛熱烈的王座，整個畫面就像是一個將軍在上戰場時對軍團發表演說。

　　他告訴我們，現在爭奪使用者的戰爭將會變得非常直接，不是他們死就是我們亡。谷歌發表了一項競爭產品；不論其中一方獲得什麼，都將是另一方的損失。現在這個世界就是臉書與谷歌版臉書的實境競技場，而市場將要決定他們比較喜歡誰的產品。他模糊地提到我們該針對這名新競爭者何種產品改良，但真正的重點還是要我們提升產品穩定性、使用者體驗、以及網站表現。

　　在一間強調「完美比完成更重要」和「完美是優秀的敵人」的公司裡，他現在所提議的事其實是某種路線修正，代表他終於開始重視起通常會在研發過程中流失的產品品質。祖克偶爾會在臉書出現某種丟臉的漏洞或癱瘓後要我們這麼做，就像是偶爾找碴的父母要你整理房間一樣。

　　在一連串的陳腔濫調之後，他突然話鋒一轉，開始講起他曾經在

哈佛讀過的某個古老經典。「你知道，我最喜歡的羅馬演說家總是用同一句話結束他的演講：Carthago depends est。『迦太基必須毀滅。』不知道為什麼，我現在突然想到這句話。」他暫停了一下，等著群眾的笑聲熄滅。

他所提到的演說家，當然是老加圖（Cato the Elder）了。他是著名的元老院議員，而且非常非常討厭迦太基，最終引發了歷史上的第三次布匿戰爭，擊敗了羅馬最強大的挑戰者。據說，他在每一場演講的最後都用那句話作結，不管原本的主題是什麼。

Carthago depends est。迦太基必須毀滅！

隨著一次次提到谷歌的威脅，祖克的口吻變得越來越強烈、越來越戲劇化。演講最終結束在人群的歡呼與鼓掌聲中。如果有必要的話，現在我們這群人已經準備好入侵波蘭了，這場演說實在太激勵人心。**迦太基必須毀滅！**

臉書模擬研究實驗室（Facebook Analog Research laboratory）立刻採取行動，製作出一款海報，上面印著一頂設計過的羅馬將軍頭盔，以及大大的「Carthago depends est」字樣。這個臨危授命的影印店負責生產各種海報和標語，總是偷偷在半夜分發張貼，就像蘇維埃時期的地下刊物。那些海報的設計總是相當奇怪，像是二戰時期的宣傳品和現代網路的設計融合後的產物，再搭配上復古的標誌。這是臉書的宣傳手法，而且一開始是沒有任何批准或預算的，印刷地點也是只是一間廢棄的倉庫。就很多方面來說，這其實是臉書價值觀的最佳體現：無禮卻又振奮人心，像軍隊般強硬。

那款迦太基海報馬上就出現在公司總部各處，不過很快就被人偷光了。公司宣布員工餐廳週末也會營業，我們甚至聽說從帕羅奧圖開到舊金山的接駁車也會在週末營運。這會讓臉書真的成為一週七天沒有假日的公司，不論有何理由，公司都期待員工打卡上班。對於幾個有家

庭的員工，臉書也提出了一個被人擁戴的善意申明，說歡迎員工的家人週末來造訪，並在員工餐廳用餐，讓孩子們至少在週末午後還能見到爸爸（對，沒錯，大部分有家眷的員工都是男人）。英國交易員和柔伊來了，而我們可不是公司唯一的家庭組合。忙得不可開交的臉書員工身穿臉書標誌的帽 T，再回到辦公桌前和妻子與小孩共度一小時的美好時光，是這週末最尋常的畫面。

臉書內部團體開拆解 Google+ 的每一個元素。在它發布的當天，我發現一名名叫保羅・亞當斯（Paul Adams）的廣告產品經理和祖克及其他幾個高階主管躲在一間小會議室裡進行密切的討論。大家都知道在他叛逃加入臉書之前，保羅其實就是 Google+ 的產品經理之一。現在這項產品已經發布了，他便再也不受谷歌的保密條款所轄制，臉書便要他帶領著管理階層一一分析這個產品公開的各種層面。

臉書可不是在鬧著玩的。這是場貨真價實的戰爭。

我也決定做一點刺探。一個週日早上，我在上班時繞了一趟遠路，略過帕羅奧圖的 101 號公路出口，然後前往山景區。我沿著海岸線前進，進入谷歌占地廣闊的公司總部。放眼望去，四處都是彩色的谷歌標誌，谷歌配色的腳踏車四散在中庭。我曾經來這裡找過朋友，所以我知道工程師大樓在哪裡。我往目的地前進，打量他們的停車場。

什麼都沒有。停車場裡一輛車也沒有。

有趣。

我回到北環 101 號公路，前往臉書。

在臉書的加州大道上，我得瞪大眼睛尋找車位。這裡停車場停得滿滿的。

哪一間公司正在進行殊死搏鬥，事實已經很明顯了。

迦太基必須毀滅！

一頭栽下去

當我決定跳入深淵時，我是一頭栽下去，頭下腳上，並深深為
墜入那遞減的高度感到愉快。我將那視為一種美好。

——杜斯妥也夫斯基，《卡拉馬助夫兄弟們》

2011 年，8 月

是時候換我發表第一項臉書的產品了。

我加入臉書的時候，他們正好剛開始研發一個原本叫做「小貓
（Kitten）」的產品，而這產品正好落在我的職權範圍內。就像「浮淺
（Scuba）」、「雷達（Radar）」、和「雷射（Laser）」這類的詞一樣，「小
貓」一開始也是某種縮寫，指的是臉書最近正在使用的主題抽取技術
（topic extraction technology），但是已經沒有人記得它的由來了。主題
抽取是一種必要，但聽起來一點也不性感的人工智慧結晶，它是許多
網路科技的根本（像是谷歌搜索），但從來不像自駕車受到那麼多的關
注。就本質上來說，它是用系統化的方式把人類複雜的文字（訊息、網
頁、或社群網站的貼文）分門別類地寫成詞條，並編入字典中。例如你
在動態上寫「老虎伍茲真的在美國公開賽打出那一球了」，那麼這個技
術便會自動把你的貼文分入「老虎伍茲」、「高爾夫」、「美國公開賽」等
目錄中。人類的網路語言中充滿諷刺、打字錯誤、街頭用語和雙關，難
以分析，而主題抽取技術則是一項成熟的功能，可以快速地分析一份由
使用者製造的內容。在廣告世界中，這技術的目的便是將按過老虎伍茲
的粉絲專頁讚、或是分享過高爾夫相關文章的人，放入「高爾夫」的目
標客群中，讓與高爾夫相關的廣告商能夠接觸到這些用戶。

　　一點個人小趣事：我在臉書做的第一個產品決策其實就跟「小貓」有關。在我入職後的第一週，我便被指派主持每週例行的廣告定位團隊會議。與會人士有十幾名工程師、產品行銷、以及外部產品經理。我完全沒有任何頭緒，但幸運地是，整個團隊的慣性還是讓會議進展下去，囊括了一連串負責廣告定位的產品經理所定好的例行討論事項。當會議中突然出現產品決策的分歧時，所有的人便通通轉過來面向我。

　　我們面臨的問題是這樣的：我們已經聰明地從網頁名稱和使用者行為中抽取出定向目標了，但我們要怎麼樣在使用者介面上把它們標記出來、讓廣告商定位他們的廣告呢？臉書已經擁有一連串「興趣」目標，通通是像「美式足球」或「流行」這類的字串；我們需要某個方式，來部署這些代表了數十個、甚至上百個不同類別意義的「超級」關鍵字。

　　團隊中一部分的人想要把原始的關鍵詞組全部刪除，逼迫廣告商採用這個新推出、還沒有經過任何測試的技術，但在廣告商勉強掙扎使用新科技的過程中，同時也會出現許多操作層面的大挑戰。另一部分的人則認為我們保留原始的關鍵字，把新產品當作外加技術，並用特殊的方式標記它們，不論是在使用者介面上做修正、或是其他層次。

　　後來我很快會學到，作為協調者、為兩個衝突的意見尋找居中解決之道、或是負責把被著重於科技面的工程師所忽視的使用者意見轉達給團隊，其實就是產品經理每天的例行公事。我被十幾雙眼睛盯著，腦中還回憶著苦甜半摻的推特交易，嘴上卻毫不猶豫地建議道：「保留原本的關鍵字。那些關鍵字占了臉書收入的 20％，要是把它們全部換成新字串就太不切實際了。如果要標記的話，我們就用井字記號，像推特的標籤符號好了。使用者們早就已經習慣用『＃高爾夫』來描述更高層次、抽象概念的高爾夫，我們剛好可以借用推特的成果。再說，這樣應該會滿好笑的——推特的標籤在臉書代表的是可以賣錢的關鍵字。」

　　這對剛被我難看地吻別了的公司來說當然是個可惡的玩笑，而在

接下來的幾個月、甚至幾年之中，這也會成為只有我們團隊才懂的圈內笑話。

這個點子緩緩地滲透房間每個角落，最後大家紛紛點頭同意。那些花了上億元在行銷的數以百計的廣告商，以往得用大筆鈔票、並歷經各種折磨和錯誤來整理能夠定位使用者的關鍵字，現在可以用一個「#饒舌音樂」分類來取代以往的「阿姆」、「五角」、「德瑞克」及其他永無止境的相關詞條。我們不需要改變使用者介面（臉書的設計資源是出了名的貧乏），這意味著我們很快就能發表產品，而且不需要面對新功能被採用時的挑戰。我們只需要成功的把這些新標籤推銷出去，並訓練使用者們選擇它們，而不是曾在他們臉書行銷工作流中占有一部分的過時關鍵字。這代表我們得依賴產品行銷團隊去把這個功能推銷給我們的合作夥伴和最大的廣告供應商，讓他們認為「#動作片」是繼民主政治和抗生素後最熱門的東西。

才進入臉書兩天，我就已經給臉書產品創造了一套模組。

這聽起來或許是件小事，而在大局之下，這的確很瑣碎。但是應付不同程式應用之間出現的科技問題、擬定工程時間順序、整理使用者變化莫測的使用經驗、以及回應產品行銷的需求等等，這些都是產品經理每天在處理的工作。像賈伯斯在舞台上發布閃閃發光的新 iPhone 這種旗艦產品的誕生，才會像餵豬時敲桶子的聲音般吸引主流媒體和非科技圈的凡人。但是整個矽谷真正運作的腳步、每天持續進行的技術發展，是由那些在會議中排成一排的產品經理，或是在牛棚中默默苦幹的工程師們在推動的，就像所有最棒的戰爭電影中第一指揮官領著一群士兵作戰一樣，是我們在討論要打造什麼、如何打造，並在打造完後如何銷售。矽谷中，這樣的團隊有上千個，而他們才是所有科技發展的推手。

在我加入兩個月之後，8 月初，「小貓」看起來似乎已經可以發表

了。發表產品和出版書籍一樣微妙，最好的狀態下，知道何時該停止編輯然後發表作品，這是一門藝術，但最糟的時候，它基本上就是個擲銅板般的決定。有時候你還沒完成一個產品，但是已經知道它沒有再進步的空間，所以你就這樣把它推出去了。產品經理必須阻止急著想看自己作品上市的心急工程師，或是正好相反，禁止求好心切的工程師在程式上做龜毛的修改，好讓產品可以開始吸收用戶了。整體來說，不管是在新創公司或是像臉書這種來勢洶洶的大公司，我們都應該要崇尚行動派的做法。完美總是優秀的敵人，而且就像臉書裡許多海報上不斷尖叫的標語「完成比完美更重要」說的那樣，很少公司會因為太早發布產品而倒閉，最糟的結果就只是有點丟臉而已（就像蘋果第一代的地圖程式），但是無數的公司都因為他們不敢發布產品，或是被猶豫和內部紛爭而拖住腳步，而導致公司死亡。人生跟做生意一樣：不管怎麼樣，作為都比不作為好。

　　就因為這樣，我們預定在 2011 年 8 月 1 日發布「小貓」。產品行銷團隊寫出他們天花亂墜的台詞，產品經理（例如我）則開始東奔西跑地確認每個人都知道現在的狀況，工程師們則想辦法抓住最後機會進行修改（但很可能把產品經理蒙在鼓裡）。接著，一個美好的早晨，一名「小貓」工程師便把產品設定成員工限定的模式，讓我們這些員工成為新廣告目標的設定對象，並允許臉書所有的廣告商將錢投入我們最新的標籤定向系統[101]。當天稍晚，這個廣告定向的新工具便開始針對所有的用戶，「小貓」就這樣被放生到世界上去了。

　　由於某些技術上的小缺陷，這項產品還是有點美中不足，但這在圈內是再正常不過的情況。撇開這個不談，這個會影響臉書五分之一收入的新產品，算是上市地非常順利。儘管這個成就和我的技能只能沾上

---

101 對於有大量資源的公司來說，最簡單的產品白老鼠當然就是它自己旗下的員工了，而且有個很簡單的辦法能將產品設定成只限內部使用。

一點邊，我還是從廣告團隊的主管階層那裡得到了讚美，嘉許我才加入公司幾週就能這麼強悍地發表一項產品。總的來說，我的確是做了不少事：我成功地導出了一個市場似乎很想要的產品，管理了一群願意接受我領導的工程師，擁有進化產品的計畫，並有度量我們進展的尺標。這基本上就是臉書期待產品經理做的一切。

就最後一點而言，為了丈量我們的進度（在廣告團隊中，那通常都代表著前面加了一個金錢符號的數字串），我們打造了一組控制台，將臉書廣告根據不同種類的廣告目標所賺入的錢製作成線性圖，裡頭包括「小貓」，以及關鍵字、「廣泛」定位（Broad Targeting）（例如母親、或是出差人士），和性別、地理等等。這個控制台是為了要記錄這個新的廣告定向工具所製造的利潤。

這種會讓整個團隊目不轉睛的尺標，是臉書的基本配備。這些刻度應該要讓產品經理茶不思飯不想，每天晚上睡前和每天早上起床後腦子裡都只有它，而且必須牢牢刻在他心中。好好選擇你要在圖表中紀錄的東西，因為不管它代表的是什麼，一個好的產品經理在線條開始往上和往右前進之前都會被它奴役。

你在度量的東西是你自己打造的，所以你得小心。

＊　＊　＊

一經發布，「小貓」就成了臉書廣告的香腸製造機，把所有的使用者行為通通吞下肚，從訊息到貼文、到轉貼的連結，再把它們轉變成不同分類的定向標題。消化了每一項臉書使用者的資料後，廣告定向團隊便開始對以前的標題定向做測試，檢查新的資料輸入（例如使用者的打卡）是否能提升提供給那些用戶的廣告的表現（最終當然也會提升收入的表現）。

隨著時間進展，這個做法會變得更加系統化，並擁有一個正式的

計畫名稱，叫做切利佐計畫 [102]。我甚至在我的螢幕前掛了一條真實尺寸的切利佐香腸當作記號，整個團隊則開始認真把臉書上的使用者行為一絲不漏的貨幣化。

但就像我第一次見到臉書高階收入控制台的數字時一樣，我們花了幾個月才得出的切利佐計畫最後結果同樣讓人錯愕。如果使用者資料全都被臉書最有經驗的行銷商加入了他們以前用來定位廣告的標題分類中，那麼這些資料完全沒有提升任何一個我們在紀錄的量表數值。這意味著那些試著想要找人買車的廣告商，完全沒有從在臉書上聊車的訊息中獲得任何益處。這就好像我們把一整頭肉牛送進屠宰場、卻只做出一根可憐兮兮的小香腸一樣。我不懂這個結果是怎麼產生的，而且這讓我對臉書聲稱自己擁有超級使用者資料庫的信心（不管你信不信，當時我的確是有這種信仰的）開始動搖。

我加入的新宗教中還有許多解不開的謎，而隨著一個個經驗，它們將會解開我對這信仰的困惑。

---

102 譯注：Chorizo，是一種西班牙香腸的名稱。

一擊必殺 [103]

在這個距離下，他們連一隻大象都不可能打中。

—— 1864 年，斯巴賽維尼亞戰爭，

約翰·賽吉威克將軍被南方邦聯狙擊手擊斃前

為什麼用臉書的資料庫賺錢會這麼難啊？

要了解臉書和它面臨的資料貨幣化挑戰，我有一個最棒的比喻可以用。想像你自己正身處在美國任一座大城市中一間鬧哄哄的酒吧裡。人們在和自己的朋友聊天、或是正在交新朋友，在拍奇怪的照片、或是試著搭訕正妹。臉書就是那個酒吧，以及任何一個歐洲的酒吧、中東的咖啡屋，或是拉丁美洲的咖啡廳。臉書是所有人類說話、八卦、調情、分享、創造經驗的集合體。

現在想像你擁有所有酒吧裡發生的對話逐字稿，以及每一個人的匿名身分證。你知道他們在哪裡、也知道他們在和誰說話。作為臉書廣告定向團隊的產品經理，這基本上就是你有的一切。

聽起來很多，對吧？

嗯，其實不然。想想，當你和你的朋友們圍著酒吧裡黏答答的桌子時，你多常提到任何商業產品資訊？如果所有大品牌的老闆和所有的商人都躲在你身後偷聽，你覺得他們會多常聽到引起他們興趣的關鍵字？事實上，我知道確切的數據；那是我在加入臉書之後最早做的研究之一。

103「一擊必殺」是美國海軍陸戰隊武裝偵查部隊的座右銘，部隊裡充滿了射擊菁英。這同時也是比較有良心的獵人的行事法則。

　　長話短說，答案是「沒那麼多」。沒有人會說出「我真的好喜歡愛迪達 Adizero Boston Boost 5 今天穿在腳上的感覺喔，我覺得你也該買一雙。」這種話。（愛迪達！快過來，趁她的心靈還很脆弱的時候為你的品牌增加一點價值！）也沒有人會說出「我需要在 6 月 13 號飛往波士頓，然後在 7 月 23 日回來，而且我不想花超過三百五十元買機票。」這種如此容易分析的句子。（TripAdvisor！快過來報價！）

　　而就算真的出現這種句子了，事情也沒像你想的那麼容易。我幾乎可以向你保證，不管是在訊息或貼文中，當跟「歐巴馬」有關的字串出現的時候，那個字有一半的機會前面會接著「該死的」一詞，所以你可能不該把這個人加入你的「＃民主黨」目標客群裡，除非你希望他把每一個出現在他臉書使用經驗中微笑歐巴馬的臉全部打叉叉關掉[104]。而這些負面回饋剛好會堵塞歐巴馬廣告的輸送管道，這代表它們的帳戶經理很快就會開始發電子郵件問你為什麼他們的預算都花不掉，然後去死吧，你得想辦法解決，而你最後會開始討厭所有住在阿拉巴馬的紅脖子們、以及緊迫盯人的歐巴馬宣傳團隊。

　　喔，你說我們可以忽視所有有「該死的」一詞相連的詞條？那如果是以下這句話呢？「看看偉大的歐巴馬總統現在變成什麼樣子了哈。」後面再加上一個竊笑的表情符號。在逐字稿裡，你當然是看不見那個表情符號的。可惡。我最後一次檢查的時候，還沒有人創造出一組能標記出反諷修辭的人類諷刺語言編碼模組。而在網路上充斥的諷刺、謊言、雙關語以及黃腔可是多得無法勝數。

　　喔，對了，你還得以全世界各種語言為基礎來解決這個問題，因為臉書是個全球性的網站。你的提格里尼雅語（Tigrinya）說得怎麼樣啊？

　　最後一點可不只是個誇飾，我們有必要好好討論一下。

---

104 臉書廣告在右上角有個點選式的選單，還包含一個打叉按鈕，可以讓用戶留下負面評價。那就是臉書用來篩選廣告的機制。

　　如果你問任何一個臉書員工他們加入這間公司的原因，他們的第一個答案一定會跟「尺標」或「量級」有關：臉書目前擁有上億（很快就要破十億）使用者。許多更用戶取向的公司可以在臉書上隨便發表任何功能或產品，並只是因為透過臉書，它就能馬上聚集起上億使用者，就算它其實是個地雷也一樣（而臉書對產品的發布實在是太大膽，以至於發布過無數個地雷產品）。這些數字在其他任何公司都是不可能發生的，除了谷歌之外。任何新創公司都更不是對手，尤其當你能找到十萬名用戶就覺得自己好棒棒的時候。

　　但如果你現在是在廣告端工作，這個數字就不怎麼友善了。從高格「要搞就搞大，不然就回家」的管理方針來看，我們的任務便是找到一個能完全改變臉書收入的突破性產品，就像谷歌的 AdWords。臉書的收入已經很高了（別忘了任何數字都乘上十億），要我們用任何產品在那個數字上做出改善實在太難。

　　我們收到過無數的點子，有些是來自善意的工程師或業務，也有來自定向團隊的成員：但大部分的點子只會讓某些小廣告商獲利，並最多只能在收入上加入額外的兩千萬元。對一間新創公司來說，這其實是個很棒的金額，而且接下來你會有五千名用戶在門外排隊，但對一個年收入有二十億元的公司來說，這實在算不上什麼，也不值得我們投入任何心思去研發。

　　如果把選區裡所有的選民資料都調出來，然後讓政治廣告的廣告商定位出某群特定的選區呢？

　　不。聽起來不錯，但臉書投入政治的預算太少了，而且這種需求四年才有一次。

　　或是用西班牙文字典，配上美國境內的西班牙語使用者所產出的字串，把它們全部囊括進「西班牙語群組」裡，好讓廣告商利用那個人口組成來提昇購買力呢？

　　不。那個圈子裡的人其實沒那麼多，而且不管如何，測試顯示西

班牙語系廣告的表現並沒有什麼上漲的趨勢。用戶們看到西班牙語的廣告只覺得有趣和困惑，並不會點擊。

用地理資料來分析一個人是否正在遠地旅行，並用「旅行意願者標籤」來丟廣告給他——也就是給經常出差的人看見更多機票和旅館的選擇呢？

還是不！根據某些沒有必要在此解釋的原因，地理資料是個很狡猾的存在，而且顯然我們簡單的分析系統沒辦法找到那種有美國運通卡和喜歡坐頭等艙享用迷你吧台的旅客。

就算這些做法都行得通（這些還只是無數個我們討論過的點子中一小部分的例子而已），它們對收入上的影響也還是相對地很小。臉書早期的收入幾乎每年都是加倍在成長，直到現在每年都還有驚人30％漲幅。你要混產品經理這口飯吃，你就得讓收入成長至少5％。那代表你一年至少要幫臉書賺進一億元，而那是在高盛這種大銀行中兩到三個華爾街交易員的業績總和。在你帶來的5％、優化所帶來的另外5％、以及使用者成長的20％，再加上其他隨便什麼產品的5％，臉書的年收入就很漂亮了[105]。但那代表我們對點子的要求真的非常高。大部分時候，像第一代的「小貓」（其功能只是能更準確地分類你感興趣的東西）這種系統化、並只針對使用者平台的點子，都比那種感覺很酷炫的點子（例如政治定向）有更大的影響力。作為一名產品經理，你就像是一名投資組合經理，拿一組組的點子來打賭，希望能藉大賺一筆，而且通常都只根據直覺行事。如果說我是在追隨臉書的格言「全力以赴」，那你還太保守了。說實話，我根本不知道自己在幹嘛，但就我所知其他產品經理也一樣毫無頭緒。我們全都是走一步算一步，只是有些人比其他人更有技巧一點。

105「優化」是廣告資料庫中和「定向」並存的面向。後者指的是廣告商用他們的知識和使用者資料來選擇什麼用戶該看到什麼廣告；前者指的則是廣告網絡（在這個例子中就是臉書）用它的使用者行為資料回來選擇誰看到什麼。這兩者之間的關係亦敵亦友，既相同又對立。廣告網路會想要用優化來控制廣告的輸送，但廣告商也會想要透過定向（以及打造行銷資料庫的能力）控制他們分配預算的項目上。如果優化得太完美，廣告定向就沒有存在的必要（反之亦然）。

一朝被蛇咬，十年怕草繩

一名男子低頭看著兒子沉睡的面孔，神情憂鬱。

當他冰冷地在地上死去時，他自己的面孔在兒子眼中是何種模樣？母親親吻兒子的眼睛時，他父親所愛的又是她怎樣的吻？

——但丁·加百列·羅賽帝，《生命之屋》

2011 年，9 月 3 日

第二次生產就沒有第一次那麼戲劇化了。就算還是有點可怕，你至少知道可怕的點在哪裡，而且不會愚蠢地認為自己有任何力量去控制生產過程。這是個賭局，臍帶很有可能會纏住寶寶的脖子，而你基本上什麼也做不了。

由於我從英國交易員家搬入一間別人轉租的舊金山小公寓，臨盆的事情我是蹭電話得知的，我便立刻動身前往柔伊出生的那間奧克蘭凱瑟醫院。但這一次的生產過程不像柔伊那次，只需要一集《紙牌屋》的時間，而是我一直都害怕的那種延長戰。

經過緊繃而疲憊的三十小時，我便得到一個兒子。

英國交易員和我又一次為了取名字的事情爭論了好一陣子。我們希伯來人和拉丁美洲人的文化對男生的看法太衝突了，所以我們的爭論常常會沒有妥協空間地堅持個人喜好。

然後男生還有割包皮的問題。英國交易員的猶太教背景要求我們這麼做，但她個人則覺得無所謂。我瞄了一眼我兒子的小弟弟，突然對割包皮的事情感到一陣反胃。

妳想要對那個小東西做什麼？

　　我把取名的權利拿去換了不割包皮的決定（但我還是擁有取中間名的權利）。英國交易員選了她個人最喜歡的名字「諾亞」，我也挺喜歡的，因為是聖經裡的名字，又擁有造船的暗示。

　　我選了「佩樂尤」作為中間名，由來是八世紀時西哥德的貴族，是西班牙接下來七年奮力從伊斯蘭帝國手中掙脫的重要起頭。於是諾亞・佩樂尤就這樣來到這個世界，而我成了擁有一女一兒的爸爸。

　　我父親給我的意見，就跟這本書裡大多數的意見一樣，幾乎都是在說「不要」做什麼事，而我大多時候都會選擇無視。但是他偶爾還是會有耳聰目明的時候，並讓有建設性的種子在我荒蕪的童年中扎根。

　　其中一枚這樣的種子，是和當時還非常囂張的邁阿密毒品交易有關。那是動盪的 80 年代，在邁阿密，販毒對有家庭的男人來說甚至能算是半可行的事業選項，儘管做不長久。我們鬆散的社交圈裡就有幾個這樣的人，好幾個鄰居都有參與。

　　「如果你是一個馬林巴（Marimbero）[106]，你要擔心的不是個人風險，而是他們很可能會扯上你的家人。他們很可能會來找你的麻煩。」他邊說邊指著我。

　　我們都知道如果有交易被搞砸、或是運毒過程出包，馬林巴（尤其是那些殘暴的哥倫比亞人）便會來找你家人的碴，綁架你的女兒或兒子，然後把他們的手指一根根寄給你，直到你把錢還完為止。我父親是做相較之下風險較低的房地產交易，而我的手指則安安全全地留在手上。

　　當我開始思考我的新生兒和他的生母時，這個記憶便不斷在我腦

---

106 馬林巴（Marimbero）是邁阿密的古巴人街頭用語，指的是規模較大的毒犯，更廣泛的用詞則「納科（narco）」。而「La marimba」一詞則是廣泛指稱毒品交易（也就是邁阿密的其中一種職業）。有趣的是，西班牙文（和英文）中的「馬林巴」其實是南美州相當盛行的一種很像木琴的樂器。所以這在我從邁阿密「搬去」美國之後（意思是我搬去別的州念大學），這讓我困惑了好一陣子。我認識了一個業餘音樂家，當他告訴我他超愛「馬林巴」的時候，有那麼一瞬間，我嚇死了。

中迴盪。我對英國交易員的感情還沒有完全熄滅，如果有必要，是可以重燃的。但是，那我就得真的進入中產階級家庭的生活了，必須有雙薪，必須負擔昂貴的學校、房貸，還有安頓下來的生活方式。對我來說，只有無所求的男人才是真正的自由之身。在我完全經濟獨立（例如賺進去死錢）或是變成一個企業的老闆之前，我就只是個奴隸，不管賣到哪裡都還是個奴隸，被尿布錢、學費或是股權生效時間表所綑綁。

身為一個在臉書工作的爸爸，就像是在當邁阿密藥頭，是個艱困的抉擇。至少對我來說是。當然，我的待遇很好，但是如果你硬要達到你這個身分該有的生活方式，那你就會被你所工作的產業和裡頭的領導人所支配。我開始回想起當初在高盛工作的日子，自己身邊充斥著多少被價格高昂的生活型態所奴役的同事。臉書當然不能用柔伊的手指來威脅我想出新的定向策略，但他們可以奪走我支付柔伊未來一個月要付兩千五百元的門羅公園幼稚園的薪水。我真的想要成為像威力·羅門[107]那種人，每天累成狗之後回家，喝一瓶啤酒，告訴自己只要看著柔伊的眼睛就一切都值得，然後隔天（再繼續）幫老闆擦屁股？因為如果我們把灣區的房貸、帕羅奧圖的約會夜晚以及兩個學齡前小孩寫成家計表，那就是我未來的人生。

我在臉書年過三十的同袍們都同病相憐。臉書要他們跳，他們就只能問：「跳多高？」然後乖乖跳起來，一邊背誦企業守則一邊跳過他們的金主設立的火圈，把臉書的標誌穿在自己的小寶寶身上，再把照片貼上臉書，獲得同樣被奴役的同事們的掌聲。

你一定覺得我這樣的言論非常自我保護，是一個自私的傢伙在為自我中心的態度找藉口，而你或許說得沒錯。但是，在我暴君般的父親陰影下長大成人，我一輩子都逃不開他的壓迫，現在你要我屈服在另一

---

107 譯注：Willy Loman，《推銷員之死》的角色之一。

個權力之下，我就忍不住心生反感。不管作為孩子或家長，我都不想再經歷那樣的家庭狀況，這同樣也跟我的個人背景有關。我做不到，不管剛出生的諾亞有多麼脆弱，或總是狡黠的柔伊有多麼可愛。

我和英國交易員不算太正式地編出一份贍養費清單，完全比照加州兒童照顧的等級辦理。就像南北戰爭時的地主付錢請平民上場替他們作戰一樣，我也用錢逃避了做父親的職責，因為我害怕要犧牲我的自由。我保有探視權，但那得視我和英國交易員時好時壞的感情狀態而定。這樣很難受，但我不太相信自己當爸爸的能耐（英國交易員也不信）。根據我自身經驗，有一個壞爸爸，還不如不要有爸爸。

至於我的居住問題，當時我仍然不斷在舊金山教會區的轉租套房之間搬遷，但事情很快就會「穩定」許多。我用臉書合約簽下時拿到的頭款買了一條三十七尺長的休閒帆船。那艘船不知道為什麼在巴爾的摩，我便橫跨美國將它運到奧克蘭，在那裡的船塢花了好幾個月重新整修讓它能夠出航。我在舊金山灣區最南端的海岸線找了一個碇泊處，距離臉書所在的紅木市（Redwood City）只有幾哩遠。我開始展開《邁阿密風雲》般的通勤生活，每天都騎著腳踏車來回於臉書與船之間。就像我前面說過的，我會選擇住在船上，並不是因為嚮往奇怪的生活模式，而是因為打從心底反感那種中產階級的生活（也就是占據我生命的一切）。臉書只能控制我的生活到這個地步（至少我是這麼想的）。海洋永遠張開雙臂歡迎著我，在我耳邊低語，催促我解開繩索出航。

再說，我在灣區要去哪裡找一個月只要七百美金的房租呢？

廣告警騎

這世界上有三種通用符號：金錢符號、胸部、還有足球。

──波・布朗森，「聖昆丁比賽日」

2011 年，11 月 1 日

2011 年最後那幾週，臉書繼續受到 Google+ 的挑戰。谷歌公布的初始用戶數量號稱上億，並且讓臉書成員們對山景區那間大公司最可怕的惡夢成真：鋪天蓋地的工程數據。此外，我們也不能忘記谷歌仍然是全世界的預設網頁。

我已經完全被臉書給專業地同化了（至少在外表上是）。我每天上班的制服已經退化成牛仔褲、T 恤，還有一件臉書外套，就連用臉書自己人的標準來看都有點太過頭了[108]。工作方面，我則繼續著我永遠幹不完的活，用著像是回收再利用的使用者資料來提昇我們低落的點擊率。當時的臉書廣告還長得又小又醜，是只有郵票大的圖文集合體，遠遠待在使用者視窗的右上角，通常都會被忽視。讓商業廣告內容出現在用戶動態時報上的想法還是太前衛了，是不該在有禮貌的公司裡提起的。而用外部資料來控制廣告的輸送也同樣污穢，臉書連考慮都不必。

在這段混亂的時間中，在股票上市期加上的額外收入和產品標準出現之前，臉書廣告團隊便繼續跟隨著高格混亂的領導腳步。我們這些產品經理常常莫名被指派一些其他產品經理留下的遺物，不管他們是辭

---

108 某一年的萬聖節，班・里斯曼（Ben Reesman，一名我們很快就會介紹到的廣告工程師）決定打扮成我當作他的萬聖節服裝。他選的破牛仔褲和外套實在是太經典了（我們當然站在一起拍照上傳臉書囉）。

職、被開除、或是被轉去做其他專案，也不管他們是不是有那個本事領導新的團隊，或是那個產品到底該不該存在。於是除了原本的廣告定向團隊，我透過這個產品轉盤，又被派去管理「廣告回饋與品質控管」團隊。這個團隊就跟美國國土安全局一樣，擁有一個聽起來很了不起的頭銜，被賦予了強大的權力，但也有一堆每天得例行處理的屁事。就像那些守護我們國家邊境的勇者們，廣告回饋團隊（這是簡稱）是臉書廣告團隊的守衛，負責找出可疑的惡質廣告、點擊詐騙、付款詐騙、以及讓錢變成一堆藍色小框框的其他惡行。

　　這個團隊是由兩名工作過量的工程師所組成，負責編寫讓詐騙專家用的前端用戶介面、巡邏廣告、成熟的機器學習運算模式（Machine-learning algorithms），再把它們發布到潛在客戶的螢幕上。這團隊同時也包含了位於德州奧斯汀和印度班加羅爾的風險與詐騙團隊。這些營運「專家」們負責實際檢視未加工及未過濾的照片，並受訓挑出違反臉書廣告政策的廣告。有些違例無傷大雅；有些廣告商會為了要塞進更引人注意的廣告，便會在圖片上加入文字，這是其中一個例子。另一個讓我們徹底失敗抓不出來的違例則是一間以色列美甲沙龍的廣告，他們的廣告中是一個女人將毛髮剃得乾乾淨淨的恥骨。那個皮膚太光滑，看起來幾乎變成抽象藝術了，我們的廣告檢視人員完全沒發現它的真面目。

　　在這樣的例子中，我們的回饋功能就變得不可或缺。世界各地的憤怒用戶們都會把這個廣告打叉叉關掉，然後留下惱怒的回應。軟體會計算負評率，並讓最嚴重的幾個原因比例占得更重：也就是誤導（misleading）、冒犯性（offensive）、性暗示（Sexally Inappropriate）這三種（縮寫是MOSI），然後重新檢視那個廣告。再來，軟體便會在廣告系統內發布一項禁令，阻擋那個圖片，將人們與之接觸的機會最小化，並避免有人再用相同的廣告。

　　但是無恥的廣告商當然有漏洞可鑽了。他們會重新設計圖片，或是微微改變顏色或焦點，所以這種逐項比對的系統就無法把已經被標

記的不合格廣告和這個「新」圖片連結在一起。只是稍微改變圖片的細節，就算在人眼中還是非常相像，他們還是可以逃過過濾器的檢測。為了要應付他們的手法，我們負責發布禁令的照片比對軟體便得設計得粗糙又不確實，才能對付他們。機器學習模型（Machine-learning model）則被設計成尋找廣告中明顯的詐騙特徵（像是「免費 iPad」就是一個）。用戶介面也不斷在進行改良，讓真人檢閱者能更輕鬆有效地完成工作，所以我們才不用花錢請更多昂貴的勞力。

這對任何想要在臉書留下歷史紀錄的人來說都是個難題，而我花了好幾個月計畫才終於從這職位上逃開。但在那之前，我得先以這個廣告警察局的發言人、或是臉書機場安檢人員的身分露面。

廣告回饋與品質控管團隊名義上是隸屬於產品與工程部門，但它其實是銷售與營運下面的一個分支，因此在雪莉的職權範圍內。雪莉當然不僅是祖克手下的顧問和廣告團隊與資深管理群中的調解者而已。她是這個巨大、層次繁多，以及組織部門的名稱永遠變動不已的部門中一個能力強大的領導人。這個世界囊括了一切，從有辦法和可口可樂談合作的資深廣告執行長，到負責刪除假帳號的年輕使用者操作人員，什麼都有。就許多方面來說，這就是整個臉書印鈔機的鍋爐，或至少是人力運作中心，而雪莉則是工頭。

每一季，雪莉都有安排一個盛大的會議，用意是讓銷售部門看看工程部門打造了什麼完美的產品，以及工程和營運團隊最近在合作什麼東西。雪莉的管理手腕在這種大會議上表露無遺。她能統領許多不同子領域中的主管，從某人口中的評論偵測出某些隱晦的暗示，或是從某處挖出潛藏已久的問題，並確保每個人的聲音都有被聽見，但都沒有被看得太重，同時壓下某些不相關的爭執，好讓會議可以繼續進行。這女人知道要怎麼管理一堆囂張的頭銜，還有一堆更囂張的自我。

我要參與的這場會議是在其中一間比較隱密的會議室舉辦；它的

名稱叫做「PC Load Letter」，是專門給大型或資深管理群開會用的 [109]。雪莉坐在像美式足球場般巨大的桌子尾端，唐‧佛爾（Don Faul）則在她右手邊。佛爾以前是一名海軍排長，後來又在谷歌管理過線上營運團隊，負責管理讓非科技部分的廣告機器運作，控制忙碌的人類工作流。他看起來就像高大版的唐‧德博 [110]。

我坐在中線位置，靠近我們投影用的螢幕。三三兩兩的產品經理、工程經理和營運經理開始快速填滿會議室的空位。馬克‧羅伯金（Mark Rabkin）是和我對應的工程經理，是臉書廣告團隊最早聘入的工程師之一，接下來很快會在組織裡獲得更重要的地位。大衛‧克魯（David Clune）則是奧斯汀的廣告警察營運長，我報告用的簡報大部分都是他做的。

這場雪莉秀的第一個表演者是名叫丹‧羅賓史坦（Dan Rubinstein）的產品經理。丹和伍迪‧艾倫很像，矮小細瘦，容易被人忽視，但是沒有像伍迪‧艾倫那種焦慮感。他之前也是谷歌的員工，看起來就是那種會認真做筆記並按時提交每週報告的乖乖牌。他代表的是使用者營運團隊，也就是用戶警察，在使用者面所做的工作就跟我在廣告面做的一樣。你知道為什麼你的動態時報上都不會出現色情圖片或那類的淫穢畫面嗎？因為有個使用者營運團隊在負責過濾每天上傳的數十億張照片，並從中挑出那些違規的東西。

現在的螢幕上呈現著丹正在介紹的一個新工具。這款工具可以讓使用者營運的「分析師」用點擊的方式就輕鬆地移除使用者照片，像是從花圃裡拔掉雜草一樣簡單。那個圖片會永遠被封鎖，包括改動了顏

109 臉書的會議室名稱都會按照地理位置分成一個個主題，大部分都是把各種玩笑湊在一起形成，像是諧音笑話之類的。舉例來說，其中一個主題是星際大戰和酒精飲料的綜合體，所以便產出了「Jar Jar Drinks」、「Sith on the Beach」、還有（我個人最喜歡的）「It's a Trappe！」我們在這裡提到的「PC Load Letter」（這是一個舊雷射印表機的錯誤訊息，而這訊息在電影《上班一條蟲》中引發了摧毀印表機的暴動行為）代表的是「紙匣缺紙」，四周的其他會議室也是類似的主題（我想應該是，但我記不得了）。
110 譯注：Don Draper，電視劇《廣告狂人》男主角。

色、或被不肖廠商修剪過的類似廣告。他領著全會議室的人示範這項產品的功能，點擊一張小貓的照片：小貓們在這裡顯然象徵著正常版本的過濾器中篩選的色情照片，而那張照片和它的其他變形版本便會消失。點擊、阻擋、重新載入、點擊、重新載入。各位先生、各位女士，歡迎使用我們最新的小貓攔截機。

突然，雪莉打岔了：「所以，這些小貓是幹嘛的？」

丹被嚇了一跳，瞧了雪莉一眼，顯然非常困惑。

「為什麼所有的壞照片都是小貓？」

丹平板地回答：「我們用小貓圖代替真違規照片，因為那些照片……妳知道……有點不堪入目。」

「對。」雪莉說。「但為什麼是小貓？為什麼不是其他東西？」

會議室裡一片沉默，三十幾雙眼睛都從手機和電腦螢幕上移開，看向丹和他的小貓攔截機。你幾乎可以每個人腦子裡都在問同一個問題：**對啊，為什麼都是小貓？**

丹抬眼看向螢幕，好像第一次注意到那些小貓的照片，然後轉向雪莉，用幾乎聽不見的聲音囁嚅道：

「嗯……在展示品裡面我們不用真正的違規照片，所以工程師們就改用小貓。因為，你知道……小貓就代表，陰——」

他立刻打住，但是每個人都知道他差點就在大姊頭雪莉・桑德伯格面前說出「陰道」一詞了。

「懂了！」她啐道。她深吸一口氣，好像在讓子彈上膛一樣，然後繼續說下去。「如果你的團隊裡有女人，她們**絕對、絕對**不會用這種照片當展示品。我想你應該要馬上把它們換掉！」

在雪莉發飆完之前，丹就已經低下頭，開始在小筆記本裡振筆疾書。**馬上把小貓照片換掉！**他一定是寫了這句話。他看起來就像是個被罵了的四十歲老小孩。

我內心快笑死了。你可以感覺到會議室裡每個人要不就是覺得超

尷尬、要不就是想盡辦法要抑制自己的笑聲，因為這個意料之外的管理層震怒和產品經理做的**蠢事**實在太荒謬了。在雪莉面前展示陰道過濾器。**天才！**

丹跌跌撞撞地把剩下的產品展示完，然後就輪到我了。在這麼高規格的鬧劇之後，我實在很難表現得比他更糟。我順順地滑過一張張投影片，並重點強調經濟層面：廣告檢查與人工檢查所需的時間。前者的線條往上往右前進（更多廣告！），後者則保持平坦（更少昂貴的人力！）。廣告檢視的世界一切風平浪靜。我打著瞌睡度過其他人的報告，然後一逮到機會就溜出了會議室。

廣告回饋團隊是其中一個由臉書管理的網路保全團隊，負責保護全球四分之一的網際網路世界，而這就是臉書所代表的重要性：不受騙子、強迫推銷者、色情網站、性變態、暴力罪犯和其他人渣的摧殘。這是個高尚的任務（儘管我缺乏參與的熱情），而且他們永不間斷的戰鬥都只能藏在黑暗之中。就像所有的警察或探員一樣，臉書保全團隊的失敗會被大張旗鼓的報導，但成功的事蹟卻鮮少被提及。你會抱怨你朋友餵母奶的照片被檢舉了，但卻都沒有注意到動態時報上完全沒有一丁點色情圖片的事實。這個工作吃力不討好，只有像牧羊犬般的心智，或是想要把自己的才能用在有益之處的天才型駭客才會受到吸引。

我們的社群網站影武者的確有個名人堂：臉書有個內部社團，名稱叫做「臉書獵頭皮」。它是個線上獎盃展示櫃，保存了臉書保全團隊和法律聯手逮到的少年犯、性變態、跟蹤狂、和家暴人士。這些貼文通常會包含罪犯的大頭貼，還有保全團隊是怎麼逮到他們的，又有哪些當地法律機構參與合作。所以臉書員工有時候會在動態時報上偶然看見某個菲律賓或阿肯薩斯的男人、以及他試著誘拐 14 歲少女的前科紀錄，最後配上一兩句他被繩之以法的敘述。

所以為什麼臉書不更積極地擔任警衛的角色呢？

我不知道正確答案，但我大概推敲得出來。如果臉書把他們阻止罪犯的努力完全公開，人們或許會把這個藍色視窗和某些社會罪犯聯想在一起。許多人對臉書的態度已經夠複雜了。

你只要想像一下這個頭條：「臉書本月逮到 36 名性變態。」某些住在威斯康辛戴著眼鏡、綁著髮髻的四十幾歲的媽媽，大概就會對她的老公這麼說：「親愛的，我覺得我們不該繼續讓梅根用那個臉書了。你看，那上面變態這麼多。」

但這種看法實在是太荒謬了。不會有人因為有罪犯用 AT&T 的電話系統犯罪，就覺得這間公司應該要被勒令停業，也沒有人會因為有恐怖份子用郵局寄炸彈就覺得這個機構應該要受到制裁。但是眾多的臉書用戶總是認為這個網站是某種輕浮的玩具，而不是有助益的社交工具，所以只要微微有點犯罪的可能性，他們就覺得它應該關閉。

CIA 不會大張旗鼓地宣傳他們是如何在某個郊外把一輛車消滅、或阻止某樁恐怖攻擊悲劇發生，臉書對於自己保護用戶遠離人渣的行為也三緘其口。如果有時候你的照片不小心被錯誤地封鎖了，你想抱怨就抱怨吧，但請想想臉書的保全團隊，那些在警衛室中致力為用戶服務的電腦宅。他們很有可能已經把許多罪犯抓起來了，或許就跟你們當地的執法單位抓到的一樣多（或者更多），而且完全沒有得到任何人的感謝。只要一次就好，請讚嘆一下你的臉書使用經驗，你沒有在動態時報上看見任何色情內容、詐騙、惡意言論、以及其他的人渣行為。並想想怎樣強大的系統和專業技術在和幾百人合作，去保護全球五分之一人口、十五億用戶的線上使用體驗，一天二十四小時，一星期七天，全年無休。

隱私權自戀症

喝水時，他（納克索斯）注意到自己的倒影在鏡般的湖水中
——他便戀愛了。他愛上了一個沒有實體的幻象，將鏡中的影
像當作生命迷戀。

但是，喔，愚蠢的男孩啊，為什麼你要虛榮地追逐這易逝的形
體呢？只要轉移視線，你就會失去你的摯愛，因此就算你緊盯
著自己的倒影，也無從保有它。它和你一同出現、一同等待。
它沒有生命，當你離去時，它也將消失。

——奧維德，《變形記》

2011 年，12 月

如果你覺得我的臉書人生充滿太多不相關的隨機事件，看起來一
團混亂，那是因為這個世界就是如此隨機而無從預測。

作為臉書的產品經理，你不像是一個擁有業界呼風喚雨之力的將
軍，而是被外在和內在勢力不斷衝擊的中間人。所謂的外在勢力指的是
谷歌永存的陰謀、廣告世界對臉書的行銷貢獻所產生的尊敬，以及臉書
社交媒體願景（例如：青少年還在用臉書嗎？）所帶來的財富。

內在勢力則是你在高格國裡永遠變動不已的階級地位、永遠不知
道自己現在的立足點，以及你自己經營孕育的產品命運，不論是成功或
成仁。

至於我的話，我們的團隊大半時候就像是在一片地雷區中亂衝亂
撞，主管還不斷鼓勵我們這麼做，說是創新該付出的代價。在臉書工作
的這整段時間，我一直都被夾在臉書隱私權與法律團隊的爭執之間，永

遠在爭論我們能做什麼和不能做什麼，試著逃避他們的法律炸彈，並同時找出某些能支撐我們（或至少讓我們當藉口）的法律框架，好讓下一個產品能繼續蹂躪我們的使用者資料。

　　但是終於有一天，這一切在我們毫無意願的情況下，終於變成某種你死我活的正面衝突了。在網路的世界中，這只是臉書遭遇的其中一個困境。

　　華爾街的交易桌上其中一個怪象，就是不斷重新調整的貨幣價值。所有的一切，不論是獲利或風險，都是用百萬作為單位，但是交易員們會將之稱為「一塊錢」：「那筆希臘交易讓我們損失了十塊錢」；「王八蛋強尼今年的獎金是兩塊」。美國中等家庭收入的二十倍卻變成了計算的基本單位，（如果你很喜歡用標點符號的話）在那之後的數字你可以加上小數點。

　　臉書也是用類似難為情的單位，但不是用在錢，而是使用者。我從來沒聽過有人用「一塊錢」這類的集合單位，但數以百萬計的用戶就像撲克牌桌上的籌碼一樣被人推來換去。對任何一個消費性的新創公司來說很可能是里程碑的使用者數字，卻是臉書公司內部用的最小單位。

　　拿一個國家來舉例：紐西蘭很常被拿來測試用戶端的新產品。它是個完美的實驗品，因為它的官方語言是英文、社交圈又相對封閉（大部分人的好友連結都是在國內），而且坦白說，它缺乏新聞價值，所以任何關於臉書新功能的八卦和報導都比較不容易回流至臉書的主要市場，如美國與歐洲。「奧提雅拉（Aotearoa）」是毛利語中用來指稱紐西蘭的用詞，我們則把它翻譯成「臉書實驗體」。因此這個翠綠、擁有許多驚人峽谷與高山湖的島國，變成了某個位於門羅公園的 23 歲臉書工程師，天馬行空設計出來的新產品的白老鼠。

　　當然，在廣告世界裡，事情就不太一樣了。就像我們先前提過

的，每個用戶的貨幣化價值肯定都大不相同。臉書的收入大多是來自於美國和歐洲；其他國家加起來都只是涓涓細流。不成熟的廣告市場和線上經濟基礎，再加上較低的國家總體財富，代表這些國家對於優化或定向資料的幫助都非常非常小。因此廣告團隊會在豐碩的廣告市場中，將臉書用戶資料庫切割成許多份，然後用不同版本的廣告系統來測試某個新推出的功能，就像你在臨床藥物實驗中對實驗對象做的那樣[111]。點擊率是其中一種粗略測量使用者興趣的尺標之一。更有說服力的指標則是某人點擊並購買後所造成的貨幣化：假設臉書有辦法獲得這筆轉換資料的話。但這基本上是做不到的，因為臉書並沒有轉換追蹤系統。

另一點和錢無關、但同樣重要的東西則是總體使用率。你不會想要用過多或令人分心的廣告來消耗用戶的耐心，因此貨幣化和用量之間那種零和關係總是一個艱難的抉擇。

一段足夠的時間過後，這些所有的尺標，如點擊率、貨幣化、用量之類等等，便會被拿來和對照組做比對。實驗組的用戶數量越多，「資料速率」（data velocity）就越高，因此你要等的時間就越短。然後這項產品便會被定位成成功或失敗品，並發布給全部的用戶、做些微修正、或直接停用。臉書廣告團隊總是同時有太多產品在同時進行，所以隨時都有許多用戶正在不知情地充當實驗對象，就算每一項測試都不算太大。

臉書也會擔心太多實驗會破壞使用者體驗，反而逆向影響臉書的收益，因此能夠用來測試的使用者資料庫是有上限的。當限制出現時，工程師們便會交換自己手中的測試對象，來測試他們做出的新修正。工程師使用的當然是百分比數字，但是如果你把那些百分比翻譯成數字，你就能理解他們討價還價的比例尺了。

----

111 這種分項測試被稱作 A/B 測試，是任何網路應用程式或網頁都慣用的模式。小心而有良心的公司會用這種方式來測試所有的改變，不論是針對用戶忠誠度，或是程式修正後的伺服器負載量。

「好吧,我可以給你比利時,但你要拿一個捷克或瓜地馬拉來交換。」

「不行,這樣不夠,老兄。我至少需要一個馬來西亞才能在明天得到結果。」

(話先說在前頭,他們當然不會以字面意義說出這些話,也不會針對特定國家討價還價,他們只會用百分比來代表爭論的人口數量。但就是這最微小的改變每天都在經歷的測試所使用的尺標,像是把一個廣告圖片拉大五像素這類的。)

在廣告團隊這堆混亂的猴戲之中,我被扯進了第一個嚴重的隱私權問題。愛爾蘭是臉書資料與隱私權政策的歐盟正式監管國,而它的資料保護局(data protection agency, DPA)正在對臉書的廣告定向團隊展開全面審查。我身為大便傘/產品經理的身分,讓我不得不義務性地和一個叫做傑瑞的傢伙通每一通電話、參與每一場會議。那傢伙顯然是資料保護辦公室唯一的負責人。

這個馬鈴薯短缺,又讓人窒息的天主教國家,是怎麼成為人類繼基因之後裝載最多人類資料的資料庫的監管國呢?愛爾蘭在普遍停滯期及後續遭遇經濟泡沫化的歐洲中崛起,被稱作「凱爾特之虎」,不斷積極鼓勵美國公司選擇都柏林當作他們的歐洲據點。他們提出租稅誘因(當時的公司稅率非常非常之低),並擁有一群受過良好教育的人才可供聘用,也擁有合理的法律框架。於是都柏林東邊海岸的港口處,便被臉書、谷歌、Airbnb等美國科技公司殖民了,每間公司(幾乎)都在閃閃發亮的辦公大樓中設置了他們的銷售與營運團隊。臉書占據了幾層樓,每一層都用一面歐洲國家的旗幟代表該國家的團隊位置。有個笑話是說臉書的都柏林公司就是歐洲的諾亞方舟:如果歐洲大陸遭受某種毀滅性的衝擊,它可以透過安置在每面國旗下辦公室中的配種來復興每個國家。而且沒錯,我們的確擁有配對的雄性與雌性,因為每個辦公室中

的性別比非常逼真，不像它的母公司一樣幾乎是清一色男性。

由於臉書在歐洲是以愛爾蘭作為立足點，我們與歐盟國家所有的交涉都得看愛爾蘭的臉色，由他們監督那群總是偷工減料的歐盟官僚系統來審查我們的資料與隱私權政策。儘管整個歐洲大陸都沒有辦法自己製造出一個全球性的消費者網路公司，歐洲還是有權控制那些（美國）公司怎麼辦事的。

四百五十萬愛爾蘭人還不夠形成臉書的測試實驗組，但他們卻掌握了我們的資料庫，而我們得安撫他們。不尋常的是，愛爾蘭和臉書決定公開審查結果，所以任何民眾都可以在網路上看見官方報告的結論。最後，他們宣布，有些臉書正在使用的廣告定向系統雖然還沒有全面部署，但我們必須在約定好的審計時間範圍內停用它們，也就是這個 12月底。我們還有幾週的時間把事情辦好，並確定我們有摸對愛爾蘭的毛。

那些程式編碼和資料庫對我來說實在太高深莫測，於是我便向廣告團隊中最資深，已經在這裡工作了兩年的員工顏榮（Rong Yan）請教，我們的團隊是否有在使用任何被要求停用的系統。顏榮說的話就是廣告系統的法律，而他信誓旦旦地否認了，說我們只有在過去做測試時使用而已。我滿意地回報給愛爾蘭和資深廣告團隊管理層，說我們沒有什麼好擔心的。

各位上進的產品經理們，我有寶貴的一課要告訴你們：

你之所以有專業技術背景，並不是因為你得幫忙設計研發中的系統科技面。如果你正在這麼做，那你這個產品經理就當錯了。不，你的專業技術背景是為了要讓你知道你的工程師們什麼時候是在唬哢你。你會發現他們經常這麼做的。有些時候那是個意外（就像這次顏榮的例子），有可能是因為溝通不良、記性不佳、或是自我感覺良好（工程師和所有人都一樣有這個傾向）。有時候他們更狡猾，有可能耍賤招、不同意你決定的產品方向（「那會吃掉我們所有伺服器的負載量的。」）或

是純粹懶惰（「那種東西是不可能打造出來的啦。」）產品經理的任務就是要挑出這些會毀滅產品的發言。

愛爾蘭資料協議的最後一天來臨，臉書保證在這之前要完成所有必要的修正，而我很開心自己終於完成我職權範圍內所有能做的內部補救了。但我心中仍然還有一絲絲的不安，讓我懷疑儘管經過如此多的技術討論，我們是不是真的把整個資料庫都包含進去了。畢竟，我已經向愛爾蘭資料局和臉書管理層保證，廣告定向團隊所有的一切都遵守了必要的規範，而他們也相信了我的說詞。

那股騷動的不安感逐漸擴大，我便打開一個終端視窗。那是那種最基礎的指令視窗（想像你在所有的電腦駭客電影裡會看見的畫面），是臉書遠端伺服器的存取畫面。

我還有足夠的知識背景讓我知道如何登入廣告的後端系統，並在裡頭對不同的程式東敲敲西弄弄。我們的定向程序表（targeting table）決定了臉書廣告系統要使用哪一個定向群體（targeting segment），並在用戶的目光與我們賺進的錢之間建立起邏輯性的連結。如果作為定向邏輯基礎的資料庫表（database table）不一致（例如當幾欄資料在不該消失的時候消失的話），廣告定向功能就會失靈，而廣告便不會再出現在每一個臉書頁面上。

小提醒：這個定向工具的存在不是個問題，在這部分臉書對愛爾蘭是完全的透明化，問題只是它的穩定性在過了我們約定的時間後還能不能保持。此時，距離那個時間還只剩下幾個小時，如果我沒算錯時差的話。

廣告團隊才剛從加州大道那棟破爛建築搬到新的辦公區。在 2011年這個讓人昏昏欲睡的平安夜，這個新辦公室只有一個工程師留守：葛洪（Hong Ge）。

葛洪是臉書裡最會穿衣服的人，是帽 T 與牛仔褲主宰的公司中的異端，就連女人都沒他這麼講究。他的運動外套和鮮豔的襯衫，總是讓

我想到香港動作片裡的英雄。我想像他用迴旋踢打趴一整屋的壞蛋，拯救了女主角和裝著機密文件的公事包，然後開著一輛法拉利趕到臉書，然後在一台電腦前坐下，讓臉書廣告系統保持運作。

「嘿，葛洪……你可以來幫我看一下嗎，確保我不會做出什麼蠢事？這有點重要。」

這是一個很容易執行的命令。其實這根本是例行公事，如果不是因為我們面對的是一個還在運作中的資料庫，並且動輒就是二十億元的話。而且我已經好幾年沒有寫出任何結構性查詢的指令碼了。要是搞砸這個指令，我就會弄出一個危害等級第一的大漏洞，而那意味著不管是哪個倒霉蛋被召喚了，他們都得離開他們的床、馬桶、度假海灘、或是喝得爛醉的酒瘋，然後趕來為我擦屁股、拯救臉書。

你是個產品經理：所以你有所有的責任，但沒有任何權力；搞定就是了。

我開始輸入「UPDATE TABLE SET」等等的指令，打進所有該被停用的定向系統。

「看起來還可以嗎，葛洪？」

葛洪從我的肩膀上透過設計師眼鏡看向我的指令碼。

「嗯！看起來很好啊……」

深呼吸。求聖母瑪利亞保佑我的結構性查詢。

指令。

〈輸入〉

廣告太空中的光線閃了一下。

其實並沒有。但我的心跳的確漏了一拍。幾分鐘過去了。我快速瞄了一眼實時控制台，確定世界上的一切都還安好。我們還沒有讓臉書的造錢機器短路。

「太好了！」葛洪說，然後回到自己的桌子前。

讓我、愛爾蘭、和愛爾蘭資料保護委員都去死吧。我把筆電闔

上，留下葛洪看守堡壘。該去玫瑰與皇冠喝杯啤酒了。

* * *

「臉書給我看了 X 的廣告，但那干我什麼事啊？看看他們的廣告定向有多差。」

或是：「臉書顯示了一則指甲彩繪的廣告給我，我昨天才去做了指甲，還跟我朋友在訊息聊到這件事。他們是在讀我的訊息嗎？還是他們是用衛星影像在追蹤我？」

你聽過多少次這類的問題？

事實是，臉書並沒有在顯示給你任何東西。

人們並不知道廣告其實是這樣運作的。臉書只是個負責傳送金錢訊息的路徑系統，幾乎就像古早時代的電話線。那則訊息的地址可以很廣泛（俄亥俄州的 35 歲男性），也可以很明確（某一個才剛在 Zappos 買了一雙特定鞋子的人）。但不論是哪種情況，都不是臉書在配對用戶與訊息的，也頂多只能決定廣告多久出現一次、或是兩條廣告中要讓你在那瞬間看見哪一條，這類次級的決定。用這種觀點來看，臉書上的廣告和電話或電子郵件沒有什麼兩樣。我們經常收到這兩者的商業廣告，像是垃圾信或推銷電話。但當我們收到陰莖增大術的電子郵件時，沒有人會責怪谷歌提供了 Gmail 的服務，是不是？你也不會責備 AT&T 打來的行銷電話打斷你看《權力遊戲》。唯一的差異只在於，當人們慣例使用電話或寫電子郵件時，他們不會看到有人張貼廣告。就像還沒有學會物體恆存的小嬰兒，臉書用戶只要看到廣告和臉書的標誌，就自動認為它們有關聯了。他們只想要把廣告去掉，卻連腦子都不肯動一下。當然，他們真正應該思考的是那個廣告是怎麼被指定給他們的，以及廣告商（而不是臉書）到底對他們知道多少。

臉書其實是他們最不該擔心的對象，而且是整個生態中最終真正在乎用戶的公司。毫不意外的是，那些會抱怨臉書提供不相關廣告的

人，同樣也是抱怨廣告太貼切、太詭異的人。當然了，稍微有點科技水準的人同時會在瀏覽器上裝廣告攔截插件，並阻止廣告商繼續收集他們的資料，讓廣告變得與他們更相關。如果他們自己有在發布軟體、或是在全年無休地收發人類數位社交生活的公司裡工作，他們就會知道這個藍色的瀏覽器框框是在消耗人力資源，而且絕對不是免費的。攔截廣告幾乎等同於偷竊，或至少可以說像是通過高速公路收費站但沒有付費。

喔，而且別告訴我你寧可付錢也不要在臉書上看到廣告。臉書甚至不知道你要為什麼付費。這些廣告競價和吸引你注意的動態市場機制就是為了要搞清楚這一點。設定使用者付費的機制，就像 IBM 宣稱要給每一名想要買股票的投資者各自的報價一樣，而不是讓股票的開放市場去決定價格。對大部分的公司而言，廣告是唯一可靠的商業模式，只有少數會出現在《經濟學人》雜誌或《華爾街日報》排行前幾名的大發行商有辦法要求使用者付費。如果你想要透過網路和世界互動，那就認命地應付廣告吧。

隱私權之於臉書，就像核武之於伊朗：那是永遠籠罩在你頭上的一片烏雲，就算局外人對它一無所知，卻還是瘋狂地關注它的消息，而且是那些門外漢的每次開口談論時的起始點之一。由於那些忙碌的非營利組織份子和政府官僚總是非常在乎臉書拿你的資料作為商業用途，這意味著我大概有四分之一的時間都在思考法律問題，並和臉書隱私權團隊討論作戰計畫。如果我們的其中一個產品改變了使用臉書用戶資料的方式（而如果一名產品經理沒有想辦法去擴張資料使用的界線，你就失職了），那你很有可能就會被臉書的資料政策給攔住。資料政策是足以領學院獎的精密交響樂章，所以不能輕舉妄動。十億名用戶全都簽署了自己根本連看都沒看的隱私權同意書，這其實無所謂。但這世界上的律師肯定會看，而他們才是那份同意書真正的讀者。

那其實沒那麼重要。事實是這樣的：基本上，這個新興的資料隱私權幾乎還沒有任何法律保障，而這塊法律上的代溝則是由名義上該提

供規範、但實際上只是做做樣子的「標準化組織」在填空的。因此，臉書和其他大廣告平台（例如谷歌和蘋果）都會一邊研發產品，一邊自行制定規範。

你覺得這很扯嗎？再聽聽這個。

託 2009 年一場隱私權動亂的福，祖克表示未來任何與隱私權政策相關的改變都要透過用戶投票（**投票！**）來決定。所以當我們拚了命地想要從臉書限定的資料庫中榨出一點油水來、並讓廣告團隊能更大量的使用資料庫時，我們還得讓用戶行使公民權。是的，沒錯。電子民主，臉書國公民萬歲！

所以在 2011 年年底，臉書辦了一個投票。這場投票的目的就是……永遠終止這種選舉系統。民主有時候根本就是自殺；問民眾要怎麼修改隱私權政策，就像問他們要怎麼修改稅法：我們所討論的問題政策實在太龐雜，民眾根本就不懂，而他們寧可保持現狀，也不希望有未來不確定的改變。幸運的是，對臉書來說，要讓投票生效，投票率至少得來到 30% 才行。2011 年時，臉書的用戶數量已經超過十億，那意味著要有至少三百萬人，幾乎是目前總統大選投票人數的三倍參與才有可能。機率很小，但誰知道？如果某些貓影片可以在網路上爆紅，或是那些關於使用用戶資料的愚蠢發言可以在臉書上像流感一樣每年都流行一次，那這場投票也有可能成功。

我們完全不必擔心。關於新政策使用的投票結果幾乎是一面倒：90% 的投票者反對這個新政策，但臉書必須要用它才能生存下去。但是……幾乎沒有人投票。連 30% 的邊都沾不上。因此，他們的投票結果便被「納入考慮」，意思就是「無視」。而我們真的很感恩，要不然臉書現在麻煩就大了，因為我們後發表的救命產品是不可能符合舊版的隱私權政策的。

儘管經歷了這一串麻煩，儘管我們搞定了所有的法律細節，我們

還是有一堆外部公共關係對隱私權政策的注意力要處理，但他們通常都是最愚蠢的麻煩。讓我從早期的臉書工作經歷中找一個例子解釋給你聽：

我總是不斷接到臉書公關緊張的電話，問我廣告定向到底是怎麼做的，尤其是在他們被洛杉磯時報或任何其他人問他們廣告定向的時候。產品經理永遠都是食物鏈最底層的生物，所以想辦法處理就是了，老兄。

而每個故事幾乎都差不多：該名記者，或是她的其中一個「消息來源」，在她的丈夫的表親在臉書上貼了一張穿著舊金山四九人球衣的照片之後，便看見了一個來自四九人的廣告。**我們是在用用戶上傳的照片做廣告及定向嗎？**

這就像有人指控你是史嘉莉‧喬韓森私生子的爸爸一樣。我要是真的擁有讓這成真的本事就好了。

仔細考慮一下這一點。從某些品質超差的手機照片上挑出一件美式足球球衣，並找出適當的連結及商業性興趣標籤（例如四九人），然後再依據你在臉書上隨機聊天的內容找到你的家庭／社交圈中擁有類似興趣的正確對象來發佈廣告，這需要登陸月球等級的圖片辨識與機器學習科技來配合才行。臉書廣告定向系統實在太簡單，這想法簡直就是天方夜譚，但不管我們怎麼否認，都沒有辦法阻止記者那些讓人「啊哈」的新聞小故事繼續逼迫我們。

真正的答案當然是，那週剛好是四九人的比賽，所以穿球衣的表親和四九人的經紀公司正在大力放送廣告只是個巧合而已。

造成誤解的主因，是人們似乎認為那些會讓他們丟臉或讓他們受傷，或任何落入他人手中會顯得很詭異的資料居然擁有商業價值。聽著：你可以在臉書上傳你和德國牧羊犬性交的影片，或在那隻狗背上用口紅寫下你的身分證字號和銀行資料，再讓某個人當旁白說出你童年及青少年時期心底最深沉的恐懼，但是你知道嗎？那都不干廣告商屁事。

但他們會很想知道你昨晚在 Netflix 上看的影片、你亞馬遜購物車的內容、你上一次造訪百思買時考慮過的所有商品，以及你上一次買車的時間（和買的車款）。他們也想要知道你的手機品牌和你使用的瀏覽器，以及所有你造訪過的網站，所以他們才能在那些地方提供你服務並進行追蹤。你在臉書上分享的一切：你跟小三的祕密、你在沙發上昏倒的祕密、或是你做布朗尼的祕密食譜……幾乎都沒有任何一點商業價值。所以就算臉書真的那麼邪惡，這些資料對他們來說也沒有用處。

臉書並沒有出售你的資料。相反的，它都在花錢買資料。它提供廣告商服務，並誘使他們讓臉書吸收你在臉書之外製造的資訊。事實上，我們很快就會看到，臉書是人類所知最貪婪的使用者資料庫之一。它是個吸收資料的黑洞，沒人能逃得掉。

臉書所有的技術都是據此打造的，永遠不會改變。如果你停下來想想，臉書要有多蠢才會把它的用戶資料用隨便的價錢隨便出售給他人，你就會理解「臉書出賣你的資訊」這個笑話有多煩人了。

我們是野人還是怎樣？

釋放自己心中野獸的人，便擺脫了身為人類的痛楚。

——薩姆爾·強森

2011 年，12 月 15 日

就像寄居蟹一樣，成功的科技公司也是要換殼的。

2011 年底，加州大道 1601 號開始顯得空間不足了。廣告區域的大家擠得前胸貼後背，整棟建築物也看起來殘破不堪。忙碌的科技公司太專注於重要的尺標，所以沒有心思關注地毯角落像是雙屍謀殺案的污漬（其實只是雞尾酒時段的嘔吐物沒有清乾淨的後果）。會議室一間間都帶著汗臭味，因為太多人在裡面過夜（之類的）；員工餐廳也擠得像是流動廚房一樣。

臉書高層決定我們該搬家，而新耶路撒冷則選在曾經是科技大廠的昇揚電腦（Sun Microsystems）廢棄的總部。由於那個據點的狀態有點淒慘，公司決定讓我們一群一群分開遷移，技術團隊殿後。

當然，儘管我們幾週前就收到負責主導遷徙的管理團隊所發的電子郵件，當終於輪到我們的時候，根本沒人做好搬家的準備。4 點 30 分左右（我們得在 5 點前全部搬走），最後的時刻來臨，所有的人都瘋了。

人們開始把他們長期以來累積的垃圾全塞進紙箱裡。首先是桌面上的廢物。如果你在臉書生活，你就會擁有一堆書、女朋友奇怪的照片、來源不明的填充絨毛玩具、業務會議時搜集來的公司馬克杯或滑鼠墊，或許還有從外面的團隊活動所撿回來的東西。再來則是團隊的公用

玩具，像是滑板和水槍。接著是像綠藻般長滿公司每一個產品團隊的裝飾：模擬實驗室製作的海報、像是供奉你的技術經理般的神壇（對，真的），或是簡化的小酒窖。

然後一切行動突然全都攪和在一起，而且還不只是針對那些搬家紙箱而已。人們開始把公司牆上的藝術品拆下來，或去撕會議室上的名牌，並將它們塞進筆電包、垃圾袋、或是任何他們可以拖回家的容器裡。

事情變得一發不可收拾，導致廣告團隊的其中一名行政人員愛琳·庫丹（Aileen Curenton）忍不住站起身，扯開喉嚨，用足以媲美海軍警報的聲音大吼，叫所有瘋狂劫掠的人放下他們手裡拿的東西。但是沒人聽她的。短短十五分鐘之內，公司就被清得乾乾淨淨了。

親身經歷過幾場暴動的我（託我在 90 年代末的巴斯克自治區唸過幾年書的福），我實在不能將這跟那種火燒車、橡膠子彈滿天飛的集體暴動相提並論，但這和 21 世紀初美國公司文化的混亂等級已經有得拼了。

接著一個念頭在我心底油然升起。

祖克和管理階層的座位附近有一片會議室群，據說是依照當初公司搬進大樓時用戶的主要來源國家，包括拉丁美洲人的發源地，我族人們的家鄉。最靠近皇宮的地方應該最晚被暴動波及吧？或許它還在那裡……

我穿過混亂的人群，遇見了米克·強森。就是這名 YC 同袍透過他的正式介紹和非正式意見讓我展開臉書人生的。他正帶著微笑，手上抓著一塊寫著「澳洲」的牌子。我快步跑過走廊來到會議室區，然後看見門上殘留著許多被快速撕下的粘膠痕跡。幾乎所有的名牌都被拆走了。

但我想要的那個還在。

我抽出隨身攜帶的索具刀，刺進牆板，將標誌撬起來。我將它塞進褲頭，藏在臉書運動外套的下面，像順手牽羊的小偷般回到廣告區，

回到愛琳憤怒的雷達之下。

當所有人離開大樓時，暴動終於止息。我回到我的帆船邊，將「西班牙」的標誌（上頭還有點字）裝在右舷處一排舷窗的旁邊。它淺黃色的公司標準字體印襯者溫暖濃郁的桃花心木和松木色澤。最後唯一重要的事情只有你從經驗裡得到的東西——就算是用一把歷經風霜的刀從牆上挖下來的都好。

不知道為什麼，臉書總是喜歡用壁畫塗鴉當作公司藝術。最早的時候，祖克的其中一名顧問兼臨時總監西恩·派克（Sean Parker）（在《社群網戰》裡是由讓人印象深刻的賈斯汀扮演的）請來了一名著名的壁畫家邱大衛（David CHoe），為臉書位於帕羅奧圖市中心的總部繪製帶有性暗示的主題壁畫。據說最後那些繪畫終於被調降至一個大家都能接受的等級。而現在事隔多年，同一名藝術家又要再被請來幫我們繪製新辦公室的接待區和會議區。就某方面來說，我覺得那就像是對接下來即將發生的大災難所做的補償。

我們搬入新家之後的幾週，祖克突然毫無預警地宣布我們要自己彩繪新辦公室的內部。

確實，這座新總部是需要一點個人風格的裝飾。我們的主中庭還在整修中，走廊和牆壁都還閃爍著新油漆的光芒。一切都散發著一種「剛搬家」的感覺，儘管缺點一堆，但舊辦公室感覺更有人味、更有家的感覺，就像一張破爛，但你就是沒辦法丟掉的老沙發。公司的等級毫無疑問地提升了，但這種時髦而新穎的感覺正威脅著要融入新的公司文化之中。祖克告知公司會提供我們想要的噴漆、刷子和顏料，然後我們可以選自己想要的位置……然後開始創作藝術！看在我們搬家時製造的動亂分上，祖克這樣的行為對我們實在是太有信心了。

指定的日子到了，而每一間建築的公共空間裡堆滿了像一整間home depot 庫存的顏料和美術材料。當時的時間是傍晚，是人們正從會

議和寫程式的地獄中解脫出來，決定正要去健身房或去員工餐廳吃晚餐。除了祖克要我們創作藝術的指令之外，我們什麼都不知道，因此員工們便開始用堆積如山的顏料裝備自己，然後開工。

接下來當然是一場災難了。

一堆毫無藝術天份的科技宅第一次接觸到潔白無瑕的畫布，便開始在走廊上畫起可憐兮兮的火柴人，頭上則是巨大的思考泡泡，裡頭畫著跟臉書文化相關的老掉牙笑話。他們也畫了粗糙的花朵或動物，只有畫出那些圖的三歲小孩家長才會覺得好棒棒。標語四散在各處，壓在悲慘的繪圖上。

有個老男人顯然是某種技術經理，擁有落落長的領英履歷和聖馬蒂奧房地產。他牽著他的孩子，並讓他拿著噴漆在走廊的白牆上畫了一條不間斷的紅線，像是糖果屋裡的兄妹留下麵包屑一樣。

一名野心勃勃的工程師在交通最繁忙的路口（廣告與成長團隊之間的公共廣場）劃了一塊地，然後開始作畫。他挑了一幅漫畫的畫面當參考，在牆上打起超人從一堆人形之間飛起的草稿。他像一名好畫家一樣認真地畫著線稿，所以在他突兀地離開之前，他只有時間填完一部份的顏色。那幅畫看起來就像米開朗基羅畫的《最後的審判》，一個扭曲的人形漂浮在宇宙之中。

某些團隊則進入了團體工作模式，開始根據某些中心主題發想藝術點子。產品經理擔任後勤的工作，負責遞送膠帶、馬克筆和模板，並讓工程師作畫。那其實就是臉書產品發展的縮影。其中一個團隊畫了一隻獨角獸站在複雜的棋盤格紋上，那圖形看起來就像是電腦演算出來的一樣。以上這些大概是唯一能稱得上是藝術的東西了。

這場混亂持續了整整兩天。

那個週末，祖克發了一封電子郵件給公司全體員工（或者是在臉書通用、囊括所有員工的內部社團內貼文），內文主旨是：我信賴你們

可以創造出藝術品，但你們這些王八蛋把公司給毀了。這當然是事實。整間公司看起來像是教會區的一條小巷，而不是世界上最強力的科技公司。更糟的是：教會區至少還有幾個很厲害的街頭畫家，臉書的藝術看起來就像是巴西貧民區的樣子。

　　根據祖克的說法，他花了兩天的時間走過整間臉書總部，標記所有該被去除的東西。沒錯，週一時，公司裡到處貼滿了藍色電器膠帶，標註所有失敗的藝術嘗試，或是刻意破壞性的成品。祖克大概用掉了十卷膠帶。

　　臉書早期員工兼公司文化守護者羅迪・林賽（Roddy Lindsay）立刻在程式編輯器中增加了一個回應巨集。我們用的程式編輯器就是臉書工程師看待世界的方式，也是他們完成 90％工作的地方，將程式上傳給技術團隊檢查，而這這編輯器總是像是線上討論版一樣，討論熱烈得不得了。這組巨集包含了許多宅宅表情符號，多半是狡點或建設性的圖片，或從網路笑話上擷取下來的 GIF 動圖。那些圖大概有上百張，而且每一張都像是圖畫版本的工程師評論，不是鼓勵某人大膽地創造某個新功能，就是輕蔑地貶低某個程式作者的工作能力。在那時候，如果你在巨集裡輸入「藍膠帶」，你便會得到一張藍膠帶貼在牆上的圖，代表看在美學或神智的份上，某部分的程式需要被刪除。

　　這是你該知道的臉書文化：他們進行一堆大膽創新的實驗，大部分都是失敗品，但偶爾也有成功的例子。他們會立刻進行修正去彌補那個錯誤，並透過文化將那個經驗內化。糟糕的壁畫和藍膠帶就跟「讚」按鈕（和燈塔 Beacon[112]）一樣是臉書的核心之一。

112「燈塔」是臉書最著名的失敗產品之一。它在 2007 年發布，在當時，在網路上（過度）分享還沒有那麼盛行，而燈塔功能能將你在網路上的動態分享到你的塗鴉牆上。燈塔造成的最出名的災難是某一個男人買了一個訂婚戒，結果妻子卻透過臉書發現了他盛大的求婚計畫。尷尬囉！「燈塔」最後引發了一場集體訴訟，最後終於被官方關閉了。在舊辦公室裡，臉書有一系列的會議室都是根據思慮欠周所造成的災難而命名的：東南亞土地爭奪戰，槍戰之刀，還有……燈塔！

啊，死亡

「這是光榮的一刻，但我有股不祥的預感，或許同樣的命運會
發生在我自己國家上。」大概沒有比這更有政治家風範、更重
要的發言了。我們最偉大的勝利和敵人最淒慘的落敗，就這樣
反映在我們的現況，未來或許將會反轉發生在我們身上；在成
功之際，我們仍該記住命運的多變，就像記住一個偉人那樣。

──波利比烏斯，《歷史》

2012 年，1 月

　　如先前所提過，我們剛被毀容的新總部曾經是屬於威武一時的科
技龍頭：昇陽電腦。它如今已經步入歷史，但昇揚曾經是那間提供一
切網路服務的公司。不論是架設在世界各處提供網路服務的快速（且昂
貴）的代管主機，或是坐在科學家或工程師這類高端用戶的桌子上、提
供他們一堆研發工具去創造更多的網路科技，昇揚都是 2000 年初科技
爆炸的代名詞。但是它變得太驕傲，而當 Linux 開始成為大部分聰明的
科技公司（例如谷歌）的第一選擇時，昇揚並沒有做任何事去阻止那波
將會摧毀它的浪潮。

　　我們剛搬到門羅公園時，公司裡的辦公室門上和公共空間都還帶
著許多昇揚的標誌。但是祖克不讓我們把它們全部除去，命令我們保留
了其中幾個。那就像某種公司的座右銘，用意是提醒員工們臉書也有可
能走上滅亡一途，最終變成別人引以為戒的標誌。

　　臉書標誌旁巨大的「讚」按鈕是觀光客全年無休最喜歡自拍的地
方，而在那個大標誌後方，就是昇揚留下最大的化石。那是臉書唯一一

個公開給觀光客的標誌，但在它的背面，卻是像廣告看板一樣大的昇揚標誌，那個一度象徵著數位新時代的公司。那個標誌已經斑駁又老舊，像某種古蹟。當臉書搬入時，我們並沒有將原始的標誌拆掉，管理層只將它翻到背面，並且刻意忘記把後面塗掉或蓋住。上面寫著「昇揚電腦」，以及用許多 S 構成的四方形的標誌，那曾經是每次你上網時會出現在每個網頁上緣的商標。

這一切都會過去的。摧毀昇揚的東西很有可能也會摧毀我們，所以我們要**快速行動，破除常規！**祖克就是在這樣暗示我們。

或許就連臉書偉大的「讚」按鈕某天也會像雪萊詩作中奧西曼德斯的雕像碎片上的墓誌銘那樣，讓人瞻仰人類稍縱即逝的野心：一度光輝耀眼的傲氣，也有一天被人遺忘和拋棄。

臉書的新據點座落在舊金山海灣最南端沼澤曲突出的人造土地上。每天早上，我都會騎六哩的腳踏車，從我位於紅木市海邊的帆船前往新總部。但這其實沒有聽起來的那麼夢幻：你得先沿著水泥牆騎兩哩塵土飛揚的路，接著兩哩和卡車在被人遺忘的海岸社區爭道，然後（終於）是兩哩沼澤保留地（如果正好碰上水藻繁殖期，那裡就會聞起來像公廁）。

把腳踏車栓在總是擁擠的腳踏車架上，接下來就是我的洗澡時間了。這裡的浴室因為臉書的人口過剩而縮水，而且沒有更衣室。因此，那些超認真的環保人士們都會把他們荒謬的拋棄式內褲掛在毛巾架上，並刻意把潮濕的褲襠處翻出來透氣（漂白過的喔！）。

我住在帆船上的情況其實很不尋常。臉書裡大概半數的員工是郊區財主（比較老，結婚，有小孩），根據不同的加入時間和富有程度，分布在門羅公園和山景區。另一半的人（比較年輕，嬉皮人士，剛畢業）則住在時髦又昂貴的舊金山。後者通常是被公司接駁車一批批載進公司來的。沒錯，臉書現在有自己的公車線，從舊金山開三十哩到門羅

公園，或是從帕羅奧圖市中心開往公司 [113]。

這些接駁車是一個象徵，代表著即將在灣區（而且我敢說是整個經濟體）發生的事，是反科技人士違法忽視的目標，因為偶爾會有人砸破那些接駁車的窗戶。人們得到了產品和服務，但那些皮帶上別著科技公司員工證的人們卻什麼也沒有。

各位矽谷旅人們，想像一下這一幕：傳教區的 24 街和華倫街（現在是嬉皮村了，但以前曾是可憐的墨西哥社區）。白色的特許公車，刻意不畫上公司標誌，和遲緩破爛的舊金山通勤公車搶站牌。其中一批公車載著高尚的舊金山居民，裡頭裝設舒適的座椅，還有免費網路。另一批則是給無產階級的，裡面至少有一名遊民會對著整輛車上唯一的空位乾嘔。但是小心了！由於至少有三家公司都有自己的接駁車，你得確定自己搭對車（但是因為沒有標誌，這其實比想像中的難）。如果你搭上錯的車，你就會發現前往谷歌或基因工程科技公司（Genentech）。當然，這真的會發生，而且很常發生。當接駁車被人滲透時，便會有人在臉書通勤社團上貼文，表示有谷歌間諜在車上，要大家把討論聲壓低、保護好自己的螢幕。至於最後那些間諜都發生了什麼事，我其實不太清楚。或許人資人員在車上安排了暗樁，像聯邦航空局對國際航空做的那樣，好在關上門的瞬間就把他們抓起來當作新員工 [114]。

當我還住在舊金山、每天通勤上班時（當女朋友鬧劇正在上演時），我總是喜歡猜測哪一群人是哪一間公司的員工來娛樂自己。隨著

---

113 陣仗變得越來越大了。臉書甚至有自己的郵輪！有一艘臉書船專門來往公司與人口越來越多的奧克蘭。它從艾拉梅達乘風破浪地穿越東灣，並抵達臉書北方的海港，正好是我的小船停泊的地方，而那裡則會有一輛公司的接駁車等著。看來從洛杉磯或西雅圖載員工上班的臉書航空也離開張不遠了。

114 這個笑話比你記得更真實。我其實曾經也差點成為其中一名迷途的乘客。我從加州火車的帕羅奧圖站下車，前往臉書和其他科技公司私人公車停靠的車站。我看見一名乘客背著臉書標誌的背包坐在位置上，而車門正在快速關上。我朝它衝去，跳上車。但是車上的氣息聞起來很怪，我一邊跨過門檻一邊問道：「這是臉書的接駁車對吧？」臉書背包先生微笑著向我說：「其實這是特拉斯的接駁車；我只是以前在臉書工作。但如果你想要的話你還是可以上車，然後我們可以聊聊。」我大笑起來，離開公車。但當時特拉斯才出了新的車種，那個提議其實真的滿誘人的。

時間過去，你就會有一套判別標準：谷歌員工通常看起來比較老、比較宅（你也可以偷看他們的員工證上彩色的球體來作弊），臉書員工比較年輕，也比較會打扮。上車後，你就該開始看一整天份的電子郵件了（如果你是工程師的話，就是寫程式）。車子會載著你穿過早上 9 點南環公路上停滯的交通。

　　進入臉書的領土之後，你就要在這裡待上至少十二小時。你會前往員工餐廳，享用你今天在臉書三餐中的第一餐。如果你是產品經理，你大概會一邊把食物囫圇吞下肚，一邊在開會前十五分鐘檢查電子郵件。那會是你一整天六到十二個不等的會議中的第一個，之後可能還會再加上兩三個臨時會議。你的微軟行事曆會透過公司發放的 iPhone 用語音提醒主宰你和你同事的人生，人們則會在上面搶你的時間，像一次世界大戰時爭奪無人地那麼熱烈。你只要一清出行事曆上的一格時間，便會有人寄送一則邀請想要將它填起（程式內有個內建工具幫助你玩永遠結束不了的行事曆拼圖）。

　　人們都說在臉書工作最大的好處就是，你不需要向人們解釋你為什麼一整天都掛在臉書上。除了讓產品照自己的腳步發展之外，臉書所有的合作工作都是透過臉書本身來完成的。每個產品團隊都有自己內部的臉書社團，或許還不只一個，裡頭包含產品所有的「持有者」（像是業務、行銷和工程等等）[115]。

大便！

　　這是臉書文化中最有辨別性的一個笑話。如果你真的笨到把筆電留在桌上，沒上鎖、沒有任何防備，那麼任何人都有權利打開你的瀏覽器（上面至少會有兩三個分頁是臉書），然後張貼一則跟人類排泄物有關的貼文（不知道為什麼，「果凍」是個比較有品味的選擇）。

　　你的桌子表面就像祖克的一樣是毫不特別的白色。當你從桌面上

---

115 我們有一整個內部臉書，只有員工可以看見貼文、按讚或留言。它跟還在工程期的臉書很像——基本上那就是把臉書當作企業合作軟體在用。

抬起頭時，你看見了什麼？產品團隊正擠在他們的產品和工程經理旁；看起來總像是無限延展至其他樓層和走廊的廣告團隊辦公樓層，則是所有其他團隊的大雜燴。你很清楚要怎麼走去找那些你合作的團隊，就像螞蟻認得蟻窩裡的路徑一樣。資深管理層則會坐在其中一張桌子旁，靠近那個瞬間正在擔任廣告團隊主管的人（這個人總是變得很快）。身為產品經理，這就是你的每日生活環境。

＊　＊　＊

人們說當你第一次認真意識到我們都會死時，你的童年就結束了。新創公司也有類似的轉大人瞬間，通常都是在公司最成功的巔峰，當他們理解自己創造的東西已經脫離了結構嬰兒期時。

為什麼臉書和推特要這樣大量收購廣告通、FriendFeed 和 Aardvark 這類的小公司呢？我們已經討論過，收購和合併其實基本上就是用另一種手段在矽谷過熱的技術人才市場中搶人而已。但是大公司們還有另一個動機：讓新創公司充滿活力、勇敢創新的基因融入公司中，他們便能活化自己的公司文化，並獲得從一般的聘用（例如聰明但順從的畢業生）中無法得到的特質。這就像是刻意將歐洲血統與狂野的澳洲血統混合而出的聰明而強健的澳洲牧牛犬。

幾乎無一例外（但還是有例外），新創公司在被收購之後，他們的原創產品就會消失了。但是那些創辦人和早期員工都擁有用少少的資源無中生有的能力，便能將他們的技術特長與產品點子，帶進一間笨重遲緩、早已遺忘自己根源的大公司裡。

至少這是理論。

儘管許多這樣被收購來的員工最後都會在臉書產生成功的事業，那些有辦法成功的人多半都是因為祖克給了他們超大的活動空間、讓他們做自己想做的事（像是 Instagram 團隊），或是必需接受新環境、並將他們創業的野性收斂一點。那些什麼都沒得到的人……嗯，我們先別講

得那麼遠好了。

　　一開始，我完全不懂這些。相反地，來自一間「成功」的新創公司，代表你就擁有許多社會資本。大家都把我當成某種跑完最後一圈跑道的冠軍選手。但事實上，我只覺得自己像是船難的倖存者：又冷又濕，雙手顫抖，身上披著一條紅十字會的毯子，還搞不清楚剛剛到底發生了什麼事。我是怎麼從荒蕪的廣告通沉船，爬進擁有免費漢堡和公司宣言的企業伊甸園之中的呢？這點到現在還是個解不出來的謎。但是創業的第一條守則對所有節奏快速、競爭激烈的工作環境（例如臉書）都一樣適用：就算你不是，也至少表現得像是你屬於那裡。

＊　＊　＊

　　一天早上，公司全體員工都在自己的桌上發現一本 4×6 的紅色小書。那本書的標題寫著「臉書原本不是要打造成一間公司的」，那是祖克流傳最廣的宣言之一，最後終於被納入臉書股票公開上市的文件裡。小書中圓滑地書寫著公司的價值，幾乎和臉書公司的活人畫（一名員工暈倒在沙發上）一樣耐人尋味。那是從臉書的歷史中得到的靈感（一群早期員工圍著一張桌子吃晚餐的照片）。此外，也有許多似乎屬於靈感範疇的照片（一張震懾人心的廣角夜空照）。書的正文寫了更多臉書的故事（某次工程師騙了記者們，說臉書將要創造一個「傳真」按鈕，好讓人們傳真照片），以及根據臉書的價值觀所改寫的聖經經節（「快速的人必承受地土」、「我們不是用服務來賺錢，我們是賺錢來打造服務」）。

　　最後的幾頁才是真正的精華。一整面黑色的背景上，用白色的新細明體寫道：

**　　如果我們不打造會害死臉書的東西，那就有別人會這麼做。**
**　　「接受改變」是不夠的。這個念頭必須要深植我們的內心，直到連開口談論都是多餘的。網路世界可不友善。那些無法保持活躍的東西**

甚至沒有留下廢墟的權利。它們會消失。

記好了，臉書大兵。

這間公司用一千種不同的辦法，不斷提醒人們失敗的代價。臉書對失敗的執著，就像計畫永生不死的人對死亡的知覺。但死亡並沒有帶來恐懼；它只提醒人們想辦法遵守誡律，好讓最後的毀滅不要到來。那就像是每天都在重複美國國慶日一樣：

我們的工作永遠不會結束
加快腳步
如果你不害怕，你會怎麼做？
已完成旅途的百分之一

我就像剛被招募的天真新兵一樣，把這些價值牢牢記在心中。而也像新兵一樣，我後來才會發現，臉書的現實比我想的複雜太多了。

粗魯的呵欠

讓時間過得充實——那才是幸福；讓時間過得充實，不要浪費它去後悔或是追求認可。

——拉斐爾‧瓦度‧愛默生，《經驗》

2012 年，1 月

跑道賽車是一項激動人心的消遣。

你帶著那輛總是不負責責任地在爛街道上亂闖的競技車前往賽車場，而轉眼間，你便出現在完美無瑕的跑道上，擁有優雅的坡度彎道和合格的發瘋執照。跑道賽車的一大重點是你總是把油門或煞車踩到底，要不就是加速衝過彎道、要不就是突然煞車準備進入彎道。你不需要花時間留意警察、或是那名開著本田的慢速老太太，而那意味著你可以全神貫注在你的車、跑道、和拚命把你往旁邊甩的萬有引力。如果你進入了某個境界，你便會體會到人、車和物理世界澈底地合一，來到意識的另一個層面。你只感覺到緊繃的肌肉和跳動的神經，你是被關在車中的一頭野獸，沒有過去、沒有未來，只有時速一百三十哩的那個當下。

再加入兩個和你在跑道上一起發瘋的傢伙，你便得到一張十圈跑道賽的門票，讓你直達精神極限的邊緣。當你終於結束賽車回到車棚時，你過熱的車會散發著燒壞的煞車和離合器的味道，你汗濕的衣服會黏答答地貼在你身上，當你脫下賽車手套時，你的手會因興奮而發抖。腎上腺素激退的感覺會衝擊你全身，你則會想起你第一次幹架，或第一次打炮後的感覺。

然後你就會開車回家。

你腦中的物理世界已經被重新建構過了，所以你下意識地把油門踩到底，然後穩穩地來到你覺得再舒服不過的行車速度……時速一百一十哩。飛速在右線道行駛了一陣後，你便突然被前方一名不負責任的小混蛋逼得不得不煞車──怎麼，儀表板是在耍我嗎？時速八十哩，比規定限速還高出十里。然後你四處張望了一下，重新吸收你的行車環境。一切的一切感覺起來都好慢；你覺得你像是在用爬的一樣。你不敢相信這是時速八十哩。你生氣了。

怎麼可能有人在這種速度下發生車禍啊？

我就算用膠帶把方向盤固定住、然後開始打瞌睡，我還是可以到家啦。這些不知道怎麼開車的白癡全都該被吊銷駕照，而且限速應該至少有時速一百哩才對。

你發現自己過去幾小時之內所存在的世界和其他人都不一樣，而現在這個時間慢……得……就……像……糖……漿。

這就是你從新創公司跳槽到大公司時的感覺。

臉書即使步入企業中年期，仍然想辦法保持了腳步快速、不斷推陳出新的文化，這點的確獨特又讓人欽佩。但就連他們感覺起來都只是德國快速道路而已，而不是真正的賽車跑道。工程師不聽祖克命令擅自發佈產品的日子已經回不去了。在臉書公路上行駛的汽車全都照著限速前進，一堆大卡車堵住右側線道，只有幾輛車可以在左線道暢行無阻（在祖克的批准下擁有無限速行車特權，而任何膽敢擅自往前衝的人，都要自行承擔他們的事業風險）。

一間更中庸的公司則會感覺起來像是美國高速公路：原始的建設還不錯，但現在充滿年久失修的小毛病，還有一堆不知道行車規則為何物的笨駕駛。在左線道行駛的老車會用時速四十五哩阻礙交通，騎著摩托車的老兄可以輕易就從旁邊鑽過去，而卡車則能用中線道以高出他人兩哩的時速超車。

當你從新創公司跳到蘋果或谷歌時，你字面意義和抽象概念上都像是在 101 號公路南環上通勤：你還是會前進，但是整群車就是一團黏糊糊、集體移動的東西，所有人在換道前都會打信號燈，都會尊重高乘載車道的規定，並會繞開危險份子。

最糟的情況（像是在甲骨文之類的），你的大公司就像是新德里帕哈甘吉（Paharganj）：人力車、計程車、卡車、行人、和牛全都擠在一起，形成夢魘般的一群東西，全都急著想要前往某個地方，但儘管喇叭和人聲響個不停，沒有人真的有辦法動彈。

加入臉書幾個月後，那種新鮮感就消失了，我便開始萌生那種被困在二位數字時速中無聊而挫敗的感覺。廣告團隊的產品發展緩慢，而且出奇地猶豫不決。廣告定向團隊不斷試著從枯竭的臉書資料庫中榨出一點油水，而高格不斷逼迫著廣告團隊前進，卻又沒有給我們任何前進的指引。臉書擁有一整群高度競爭力的人才，但卻不像我創業團隊的那群賽車選手。我自己呢，則像是等不及要前往某個地方了一樣。看看我在科技界所領的報酬，我的確是。

＊　＊　＊

人們在矽谷中是這樣領錢的：

和大部分的員工一樣，我也擁有一個股票生效時間表，而那會決定我的股權開始有真正價值的速度和份量。也和大部分的員工一樣，我的股票將會分散在四年內生效，第一年先獲得四分之一，接下來每一季再獲得四十八分之一。你最後的獲利（尤其如果你像我一樣，擁有的股票幾乎全都在你任職的公司裡）將會以漸進但快速度方式成長累積。儘管合約事件鬧得很大，我拿到的員工合約其實還是個樣板合約，只是上面寫的金額大了點，因為我是透過人才收購加入的員工，而且我用高格來對付推特也讓我得到了一份邊緣條款。不管如何，我還是得耐心地等待我的股票生效；他們都說在比臉書更沒活力的公司裡，這種等待的行

為叫做「VIP」，也就是「在安息裡兌現（vesting in peace）」。

我最大的疏忽之一是，身為一名不耐煩的創業家，我已經太習慣燒焦的離合器和引擎的嘶吼，我是不可能浪費四年在安息裡兌現的（但那些擬定我合約的企業發展團隊肯定都有意識到這一點，可惡的混蛋）。你最多就是在這裡待兩年，所以你的合約上所寫的數字要砍半，而如果你拿的不是股票選項而是真正的股票，那就要再砍半（多謝國稅局對矽谷酬勞的超高稅金）。現在看起來沒那麼美好了，對吧？

為了計算時間進展，我在 MacBook 的控制台上下載了一個倒數計時的應用程式，倒數我的第一個生效日，而在那之後的日子我連想都不敢想，這個倒數程式會紀錄天數、小時、還有分鐘，而我總是會盯著它看，尤其是在某些特別讓人緊張又充斥著特別多企業屁話的會議之後。

人們都說怠惰的心是魔鬼的遊樂場，所以在這段時間裡，我便和其他幾名產品經理一樣，開始想辦法把我的產品行銷經理拐上床。

我們暫時把她稱作產銷小姐好了。她的身材由上到下呈現著貝茲曲線的模樣：先凸、後凹、然後又凸，讓人無法轉移視線。和臉書大部分的女性不同（或說跟灣區的女人都不同），她知道該怎麼穿衣服；她的註冊商標是 40 年代風格的緊身洋裝。她的金髮和橄欖色的皮膚相互輝映，早熟的面孔上帶著一對淺藍色的眼睛，像車頭燈般閃亮。

她對電子郵件的拼字和文法講究得很可愛，和其他人在臉書公司內部通訊中完全不在乎文字的態度大相徑庭。我們交換過好幾次調情的對話，討論 CPM 一詞究竟是首字縮寫（initinalism）或是簡寫（abbreviation），或是我在枯燥的公司對話中某些特別華麗的字句是換喻（metonym）或是比喻（metaphor）。

和我一樣，產銷小姐對自我毀滅性的肉慾無法自拔，最後總是會導致某些特定行為的發生。其實我們兩個這樣的行為已經不只一次了，但大概都只停留在酒吧裡的保護級親熱而已。是時候來真的了。

那時候的臉書，週五下午時，公司內部總是會帶著一種雞尾酒時段的歡樂感。祖克會進行全公司的問答時間，那些問題都是員工們在事前就提出或投票決定好要問大頭目的[116]。我有時候會去參加，不過那得看當週勝出的問題是什麼（問題都會貼在臉書內部社團），然後會在那些穿著帽T的23歲年輕人們湧入前，先把公司提供的東西都吃一輪。廣告團隊晚點也會加入，如果天氣許可，就會一群人坐在戶外的一張野餐桌旁：馬克‧羅伯金（Mark Rabkin）、斐濟‧西摩（Fidji Simo）（當時他還只是個行銷，後來成了產品經理）、布萊恩‧波蘭等等——這些可以真的一起喝一杯的廣告團隊成員，在當時還是很稀有的存在。

在這種胡鬧的會議中最活躍的團體，是廣告產品行銷團隊。他們隸屬於廣告團隊，但是和波蘭的小幫派分開的另一個「組織」，由一名隨和的中西部人麥克‧福克斯（Mike Fox）所帶領。這團隊在臉書架構中所扮演的角色很有趣。儘管他們口口聲聲說自己是社群網站的先鋒，他們還是得親自進入阿肯薩斯洲的班頓維爾，或是密西根的奧本山丘，並說服那些真正賣東西或生產東西的的公司（像是沃爾瑪或克萊斯勒之類的）在臉書上花錢。要把臉書推銷給通用汽車的總監，就像是要教亞馬遜土著用收音機一樣：是有可能的，但你得先懂他們的語言，然後將你要推銷的東西塞入他們視為聖旨的傳說框框裡。福克斯和他的左右手道格‧弗里斯比（Doug Frisbie）、丹‧塔特拉（Dan Tretola）、和戈林‧伯克（Galen Burke），是這些鋼鐵與血肉之軀混合的巨人面前的密使。

福克斯的人馬總是盡情享受雞尾酒時段。產銷小姐是行銷團隊中的常駐酒咖。在祖克做問答的員工餐廳外的野餐桌旁暖身夠之後，整群人便動身前往別處續攤。

---

116 這種週五傍晚的全公司集體會議幾乎可以算是矽谷所有公司的共同傳統了。在谷歌，這個會議被稱為「TGIF」（不過現在因為全球時差的關係，這個會議已經被改到週四晚上了）。推特則將這個會議稱為「午茶時間」，並會在會議時提供菇茶（Kombucha）給大家喝（上一次計算時，他們有三種）。資深管理層會用這個時間來解釋上層最近都在忙什麼，同時也會針對公司內部流傳的流言或新聞做出解釋（如果一間公司真的有點作為，那麼這個部分永遠少不了）。

我們的目的地是影小姐酒吧（Shady Lady Bar），是臉書偷工減料的酒吧文化最經典的延伸場所之一。這間酒吧的內部看起來就像愛荷華州的麋鹿酒吧，牆上貼著 70 年代明星的簽名照（例如波特‧雷納德（Burt Reynolds）），裡面還有一座由黑膠唱片和膠木所貼滿的吧台。從加州大道搬過來之後，這間酒吧便在第十大樓重新開張了。第十大樓是臉書總部排成弧形的建築群中最尾端的一棟；它是臉書的正式入口和接待處，也是幾個小團隊（營運和法律）的辦公室。沒有任何工程師的接待大廳，意味著週五晚上 7 點左右，這裡會比莫哈韋沙漠（Mojave）還要荒蕪。福克斯的人馬和產銷小姐都已經有點微醺了，我們便占據了整個酒吧。我想找點和問答時段提供的大眾啤酒不同的東西喝喝，於是便自己打開冰箱，然後看見裡面有一瓶沒有開過的雷鳥（Thunderbird），是最廉價的強化葡萄酒。看在上帝的份上，我從來沒有親眼看過它，只有聽過它的名字。冰箱裡的其他東西也都一樣爛。正在倒酒的某個傢伙手中的東西看起來像是庫爾啤酒。這個酒吧根本只是個形象藝術，一點真正的功能都沒有。

但這裡真正讓人陶醉的東西是穿著貼身洋裝的產銷小姐。我已經記不得了，但我不知怎麼地想辦法把她帶離了一排排空蕩蕩的桌子。腦子昏昏沉沉的時候，實在太容易興奮，因此我們急需隱私。我在沒有失去平衡的狀況下，伸手揮開幾碼之外牆上一扇神祕的門。那是一個裝滿清潔用品和臉書生活殘骸的工具間：裡面推著海報、宅宅玩具、還有打包的紙箱。

我溫柔地把我們兩人拉進門裡，關上門，然後繼續戰鬥。

由於產銷小姐比我矮了一個半顆頭，這其實不太容易。四周一片漆黑，這意味著我們完全失去平衡感，我伸出一隻手，抵在左側的牆壁上，穩住身子。

我奮力試著解開她內衣的扣子，但這個小動作卻意外的困難，像是只有兩人的列寧格圍城戰。產銷小姐沒有抵抗，但是維多利亞的祕密

卻不肯讓步。我感覺到一個東西裹著我的腳，像是延長線，或是紙箱。

她嚐起來很甜，帶著雞尾酒時段的啤酒味（她也是個啤酒狂）。

再……一個……鋼圈……快……打……開……。

當我失去平衡、並將重心從那隻腳上移開時，我聽見一聲脆響。

勝利是我的！

內衣終於投降了。

是時候往她的胸部一頭栽去了。四周的黑暗和她的身高讓我的動作變得更像是頭鎚。我一頭撞上她的胸骨，我們便同時微微失去重心，她向後靠在牆上，我則彎著身子。

我絕對是踩進一個桶子或紙箱裡了。如果我試著踏步，卡通般的物理現象肯定會發生，而我會像在沒有摩擦力的的世界中一樣滑倒。我會摔出門外，讓整個廣告行銷團隊看笑話，還包括誇張的動作和音效，更別提櫃子裡還站著一個裸胸的產品行銷經理。我站在原地，動也不敢動。

我們之間的情慾還沒完全消失，但已經不夠我們繼續往那個方向發展了；臉書的工具間對做愛來說實在太沒有情調了。

事情草草結束，我控制住自己的下半身，然後把門微微打開。門外一個人也沒有。我小心地把重心轉到沒被纏住的那腳，然後踏出工具間，幾秒鐘後，產銷小姐也出來了。

回到十步之外的影小姐後，我發現根本沒有人注意到我們的消失，便不著痕跡地回到歡鬧的氣氛中。一切就只是一個平凡的臉書週五夜。我看著產銷小姐，她的貓眼則流露出溫暖和共犯的愉快感。

酒吧中歡樂的動力逐漸消失後，我們便離開了行銷團隊，動身前往廣告團隊的辦公區。我們穿過最近終於整修完成的中庭，然後在一張奇怪的桌子或牆邊繼續進行親熱。從專業的角度來說，這實在是很糟的選擇，但幸運的是，週五晚上 10 點，就連臉書也勉強能稱得上是空

曠，所以我們沒有留下任何話柄（只是在廣告團隊裡有點流言蜚語）。

通常，那樣的場景，看在當時的時間和我們酒醉的程度上，應該會發生在教會區的華倫街，最後則會帶來更有運動感的結果。但是我們最後還是回到各自工作的辦公桌前，就像兩名清醒、認真的的專業人士。

就連在工作之餘的其他方面，臉書也絕不是賽車跑道。

股票上市

> 階級之分越強大，它便越堅稱它不存在，並將它的力量凌駕在
> 一切之上，好強化它的主張。
>
> ——居伊·德波，《景觀社會》

2012 年，2 月 1 日

　　每次收到馬克寄來的電子郵件都會讓人很緊張。通常來說，他比較喜歡用臉書訊息聯絡事情，所以要是用電子郵件，那通常代表事情有點大條。這個早上我們收到的指令：不要把這封郵件的內容說出去，否則保全會來抓你。但這當然沒有任何減低緊張感的效果。

　　這裡所說的「保全」，當然是指臉書內部的糾察隊，會在人們偷看用戶資料或洩漏機密資訊時把你逮住。就像東德的國家安全局，所有住在它轄區內的人都知道自己正在被監控。

　　這封郵件指示我們下午 4 點時在「帳篷」集合。由於總部的中庭仍然還在整修中，臉書變在其中一個美式足球場大小的停車場上搭了一個昂貴的佈道帳篷，作為全公司的演講廳。於是全公司的人們便在距離四點還有五分鐘的時候湧入了帳篷，準備聆聽我們這個新宗教的先知佈道。我像往常一樣遲到，坐在後排座位。

　　馬克開場說的第一句話是公司終於要正式上市了。一陣歡呼同時響起，使他不得不停下來等聲音漸弱。接著他便照著他平時散漫的演說模式，開始警告我們上市後很有可能會引來讓人分心的外部關注，別人的嘲諷也不會少。那是臉書人那些總是被保護得好好的自尊心從來沒有被迫承受過的東西。

由於像是股價、和華爾街日報對某些他們根本不懂的服務做出的蠢評價，很可能會影響我們的工作，祖克只有一句話告訴我們：**專注在我們的任務上！**

作為一名流浪在外的古巴孩子，眼前這個場景讓我聯想起我們集體的文化記憶：革命起步時，卡斯楚在一個掛著旗幟的舞台上發表一席極精彩的勝利演說，四周圍繞著身穿橄欖綠的支持者。在那個當下激升的迫切性、那種歷史在你眼前發生的火花、那片歡呼的人海，以及卡斯楚臉上極具魅力的扭曲表情。那種宇宙在你面前融合成更宏大的某物的感覺，而你只要站在那裡就能成為其中的一員。那是在 1959 年早期從格林與柯達的照片中呈現在你眼前的東西，那是他們震懾這世界的原因，而在柏林和拉巴斯，還有某些困惑的反叛者們用那樣的照片在裝飾自己的房間。

在哈瓦那，我的表親們被迫聆聽那些亂糟糟的演講，告誡他們要怎麼樣在平面的人格中維持狂熱崇拜的價值觀。而在門羅公園，我則坐在帳篷內，和身邊穿著同樣臉書制服的人做著一樣的事。

在哈瓦那，我的表親們看著格瓦拉和卡斯楚的海報，貼在崩塌的建築物上，或是吐著黑煙的公車側邊。此外還有許多鼓吹的宣傳，海報都以只有古巴人還在使用的完美復古社會主義所設計：**一切都是為了革命！朝勝利前進！不成國家便成仁！**

同一時間，我則在臉書看著模板畫出的馬克肖像，以及同樣反動的海報：大膽前進！全力以赴！製造影響！

來到極致後，資本主義和社會主義其實會變得很相似：

由一名無庸置疑的領導人所傳下的戒律激發人們的苦力勞動，並由領導人選擇他們該信奉的原則，再用豐厚的報酬獎勵那些樂意把自己壓榨到什麼也不剩的人？

兩者都有。

有個（幾乎）拍馬屁的媒體專門稱讚現存的生產系統，並將它捧

為世界上唯一可行的模式？

再打勾！

擁有願意犧牲個人生活與家庭、就為了讓系統有效運作，並用這個系統內的有色眼鏡看待周遭世界的大兵？

歡迎來到臉書人民共和國。

但是你可能會抗議，你在資本主義裡可以辭掉工作，但在共產主義裡，你無所遁形。

你到底有多大的機會在資本主義下辭去工作呢：看看西雅圖或舊金山的房價，再看看美國還算可以的教育環境，你現在可以重新考慮一次多少員工會從亞馬遜或臉書辭職。我認識很多在這些地方工作的人，但我從沒遇過有人這麼做。

問問那些養家的人（就算是雙薪家庭），他們覺不覺得自己能想辭職就辭職。他們就連生小孩的時候都只能請幾週的產假，更別提辭職了。換工作，其實就只是改變枷鎖上的顏色而已。

就像 @gselevator 所說的那樣：在共產主義中，人們排隊是為了領麵包，在資本主義中，則是排隊領 iPhone。當然，iPhone 是比麵包好多了，而且資本主義國家的生活水平也明顯地比較高，但是透過無產階級的角度來看，兩者的生活體驗相似之處可不只是一點點。

現實是，資本主義、共產主義，以及其他席捲全球的意識形態，都是用以滿足同樣的人類欲望：創辦人或革命家對權力的渴望，以及全體人類想要成為某個更遠大的事物中的一份子的欲望，儘管他們很可能帶出完全不同的後果。國際社會主義、科技未來主義、布爾什維克主義、伊斯蘭主義、泛阿主義、法國共產主義、南北戰爭的鍾斯通將軍、十字軍、法國文明使命、西班牙佛朗哥、末日聖徒教會、古巴革命——這些全都是魔鬼的其中一個面孔，攪動著狂熱份子的神經，以及追隨者想要在流傳的故事中占有一席之地的渴望。

如果沒有這輛忠誠的驛馬車、沒有那股強烈的動機，歷史學家還

能從歷史裡研究出什麼？我又能寫什麼？

我的座位位於兩名心不在焉的聽眾後方，後來我發現其中一名是臉書的產品總監克里斯·卡克斯，以及娜歐蜜·葛雷特（Naomi Gleit）。她是臉書的第 29 名員工，據說是除了馬克本人之外，現在在臉書任職的員工中最長久的一個。

除了偶爾和克里斯交換低語之外，娜歐蜜正在自己的筆電上點擊個不停，幾乎沒在聽祖克的佈道。我越過她的肩膀望向螢幕。她正在瀏覽一封有好幾個連結的電子郵件，同時用新分頁打開每一個連結。點擊馬拉松結束後，她便開始緩緩地切換每一個分頁，用審慎的目光一一檢視。那些全是不動產清單，每一個連結都是一間舊金山的房子。我記住了其中一間的地址，並在自己的電腦上用我們敵人的谷歌搜尋找到那個地方。那是鑽石山莊上一個還不錯，但不到特別了不起的地點，是很受科技圈人士歡迎的安靜社區。這個房仲公司也做了不少谷歌功課，那間屋子其實很好找。那是一間現代解構主義與維多利亞風格相碰後的新建築會出現的模樣：全由黑石、深色原木、金屬所構成，用幾個大景觀窗暗示它的抽象感，但整體來說就只是一間不對稱的怪屋子。建議售價：兩百四十萬美金。

社群網站的龍頭在台上說：**上市後，我們更要保持專注。**

所有大成功的科技公司，都要經過想辦法不讓人們受到潛在股價影響的困境。像臉書這樣的公司之所以特別，是因為它不變的財富差異尺標，讓早期員工繼續留下，並用不錯的價格雇用新人幫助公司成長，但不讓那些人得到任何真正足以改變人生的財富。

在這種完全由消費能力定義的社會中，有錢與沒錢的臉書人討論收入的困難度，就像瑞士無政府主義者要和伊斯蘭主義軍人討論政治折學一樣。因此最簡單的原則就是不要公開討論這話題。不過人們當然少不了談論了。這類的社團肯定很多，其中一個則叫做「NR250」。這個

標題指的是「新有錢人（New Riches）」，250 指的則是前 250 名左右的員工，或至少他們是這麼流傳的（而且在此時，那已經遠遠多於早期臉書員工了）。是的，他們全都是字面義的暴發戶們，而且從每個角度來說（不只一個成員偷偷告訴過我）都表現得像是暴發戶。如何以有限責任公司的名義買屋屯房，夏威夷茂宜島上最棒的避暑小屋，如何預定或租用私人飛機，以及如何使用最棒的信用卡，諸如此類。但是沒有人會在總部裡開口聊這些。

日常生活中，那就和谷歌大姊頭邦妮・布朗（Bonnie Brown）在她的自傳中所提到公司內兩極的貧富分裂：

一起工作的谷歌員工之間產生了尖銳的衝突。一名員工正在研究週末要去當地電影院看哪場電影，另一名卻在看週末飛去貝里茲島度假的機票。週一早晨的對話聽起來會是什麼樣子呢？

但是這個主權階級的成員們卻不斷否認它的存在。如果你找南方白人討論種族主義，他們自然會頑固地告訴你，南方是平權的最佳示範。英國上層階級的人會宣稱他們的國家是菁英主義的模範。我可以勉強使用「特權」一詞，並不讓自己感覺像是個社會正義魔人，但那些特權（噁）的既得利益者永遠都看不見這一切。就像寓言中的魚看不見自己居住其中的水，臉書貴族也沒有意識到他們在企業階級中不知不覺產生的驕傲。

從更高的層次上來說，這種態度意味者臉書已經好幾年沒有給出四十一萬元退休福利計畫了。英國交易員有次問起我臉書有沒有任何退休保障，我則開玩笑地說，股票上市就是保障。不過，當然，對大部分的臉書員工來說，那其實不是事實，因為晚期加入的員工（我就是其中

之一）在公司上市後，就不會獲得那種天外飛來的橫財[117]。臉書最後的確作出了退休計畫，但內部所產生的辯論，正好揭露了有錢與更有錢的人之間的鴻溝。有些人並不懂問題出在哪裡（更有錢的人），而有些人則忙著擔心史丹佛的學費、及在相較比較便宜的聖瑪帝奧養家（算是有錢的人）。

　　真正有趣的是，儘管他們並非這個囊括所有人的新社會秩序的既得利益者，這些非有錢人仍然樂意接受這個體系。新任員工盲目地被捲入熱情之中，但資深員工知道這代表什麼。他們知道自己過的是一種生活，而比他們更資深的長官們（儘管不是真的比較有才華）過的又是另外一種。

　　馬克思主義說資本主義會將財產擁有者的價值觀植入他們的管理階級中，並同時保有勞工所提供的結果，好應付被剝削的無產階級，這就是經典的例子，儘管比起與管理階層的關係，經理與員工其實更有共通點。就連在臉書（或亞馬遜或谷歌）成熟後被雇用的最囂張的中級經理，他也知道和那些早期員工和創辦人（公司真正的主人）比起來，他連個屁都沒賺到。但這些經理們仍然每天都在和自己並肩工作的其他員工面前作威作福。不管你要怎麼批判馬克思主義，它其實正完美地描述了現代的科技中產階級社會。

　　在國家或公司中，這其實都一樣：國家也忽視了社會經濟中那條幾乎有實質地理份量的鴻溝，兩邊是富人與勉強能混口飯吃的人民。臉書只不過是美國社會的縮影。

專注在我們的任務上！

----

117 這是臉書上市不久前加入的員工大約能賺到的錢（我會知道，是因為我引介了幾個朋友加入臉書，而我們私底下聊過他們的合約）。如果他們擁有幾年的經驗，但不是擁有特殊專長的「明星」，他們大概可以領十二萬五到十五萬，包括五十萬的股票（當初私人市場的臉書股價是一股三十美金），在四年內生效。如果他們是明星、或是擁有博士學歷的研究技師，他們的股票價值則會來到一百萬或一百二十五萬不等，同樣在四年內生效。這些都是會被課稅的限制股票單位（RSU），而不是股權選項（是老員工拿的）。想想臉書的股票會在接下來的兩年內翻四倍，再加上員工們一路上會獲得的表現獎金，就連一名年輕工程師都能在四年後帶走一百至三百萬的獲利，前提是他們表現得當的話。

當飛碟沒有出現時

擁有信念的人難以被改變。告訴他你不同意他的想法，他會轉開頭。告訴他事實或圖表，他會懷疑你的資料來源。試著用邏輯和他溝通，他會抓不到你的重點。

——里昂・費斯廷格等，《當預言失靈時》

2012 年，3 月

1956 年，社會學家里昂・費斯廷格（Leon Festinger）研究了一名芝加哥家庭主婦桃樂斯・馬丁（Dorthy Martin）身邊所產生的狂熱主義，並發表了一本代表性的著作。馬丁從不同的「震盪盤（Vibrational planes）」上接收訊息，並全都紀錄了下來。她收到的訊息預測美國會在 1954 年的 12 月 21 日遭到洪水襲擊而毀滅。這個信念的信徒們會被外星太空船拯救，將他們帶往更高層次的存在，讓被揀選的他們體驗另一場人生。

這個信念的成員們與日俱增，而當預言中的末日越來越近，成員們便開始離職、讓自己的住宅與事業陷入荒蕪，並疏遠他們不信的家庭成員，好為末日做準備。但當飛碟及預測中的末日都沒有降臨時，這些信眾們並沒有失去信心。事實上，這個經驗反而讓他們更加堅定，讓他們成為錯誤信仰的親密聯軍。直到今日，他們的殘黨都還在堅持著。

這個研究構成了後來費斯廷格的理論「認知失調（cognitive dissonance）」的基調：當現實與他們內心深信的真理產生衝突時，他們所感受到的精神壓力。這個理論的一大重點是，人們會自然而然地迴避這種不舒服的狀態、逃離會加強這種感覺的情況，或是忽視會讓這種精

神衝突更明顯的事實。

請注意：接下來我要說的事不是為了要嘲弄臉書，或是為了滿足某種虐待狂的喜悅感，才來揭發他們難堪的失敗經歷。這是個研究案例，說明再聰明的公司也有可能在市場期待與自傲的雙重壓力之下暫時陷入瘋狂，開始相信仙子或飛碟的存在。每一間大公司都在這種精神錯亂般的恍惚時期中掙扎過，打造過各種奇奇怪怪的產品，又在現實終於追上他們的幻想時突然驚醒。下面這個例子便是臉書經典的貨幣化怪產品，我們要看看它是怎麼風光進入行銷科技的世界中，又是怎麼徹底失敗的。

* * *

這個產品表面上的初始概念是很不錯的。

首先，我們要倒帶回到 2010 年的臉書，這個用來偷窺你過去或未來的男朋友的產品還和現在完全不同。那是臉書國最簡單的時候：手機版的臉書使用率很低，應用程式遲鈍又緩慢。粉絲專頁是唯一有商業價值的表現，每個頁面都像是一個品牌或企業的簡化版個人簡歷（記得，在當時，那個充滿資訊而昂貴的動態時報還沒有發表呢）。唯一讓別人把一點廣告內容插入你動態時報的方式只有透過你朋友的轉貼、某個非好友的人將你標籤在照片上，或是你按過讚的某個粉絲專頁。當時還沒有任何方法能付費並將你的廣告直接加入用戶的動態時報裡。我們僅有的幾個廣告都長得很小，只有郵票的尺寸，遠遠待在頁面右上角，而且通常都是鼓動性或不相關的東西，像是遊戲或是低價值的產品，例如手機資費方案。你在臉書上唯一能表達看法的「動作」只有按讚，動態時報上不會出現你玩的遊戲，或是你在 Spotify 上聽的音樂。那一切都要晚點才會出現。那時候，網路上的其他地方都還沒有按讚的按鈕，無法像現在這樣立刻把你的喜好轉貼到你（和你其他好友）的臉書上。

臉書，或說是祖克將動態時報視為網路上神聖不可侵犯的領土，

因此在上面賺骯髒錢的念頭連存在都不可以。那臉書要怎麼賺錢呢？有兩種方法，而兩者正好各自展現出廣告世界中的兩個極端。

那些住在紐約的中間人廣告仲介，被人花大把銀子請來幫他們花更大把的銀子，並說服大品牌花錢為臉書上的粉絲專頁買讚。像是星巴克（雪莉占有他們的一個董座席位）或 Burberry（那個專賣四千美金克什米爾外套的品牌）這種大公司都會為了在臉書上得到五百萬個讚，而不斷花費上千萬的預算。臉書業務推銷讚數的神奇力量，就像天主教徒在宣傳聖餐所帶來的奇蹟，說麵包和紅酒能變成肉體與血。但從來沒有人能解釋讚數要怎麼轉變成真正銷售的金額。這是臉書的信徒們默認並接受的信念，對他們來說是超越人類理解範圍的神祕現象。如果有任何人想要測量這一點，那就像是用碳十四年代測定法去測都靈裹屍布一樣，會破壞這個信念的超自然氛圍和魔法，所以你閉嘴，乖乖付錢就是了。

那些主動要賣你毛衣或飛往波士頓的機票的直接反應廣告商（direct-response advertiser），當時幾乎很少出現在臉書上。臉書的廣告定向系統太弱，沒有人能真的在臉書上直接銷售任何東西（除了上面提過的那些讚之外）。唯一有辦法讓臉書廣告系統有點用處的直接行銷商，只有臉書遊戲平台的研發團（像是 Zynga）。臉書的「興趣」定向系統只有一點點效果，是行銷商絞盡腦汁，花了上千個廣告和幾百萬預算才激發出來的。舉例來說，一間遊戲公司發現，喜歡各種能量飲料的人對於黑幫戰爭這類遊戲的轉換率很漂亮。基本上，能量飲料就是那種腦袋空空、專門喜歡玩愚蠢的黑幫暗殺遊戲的年輕男性的代言人，現在早就被忘得差不多了。那是臉書版本的「啤酒與尿布」迷思，是行銷商們最愛的那種[118]。但是這在營收上沒有帶來太多提升，而且臉書廣告的

---

[118]「啤酒與尿布」是個行銷界的都市傳說，來源不明，說的是大型零售業者請了一群數據專家來尋找哪些產品的購買率是有相關的。最後這些豬頭發現尿布和啤酒總是一起被賣掉，尤其是週五晚上。這個現象的解釋是什麼呢？丈夫回家途中為妻子買好需要的尿布，並帶上一些啤酒，好應付有著小嬰兒的居家生活。和大部分的傳說一樣，這很有可能是虛構的，但它所描述的大原則卻是事實（或某部分的事實）。

活動率和其他有妥善定向的網頁廣告相比實在是小得可憐（但沒有任何臉書員工認清這一點，至少沒人公開提起）。

　　同一時間，臉書核心產品在搜尋與平台這塊發布了各種大膽的初始版本，並獲得了祖克豪邁的批准，廣告團隊卻從來沒有這個特權。就像可憐的窮親戚被請去參加有錢人家的花園派對一樣，廣告團隊遠遠站在盛宴的外圍，緊張而不安，並為自己身上穿的破爛夾克感到丟臉[119]。

　　我們終於談到這裡了。所以這間公司豪賭的產品是什麼呢？

　　它的名字取得模稜兩可，叫做「開放社交關係圖」。我加入臉書前一年，他們在臉書的研發會議「F8」中就發佈了這個功能的第一個版本[120]。在那之後的另一個版本則加入了更多動詞，不只剩下「讚」，還多了「玩」、「聽」、「看」和「買」。那是你在網路上使用的全新語言結構。「安東尼奧・葛西亞・馬汀尼茲正在 Spotify 上聽 Wax Tailor 的『唯一一次』。」不再只是模糊地用「讚」來認可所有的東西，臉書用戶現在可以大聲宣傳他們正在做的任何事情，外部研發者只要把臉書製造的新文法加入他們的產品中就好。這麼一來，那些研發商便讓他們的產品「社交化」了，並有了爆紅的潛力。這些外部研發商，像 Spotify 這種音樂軟體、或是華盛頓郵報等發行商把大量的資料灌入臉書中，而作為交換，他們則會得到動態時報的曝光率，讓更多用戶看見他們的內容，並加入服務。

　　至少，這是他們的夢想。

　　但這一切的貨幣化層面和你想的可不一樣。開發或販售資料並不是重點。借用谷歌的 AdWords 當作差勁的類比對象，他們是讓贊助商

---

119 就像我在這本書中寫的其他敘述一樣，這句話在當時也是事實。那名可憐的親戚，我們口中的廣告團隊，不久後就會贏得大樂透（或者說，提供大樂透的彩金），然後就再也不會縮在飲料區的一角了。但是他們還要花一點時間才會到達那個高度。

120 這個會議中指的「8」，是工程師們在整夜寫程式的駭客馬拉松中所熬過的八小時。他們在那個程式工作室時段還製造過更多更奇怪（也更成功）的產品。

的結果和普通的搜尋結果一起出現，而開放社交關係圖則是會讓特定的廣告獲得更多「推廣」，並更頻繁地出現在用戶的動態時報上。Zynga和阿姆理論上都得付費獲得曝光，並讓身為用戶的你與他們的產品或內容產生更多互動。你不會看見你原本就不會看見的廣告；你只是更容易看見它們、更常看到它們。每次只要用戶看見或點擊了「動態贊助」（這是那個貨幣化產品的名稱），廣告商就得付錢。

記得這一點：當時，別人按你的專頁讚、或是你張貼一則貼文，這是唯一讓你的商業內容出現在動態時報上的方法。動態贊助只是給了你一點動力、一點小幫助，讓你的內文出現在你的目標客群面前（他們本來就已經喜歡過你的頁面了）。當然，那不僅是按讚而已。你玩農場村莊、或在 Spotify 上聽了某一首特定的曲子，或是在 Socialcam（一個早被人遺忘的社群影音網站）上看了一支影片，你在臉書上做的一切、或甚至不在臉書上做的事，都被臉書的合夥企業消化過了。最後，那會包含你在網路上做的每一個動作，從吃披薩到和你老婆做愛（嗯，或許吧）。而透過廣告系統，這一切全都變成能推廣的資料。哪裡有可能出問題呢？

動態贊助就是典型需要兩個奇蹟才能成功的創業點子。第一個奇蹟是要全世界的公司都以和臉書合作為目標工作、並在不要求回報的情況下給出他們的資料。第二個奇蹟則是這些公司的行銷商要放棄他們原本的工作流和成功之道、來配合一個新的模型，而後者的成功與否完全不明也無從得知，只憑臉書的一句話。所以就像任何需要兩個奇蹟才能成功的創業點子，它基本上就是注定要失敗。

但這並沒有阻止廣告團隊。

儘管臉書已經連續好幾年都會舉辦先前提過的 F8 會議，儘管它的存在與否是它的平台與研發經濟系統健康與否的判別指標，他們卻只有辦過一場還可以的行銷會議。他們用毫無想像力的 FMC（Facebook Marketing Conference）作為縮寫，在廣告世界的教廷紐約舉辦了這場會

議，時間是 2012 年的 2 月，正好是動態贊助的好戲來到高潮（或其實是最低點）的時候。

　　這是一場盛大的秀，想像一下蘋果的發表會、或甚至是一場搖滾演唱會（在會議結束之後的確有）舉辦於自然歷史博物館，位在曼哈頓上西城、中央公園旁邊。奇怪的是，核心產品工程師和像我這種經理，在這場會議裡沒有什麼用處，因為這會議是給行銷經理及業務的，所以我們便被派去打雜，像是在門口幫人簽到。

　　「對，過來這裡掃描你的名牌，然後登入臉書，麻煩了。」我會對某個控股公司的執行長這麼說，不過對方只是個靠著沒效率地使用他人的錢來謀生的小丑。

　　這場秀的場面大得實在很不臉書。

　　我們有一條昏暗的「塗鴉牆走廊」。在這裡，當你刷完卡並確認身分之後，你的臉書用戶帳號便會和你的會議入場許可連結在一起。同時，牆上的螢幕會亮起，展現出最近才發表的動態時報。就像在瀕死體驗時你會看見的一樣，你的一生會從你眼前劃過，從最近期的一路追溯回過去，並配上你朋友、新生兒、婚禮等等的照片。人們都非常驚嘆，誰會不喜歡擁有一個你自己的小影展呢？並在他們才剛見證過的塗鴉牆上分享他們的打卡，將這個產品的力量往上推進一個層次。

　　我偷偷離開了這場油嘴滑舌的炫耀大會，臉書產品行銷經理和業務不斷拍著大品牌行銷主管、或經紀公司經理的馬屁。跨過紅龍，開始探索黑暗的博物館。

　　自然歷史博物館是一間老派的 19 世紀古蹟，用來進行教學展示和標本。所有的展間都是在向電影前（更別提網路前）的世界致敬：一個個打造成賽倫蓋提大草原或阿塔卡馬沙漠等的立體佈景，裡面放著山貓和牛羚，以及看起來很居家的一對犀牛。這座博物館還能吸引活人的視線多久，讓他們願意專心看這些標本呢？博物館正在將自己偉大的不動

產出賣給臉書公司，後者則致力於讓人類的注意廣度變得越來越小。

　　這場閒聊盛會的主調是由雪莉所定，她自己則花四十五分鐘給了一篇毫無記憶點的臉書老生常談。不過這篇演講的內容並不是重點，而是雪莉本人，活生生、親自站在那裡的雪莉本人。那就像是歐普拉之類的名人亮相，讓民眾覺得自己搭計程車從中城來上西城的錢花得值得。

　　在雪莉之後的下一個講者是明星味比較沒那麼重的保羅・亞當斯。他是廣告團隊的一名產品經理，正打算把自己經營成勇敢新社交媒體世界的麥爾坎・葛拉威爾（Malcolm Gladwell），也出過一本名叫《社群效應：小圈圈如何改變世界》的書。他和葛拉威爾一樣，從幾個關於人脈網絡的社會學研究中選了幾個半虛構的結論，並將它們編織進一個更宏大的媒體和消費未來的整體故事裡，再一點一點餵進媒體消費者的腦子裡。他的結論是，新點子和新產品會透過不斷改變的社交影響力者網絡來傳播，把網絡搞清楚、並互相剝削彼此的共同好友，是讓你的聲音被聽見或產品順利銷售的關鍵。這個結論完美地配合了開放社交關係圖，即動態贊助的偉大藍圖：在臉書上那些擁有你朋友面孔的奇怪小廣告，就是你用來讓某人願意花錢買一輛六萬美金的 BMW 3 系列 M 級跑車的唯一要素。

　　但保羅不只是拿臉書的台詞來推銷他的書和個人品牌，而是真的相信那一套，這是個天大的錯誤，就連臉書自己的研究都證明了這點。就在會議舉辦前，臉書的研究團隊才發表了一篇論文，研究對比點擊行為，以及臉書正在對集合代理商大力推銷的這種「社交關係」有什麼影響[121]。他們的結論嚴格來說算是正向的，但是整體來說沒有太多影響。

121 那篇論文叫做《社交廣告中的社交影響：田野實驗證據》，最終會出現在電腦協會會議中，伊坦・巴克西（Eytan Bakshy）、迪恩・艾科斯（Dean Eckles）、顏榮、和伊塔瑪・羅森（Itamar Rosenn）則是作者。臉書的資料科學團隊全都是最高級又最囂張的人，就不是早就在學術領域中占有一席之地的學者，就是新科畢業的博士，全都興奮地想要染指臉書大量的私有資料庫。這個團隊所寫的論文（包括這個），總是很小心地執行許多實驗、並破除社交媒體的迷思，而很多都是臉書自己創造的。

　　根據臉書研究顯示，包含了社交關係的廣告（在文字廣告前加上「你的朋友喬伊喜歡」）和沒有包含你朋友笑臉的純廣告相比，的確提升了 40％到 60％的點擊率。那聽起來好像很多，而且絕對比什麼影響都沒有來得好。但在實際操作層面，這其實是個壞消息。臉書廣告的點擊率非常非常低，因為他們的定向策略實在太糟了。平均點擊率是 0.05％，如果你可以達到 0.11％的點擊率，你就可以在南市場區的亞歷山大牛排館點一客松露牛排慶祝了（當然是用客戶的錢）。和普通的圖片廣告相比，臉書根本不會被放在眼裡，就連定向得最糟糕的廣告（像是那種叫你打猴子的愚蠢假遊戲長條廣告），都至少有 0.1％的點擊率，而定向成功、擁有第一手資料和豐富變動性的廣告，甚至可以達到 1％或更高的點擊率。這代表臉書的廣告表現程度只有別人的二十分之一，如果你真的有認真在計數的話（但很多臉書廣告商都沒有）。因此，60％的表現提升是很不錯，但和真正定向優異的廣告相比，這數字還是太可憐了。臉書將整個貨幣化的未來賭在這個只能稍微提升點擊率的計畫上，而且甚至還搞不清楚原因，臉書研究論文聽到了一組可能的實驗。我讀過那篇論文早期的版本和基本的結論，因此我知道這種鼓吹社交關係的點子是多麼依賴運氣的東西。

　　我當然不是唯一一個看見這點的人。臉書的廣告合夥企業都是獨立的廣告公司，是靠著創造和經營客戶的廣告來賺錢的，他們都比自己創造了這個廣告系統的臉書更了解它的問題。在和這些合夥企業開的一連串會議中，他們都已經盡可能有禮貌地表示出，他們其實並沒有看見新的動態贊助對表現有任何實質影響。我們的廣告合夥企業正受到臉書的壓力，得將動態贊助推銷給客戶。當時最典型的例子，是臉書廣告將產品硬塞進合夥企業的嘴裡，合夥企業再將它硬塞給廣告商。由於臉書廣告團隊並沒有生產出人們真正想要的產品，因此我們的產品發表一直

都有一種填鴨式的感覺：把嘴巴張開，然後逼人硬吞[122]。

不過回到我前面的重點，動態贊助所帶來的收穫（就連在臉書資料科學團隊最棒的測試環境下，它都不存在）對於一間運作中的廣告公司來說實在是微乎其微。所以合夥企業們實在很難逼廣告商們接納這個熱騰騰的新系統。臉書的反應基本上就是叫他們把鴨子的脖子抓得更緊，把填充管塞得更深而已。

但即使擁有這麼多失敗的預兆、最根本的大方向也錯得離譜，我們還是在這裡展開了 FMC 大秀，讓保羅・亞當斯站在台上，身後則是形象化的社交網絡圖，就像《巴頓將軍（Patton）》中的喬治・C・史考特（George C. Scott）站在巨大的美國國旗前一樣，教導媒體菁英們該如何在這場社交媒體戰爭中負擔起愛國的義務。我能做的只有打量四周，瞪視著周圍全神貫注的面孔，不敢相信這一切有多麼荒謬。當談到科技界的產品行銷時，英國新聞界的座右銘就是法律：別讓事實擋了好故事的路。

最後收尾的表演是在海洋生物展示館裡舉辦。我們的四周圍繞著吸引人但被澈底無視的海洋生物們，還有一隻尺寸一比一的藍鯨模型掛在天花板上，臉書的行銷大軍正在試著魅惑已經醉昏頭的紐約媒體菁英。到了某一時刻，艾莉西雅・凱斯和一台鋼琴突然出現在巨大展廳的一側，像是憑空被變出來一樣。整個派對進入高潮，所有的臉書人都停止假裝推銷任何東西了。我不知道這個凱斯是誰，也不知道為什麼我身邊所有的業務們全都興奮地蠕動著。這種大群人的場面總會激發我與生俱來的厭世感，於是當身邊的群眾開始躁動起來時，我便叫了一輛 Uber 離開了。當我回到第一飯店（Ace Hotel）時，我的動態時報上

---

122 這個作法的最好藉口，大概要用汽車先鋒亨利・福特（Henry Ford）的話來形容：「如果我問我的客戶他們想要什麼，他們大概只會說『更快的馬』。」這裡的重點是，真正的產品預言家可以看見用戶的需求，就算他們自己都還沒有意識到。臉書廣告團隊在這個幻覺的蒙蔽下運作好幾年了，而在某種層次上，仍然在在這麼做。

充滿了上百張一樣的照片：一個女人坐在光線中彈著鋼琴，坐在藍鯨之下，四周則圍繞著一群歡呼的人。「**有史以來最棒的活動**」社群媒體單調地形容著。對這些總是過著薪資不足的糟糕生活、背著他們永遠不會主演的電影台詞的業務們來說，這是他們在臉書工作的重要原因之一。他們最後終究會得到自己的那場秀。

對現在的我們來說，要看見動態贊助有多糟糕是很容易的。那種一頭熱的產品所帶來興奮的陣痛感，其實和霧很像。當你置身在霧中時，你是看不見它的。霧會遮蔽你視線最遠處，但是你身邊的事物看起來都一片正常。霧堤真正的盡頭得在遠處才看得見。廣告團隊中，上至雪莉與剛從谷歌挖來的廣告團隊領導階層，下至像我這樣的產品經理卻都沒有人意識到這個商業模式完全不可能行得通。

布萊恩・波蘭當時還是廣告產品行銷的副總裁，是行銷部門的高格。他在桌上擺了一大瓶的凱歌香檳，並貼上一張便利貼，寫著「動態贊助帶來 10％ 的收益」。就和許多失敗或遲遲不見起色的產品一樣，波蘭是我們盲目的領導人。動態贊助的目標是在 2011 年底帶來臉書 10％的收益。嗯，最後那個數字還差得遠了。我一直想知道那瓶酒最後到哪去了；我猜波蘭最後偷偷把它帶回家，一邊想著那些懇求客戶使用的電子郵件，一邊喝光它。

由於當時我也不知道到底該怎麼辦，於是我參加了一場雪莉主持的會議，而事實證明那是一系列類似會議中的第一場。雪莉在廣告團隊結構中的角色很有趣。在那段時間之中，她的會議室（名稱叫做「只有好消息」，但這個名字最後會染上一點諷刺的色彩）會是廣告團隊分歧的產品方向最終上訴的法庭（而且我們有很多這種需要）。由於祖克完全將貨幣化的管理外包給她了，她便是這個社交媒體世界的教宗，是祖克王座旁的總督。她會代表他的領導權，並同時採取策略博得他的歡

心，這是她勝過其他人的技能，你花十億美金都買不起。

2012 年 3 月的一個艷陽天裡，廣告團隊的高級管理層，以及幾個相關的產品經理（例如在下我），聚集在雪莉的領地中商討每況愈下的收益狀況。股票上市日只剩下幾個月了。那些外流的收益數字讓市場對臉書產生的期待，跟我們目前所預測的完全不同；過去我們的收益是每年都在加倍的。動態贊助是個地雷，而臉書只能不斷祭出更多的童話故事，誇大臉書專頁或某個品牌的粉絲數量有多大的魔法。這些童話故事已經被人傳頌了好一陣子，而且一堆大品牌如 Burberry、福特、星巴克、BMW 都花了大筆預算買了一堆根本不知道幹嘛用的讚，但那最多就只能讓他們開始洗用戶的動態時報版面而已。

會議的最後，雪莉終於罵道：

「夠了！星巴克不會再花一年一千萬買那些讚了。沒有人會要這麼做了！」

她當然是對的，買讚派對終於正式結束。我們的收益成長正成負值。如果臉書再不想點別的辦法，我們就完了。

腫瘤貨幣化

為增長而增長，是癌細胞的意識形態。

　　　　　　　　——愛德華・艾比，《曠野旅人》

2012 年，3 月

　　突然崩盤的收益會促進怪獸的滋長，但也有可能養出幾個產品美女。這是我和高格一起工作的宿命，他又莫名地指派了其中一隻產品怪獸給我。那是貪婪得最過分、又最不經大腦的新點子；在這個時節裡，我們的公司中充斥著這類增加收益的怪想法。不過這個點子還是值得一提，因為它讓我接觸並正面迎上臉書中最重要的一個團隊。臉書席捲全人類的成就，可以說是這個團隊一手完成的。

　　它的名字很簡單，就叫做「成長團隊」。

　　人生中有三樣必然之事：死亡、稅率、以及臉書用戶成長。

　　臉書的廣告團隊會把用戶變成錢。成長團隊則會把錢變成用戶。它們兩者加起來，便會形成臉書中質量相等的陰與陽。在我們從加州大道搬到新家後，這兩個團隊正好占據了 17 號大樓的左右兩側。

　　臉書中最厲害的行銷人才不是出現在廣告團隊，而是成長團隊。像是亞力克・史考茲（Alex Schultz），一名高大渾厚的大嘴巴英國人，總是頂著一顆小平頭，眼神刻薄；或是布萊恩・匹格拉斯（Brian Piepgrass），一名溫柔的加拿大人，臉上永遠帶著微笑，從來沒有拿過大學畢業的文憑，卻一手管理著臉書每年度高達上億的行銷之處。這些傢伙知道所有的招數。在廣告團隊知道什麼是實時廣告購買（real-time ad exchange）之前（儘管這東西一直都存在），廣告團隊就已經開始利

用這種方式重新定位那些差一點就要在臉書在註冊,但卻被網路上的其他東西轉移注意力、然後離開頁面的用戶。

　　成長團隊精通一切的心理學手段,以及所有的視覺騙術,知道如何將一雙雙眼球變成臉書用戶帳號。就像所有最棒的直接回應行銷,他們會計算點擊率或轉換率到小數點第三位,並保持用戶資料的清晰。不管是根據行為主義或古典制約理論,他們都知道要如何在最佳時刻寄出提醒郵件,告知用戶臉書內發生的事件(像是被朋友提及或朋友的新貼文),好得到最棒的回饋。他們會和網速較慢的國家中的電信公司交涉,好促進臉書使用者的使用者體驗。

　　成長團隊同時也負責管理一份世界地圖,上面追蹤了臉書在全球的領地。目前為止,臉書還沒有占領的國家要不就是很奇怪、要不就是獨裁政體、要不就是特別腐敗(或者三者兼具):俄羅斯、緬甸、越南、和伊朗[123]。成長團隊的人每天都在瘋狂地嘗試把那些國家也變成藍色。每個國家終於都在他們不眠不休的誘導之下臣服,而那些曾經風光一時的社交網站(Hi5、Orkus、MySpace)就像某些珍稀的海鳥般逐漸消失了。

　　現實是,臉書一直都太成功,現在地球上已經快要沒有人類讓他們征服了。想想這些數字:網路上大概有三十億人,而我這裡指的是任何使用網路資料、訊息系統、瀏覽器、社群網站等等的人。在這些人之中,有六億人是中國人,因此在臉書的接觸範圍之外。而在俄羅斯,托Vkontakte等仿冒品的福,臉書在這個國家的九千萬網路使用人口中也只占了一小部分,不過臉書最後還是有可能贏得這場戰爭。扣掉這些數字之後,世界上便剩下二十三億五千萬人讓臉書收割。

　　儘管臉書對於那些喋喋不休、總是掛在網上的用戶來說似乎是無所不在的,它其實還沒有全面到那個地步。舉例來說,美國是臉書目前

---

123 中國大概是沒有被臉書的藍色所覆蓋的國家中最突出的一個。中國政府立了一個專法擋住了
　　臉書,並用當地的仿冒應用程式來填補社交媒體的鴻溝。

最穩定、最豐富的市場，也只有四分之三的網路用戶擁有臉書帳戶。這種臉書／網路的比例在其他國家甚至更糟，所以就算一個市場的臉書使用已經達到飽和，也不代表所有人都在使用臉書。如果我們（非常）樂觀地假設所有市場都能達到美國的臉書使用等級。除去中國與俄羅斯之後，再將永遠不會加入或持續使用臉書的 25％ 人口（就像美國一樣）扣掉，那全球便留下了十八億臉書潛在用戶。就只有這麼多。

在 2015 年的第一季，臉書宣布他們現在擁有十四億四千萬用戶。根據 2014 年的公開數字，臉書的成長率是每年 13％，而這速率正在減緩中。就算假設成長率能保持到 2016 年，那還是意味著臉書只剩下一年的成長空間，然後就沒有了：臉書已經把網路上所有的人都吸收進去了。

臉書要解決這個問題，就只有兩種方法。其中一種是製造更多人類（就算對臉書來說也還是太難了），或是把這顆星球上剩餘的人類拉進來。Internet.org 這個帶點公共精神又有點爭議的組織就是因此才存在的。臉書用它在全印度架設了免費的網路，而巴西和非洲也很快就會跟進。在 2014 年初，臉書買下了一間專門製造無人機的英國航太公司 Ascenta。臉書計畫用一台能夠當 Wifi 熱點的無人機飛越開發中國家上空，給他們免費網路使用。想像一下超輕量化的碳纖飛機飛過非洲草原上方，當地人們一邊牧羊一邊看著臉書動態的畫面吧。

臉書沒辦法等到那些發展中國家自己達到第一世界的網路等級，所以它得為他們創造機會，用已開發國家所賺來的廣告收入來補貼新無人機的部署計畫。隨著時間進展，用戶數量將會帶來錢，就像往常一樣。就算很遲緩，注意力最後總是會帶來收入。

最後，俄羅斯、伊朗、印度、巴西，和非洲的許多部分都會在成長團隊的耐心誘導下投降。然後馬克・祖克伯便會像印度河畔的亞歷山大帝一樣痛哭失聲，因為這世界上再也沒有地方讓他征服了。

　　　　　　＊　＊　＊

　　這一切都聽起來非常夢幻，所以讓我給你一個廣告團隊與成長團隊辯證的實例：

　　在我負責管理的幾個詭異的產品中，有一個和這個狀況特別相關。讓我們快轉一下。「登出體驗（Logout Experience, LOX）」是臉書在 2012 年中上市前「我們實在太慘了快創造什麼東西來賺錢」的產品中的其中一個。

　　基本上，那東西是這樣的：當你登出臉書時，你不會看見平時的臉書登入／註冊頁面，而是一個普通的臉書頁面的上半部，也就是封面照、及我們都認得的標題列。這個產品的點子是將這塊區域賣給最有錢又最笨的廣告商、社交媒體界的富二代：品牌行銷商。品牌行銷商就和政治家一樣，是被人花錢請來花別人的錢的。在這個例子中，他們的目標便是提升「品牌知名度」，就是這個虛無縹緲的概念，讓你在終於拿到獎金或升遷後垂涎一支上萬元的勞力士名錶。

　　另一個會同樣快樂地吞下登出體驗的對象，則是想要大肆宣傳又一個違反人性的戲院犯罪要準備上映的好萊塢公司。臉書創造登出體驗的目的，便是為了要提供這些行銷商一個誘人的目標，就像一個橫幅廣告或全版廣告。

　　這個產品名稱「LOX[124]」是由史考特・夏匹羅（Scott Shapiro）所命名。他是產品行銷的小天才，根據臉書廣告產品的傳統，將我們的產品以鳥或是魚的名字起名。由於這產品是和封存模式的臉書有關（因為你會在登出臉書之後才看到），因此臉書鮭魚便成了「煙燻鮭魚」，一個產品就這樣誕生了。

　　目前為止，一切聽起來都很有利可圖。

　　所以，有什麼問題呢？

----

124 譯注：此字同時也有煙燻鮭魚的意思。

在廣告團隊中，我們完全忽視了登出畫面對臉書的重要性。

一點背景提示：許多發展中國家的人民並不擁有自己的個人電腦，手機也都是非智慧型的小廢物（這點當然正在逐漸改變中）。所以那些人們做的事情就像你去巴西或印度或其他國家當背包客旅行時一樣：他們會去找網咖或其他公共電腦來用。他們登入，以計時付費的方式用臉書，然後登出。他們留下的就是臉書的登出畫面，而它正好是世界上最頻繁出現的網頁。這是真的。你走進世界上任何一間圖書館或網咖，大部分的螢幕都會閃爍著臉書的藍色。這也是那些國家大部分的臉書新用戶加入，或是誘使已經是用戶的人登入的方法。我們在廣告團隊的人甚至還不懂得欣賞這一點。

廣告團隊和成長團隊之間的爭執重點是這個：讓用戶使用產品的那樣東西本身不一定會賺錢，反之亦然。事實上，這兩樣東西基本上是沒有任何正相關的，你可以促使用戶數量增加或賺錢，但沒辦法同時兼得。

我們提出的「LOX」基本上就是在阻擋臉書用戶成長的大門，並拿《醉後大丈夫3》付出的少少幾億作為交換。這很顯然是筆爛交易，而成長團隊有一百個原因拒絕；如果不是因為上市在即，這筆交易根本連搬上檯面都不可能。

我們為此和成長團隊開過好幾個緊繃的會議：我們前面提過的大個子亞力克・史考茲（我其實滿喜歡他的，跟他也很合得來），以及前面也提過的團隊資深成員娜歐蜜・葛雷特。他們氣憤的程度，就像我們正在提議把小狗狗殺了當雞翅賣來當作我們的下一個貨幣化模型，儘管他們其實沒辦法算出我們偶爾占據登出頁面會讓他們損失多少用戶數量。嚴格說起來，我們其實是硬把這個點子往他們身上扔，而比起助廣告團隊一臂之力，他們還有更多更大的問題要處理。但是不管如何，我們是不可能在和成長團隊的交易中算出一個精確的數字來的，因此這完全是靠著怒氣和個人情緒在爭。

　　最後，廣告與成長團隊之間的爭執終於有了結論，那就是我們只能在幾個特定的國家中使用 LOX，也就是成長團隊已經打敗了其他社交網站的國家，至於那些他們還在打延長戰的地區則不行。因此，由史考特・夏匹羅所主導的業務群們，便將這個產品加入了美國地區，但跳過了巴西，因為那裡還有谷歌早期的可憐社交網站 Orkut 所留下的餘韻。這就是我不小心闖入的貨幣化與用戶增長的拔河賽，而我一逮到機會就想辦法溜了。幾週之後，我們便發表了 LOX，然後我就再也沒有對它投注任何注意力。

偉大的覺醒

> 他又叫眾人，無論大小、貧富、自主的、為奴的，都在右手上
> 或是在額上受一個印記。除了那受印記……或有數目的，都不
> 得做買賣。
>
> ——《聖經》啟示錄十三章，十六到十七節

2012 年，3 月

每一個小孩學會的第一件事物是什麼？我們教導新寵物的第一個規矩是什麼？是什麼東西會把我們從白日夢中拉回來，不管我們陷得有多深？

一個名字。

這很簡單，但仔細想想其實很神奇：你就說了一個特別的字，而那個人（或狗、或小嬰兒）便會轉過頭來，將注意力投向你。這個行為不由自主但又如此重要，這基本上就是自我知覺的定義：我知道我是誰，也會在被點名時做出回應。我們表達自我的核心就是我們的名字；每個語言的教科書都是由這樣的句子開頭：「我的名字是……。」那是我們身分的中心；沒有比在政治迫害，或被監禁後奪去名字、只剩下一串編號更殘酷而貶低人的行為了。沒有了名字，我們就不再是我們。

現代廣告就只是選擇性點名而已，這也就是為什麼它如此基本。為什麼呢？它和我們現在認為特別到不行的各種行銷管道的差別，只在於我們會用名字來指稱目標客群而已。廣告運作的方式便是點名與回應，只是有不同的機制讓它運作的比其他方式有效率一點而已。

所以那些名字是什麼呢？

在直郵廣告的世界中，那就是我們貼在三級郵件上的地址。舉例來說，如果一間衛浴用品公司希望用一張完美的八折折扣卷吸引我的注意力，它就得喊：

安東尼奧・葛西亞・馬汀尼茲
克勞倫斯一號，第十三室
加州，舊金山 94107

如果它希望用我的手機和我聯繫，我的名字則是：

38400000- 8cf0- 11bd- b23e- 10b96e40000d

那便是我獨一無二的手機編號，一天會在手機廣告交換中被廣播幾百次。在我的筆電上，我的名字則是這個：

07J6yJPMB9juT0war.AWXGQnGPA1MCmThgb9wN4vL0Upg.
BUUtWg.rg.FTN.0.AWUxZtUf

這是臉書重新定向用的 cookie，根據你的網路瀏覽紀錄，我們會用它來將廣告定位在你身上。

或許不是非常明顯，但以上列出的這幾種金鑰，都和我們個人豐富的行為資料有著極大的關係：我們上過的每一個網站、我們在實體店面買的東西、我們下載的所有應用程式、以及我們在那上面做的事 [125]。

----

125 再讓你一窺臉書的公司生活：儘管整個網路身分的願景是一群人集體創造的，但是把臉書身分拿來比喻成一個人不同的名字，這可是我想出來的點子，也是我第一次在簡報上提到。在那之後不久，一場雪莉會議中，雪莉的走狗波蘭從一封群體電子郵件中拿走了我的簡報，並將上頭的個人資料改成他自己的（還把地址改成他在阿瑟頓的地址！），然後把這個點子報告給雪莉聽。當波蘭當著我的面講著簡報時，我實在不知道自己該生氣還是該感到好笑（他連事先告知我都沒有）。這些狡詐的中間經理啊！

不過，這些金鑰使用的長度和它們相關的資料是很重要的。比起我們或 McAfee 清理瀏覽器 cookie 的頻率，我們搬家的次數少多了。我們換手機的次數則位於兩者之間，這也是手機的隱私權政策比桌電的要來得更有挑戰性的原因 [126]。

現在行銷界最重要的拼圖，讓臉書、谷歌、亞馬遜和蘋果都願意投入上百億元的資金和永無止境計畫的那個核心，就是如何將這些不同的名字拼在一起，以及讓誰來掌握這些連結。就這樣。除了這種《權力遊戲》般的權力鬥爭、爭取這股能夠控制身分、定向與分佈的偉大數位能力之外，其他事情基本上都沒有什麼競爭價值。

手機、桌電、以及離線行為：所有的行銷商都在追逐這三個怪異而不完全的消費者目標圖像，就像一個喝得醉醺醺的拳擊手，雙眼昏花，卻又不斷朝四面八方全力揮拳。但在這一切的背後卻是一個人：一團集需求、渴望、與焦慮於一身的肉球，我們的血脈在石器時代就開始進化，一開始是和張牙舞爪的野獸競爭，永遠在飢餓與飽足之間徘徊，但在轉瞬之間，現在我們卻在應付永無止境的閃爍燈光及超優化的刺激。當人們到死都要瘋狂玩 Candy Crash、或是瘋狂地在自己根本不需要的東西揮霍不屬於他們的錢時，你又真的能怪他們嗎？我們要面對的挑戰是如何將這些不同的名字與那顆不安分的腦袋連結起來。這是我們在 2012 年發現的事實。這也是臉書投注如此大量的時間、金錢與人力收購截至當時最大的廣告相關公司 Atlas 的原因（在那之後不久，他們又收購了更多這類的公司。）

這在實際操作面又是什麼樣子呢？

如果說你在上班時間偷逛 Target 的網路商店試著找某樣東西，但

---

126 資料保存得越久，用戶和政治家們就越擔心。以手機為例，它的機器編號及追蹤你的方式就是永久的，並會和你手中的實體裝置連結在一起。如果臉書不小心洩露了你喜歡肯爺或你是個 34 歲的男性的資訊，那這筆資訊便會和你的機器編號連在一起，便會被無數的外人永使用。幾個星期就會被清除的瀏覽器 cookie 則沒有那種危險性。

你又不想當下就下訂，因為你的老闆就在附近，而要你在他面前拿出信用卡又太尷尬了。透過電腦轉手機的身份連結，Target 發現你在通勤時用智慧型手機玩了一款遊戲。它用那樣東西的廣告占據了你的應用程式使用經驗中的短短幾秒，或許是在你升級的過程之間（這種完全占滿螢幕的廣告叫做「插入式廣告」）。經過不斷受到產品的呼喚，就算是在潛意識裡一樣，你回家之後，終於決定用你的個人電腦買下那個渴望已久的產品。透過臉書的連結功能，廣告商便知道你在三種不同機器上的身分：工作用筆電、手機、以及桌電。

又或者，如果我們真的想要炫耀我們的身分連結招數，我們可以把劇情改成你一個星期之後到實體店鋪去買了那個產品。你用一張回饋卡付錢，而那張卡已經連結了你的姓名和電話。透過一個我們很快就會談到的「登錄（on-boarding）」技術，Target 已經將那兩筆資訊和你的瀏覽器和手機資料連在一起，你身為消費者的完整形象便完成了，包含所有線上與離線的歷史。

接下來會發生什麼事？

那筆交易所賺來的收入（不管是線上或實體店面的消費）都會被歸功於廣告商付錢所得到的手機廣告曝光。多虧了在眾多裝置之間搭起的橋樑，廣告商明確知道是什麼付費媒體造成你的消費的。這個廣告伺服器，這個實際在你的行動裝置遊戲上播放廣告的公司，明確地知道整個世界上最重要的東西，也就是那塊閃閃發光的小像素能夠促使你付出白花花的鈔票。突然間，那個遊戲發行商給你看見的廣告突然就變得那麼有價值了。

聽起來有點老大哥 [127] 的概念，對不對？

但現在這年頭，誰才是真正的「老大哥」？

臉書或谷歌嗎？才不，還遠得咧。國土安全局和美國監聽系統

---

[127] 譯注：big brother，喬治・歐威爾著名小說《一九八四》中的一個象徵，意指獨裁政府統治者。

呢？可能吧，如果你不停地駭入別人的網站。FBI 或 CIA 這種機構呢？是、也不是。他們花了十年的時間才抓到賓拉登，而且之所以能抓到透過「絲路」網站販毒的藥頭，是因為他們犯了幾個愚蠢的錯誤。

我認為是老大哥的那些公司，你很可能連聽都沒聽過他們的名字。那些叫做 Axicom、Experian、Epsilon、Merkle、或是 Neustar 之類的公司（還有更多其他的）。這切公司在直郵廣告的年代早期，也就是 60 或 70 年代時，就已經開始追蹤全美的消費者資訊了。他們知道你的名字、地址、電話號碼、電子信箱、教育程度、收入等級、你家裡其他的成員、他們的年紀、以及他們的消費型態，還有你屬於哪一個消費族群，而且他們在網路誕生前就已經開始累積這些資訊了。

還有更了不起的。

他們大型零售商那裡吸收了所謂的客戶關係管理（customer relations management）資料，基本上就是每個消費者的前科紀錄——這是他們眼中最偉大神聖的資訊。它們可以彌補任何不完整的資料庫，打造更準確的個人資料庫，在線上與離線狀態設計定向族群，並利用它們來在無邊無際的資料庫中尋找相似的消費者們。跟東德國家安全部不同，他們已經將資料公開給前東德人了，但這些公司的資料庫指開放給少數幾個例外人士。

這些事情重要嗎？

我們生活在一個消費行為至上的社會，你的文化、宗教、或政治立場都被排擠到一邊去了（「足球媽媽」、「ipad 世代」、「足球爸爸」）。事實上，像 Nielsen 這類的公司已經將消費者們分門別類地安頓好了，用不同的面向將用戶歸檔，例如家庭人數、教育、收入、居住地等等，並取上有趣的名字：「公路飆仔」或是「隨性鄉村」。他們被列為「潛力指數族群」，形成預測的消費行為帶，據說可以讓行銷商根據人口組成原型來調整他們的廣告策略。

你消費，因此你存在。那些公司們便是非網路的商業行為身分的守門人，而且坦白說，你的其他部分對資本化世界一點用處也沒有。想想：你的投票結果和你在沃爾瑪（或亞馬遜）的消費記錄被公開在一個告示牌上，你覺得哪一個比較可怕？

所以囉。

而這些遍及全國的監控單位，在沒有任何監督或約束的情況下，是怎麼出現的呢？靠信件啊，各位先生女士們。沒錯，靠著那一張張的小郵票們。

聽好了。

根據郵局自己提出的數字，直郵廣告每年都提供郵局一百七十億美金的郵資收入，要是沒有這筆錢，這個機構早就破產了。整個直郵產業、那封你會直接丟掉的廣告信，如果你把設計、印刷、定向資料與郵資都算進去的話，是一年價值五百億以上的產業。

要是把這和其他產業放在一起比較，谷歌一年賺的錢也差不多就這個數字。2014 年間，線上行銷商們花了一百九十億購買圖像廣告（基本上就是谷歌與臉書之外其他網路世界）。所以我們說的是另一個谷歌等級、三個網路世界、或三個臉書價值的錢，坐在離線消費的邊線外。

如果你和我一樣，生活在像素與電子所定義的現代數位漩渦之中，請你好好思考這一點。要做直郵廣告，你得砍樹、造紙、請設計師、印出漂亮的廣告、好好包裝或緘封，然後再花二十分錢的郵資寄出一封信。這樣的廣告每千人觸及的成本（CPM）大約是一千元。大部分的線上媒體千人成本是一元，或者再高一點。這代表線上廣告的效率可以是直郵廣告的 1‰，但還是能賺進一樣多的收入。

問問你自己：你最近是點開一個廣告然後購買一件商品比較多，還是回應一封推銷郵件？

對吧。

如果我們可以找到辦法把這些資料全部統整進網路身份，我們就可以把一疊五百億元的錢丟進數位媒體的工業中。

這項工程已經展開了。就某方面來說。

用來描述這項巫術的專有名詞是「資料整合（Data on-boarding）」，而它的運作方式是這樣的：像 Datalogix、Neustar 和 LiveRamp 這類的公司，會買下次級社群網站（還有人記得 Hi5 和 Orkut 嗎？）、新聞電子郵件、約會網站（小提示：Match.com 可不只是靠人們的訂閱在賺錢的）、或是其他讓你的名字和地址等個人資料接觸到瀏覽器的地方的版面。那意味著這些整合公司字面意義地擁有一小塊你瀏覽器上正在載入的畫面（通常只是一小塊空白），不論是你在和電子郵件或一個你擁有帳號的網站互動——任何一個擁有你離線資訊的網站。對他們來說，那樣就夠他們放入 cookie，或讀取已經存在的資訊。由於你正在讀的新聞電子郵件，他們便知道你的信箱是 agm@gmail.com，或是從約會網站上得知你的名字是安東尼奧・葛西亞・馬汀尼茲，他們就可以把那個網站的 cookie 和你其他個人資訊的片段連結在一起。接下來這筆個人資訊便會被存在一個資料庫中，包括與它相連的瀏覽器 cookie，在現實生活的你與網路版本的你中間搭起一座橋樑。這或許是會是以摘要的形式儲存，但這只是為了保護隱私；如果每個人都有使用同一組散列函數（Hash fuction）的共識，那這筆資訊怎麼儲存就也沒那麼重要[128]。

在 cookie 和個人資訊之間的那個交點，便會在一天之內被任何願意付費的人交易上兆次。用我們上面描述的金鑰來說，我們就是把實體地址、電話號碼以及法律承認的名字和線上裝置連起來了：一堆小小的

---

[128]「摘要化（hashing）」是我們在網路上大部分活動的電腦科學核心。它會用非常簡要的形式將片段的資訊來源整理成穩定的數序輸出。用這種受到保護的方法來比較資料，資訊便不會外流，簡化的版本也不會丟失任何重要資訊。你可以檢查身份是否對應，但又不真的揭露身份本身（尤其是當有人的身份不連貫的時候）。把這當作資料保險套好了：行為仍然會發生，但外部資訊並不會產生外流。

原子便形成了位元組，反之亦然。

為什麼這如此重要？

想想這一點：臉書與谷歌這類的媒體發行商就只是效率更高的郵局。他們是為了錢才傳遞訊息的。如果你想的話，他們還可以給你收據。他們和郵局的差異只在於地址的不同。在我們現在這個充滿媒體的時代，臉書或谷歌的帳戶比你的名字或實體地址更容易找到你。如果我知道你的臉書帳號，我就可以（幾乎）不付上任何代價地攻擊你的視網膜；你的名字和地址對我來說毫無用處——當然，除非它們能提供我你在過去十年中所有的消費歷史。它們的確可以，這也就是 Acxicom、Epsilon 等等的公司還有事做的唯一原因（再加上以前和大公司保留下來的企業合作關係）。

在臉書進行的資料整合就更聰明了。臉書和 Acxicom 及 Datalogix 這樣的公司進行過個人資料庫（沒有真正和對方分享資料本身的內容，感謝摘要化的存在），並將臉書用戶帳號和那些資料公司儲存的資訊連結在欵一起。

臉書和谷歌比其他資料整合的公司更有優勢的原因有兩個：他們擁有你更多的個人資料，而且他們總是看得到你在線上。臉書「自訂廣告受眾（Custom Audiences）」功能中的配對率（也就是你離線的個人身份能在網路上被找到的比率）幾乎高達 90％。這個功能在 2012 年上線，我們等一下會再更詳細地介紹它。不管如何，這意味著行銷商透過這功能所定向的一百個人中，臉書可以找到九十個人。這在亂糟糟的廣告世界中簡直高得驚人。

臉書、谷歌和許多其他公司都達到了行銷商的巔峰：精確、持久，並提供每一個線上消費者一個暱稱。更棒的是，他們也將你現實生活中的身份，那個會在半夜兩點睡眼惺忪地前往 Target 買衛生棉條、或低卡啤酒的傢伙，和這個暱稱連結在一起了。

這一切都在臉書的媒體發表會上公開發表並記錄下來了。只是沒

人了解、也沒人想去思考而已。但你們應該這麼做的。

* * *

我試著把這段關於數位行銷的落落長專題用最簡單又最明瞭的方式講給你們聽了，希望你們都同意。但是臉書得到這些結論的過程可完全不簡單也不明瞭。事實上，臉書在數位領域中的這個偉大策略，花了我們一年的時間吵架、和幾十間廣告公司無窮無盡地開會、並全速發展和我們之前的方向完全不一樣的產品。

臉書比較受歡迎的海報中，有一張寫著：每天都像一星期。這是事實。你在臉書做的工作太繁雜又太消耗體力，每天當你 10 點打卡下班時，你都覺得你才剛熬完五天的工時。每個月感覺起來都像一年。至於一年呢？嗯，你可以想像那是什麼感覺了。

以產品的角度來說，和臉書數位行銷願景最相關的人們有布萊恩・波蘭、馬克・羅伯金、馬修・瓦吉斯（Mathew Varghese）、布萊恩・羅森陶（Brian Rosenthal）、還有我。此外，還有一群我所領導的工程師們，率先以大不相同的方式來思考身份問題：班・里斯曼（Ben Reesman）、海利・曼尼卡尼卡（Hari Manikarnika）、以及吳蓋瑞（Gary Wu）。我有必要暫停一下，來介紹介紹這群角色。

我們已經提過波蘭很多次了。當時，他是廣告團隊產品行銷的主管，接下來很快就會變成廣告科技的副總裁。

羅伯金是個有趣的角色。他是美國政府從布里茲涅夫的政權下收割回來的蘇維埃猶太裔，是臉書廣告團隊的技術管理新星。當他還在管理對定向至關重要的廣告基礎建設時，我們就一起工作過，又在其他幾個產品合作下和彼此越來越熟。所有野心勃勃的男人要不就是想要取悅他們的父親，要不就是想揍他們的臉。羅伯金是前者，把別人對他的表現評價看得很重，為了取悅他的爸爸而去唸了碩士，並臣服於掌權者的

權力。我則是後者，而這點在我們之間畫下了一條明確的界線（更別提我們對臉書管理層不同的態度）。

瓦吉斯是一名電子工程博士，曾在谷歌擔任產品經理，也有過資料處理的經驗。在別處工作過的背景讓他對臉書亂七八糟的屁事免疫，而在我被其他產品吞噬後，他便接手了廣告定向團隊。

羅森陶是一位各位有才華又好相處的技術經理。他在定向團隊中工作，帶領著兩個負責構思這個點子的團隊中的其中一個。他代表著臉書技術中最棒的那一面：桀敖不遜又不失尊敬，極具競爭力卻不傲慢，擁有野心又不妄自尊大。

我們最後是怎麼走上正軌的？那是臉書一貫的伎倆：透過和潛在收購對象與企業夥伴的會議中榨出資訊，再用這些優勢來想辦法對付外面的世界。不光是臉書，任何一間在市場上占有一席之地的大公司都在這麼做。

於是這群人便是每次都以不同排列組合的成員，再帶上一兩個行銷或工程師，前往拜訪或和這個領域中的每一間公司開會，而我說的真的是「每一個」。為廣告公司打造廣告購買科技的兩大領頭公司 Turn 和 MediaMath，他們的產品看起來就像 F-16 戰鬥機的駕駛室一樣複雜，但他們耐心地領著我們爬梳過他們世界中科技與商業端的每一個面向。第三方定向資料的領頭羊，一間名叫 BlueKai 的資料仲介公司，也全面地引導我們檢視他們資料流通的模式。和 Acixom 及 Epsilon 的會議則讓我們知道他們是怎麼存放全世界的消費者資料，好讓我們可以用極高的定向準確度來使用這些資訊。

這個領域中的科技公司全都擁有高度的知識水平，並比我們更清楚臉書該怎麼貨幣化我們的資料。在這些前置會議中，我們小心翼翼（或自以為小心翼翼）地問了許多大方向與指導性的問題，而他們則非常耐心地一一回答。不只一次，我不小心偷瞄或偷聽到他們對臉書一無

所知的狀態感到非常不可思議。我很確定在他們回到自己的辦公室之後，一定會笑我們的問題有多蠢。但因為我們是臉書，所以他們得對我們保持微笑，並帶著樂意分享的態度準時來參加每一場會議。

直郵世界中的老派公司就沒有這麼文謅謅了。我還記得我們和Experian 的第一場會議[129]。他們完全不懂我們想幹嘛，而且我很確定波蘭或羅伯·丹尼爾（我們的商業發展員工）和他們那裡聯絡的對象也搞不清楚狀況，所以最後他們派來了一個年資相對淺的 B 咖團隊。想想臉書整合資料的大計畫，這對他們來說其實是個浪費時間的缺失，但我們人都已經到了，會還是得開。他們派出來的直郵新銳團隊是由兩個人組成：一位名叫卡門的友善主婦型女人，以及一名有點邋遢、有點頹廢的傢伙，我不記得他的名字了。卡門的手中抱著一個大箱子。

值得一提的是，Experian 座落在伊利諾州的紹母堡（芝加哥遙遠的郊區地帶，我還得特別搜尋才知道這個地點），而他們得從市中心大老遠跑來參加這場會議。

「我帶了這個來給你們。好好享用！」卡門將大箱子塞給我，植物油令人反胃的氣味便撲鼻而來。

「啊……這個是？」我問，笑容堅定地掛在臉上。

「餅乾（cookies）！」卡門說。她看起來就是會喜歡烘培食物的女人。

「啊哈……」我邊說邊低下頭。

那是個紅白條紋的箱子，上面寫著一間當地麵包店的名字。那看起來像是一個小鎮的小事業，專門產中西部人童年時的瑪德琳小蛋糕。「舒特茲糕餅舖，1929 年創立。」這類的東西。

為了化解尷尬，我硬是想辦法製造一點幽默：

---

129 你或許知道 Experian 是能夠決定你財務可靠度的信用公司三巨頭其中之一。但那只是他們的其中一項業務，而且還是比較小的一項。他們的另一項工作則是追蹤你用他們幫你拿到的信用等級所買的一切。

「但我以為我們才是要帶 cookies 來交易的人欸……」

卡門和頹廢男面看著我，臉上的微笑是那種當你搞錯笑點時才會有的禮貌笑容。整場會議原本應該是要拿臉書的 cookie 資料（反正臉書知道你在瀏覽器上打開的每一個網頁）來換 Experian 的個人資料。他們帶來你在實體店鋪所買的商品，以及你的名字、電子信箱和地址，而臉書則要告訴他們你在網路上做什麼，也就是透過你的瀏覽器 cookie。但他們沒聽懂我的意思……也基本上沒聽懂接下來整場會議中的其他東西。

身處於臉書小花園中的我們，並不懂那些廣告科技專家們打造出來的高樓大廈；和他們相比起來，我們的確一無所知。但我們和這些直郵人士們又像是活在不同的世界。臉書有點像是卡在中間，又試著同時往兩個方向前進。

大門外的野蠻人

> 耶和華曉諭約書亞說：「……你們的一切兵丁要圍繞這城，一
> 日圍繞一次，六日都要這樣行。……到第七日，你們要繞城七
> 次，祭司也要吹角。他們吹的角聲拖長，你們聽見角聲，眾百
> 姓要大聲呼喊，城牆就必塌陷，各人都要往前直上。」
>
> ——聖經《約書亞記》第六章，第二到五節

2012 年，3 月

對於臉書是如何終於加入外頭真正廣告定向的世界、並擊退接下來的一場收益危機，我有一套自己的理解。

事實是這樣的：臉書的廣告系統落後、笨重、充滿毛病、又慢得可以。如果你要把當時的廣告結構具象化，你大概可以說它資料真正的價值及定向能力大概就只有 2007 年時雅虎的那個等級。如果祖克稍微懂點廣告（他基本上完全不懂），我們廣告系統的不成熟程度大概會讓他感到很丟臉，不管是科技面還是貨幣化層面都是。就像我先前說過的，任何數字乘上十億都會是個可觀的數字，所以臉書還是賺進讓人肅然起敬的收益，但如果你和任何一個廣告科技創業家問起臉書 2012 年中時的狀態，他們大概會用鄙視的笑聲代替回答。

但在公司內部，我們當然完全沒有意識到這一點了。臉書廣告團隊不知道的事就是不知道。這間公司就像是大財主的兒子：沒什麼能力，但有大筆遺產，所以每個人都得容忍他的作為，不管他的點子有多荒唐。

在外頭眼紅的人眼中，臉書這幾年以來完全和外部資料沒有任何

接觸，也沒有任何真正的追蹤或歸納系統來搞清楚哪些臉書廣告有效（或在哪裡有效）。現在我們卻提出要吸收全世界網路上四分之一的可定向資料。你曾經看過或買過的產品、你在網路上讀過或瀏覽過的網站，現在全都要囊括進你的臉書使用體驗裡。

要達成這一點，我們有兩個辦法。

第一個辦法最後有了個名字，叫做「自訂廣告受眾」（CA），是我們現存廣告系統的延伸。就像我們先前提過的「資料整合」，它是用來整合臉書用戶的離線資料，如名字、地址、和電子郵件。那是它最初的意圖，但後來很快就變得更複雜了。

第二個辦法比較有趣，叫做「廣告購買」（Facebook Exchange），簡稱 FBX。它會是數位媒體世界中程序化購買廣告的最終章：這個實時購買系統，會連結世界上所有的廣告資料，將每個用戶和每個廣告曝光加入臉書的使用體驗中 [130]。

這兩者又是怎麼運作的呢？

以自訂廣告受眾為例，廣告商得自行輸入一連串的電子信箱、電話號碼、名字或其他可供判定身份的訊息（PII）。這個功能就像是回收再利用的定向科技，老舊又緩慢，而且動不動就癱瘓。

以 FBX 為例，它則是人類視線的紐約證券交易所，人類的欲望會在這裡換成錢，一天數十億次。將這樣的訊息以實時結果從外部世界導入臉書中，臉書的定向，便可以從鎖定一個兩年前不小心喜歡過 Jay-Z 專頁的人身上，轉移到一個才剛在 Zappos 猶豫著三雙鞋的買家、或是剛讀了一篇馬自達新型 Miata 文章的讀者、或是剛在 eBay 上下單的用戶身上，就像**那樣**！

臉書需要，**真的需要**一個實時廣告交換系統。

----

130 我是在構思和孕育 FBX 的那個月中某個半夜兩點想出這個名字和縮寫的。我當初會這麼想是因為名字裡有 X 的品牌都會特別突出。而且，這個名字跟谷歌的 AdX「谷歌交換」有異曲同工之妙。

　　這種層級的措施需要得到臉書廣告團隊中最高層級的同意。因此，我們必須要先把這個系統的概念灌輸給他們，而這系統他們根本沒聽過、更別提有任何了解了。高層人士慣有的輕忽對於產品決策是很壞的影響，所以我們有必要讓他們有一點最基本的了解。現在回想起來實在很難相信，但當時的臉書沒人知道什麼是重新定向；成長團隊是個例外，但他們完全住在自己的小世界裡。

　　我會成為這個產品最初的提倡者，並帶領臉書走過一開始的混亂，找出資源並達到共識。我也會召集所有適合的人參與會議及提案。但是得有另一個人從外頭代表市場的聲音。我們需要一個對程序化廣告裡外都了解透澈、又有業務魅力和技術背景的人，來說服臉書的技術與產品經理。在廣告世界中尋找一個有知識又值得信賴的人，就像在地獄裡找雪球一樣困難。但我心中有一個人選。

　　查克・克留斯（Zach Coelius）是矽谷廣告界中最有趣的人物之一。他是來自明尼蘇達的中西部孩子，2005 年時突然現身在舊金山，並成為那些有錢的天使投資人撲克牌局桌上的常客之一。從牌桌上贏走他們的錢之後，他又透過投資的形式拿走了他們更多的錢。他一開始是和自己的妹妹開了一間公司，盡提出一些時髦又沒有重點的點子，但在 2006 年時注意到廣告界這塊大餅。他和其他幾間後來變成競爭者的公司，創立了一個「廣告需求方平台（demand-side platform）」（DSP）：這是一個成熟的廣告購買技術，像是股票經紀人那樣，成為廣告購買者交易的介面。

　　此時我還不算認識查克，也只和他互動過一次，但那一次就足以在我心中留下深刻的印象。還在廣告通的時候，我會參與南市場區兩週一次的低檔撲克牌局，成員全都是一些起步階段的創業者們。我們當時打的是流行一時的德州撲克，一個玩家會拿到兩張牌，還有一組公用牌供全桌使用，而不像一般的撲克遊戲那樣一次拿五張牌。

　　當時有兩桌同時在進行遊戲，一個棕髮的男人穿著一件猩紅色的T恤現身，上頭寫著 TRIGGIT。他在兩張桌子間坐下，一句囁嚅的招呼之後，便開始同時打起兩手牌。他玩得很積極，用玩家術語來說算是「鬆散積極型（loose aggressive）」，並將原本只是社交活動的輕鬆遊戲變成了一場街頭競賽。我想辦法躲過了他的攻擊，直到我拿到了兩張 A。我瞄了它們一眼，便決定要「誘敵」。我下注的金額變得沒那麼積極，只想要讓玩家們跟注，把我最後會贏來的錢堆得越多越好。那個穿著紅衣的男人注意到牌桌上的軟弱風格，卻還是像之前一樣積極地下注。我跟注之後便將金額提高了許多，想誘使他進入我的陷阱。查克看了我一眼便蓋牌了。全桌的人都照做。多虧我明明拿了一手好牌卻下注得太低，我只贏了一點點錢。我一邊收集籌碼，一邊半開玩笑地問他為什麼突然就決定退場。

　　「因為你那手牌很好。你看牌的時候我就發現了。」他回答。

　　我把兩張 A 翻給大家看。「的確。」我說。他解讀我表情的能力讓我既驚嘆又難為情。

　　當然，此時我已經把他的上衣和名字連結起來了，所以很清楚我現在面對的人是誰。在那一刻，我想起廣告通的融資領導人羅斯・席格曼隨口說出的一句話：他曾經投資過 Triggit，但在後幾輪被他們侵略性強的總監給踢出去了。我用這件事作為橋樑，向查克提起我和他有個共同的投資人，略過查克引起的小動亂[131]。他隨口糾正我羅斯是前任投資人，但我們便因此開始聊起廣告。

　　時間向前快轉兩年，他是我在實時廣告世界中唯一認識的人。如果他可以看穿我，那他也可以看穿臉書會議桌上的肥魚[132]。我在臉書廣告行政主管們忙碌的行程表之間小心翼翼地搜尋，最後終於找到大咖們

---

131 對創業家來說，有共同投資人的兩家公司，就像是被婚姻連結起來的兩家人。雖然不是血親，但卻是一個強韌的連結，可以衍生出投資人的引薦或共同的幫助。

132 所謂的「魚」是指牌桌上的傻瓜，只會沾好手的光。有一句話是這麼說的，如果你看了一圈牌友，卻看不出誰是傻子，那你自己就是。

都有空的一個小時，便邀請查克來對臉書高官進行簡報。

會議前五分鐘，我親自跑了一趟，把幾個比較重要的與會人士全找齊：康辛、席曼（Hegeman，廣告優化團隊的傳奇總監）、波蘭、羅伯金，還有十幾名工程師。臉書的會議出席率就跟毒癮份子說要戒毒的宣言一樣不可靠，所以有時候還是需要有人拉他們一把。

查克進行了一番氣勢磅礴的演說。在一小時之內，他將針對直接行銷與品牌廣告商的程序化廣告購買的內容，透澈地解釋給廣告團隊管理階層，讓他們像是被下了咒語般坐在原位。這是臉書上市之後必要的小道具。我們略過了油嘴滑舌的推銷台詞，著重在所有的實時資料和可能達到的可能性（這是你推銷東西給技術至上的管理層的最佳辦法），並在白板上畫了一堆圖表，解釋商業應用的實例。當會議結束時，氣氛難得一片歡愉。平時對臉書以外的廣告世界毫無興趣的高層們突然全都興奮又火熱。

在接下來的幾天，我藉這股突然的熱情發表了一個完整的產品與商業計畫，重申臉書（終於）加入實時廣告定向世界的必要性。我覺得自己好像又一次經歷了 YC 發表日，但這次的聽眾是臉書產品與技術領導人，而且最後帶來了更成功的結果。

2012 年，5 月 4 日

五週。

我們只有五週的時間為臉書打造一個實時廣告交換平台。

如果我們在 6 月 15 日發表，那剛好會是第二季的結束，我們就可以期待第三季的收益，也就是上市後完整的一季。如果我們能夠成功推銷給廣告商們，那我們就可以迎接收入總是最漂亮的第四季，零售商們總是在此時投注大量預算做廣告，為聖誕購物季作準備。這個時間軸實在很瘋狂，但我們別無選擇。

在查克的演說之後，動態贊助便澈底入土了，臉書對那堆童話故事也不再抱有憧憬。

而他們只派給我三個工程師來完成這個野心勃勃的任務。

班‧里斯曼看起來像是在洛杉磯進行幾百萬房產交易的仲介，而不是在臉書為永遠擴張不停而總是欲求不滿的廣告基礎系統寫成熟的後端編碼。他為 FBX 寫了第一次的編碼，容許臉書資料庫接受定向暱稱，臉書用戶們，我說的是我們幫你取的暱稱。很快地，我們就會一天數以十億計地開始使用那些暱稱了。他是個「現充程序員（Brogrammer）」，而且他對這個身份感到非常驕傲。這個詞指的是一群受過良好教育、擁有社交技巧，卻又會寫 PHP 和 C++ 程式，同時保有兄弟會成員的打扮和衛生程度[133]。當人們提到程序員時，腦中出現的總是蹲在地下室裡髒兮兮的傢伙，但他完全是個反例。想想《動物屋》（Animal House）中的布魯托（約翰‧貝魯西飾演），但是瘦一點的版本，再加上一個電腦科學的教育背景（還有可能價值兩百美金的太陽眼鏡）。編碼、彎舉、還有女孩，這些是他每天的優先事項，而且排序就是如此[134]。這反映出一個現實，那就是以往寫程式總是被人當作社交孤立的宅宅做的工作，現在一舉變成了和美式足球隊隊長齊名的社交貴族的菁英主義象徵。只要有錢和地位，不管那項工作是什麼，男性永遠都不會落後太久。

「現充程序員」一詞的出現，臉書占有非常重要的地位。一名叫做尼克‧史洛克（Nick Schrock）的資深臉書工程師，在臉書上開了一個叫做「現充寫程式」的粉絲專頁，在臉書內外都造成了一股熱潮。為

---

133 我想對里斯曼公平一點，除了很會打扮之外，他其實一點也不像兄弟會的一員，而且在特殊狀況下於大學肄業（而且也沒有正式上過高中）。他優秀的寫程式技巧是自學而來，完全靠著自己的天份。他的人生故事有一部份被紀錄與隱藏在他手臂的刺青中；那是一排排一與零的程序碼，以二元進位法紀錄他人生中的事件。

134 這裡指的「彎舉」是二頭彎舉，是健身房常客必備的訓練之一，也是許多現充程序員的業餘活動。

了展現他們有多酷，他們有一次甚至用現充程序員的用詞，改寫了臉書的服務聲明書（一份應該被嚴肅看待，又總是爭論並潤飾不停的法律文件），並公開貼在頁面上。（例句：「我們非常在乎你的隱私權，才會寫這篇文章。所以你最好讀完，你才知道你在臉書上貼的狗屁文章對我們來說有什麼屁用。」）總是喜歡哀嘆女性在科技圈中遭受歧視的科技生態圈，和其中的歷史紀錄者們（例如「科技關鍵」）開始抗議這股風潮會帶來的腐敗影響。（有些人搞笑地建議可以開一個女性版本的專頁，叫做「現充程序婊」，或是更有禮貌一點，叫「現充程序小姐」。）

最後臉書秉持著成熟和「認真」的態度，糾察隊逼史洛克把那個頁面給刪除了，因為那既性別歧視又不友善。臉書親手扼殺了自己文化衍生出來的產物，這讓大家都很失望（或至少里斯曼和我很失望），

另一名 FBX 的游擊兵則是海利。席海利・「海利」・曼尼卡尼卡是臉書中唯一一個和我之前共事過的工程師。在加入討人厭的分子廣告之前，他曾經在雅虎工作過。我們短暫地合作過某個搜尋技術，然後我就落跑創業去了。在他也意識到分子廣告是艘沉沒中的船後，我的前任合夥人和我曾試著招攬他：阿基里斯和馬修試著拉他去推特，我則是臉書。一天晚上，我們從時代精神酒吧開始，和他及他的妻子一路喝了十六小時。凌晨 4 點，我打扮成警察出現在傳教區的一個變裝派對中，然後終於說服他加入臉書。別人碗裡偷來的食物總是比較好吃，而從招募競賽中勝出讓我開心了好一陣子。

第三個人則是蓋瑞。

我從加入臉書的第一天開始，就在定向團隊和吳蓋瑞合作了。他身材纖瘦，總是沉默，但是談到技術面的東西時總是認真又有強烈見解。我在臉書只看過一次隔空叫罵的場景，就是發生在蓋瑞和一名惹惱他的俄羅斯工程師之間。蓋瑞非常重視他的工作，而任何我或其他團隊成員經手過的技術或產品提案，都要由他再過目一次。在這種情況下（通常都是發生在我們每天例行的報告時間），蓋瑞會瞇起眼睛專注聆

聽，然後用濃濃的口音給出一連串的評論，而且通常都是在講者說完話之前。他很嚴厲，但是這是非常必要的現實檢查，尤其蓋瑞對廣告系統又有相當的了解。

這就是我手上有的軍隊。我覺得我好像又回到 YC 了，但是這次我們頭上還有個讓人喘不過氣的臉書懸在那裡。FBX 的名字會是「貓頭鷹」。由於這會是臉書的廣告商們第一次有辦法準確地瞄準用戶，就像穀倉裡的貓頭鷹準確地在黑暗中看見老鼠一樣，我決定把這個產品獻給鴞形目中偉大的獵人。

順帶一提，原始的「自訂廣告受眾」名字也是我取的，因為我是它的第一個產品經理。或許是基於我厭世的本性，我將它稱為「禿鷹」，因為它像是吃離線電子郵件的腐肉為生的，是市場食物鏈中最底層的生物。這個產品的技術經理布萊恩．羅森陶最終將它升級成了「老鷹」。貓頭鷹與老鷹：這是臉書對實時廣告定向進行的頭兩次突襲，是賺錢的老大哥。

畢竟我是包山包海的產品經理，為了提振士氣，我從亞馬遜上買了一個一比一尺寸的貓頭鷹模型。那其實是用來嚇鴿子用的假貓頭鷹，我們把它放在 FBX 區域旁的窗台上。這個模型有個太陽能板，作為小馬達的電源，可以讓它的頭轉動把鳥嚇跑。由於我們的玻璃都做成暗色、中庭又窄，讓辦公室保持陰涼，因此那塊太陽能板產生的電力只夠它的頭偶爾動一下，讓模型常常在奇怪的時間點突然活起來，把附近其他沒有心理準備的同事嚇得半死。

FBX 真正的條件就沒有像搞笑的團隊貓頭鷹模型這麼戲劇化了。

FBX 不只是一個新的廣告平台功能而已。它是和現行的臉書廣告系統平行的另一個全新的系統。廣告交換會將不同的資訊分開儲存成幾十億條資料，反映出我們和外在世界建立起來的資料連結。FBX 本身的程式也和臉書廣告內現有的完全不同，它得連結全世界所有提供實時

競價和廣告購買的裝置，並同時快速對競價做出回應，一天要進行上百億次，一秒中數十萬次。創造和上傳廣告的方式會變得不一樣，並提供廣告商他們垂涎已久（而且在 FBX 出現前根本不可能）的功能，讓他們隨時保持動態地配合每位用戶調整他們的廣告。對預算規劃十分重要的廣告數據（那些無聊的數豆子工作）則要分開存放，供廣告商和他們的會計部門使用。更別提整組的內部工具和控制面板，好讓我們可以監控這隻自己創造的怪獸的健康，確認沒有人棄標、或是我們沒有對合作夥伴提出太多競價要求。

在商業面，我們（在這裡，我指的是高貴產品經理所說的「我們」）需要找廣告軟體公司和我們合作，並給他們一系列的文件、指示、和統合測試。我們需要灌輸他們的廣告商一拖拉庫的推銷台詞，好讓他們可以回去推銷給客戶，並說服他們的客戶對這個新上線的交換平台花錢。同時，我們也需要建造一個能夠讓廣告商們快速適應新系統的產品，這可不是件簡單的工作。根據一些我不會在這裡贅述的原因，臉書的廣告環境和標準的程序化廣告交換系統完全不一樣。廣告本身就不同，臉書對資料外流的限制也不同，交換進行的方式也和你平常的廣告交換方式不一樣。在接下來的幾個月中，我們得為臉書創造出一個截然不同的收入管道，沒有任何來自管理階層的幫助，同時害得花言巧語地誘騙 FBX 合作對象去誘騙他們的廣告商來花錢，並誤導他們說 FBX 才是公司走長遠的方式。

歸根究底，問題其實是這個：我已經向廣告管理層保證這個新產品會在 2012 年為臉書帶來一億美金的收益，在上市後的那幾季帶來一點活力。我是這樣才拗來手上僅有的一點點資源的。好戲該上場了。

啤酒＞股票上市

一個人給自己的限制越多，就越接近無限。這些看似超然的人們，像蛀蟲般鑽入他們各自的材料中，像打造模型般，建立出一個個奇怪而完全個人的世界縮影。

——史蒂芬·褚威格，《象棋的故事》

2012 年，5 月 17 日

是時候打電話給吉米了。

吉米是負責幫我進口異國啤酒的酒販。他所開的家庭式雜貨店「柳樹雜貨店」位於門羅公園的柳樹路（Willows road）上，靠著經營私進啤酒而在連鎖超商的攻擊下存活了下來。

這間小雜貨店所在的柳樹路，從高級的帕羅奧圖外圍開始，一路蜿蜒進入同樣高級的門羅公園，行經一間退役軍人醫院，就是那間肯·凱西工作過、後來成為《飛越杜鵑窩》的背景的那間醫院。幾乎就像是在進行異國田野旅行一樣，這條路便進入了東帕羅奧圖，是我們當地的貧民區，曾經是灣區謀殺率最高的地帶（這裡的兩間當地高中分別以凱撒·查維斯（Cesar Chavez）和非裔美籍太空人隆·麥克奈爾（Ron McNair）命名），最後，柳樹路會結束在臉書的大門前，以按讚標誌和永遠擠在那裡的觀光客作結。

吉米是個真正的商人，所以不管你什麼時候打給他都無所謂。週五晚上 12 點半的電話？沒什麼大不了的。付款方式呢？別擔心……你先取貨，下次來店裡的時候再付錢就好了。

　　情況是這樣的：臉書終於要上市了。這代表臉書的股票將會第一次在納斯達克交易所進行交易。

　　為了仿造老派的資本主義、和當時還會在擠滿交易員的證券交易所響鈴開始交易的盛況，納斯達克都會用他們獨創的鈴聲，在紐約時代廣場上為第一次上市的公司點綴他們的儀式，而這個場景便會被投影到上方籠罩著觀光客的巨大看板上。

　　但是祖克有別的點子。

　　在紐約舉行上市活動，對這間創造歷史的公司來說實在太有損其威嚴了。不，臉書的上市過程就要在臉書進行。

　　沒錯。祖克和臉書高層想要把他們打入科技天堂的舞台設立在臉書的中庭。

　　這就像拿破崙加冕自己的時候一樣，他堅持要在他的巴黎後院舉行，而不是世世代代舉辦加冕典禮的蘭斯主教大教堂。此外，和拿破崙從庇護教宗手中搶過查理大帝的皇冠，戴在自己和約瑟芬頭上一樣，臉書也不需要任何來自納斯達克和華爾街的祝福。祖克會自己主持儀式，並在他鍾愛的水族箱旁按下響鈴的按鈕。

　　從那一刻起，臉書就是擁有公共股價的上市公司了，而沒有像祖克這麼狂熱、或純粹不像祖克的收入有那麼多個逗點來計算數字的員工，便會開始變得軟弱、並擔心起那個即將變動不已的數字。為了確保沒有人關注上市後的股價，臉書高層宣布在上市前一晚舉辦駭客馬拉松。他們的理論是如果每個人都熬夜寫程式，那他們隔天就會累翻，會在股票交易的第一天睡死。就跟臉書很多的理論一樣，現實顯然都會更複雜。但這就是他們的計畫。

　　作為一名只會寫寫電子郵件的產品經理，除了在上市前暖身的夜晚把大家全都灌醉之外，我其實也沒有什麼更好的點子了。我曾經在公

司釀過啤酒，並決定招攬一群人為上市狂歡日製作新的一批 [135]。我的釀酒器還完好無缺，就在 FBX 的桌子下。廣告團隊的喝酒裝備已經升級過，我也買了一個真正的酒桶和篩子，裡頭被我裝滿在公司裡釀的 IPA 啤酒和好幾瓶儲藏的比利時啤酒。釀酒的第一守則：你做啤酒的時候一定也要喝啤酒。

重點夜晚來臨了，我在中庭的正中央占據了一塊地，就在通宵營業的員工餐廳正前方。還冒著蒸氣的巨大釀酒壺，以及熊熊燃燒的火爐，顯然引起了不少注意。一旁的酒桶當然也幫了不少忙。祖克漫步晃過我們面前，瞄了這個場面一眼，然後就搖搖頭走進餐廳裡了。波蘭和我由於在研發自訂廣告受眾時有不少密切合作，因此產生了短暫的友好假象，所以他就在附近打轉幫忙。產銷小姐也在，但我和她之間那種曖昧顯然已經冷卻了。身為她的老闆，波蘭和她之間總是帶著一點剪不斷理還亂的關係，而那對我和她的狀態一點幫助也沒有。

我為廣告團隊總是變動不已的成員們倒著啤酒，也有不少隨機出現的臉書員工。空氣中瀰漫著一股慶典般的氣氛，好像人性在短短一瞬間達到了一種慷慨共享的親切狀態，好像宇宙突然決定善待我們、在我們之間降下慶祝的歡愉之感，並在我們這些靈長類動物間達到和諧。

然後啤酒就分光了。

我們釀出的酒還需要一點時間冷卻（我們再也不敢用臉書爛透的水管系統了），而啤酒短缺是最嚴重的罪。我就是那時候那時候打給吉

---

135 這是個真實的故事：我剛搬到船上時，我就得找個地方放我私釀酒的道具，所以我把它裝在臉書的總部裡。某一次的駭客馬拉松，我和其他啤酒狂熱份子通力合作，一口氣做了五加侖的啤酒，同時還滴出了份量可觀的比利時啤酒。準備將滾燙的啤酒原液冷卻下來時，我們便將一大捲的銅管接在 16 號大樓 2 樓的廚房水龍頭上。後來我們收到通知，說祖克（和所有資深管理階層）的辦公室座位開始下雨了。因為他們的辦公室位置正好就在廚房正下方。保全一臉驚恐地衝進廚房。顯然我們高壓冷卻的過程把廚房的水管給弄爆了。我們偉大的啤酒員工（全都醉得一塌糊塗）毫不畏懼地結束了釀造過程，並將大玻璃桶留在廣告團隊辦公區。那天早上 4 點，我在半醉半醒之間恍惚地想到自己身為產品經理的身分，便寄了一封道歉的郵件給祖克，說之後會送他一罐私釀酒作為補償。我們的惡作劇沒有導致任何不良後果，我也還欠祖克一瓶酒，但最後我們自己把我們釀的酒喝光了（成品超棒，我們大概一小時內就全喝光了）。**快速行動、打破陳規！**——包括廚房水管。

米的。確定有更多資源之後，我便問波蘭他能不能載我一程，因為在我剛剛吞下了那麼多比利時啤酒之後，我開始覺得視線模糊了。

我爬進他的富豪旅行車裡。車內座位的深色皮革已經在太多孩子和太多週末足球比賽的虐待下變得破爛了，而且看起來好像有一堆人在車裡急著吃飯一樣。為了破除和另一個並肩坐在狹小空間裡的尷尬感，我開始漫不經心地問他住在哪裡。「阿瑟頓，」他回答。那是許多科技巨頭住的社區，雪莉也是其中之一。「我們的房子是租的。」他很快地補充道，大概是因為我臉上的表情看起來很讚嘆。

當我陷入不舒服的社交情況時（大部分的時候都是），我便會進入記者訪問的模式。

「所以你是怎麼從微軟來臉書的？」

「雪莉招攬了我，又說服我的。」

啊。這大概就是他為什麼總是拍雪莉馬屁拍不停的原因。

「她是怎麼做到的？」

「嗯，她基本上就說了這一句：『聽著，我要不就是現在雇用你，讓你來臉書工作，要不就是一年後拿同一份工作再雇用你一次。』她就這樣說服我了。」

喔，這就是雪莉・桑德伯格的大智慧。所以你如果想要引誘世界上其他的波蘭們，這就是你的方法：讓他們覺得你現在提供給他們的工作是錯過了就再也沒有的大好機會。

等我把波蘭的非正式履歷都調查得清清楚楚後，我們終於抵達柳樹路了。一秒之後，我總算理解那種有錢人擁有自家酒吧或餐廳的魅力了。你只需要走進店裡拿你想要的東西就行。這基本上就是我和波蘭幹的事，半夜一點和一堆趁最後一秒來買啤酒和尿布的消費者們擠在店裡，拿吉米的名字拿擋箭牌。我們抱走了一桶店裡最棒的 IPA 啤酒，好像這是我們自家後院一樣，將它丟進富豪的後車廂，然後衝回總部。

時間快轉兩小時。

第二桶酒也很快就喝乾了。人們已經快要放棄說服自己這是一場正式的駭客馬拉松、或是我們可以真的做出什麼有建設性的工作。公司裡的怪事之一，是這間公司實在太大了，所以其實大部分的員工都不是有能力駭任何東西的普通人，真正的工程師人數少得可憐。平時，這些非工程人才們總會跳過這類宅宅的夜間活動，但沒有人想錯過上市前系的大派對，所以所有的業務、行政、營運、和 IT 服務台工作人員都在這裡待到大半夜，在四周瞎晃，但又無事可做。而且，這間公司當然沒有想到要為我們請任何娛樂節目。臉書的斯巴達風格阻止了所有慶祝的行為，就連面對公司歷史性的一刻都一樣。這裡的許多人，明天手中就會握有滾燙燙的真錢了 [136]。在任何平常的公司裡，人們大概會在會議室的桌上吸古柯鹼、開派對。但臉書就完全不是這麼一回事。公司的紀律還是得維持的。

時間再快轉兩個小時。現在是凌晨 5 點，時間快到了。

我考慮著要不要回到我的船上睡一下，但又怕錯過最重要的時刻。於是我便開始繞著總部慢跑，然後又遇上了波蘭，這次他的手中握著一瓶十二年份的單一麥芽威士忌。他和產銷小姐坐在廣告團隊與成長團隊辦公區之間的公共區域，一旁的牆上就是那幅在噴漆之夜出現的半成品超人壁畫。

他們邀請我加入，儘管我一直都不是社交型的人，但拒絕的話就顯得太無禮了。所以我們這奇怪的三人組就一起耗掉了上市前的最後一個小時。一名前任廣告團隊工程師經過，並拍了一張我當下的照片：我看起來意識不清又邋遢不已，帶著嚴重黑眼圈，手中抓著一個紙杯。我身上穿著標準的臉書制服：一件有著商標的外套，裡頭則是我為這個場

----

136 技術上來說，這其實不是完全的事實。在上市之後有一段「鎖定期」（通常有一百八十天，但也有可能更短），所以員工之類的內線人士就無法合法地轉手賣掉手中的股份。這代表員工只能不耐煩地坐在那裡，看著他們的公司股價開始波動，包括他們能賺進的淨值，但是沒辦法進行任何的交易。

合特地翻出來的廣告通舊 T 恤。

此刻，我只剩下一半的意識了。我們最近才開始瘋狂地趕 FBX 的進度，所以我睡眠不足的程度已經達到希臘破產的等級了。但加州破曉的微光正在露臉了！時候越來越近了！

我們走到外頭人群聚集的地方。一夜之間，設備團隊已經在中庭架起了一個像搖滾演唱會的舞台，上頭用腳架撐起一個美式足球場轉播畫面等級的螢幕和燈光。在螢幕下方，他們則準備了一個塔狀的講台和一個玻璃座。裝在玻璃裡的，便是祖克將公司推上市場的按鈕。螢幕上顯示的是三個不斷產生通知的圖示，就是那些通知打造出現在這個數十億美金的大帝國：兩個代表交友邀請的人型、代表對話的聊天泡泡、以及代表按讚和留言的地球。這神聖的三位一體，在公司內俗稱「寶貝們」，總會出現在臉書的介面中，不管是行動裝置或電腦版，而那些紅色的通知，便是讓現在這個世界保持運作的關鍵。舞台上的效果，是為了讓這一幕看起來像是發生在臉書的頁面上。

隨著陽光越來越強，中庭也漸漸擠滿了人，很快就變得前胸貼後背。樂觀的氣氛已經燃起，群眾之間瀰漫中期待的低語及時不時出現的歡呼聲。講台的附近一陣騷動，很快地，臉書的管理群們便一個接一個開始出現：祖克、雪莉、大衛・費斯傑、艾略特・施拉格、佩卓蘭・克亞尼、克里斯・卡克斯（克亞尼和卡克斯都在我入職當天演講過）、賈維爾・奧利凡（Javier Olivan，成長團隊總監）、葛雷格・巴卓斯（Greg Badros，當時廣告團隊的總監），還有幾個其他人。

現在是 6 點 25 分。歷史就要發生了。

現場的畫面就像政治造勢活動一樣被投影到大螢幕上，好讓每個中庭裡的人都能看到。其中一名在場的納斯達克使者（有人把臉書的上衣套在他們身上了）介紹祖克時，將他形容成一位「夢想家」，好像祖克真的需要有人介紹他一樣。

突然之間，一名女性的嗓音大聲宣布，這個畫面同樣也會在「紐

約時報廣場」播出。顯然這個同樣的場景，也會出現在一堆中國觀光客和裸體牛仔合照的頭頂上方。

等到群眾終於安靜下來後，祖克拿過麥克風：「所以在幾分鐘後，我就會按下這個按鈕，然後我們就要全部回到正常崗位了。」

專注在我們的任務上！

祖克接下來又講了幾句話，但隔著人們的歡呼聲，你幾乎不可能聽見。倒數時間開始，但是螢幕上始終沒有出現實體的時鐘，讓四周的氣氛變得更懸疑，因為你不知道那個時刻什麼時候才會出現。最後，那個神奇的倒數不知道在誰的信號下開始了，所有在講台上的人齊聲數道：「5……4……3……2……1！

祖克將手重重拍在眼前的玻璃上，幾乎把整個講台都打翻了。有人播放了預先錄好的火災警報聲。所有的人都開始歡呼，好像是跨年夜一樣。聚集在一起的臉書高層們展開一個集體擁抱，台下的人則全都拍下了同樣的照片。歷史創立了！臉書上市了！我們正活著看待這一切的發生；我們的朋友只能羨慕、我們的子孫只能透過我們說的故事想像這一刻！體驗那股人類在見證某個比自己更偉大的事物時，存在焦慮的暫時停擺；通常那事件只是像暴動之類的不足一提，有時候會像發表日般重要，但很少像股票上市這麼有利可圖。

人們的臉上掛著作夢般的神情，開始尋找自己的朋友或團隊成員進行合照、紀錄這個時刻。員工們都對這個經驗提出了最高的讚美之詞：他們在臉書上將這件事定為「人生重大事件」，通常只有出生或結婚等事件才有這等殊榮。報紙上則留了很大塊的留白，只有一句頭條和照片，就像阿波羅號的太空人登陸月球時一樣。頭條寫著「臉書上市」，新聞內容則將它描述為「人生中絕無僅有的經驗」以及「整個世代中獨一無二的公司」。

* * *

　　邱吉爾曾經在國會演說時這麼說道：「有人說民主是最糟的政府型態，但是還有許多人們不斷嘗試的更糟選擇。」

　　同樣地，資本主義也是經營產品最糟的模式，但是就是還有許多更糟的方式。我們應該用這樣的觀點看待它，而不是將它神話，像是瑜伽和約翰・奧利弗（John Oliver）受到的待遇。

　　我對資本主義最大的癥結點是什麼？它摧毀了一切神聖的東西，奪走世界上的奇蹟，只留下一個低俗的市場。讓任何一件東西喪失價值最快的方法，就是在它身上標上一個價格。無論是一個女人、一項幫助、或一件藝術品……那就是資本主義，就像一名忙碌的蔬果商拿著打標機在店裡來回走動，喀擦！喀擦！四塊一的雞蛋，五塊的咖啡，五千塊一個月的傳教區單人公寓。

　　你覺得我在誇大其詞嗎？

　　想想整個公司股票上市的流程是為了什麼。這是臉書歷史上的第一次，它的股份將會擁有一個市場公定價。儘管大家都興奮又雀躍不已，但這其實就是市場先生帶著他的打標機，「喀擦！」在臉書身上貼上三十八元一股的標籤。而每個人都為這件事高興得要死。這是科技產業中的一大重點事件，是我們這世代中其中一個「絕無僅有」的時刻。在後現代社會產生之前，只有古老的神聖儀式、戰爭勝利、或是透過共同傳唱的歌舞藝術而產生的直接文化體驗，才會讓人如此振奮。現在我們都被這種令人興奮的幻覺所迷惑，因為我們都有了個價格標籤，而我們人生中一切的勞碌都因此才產生意義。那就是所有創業家的最大野心：有一天，他們也要創造一個社會認為值得被定價的組織。

　　這些便是我們在衰弱的歷史中遺留下的真正價值，自由民主化的資本主義疲軟的終點。至少在西部加州的文明中，這是事實。為賺錢的聰明人鼓掌，並希望自己是其中一員。

　　在這樣一個完全失去意義的企業化文化之中，還有人會追求像火人祭（Burning Man）這類人工的重大儀式，這點是不是個奇蹟呢？人

們仍然追求著身份認同和集體消費模式，就像臉書的廣告定向系統為他們起的暱稱：「千禧年嬉皮」或「都市媽媽」，或是「重要郊區住民」，我們又該感到意外嗎？

奧特加・伊・加塞特曾寫道：「人類之所以在舞台上表演悲劇，是因為他們不相信真正的悲劇就發生在身處的文明世界之中。」人們會選擇觀賞像股票上市這類的悲劇演出，而忽視那些真正的悲劇、詩人捕捉在創作之中的悲劇、或是父親傳給兒子的悲劇。在中庭上歡呼雀躍的人們，有一天，他們的子孫會不會坐在他們跟前（或許在一個火爐旁），並像是前一個世代的孩子們詢問諾曼第登陸或西部戰爭前線一樣地問「嘿，爺爺，臉書上市的時候是什麼樣子？」呢？

我很懷疑。就算身為這場偽彌撒的其中一員，這種暫時性的興奮很快就會被疲憊與宿醉所取代。我思索著，當這個文化再也沒辦法創造這類的大場面之後，它會變成什麼樣子。

那天下午，我在船上小睡一會之後又回到工作崗位。我半期待著公司裡會空無一人，卻發現所有人都精神奕奕地坐在他們的座位前，好像那天早晨什麼事也沒發生。人們都乖乖遵守了祖克教祖要他們回到工作崗位的命令。

為了故意挑戰祖克，我打開谷歌財金網頁，檢查我們的股價。納斯達克顯然錯過了開市時間（儘管一大早就在中庭宣告正式上市了），我們的股票直到東區時間早上 11 點才開始開放交易。官方起始價格是四十二美金一股，最後收盤則收在三十八元。沒什麼起伏，這倒是和大家的預設都相反的好消息。

托鎖定期的福，我還有好幾個月才能開始出售我手上的股份，但我現在的確有了一個真實的、動態的市場價格來決定我真正的收入了。

所以我這樣賺得了多少？

臉書開出的原始條件是七萬五千股，透過四年生效，再加上十七

萬五千元的薪水。我已經先爭取了五千股的現金繳信用卡費、一輛新車（車牌當然是 ADGROK 了），還有我當時住的那艘船──總共大約是二十萬現金。

因此我還剩下七萬股。

假設我和公司的帳面表現都不錯（我們的獎金是來自於個人表現檢驗，以及基本上憑祖克開心隨便指定的公司加成），我就可以拿到百分之七至十五的現金獎金（這裡不是華爾街）。同時，我們也會有追加的股權。如果我們的表現還可以的話，我們至少會再多拿到一千股。如果我突然被大升職、或是真的開始爬權力的階梯了，我還可以拿到更多。

用上市後的股價來算，我可以拿的就這麼多：

$$一股 38 元$$

$$\times$$

$$（70,000 股 \div 4 年 + 3,000 股年終獎金）+$$
$$（175,000 元基本薪資 + 17,500 元年終獎金）$$
$$= 一年 971,500 元$$

還不到一百萬。

看起來很多嗎？其實沒有。

記住，這些錢都和一般的收入課一樣多的稅，就連我等了一年才兌現的股票也一樣，因為國稅局對科技界的薪資制度毫無理解。所以事實上對我這個主要只花錢在比利時啤酒和船隻硬體的人來說，每年真正入袋的收入只有五十五萬元。

這就是舊金山的中產階級，勉強算是。如果家裡還有另一個同樣也在科技圈的伴侶，你們的總收入會逼近七位數字，並能在很快就要成為全國最貴的城市中，維持普通但不特別奢華的生活。那意味著我和

我理論中的伴侶能買下一間房子，但我們會需要房貸，因為這裡公寓的平均價格是一千五百萬。（想要真正獨棟的房子嗎？你得有三千萬以上。）那意味著我的孩子能去念私立學校，並躲開公立學校的廝殺。那意味著或許偶爾能去太浩湖度過週末，偶爾出國過聖誕節，或是一年去幾次夏威夷。那代表每過三年就能為老婆買一輛 BMW X5，或是在自己身上揮霍一下，買一輛特拉斯 S。

但也就只有這樣了。而且如果我丟了臉書的工作，那就跟這一切說再見吧。已經上市的公司給不起這種金額，剛起步的公司風險又太高。

人生中，你的個人財富只會有兩個轉折點，兩個會真的改變你人生的轉折點。第一個是我前面提過的去死錢，另一個則是更高級的「世界去死」錢。

在賺到去死錢之前，你就是不斷地數算每一個銅板和股票和獎金，然後湊到個幾十萬，而這能改變的就是我稱之為「無感門檻」的東西而已。如果你以前的標準是不在乎多和朋友喝一杯六塊錢的啤酒（相信我，我以前也有過連這個都得考慮的時刻），那現在你的標準便會變成不在乎在「錨與希望（Anchor & Hope）」餐廳吃一客六十元的鮭魚餐。如果以前你會經過思考之後才買個五十塊錢的東西犒賞自己，現在你就會毫不思索地花五百塊買一台新手機或超級投影機。你就像是住在某個極度通貨膨脹的國家裡一樣，以前你腦中價值十元的決定，現在得用一百元才能讓你考慮，好像你腦中顧慮的小數點向後移了一個零（或許比一個還多）。除非花超過一千元，否則你不會真的好好思考。

這種無感門檻在大局中只是冰山一角。真正的轉變會在踏上財富階梯的第一格時才開始。去死錢就像是在新創公司中終於打平成本開始賺錢的那個瞬間，而那意味著你不再受外在勢力的控制了。想像一下這個轉折點吧。

公司上市的第一天，坐在座位上看著股價時，我還不了解這一點。但我很快就會懂了。我不僅會很快見識到我的財富大改變（儘管不是真的透過叫人「去死」的方式），我周圍的那些人也都是。從有點荒唐的晚餐開始（我還記得雙牛排晚餐，及四位數字的帳單），到快速升級的保時捷、雪佛蘭戰艦、以及停車場裡奇怪的法拉利，臉書的確開始彌漫起一股糜爛的風氣，儘管他們一直不斷強調簡樸的公司文化。

但是那都是未來的事。當時，我只覺得我終於過起稍微高於最低限度的生活，銀行裡也終於要多點子兒了。我快速地切換到筆電上的倒數計時器，當初剛加入公司時，我是為了倒數股票第一次生效的時間而裝的。我在 7 月 15 日就會賺進四分之一，也就是兩個月之後。我已經等不及了。

喔，而我在前一晚釀的啤酒呢？我把它命名為「上市啤酒」。就像上市事件本身一樣，它也有點令人失望，沒像當初淋滿祖克一桌子的那批那麼好。兩週之後，我們還是喝完了一整桶，但那感覺只像是義務。不知為何，和同袍一起快樂地釀酒、再加上淋濕執行長桌子的趣味性，讓我們的產品比上市日緊張的集體慶祝來得好多了。

股票上市：重新估價

2012 年，5 月 18 日

　　所有的新聞都圍繞著臉書上市的消息打轉，就連那些應該要更有深度的科技或財金媒體也一樣。這提醒了我們殘酷的人生課題：有些人負責寫和錢有關的報導，而有些人是真的在賺錢的。「臉書上市失策」，《財富》雜誌這麼說道。「馬克·祖克伯的臉書大錯誤」，《福布斯》（Forbes）雜誌喊道。「臉書上市首日大失望」，VentureBeat 也附和，但這個矽谷內線平台應該要更懂現實才對。

　　儘管這些頭條個個這麼說，臉書的上市其實不是個災難；毫無疑問地，這是科技公司在財經史上最成功的一次上市。如果你不懂為什麼，那你就不懂股票上市的運作方式，所以你該繼續讀下去。

　　股票上市到底是什麼概念？一間公司希望它一部分的股票能在公開市場上「浮動」，讓員工和創辦人能把他們的私有股賣掉，好酬謝他們多年的付出，同時也賣出公司庫存債券，讓銀行裡多點現金。大型的投資銀行（像我以前工作的高盛集團）便成立了一個叫做「企業聯合」的東西（叫做「黑手黨」還比較貼切），他們會主動表示要購買臉書的股票，然後再將之銷售進資本市場，通常都是透過他們的業務強迫推銷給有錢的客戶或機構投資人。那個企業聯合會提出一個保證價格（協商

定價，firm commitment），或是保證弄到棒的價格（最低報價）。在前者的例子中，銀行就得承擔真正的成交風險，而且如果它不想辦法讓股票在開市時價格「跳」上去的話，它很有可能就要輸錢了。為了緩和這個風險，銀行便會說服提供股票的公司去期待一個較低的市場價格，同時想辦法把市場真正要帶出的價格催高，通常都是透過狂熱的業務去向市場上最有錢的客戶們推銷。因此，如果你認為股票開市時價格高昂是因為名聲太響亮、或是因為市場對它產生意料之外的興趣，那就太幼稚了。就像《北非諜影》裡的雷諾將軍，當華爾街銀行家們發現，他們操縱的市場中股票的價格應該有這麼大的落差時，他們便全都嚇了一跳——**嚇了一跳喔**！

為了證明大部分股票上市都會發生的騙術，讓我們捫心自問：在金融世界中，銀行有沒有可能是從頭開始訂下一個公平的市場價格、並讓它規律地運作？

嗯，其實，有耶。每天早上，當上千種不同的股票開始在證券交易所公開交易時，就是這件事發生的時刻。IBM 每天早上的第一個價格都是怎麼訂出來的？在還有滿辦公室交易員的時代，那些負責處理這檔事的「專家」便會衡量股票購買與銷售的傾向，並計算出一個合理的「居中市場」價格。接著他們會提出程度落差不大的賣低買高，讓每一個被交易的股價，都產生他們被請來製造的一點點買賣價差。現代的電子交易系統，已經用演算法取代了以往的手動過程，但基本上內涵還是一樣的。開市時，一筆筆交易便開始從前一夜的計算與想像價格開始移動，圓滑地進入真正的股票交易者手中。在美國的交易所中，20％到30％的價差變動有多常見呢？從來沒有，除了像在九一一事件這類的大災難發生之後的市場崩盤之外。

由於華爾街的銀行們操控規律市場的技巧太完美，他們的錢和名聲大部分的時候都十分安全。所以當他們發現自己沒辦法在一間公司上市的時候，把他們的股價瞬間調漲 20％時，他們全都困惑了。就算假

設永遠都有估計錯誤值，他們大概也多半都是低估上市第一天的股價，讓自己撈一筆，很少高估對方讓自己虧損的。

臉書破壞了平時的上市劇本。

股價開市時是四十二元，以三十八點三七收盤，讓金融媒體一片抱怨連連，並愉快地擺了銀行家們一道。

他們協商的層級實在太太太太高，遠遠超過我的薪資水平，因此我不知道臉書當時的財務總監大衛・亞伯斯曼（David Ebersman）是怎麼引誘或說服那些銀行家提出這個較為公平的高價、並在過程中讓自己大受損失。但和其他在臉書的其他推手，實在值得為此拿一個諾貝爾經濟獎。他們甚至對銀行的交易手續費施壓。喔，對：除了操總價格來剝你一層毛之外，銀行家們會根據他們的操作收取手續費。臉書的企業聯合接受的是中庸的 1% 手續費，而不是典型的、有時甚至高達 7% 的數字。

儘管媒體都在哀嘆臉書「悲慘的上市日」，公司內倒是瀰漫著一股勝利的情緒。臉書成功上市，而且沒有被活剝一層皮，現在公司又有一大筆錢來招募最棒的工程師、收購正在萌芽的競爭對手，並用產品研發來壓倒敵人，全因為它只微微稀釋了一下股份持有者（也就是我們這些員工）的人數。

你從臉書上市該學會的課題是這個：當你看到「XX 上市日股價大漲，宣告成功」，請你想著「創辦人和員工都被整了，銀行家和有錢的客戶都賺翻了」。因為那就是通常會發生，但**沒有發生**在臉書的事。

快閃大對決

我從來不怕那些在城市當中建起市場、互相欺騙的人。

——希羅多德，《歷史》

2012 年，6 月 15 日

一百二十毫秒是人們眨眼一次所需時間的三分之一。

那就是我們要應付的時間。那是一名 FBX 合作夥伴在廣告交換時，回應一則競價和一則廣告的時間限制。這個喊價過程一天會發生五百億次，或一秒五十萬次。要是你花的時間比這更長，那便有可能拖慢臉書頁面載入的速度。如果你在產品發布後給祖克看產品模型，FBX 廣告卻比整個頁面的其他部分載入的速度慢了一個小瞬間，或更糟，讓整個頁面的載入都變慢了的話，那你就準備被踢去 Dropbox 工作了，慢走不送。

那一百二十毫秒也包含網路延遲的時間，也就是當電腦位元從臉書流入外在網路世界，進入某個 FBX 合作夥伴的裝置，再流回來的時間。

這產生了一個嚴重、而且似乎無法克服的技術挑戰。因為臉書當時是用位於北卡、加州和奧勒岡的資料中心在提供全球服務的，歐洲市場和他們的資料山便得和臉書這裡的裝置對話，而且通常同時橫跨兩岸。為了理解這個過程的可行性，我計算了北卡與阿姆斯特丹（大部分的歐洲科技公司設立資料農場的地方）之間的經緯度距離，想看看理論上我們有沒有辦法即時回應從那裡傳送來的廣告競價要求。光速非常快（每秒 299,792,458 公尺），但還是不夠快。這樣在阿姆斯特丹和北卡之

間的單程時間是二十三毫秒，而且這還是只有在無瑕疵的光纖電纜直接從臉書接到廣告商的裝置上的前提之下，在現實中根本不可能。將終點設立在東岸的資料庫上，比較現實的估計時間大概是單趟六十毫秒。我們不可能跨過相對論的約束，而一直到我離開公司之前，臉書在歐洲這塊市場虧損了不少錢，只因為 FBX 的合作夥伴來不及回應那些競價，價格就自動過期了。

麥可‧路易斯的《快閃大對決》（Flash Boys）一書裡，以豐富的細節介紹了快速進行又高頻率的股票交易，而如果你讀過這本書，你就會記得他在前言裡提過，有一家對沖基金牽了一條從紐約到芝加哥的光纖電纜。它的目的是將兩個金融中心之間正常的網路行經時間再砍掉幾毫秒，並比其他高頻率的競爭對手硬多出那麼一瞬間的優勢。據傳他們花了三億元，暗示著其中所包含的風險有多高。

我拿華爾街來比喻程序化媒體，不僅是因為它過去這樣發生過；它恰好反映了商業與科技圈的現實。FBX 就是媒體屆中展開的快閃大對決，用光速在交易人類的注意力。每次你在臉書或外部網路打開一個新頁面，光信號便會橫跨地球傳給幾百個不同的裝置，像一批批皇家信使，宣布你的大駕光臨。

所以假設這些橫跨全球的競價要求沒被淹沒在大西洋的海底電纜中，它們之後會發生什麼事呢？等著收聽你出現訊息的人們便是「廣告需求方平台」（DSP），一天之中要接收這類的訊息數十億次。他們是實時媒體世界中的股票經紀人，為想要賣東西給你的廣告商或代理機構服務[137]。需求方平台會快速拆解競價要求，並在它的資料庫裡尋找任何和

---

[137] 如果你正在猜測，是的，沒錯，世界上還有一種東西叫做「供應方平台（supply-side platform, SSP）」。那是需求方平台和其他買家所使用的銷售方技術，幫助發行商們貨幣化他們的網站和應用程式。通常，那個技術指的就是一次實時交易。從很多方面來說，FBX 就是供應方平台，但和大部分會想要盡可能傳送訊號給更多不同發行商的平台不同，FBX 只有一個大客戶：臉書本身。

你有關的資訊：你曾經瀏覽過的網站、你忘記的購物車內容、你曾經詢價但是從來沒真的買下手的機票。它們全都在那裡等著，並在幾毫秒之內，透過藝術等級的超優化資料庫來回應競價的要求。這些資料中的大部分資訊甚至都不是由廣告商親自觀察來的。公司會為了商業用途，租用網頁上一小塊範圍的使用權，不用大，只需要接觸到你的瀏覽器、並看見你是誰就好了。這些資料經紀人會把你放入不同的定向群體中，例如「旅行意向者」（也就是準備花錢訂旅館的人），然後把你當成「第三方資料」出售。由於每個人都透過你的瀏覽器給你取了個代稱，而臉書、谷歌、和其他公司都知道你的瀏覽器位置，那筆資料便可以用來定位你。這一切都是匿名的（臉書的資料永遠不會外流），但是包含你在網路上做的一切。它們會全部成為定向的一部分，送進廣告大熔爐裡，然後每秒鐘進行數百萬次的傳送（不管你知不知情，也不管你喜不喜歡）。

這些以毫秒計時的實時競價會從臉書交換流出，進入臉書將那些非 FBX 廣告商擋下來的尋常競價中。此時，帶著大量的資料，臉書便成為了競爭的其中一個需求方平台，只是一個在辦事的經紀人而已。不同的地方是，臉書背後的整個廣告系統都擁有完整的臉書資料庫，而不管競價中有多少 FBX 廣告商，他們有的則是臉書世界以外的資料。由於臉書廣告系統和外部網路都會透過 FBX 收到競價，我們便把外部廣告商們抬到跟臉書一樣的高度，而這時候比較好的人（或競價）就會勝出。

我把這當成一個特質。臉書卻把它當成一個漏洞。

這是 FBX 的原罪：它讓外部廣告商們跟著臉書廣告機制，也有了同樣的優化和定向能力。他們能選擇定向的受眾、顯示廣告的頁面、及顯示的頻率，就跟臉書一樣。讓他方和臉書擁有相同能力，廣告團隊的管理階層可不能容許這種事情。儘管臉書的資料被捧得天花亂墜，管

理團隊還是不想跟別人硬碰硬地競爭，因為他們怕輸。而他們的確常常輸：FBX 的廣告商們提出的競價，通常都會高於廣告系統中的其他廣告所提出的價格，意味著 FBX 廣告商比較容易得到吸引用戶注意力的機會。他們的競價當然會比較高了：FBX 的投標者都知道你剛剛才瀏覽過一個昂貴的手提包、或上週才買過尿布；相反地，臉書只知道你一年前按讚過金凱瑞的臉書專頁。千人成本三十元的廣告，你說誰的廣告會被放進來啊 [138]？

筆記：FBX 可沒有什麼神奇之處。這只是一個成熟的流通系統而已。重點是，透過實時交換加入臉書廣告後，廣告商們便能存取他們以前無法接觸的資料庫，這是讓資料流入臉書最快又最成熟的方法。自訂廣告受眾也能把同樣的資料帶進臉書，但是沒有任何透過處理廣告定向謀生的人，會想要用臉書笨重的初始設備來輔助自己的工作。用個簡單的比喻，自訂廣告受眾和 FBX 的差別就像傳真和電子郵件。所以矽谷最積極的公司當然會發現，從歷史的角度來看，這種程序化交換與科技成熟的過程是無法避免的。

「快速前進，破除陳規！」他們這麼告訴我們。

「財富是留給勇敢的人。」海報上這麼寫道。

但我得承認我的天真就在這方面展露無遺。我在和臉書開過會後的一個小時，就發現他們和高盛集團的相似之處。但我卻忘了自己在後者學會的教訓。當我們談到貨幣化時，臉書一點也不想創新。他們喜歡自己老派的傳真系統。就像所有的大公司一樣，臉書喜歡壟斷定價的權

---

138 但這不代表 FBX 為臉書帶來的收益也有這麼戲劇化。就像大部分的網路競價一樣，臉書有一個「第二高價（second price）」的競價程序。這個概念的經濟面細節是博士學位等級的論述，但基本上，它代表你付出的金額是第二高價的人所提出的金額，而不是你提出的那個。如果真的計算起來，那整體來說其實是個更棒的詢價機制。要真正提升整體收益，你得擁有密集的競價要求，而且全都得是那些廣告最後售出的「出清價格（clearing price）」，將最後總和起來的金額向上推。如果不夠密集，那那些高金額的競價便對提升底線一點幫助都沒有。所以我們的目標，是將外部 FBX 競價傾向、和臉書帶入市場的廣告聲量重疊的部分增加。那是 FBX 成員們關注的重點。

力、以及資訊的不對等，而不是真正的創新。如果臉書要和外部世界賭博，它就會耍老千。

　　想想 2008 年時高盛陷入的信用崩盤危機。高盛本來是可以將信用衍生商品的交易數位化的，那會讓他們的額度變得更大、過程更透明化，好化解危機。但是高盛不願意讓出他們對資料的壟斷，也不願公開只有他們能看見的交易流動。他們也不願意讓出自己調整信用風險價格的能力，只想透過一群緊密合作的股票經紀人，為自己利益來操控市場，卻不肯開放公開市場。

　　當然不。當時刻到來時，臉書也不會願意。

　　不過在 6 月 15 號時，我可沒想到這一點。因為那天，臉書終於在 FBX 上和一個較好的合作夥伴 TellApart 達成第一個成功的交換了[139]。我們做到了，我們成功在五周內打造了一個廣告交換平台，和臉書現有的廣告系統平行，而且整個構想可能只花了兩個月。FBX 的氣勢如虹。我們的貓頭鷹終於有辦法吃到他搜尋已久的老鼠了。我們一開始受到的關注當然很小，但接下來的六個月中，我們就要努力提升競價的額度和我們的收益，越快越好，並要讓 FBX 成為臉書貨幣化計畫的核心。不過最後，我們卻變成要趕著讓 FBX 變成連臉書致命的管理層都殺不死的大野獸。FBX 幾乎從剛誕生的那刻開始，就在為自己的生命奮鬥。

---

139 TellApart 是 FBX 一開始的合作清單上比較讓人驚艷的公司，最後卻在 2015 年神祕地被推特收購了。

正面全裸的臉書

最後，就連凶暴的野牛也會被馴化。

——威廉·莎士比亞，《無事生非》

2012 年，10 月 9 日

對臉書來說，2012 年底的這段時間十分值得回味。夾在新創公司的嬰兒期及大公司的成年期之間，臉書在上市的這一年經歷了只有一次的短暫青春期。

那段時間是什麼樣子呢？

〈嗶嗶！〉

殘酷的微軟行事曆提醒我一場會議即將到來。

六月發佈 FBX 時，我們只有一小群限定的合作夥伴。現在我們則要想辦法吸收越多越好。每一個新的合作夥伴都會帶來一組新的廣告商，意味著我就有更多錢、更多預算、以及更多的權力用在 FBX 上。

每一場和 FBX 潛在合夥公司的會議，最後都會變成是我去和他們產品團隊見面，並命令他們該做什麼——而且小王八蛋們，你們最好說出我想聽的話，不然你們就打包回家吧；你們一開始連被邀請的資格都沒有呢。這種模式還是有點效果的，尤其是在早期的時候，因為所有的外部合作夥伴都想要搭上第一波或第二波風潮的順風車。

只有亞馬遜例外。

臉書和亞馬遜重要但又策略性的關係凌駕於我對 FBX 的絕對統治權之上。我的手機就是在提醒我這個會議的到來，而我惱怒地哀嘆一聲，放下手邊的工作，前去參加會議。

用巴麥尊子爵對國家的看法來形容，臉書這種公司是不會有永遠的朋友或永遠的敵人的，只有永無止盡的利益考量。儘管臉書有好幾個「合夥計畫」，我們其實沒有真正的合夥公司，更別提真正的朋友了。臉書只覺得世界上有兩種公司，一種是會帶來生存威脅的可怕敵人——在科技界對臉書有這種威脅的公司只是少數；另一種則是能提供暫時性幫助的同盟。臉書的恩惠永遠都是有條件的，而會把它們當作理所當然的公司都是笨蛋。

亞馬遜顯然屬於前者的範疇。

傑夫‧貝佐斯（Jeff Bezos）是個瘋狂的領導人，在達成理想之前絕不會罷休，而且已經激勵、誘騙、或威嚇來了一群大軍來替他完成夢想。祖克看向位於西雅圖的貝佐斯、山景區谷歌的賴瑞‧佩吉、或是（以前）位於庫比蒂諾的史蒂夫‧賈伯斯，他看見的可不只是科技公司和總監而已。他在那些男人之間看見自己的模樣，而那實在很可怕。科技或媒體界裡的其他人都沒有他聰明、技術都沒有臉書強大，或者可以合作或收購，但這些一級公司不能用這些招術應對。面對亞馬遜和谷歌，臉書大軍得嚴陣以待，或許還得和總監跟祖克一樣瘋狂的公司來個正面對決（**迦太基必須毀滅！**）。

（推特甚至連個邊都沒沾上，只是在一旁打醬油的而已。祖克最有名的一句評論是將那間公司貶低為「不小心開進金礦裡的花車」，而那大概是臉書的員工最後一次想到推特了。）

所以，任何和這些強權公司談企業發展的過程，總是像在談軍火限制條款一樣討價還價不停：一大堆內部狀況；一大堆又長又擠的辦公桌會議；只有一點點的實質進展。當一份合約終於出生時，雙方的律師又不斷來回爭論，並用紅筆拒絕對方提出的條款。

他們也有很充分的理由這麼做，這些公司毫無疑問地都非常聰明，跟大部分只思考未來幾年的科技公司不一樣，他們思考的是幾十

年，而且能夠違逆臉書的想法傳播自己的價值觀。喔，而且當我們全都假裝彼此是朋友的時候，沒有人真的笨到會去相信這一點。

和亞馬遜的會議進行得很順利，至少在技術和產品的層面。這個團隊名叫 A9，是亞馬遜的附屬團隊，負責那個巨獸公司的搜尋與廣告科技 [140]。這是亞馬遜私人的科技工廠，打造亞馬遜個人的需求方平台，讓亞馬遜可以在網路上的任何地方購買廣告，並把你帶回你的購物車頁面。這間公司在廣告上花了好幾億，而他們絕對能在 FBX 的收益上提供很大的幫助。同時，A9 也能協助研發 FBX 的科技，就像他們幫谷歌做的那樣。

亞馬遜的工程師都精明而知識淵博，而且熟知程序化廣告購買的一切。他們馬上就理解了，而我則期待他們能在我們的新生平台上建造幾個成熟的工具，還有臉書能和谷歌一起競爭他們源源不絕的廣告預算。

然後商業人士就要登場了。

A9 是由麥特・巴托斯（Matt Battles）負責，在三小時的會議中，我發現他明明掌握了整個合作中重要的科技與產品細節，卻又裝傻、並表現出計算過後的懷疑態度。他對這個合作的興趣似乎很微弱，好像在表示這個合作只對臉書比較重要，對他們則無足輕重（這說不定是事實。）

我們的商業研發人士和亞馬遜的合夥經理，便拿出了撲克玩家的姿態，展現出他們立足的實事求是精神與懷疑主義 [141]。雙方開始交換許

---

140 A9 是個數字縮寫，是矽谷命名美學的一個常用手法。「A」指的是「演算法（Algorithms）」（也就是字母 A 後面接上九個數字），因為成熟的電腦指令辨識亞馬遜在這定量行銷的新世界中成功的原因。最高級的風投公司 a16z 則是「安德森・霍洛維茲（Andreesen Horowitz）」，也是用一樣的邏輯。這種靠不住的縮寫大概滿足了宅宅邏輯的強迫症吧。

141 臉書的重要夥伴（蘋果、亞馬遜、Zynga 等等）都擁有我們自己指派的聯絡人，幾乎就像美國政府指派大使進駐其他國家一樣。他們的任務不只是在外部力量面前代表臉書，同樣也得將外部公司的意圖帶回通常都非常疏忽的臉書公司。他們同時也要幫助其他公司在臉書複雜的政治之中遊走，好達到雙方都有利的目標。這些大使們都非常熟知他們的異國力量，有些人甚至變得有點像當地人（就像被安置在異國太久的大使們一樣），會用同樣的力度強調對方的要求。

多困難的問題，像是資料該如何使用、或是有可能在對方的公司中經歷複雜的過程後被回收再製等等。臉書會紀錄亞馬遜展現給哪個用戶看哪些廣告、然後偷用這筆資料嗎？就算沒那麼直接，亞馬遜的廣告表現會被臉書拿來用在提升點擊率的模型中嗎？臉書也想知道這些用戶層級的印象資料會流通到亞馬遜的什麼地方，還有亞馬遜在自己網站上提供的推薦商品，會不會突然開始根據你和臉書廣告的互動產生改變。兩個巨人小心地圍著對方繞圈，沒人想要放棄自己隱藏的武器、握手言和。

所以這樣的企業談判進行了……好幾個月。最後，亞馬遜會加入FBX，它的廣告預算會在總是欲求不滿的 FBX 收益上帶來很大的幫助，但那是在好幾場會議和合約協商之後的事了。

至於臉書強悍的競爭者谷歌呢？

之前 Google+ 所造成的騷動不只是虛張聲勢而已，谷歌進軍社群網站戰爭之中的決心也不只是為了嚇唬某些討人厭的暴發戶公司而已。過去一年之間，谷歌透過媒體和在職的谷歌員工流出不少消息，說谷歌內部的產品團隊都已經在為了 Google+ 做出調整。就連自始至終都是網路上最常被開啟的頁面的谷歌搜尋系統，都被扯進了這場混亂之中，也要開始加入社群功能了。搜尋引擎會根據你在 Google+ 上不同的連結產生不同的結果，而你分享的任何事物，包含照片、貼文、甚至與朋友的聊天內容都會成為谷歌最強大也最神祕的運算過程中的一部分。

這是個驚人的消息，就連對谷歌內部員工也是。谷歌搜尋是他們公司最神聖的主產品，是王中之王，是取代了圖書館與百科全書的人類知識泉源。

所有的資訊都顯示（而谷歌的資訊安全顯然不像臉書做得這麼好），這在谷歌內部引起了一陣喧然大波。在 2012 年 1 月時的一場全公司會議中，谷歌的創辦人賴瑞・佩吉強硬地宣告了這個公司前進的新方向，壓下公司中的混亂，並對公司員工下達最後通牒。

　　「這就是我們現在要走的方向：唯一、統一、『美麗』、和一切交會的產品。如果你們不能理解，那你們可能就要去別的地方工作了。」

　　聖旨下達之後，谷歌的產品線便全都根據同一個尺標來衡量：這些產品將會對臉書的社交理想有什麼貢獻？然後要不就是據此做調整、要不就是放棄。

　　為了在這個新產品周邊製造吸引力，谷歌公佈了讓人驚嘆的使用者數字。2012 年 9 月時，谷歌宣布這個服務已經有四億用戶註冊、並有一億活躍用戶。臉書連十億用戶都還沒達到，而且我們花了四年才達到第一個里程碑，即一億戶，谷歌卻用一年就做到了。這讓公司內部開始產生近似於恐慌的情緒，但是我們在戰場上看見的現實卻和谷歌提出的數字合不來。

　　這場競爭讓搜尋巨擘嚇壞了，因為他們太不熟悉臉書帶來的生存威脅，他們終於不得不放棄自己技術方面的冷靜客觀性（像是資料之類的），並開始製造出假數字想要驚艷外在世界，也（絕對）想要用此來嚇退臉書。

　　他們為新產品打腫臉充胖子的方式非常典型，就是新創公司不要臉的「裝久了就是你的」的概念，既為了滿足自己的自尊心，也藉由提出現在的成功（假象）來為未來（真正）成功的機會鋪路。

　　這個數字在一開始時被看得非常重要，畢竟谷歌可以快速積聚用戶的實力可不容小覷。但一陣子之後，就連臉書最疑神疑鬼的內線人士（更別提外部世界）也理解，谷歌的數字是灌水的，就像安隆（Enron）會計師在收益報告上做的事一樣。「用戶數量」這種事情總是有一點見人見智，而谷歌可以把所有在谷歌使用經驗過程中點擊過 Google+ 按鈕的用戶都算成一個「用戶」。由於 Google+ 的按鈕在一夜之間就擴散到谷歌用戶的使用經驗中，就像蘑菇在潮濕的小山丘上增生一樣，谷歌當然可以在某人使用檢查電子信箱、或上傳私人照片之後就聲稱對方是 Google+ 的用戶。現實是，Google+ 的用戶很少張貼文章、

或和自己張貼的內容有真正的連結，而且他們也不常回歸（return），就像著名的實驗室老鼠在進行藥物實驗時，為了再多得到一滴古柯鹼液體而去拍打槓桿的行為一樣（像是他們對臉書做的事）。

為了增加未來奮鬥的精神（以及內部的娛樂性），Google+ 的界面也是臉書員工鄙視的完美對象之一。維克・岡都拉（Vic Gundotra）是前任的微軟經理，在那裡玩過權力遊戲、爬過階級的梯子，最後加入谷歌。是他在賴瑞・佩吉耳邊碎嘴、讓他產生恐懼，才使這個產品得以研發，也是他在領導這個產品快速的進展、並付出上下一條心的努力（對谷歌來說很不正常），用野心勃勃的一百天快速發佈了這個產品。

在各大媒體訪問及谷歌贊助的活動上為 Google+ 站台時，這個男人總是受到讓人心生不悅的阿諛奉承。讓臉書人最不齒的是，這個傢伙刻意在任何公開發言中無視了臉書這個社交媒體界的龐然巨獸，好像讓他在谷歌扶搖直上的契機根本不存在一樣。就像喬治・歐威爾那種類型的作家，會靠著語言與感知能力配合不存在的虛構世界，谷歌也永遠不會直接在公開發言中提及臉書的存在。「網絡的存在是為了網絡，」岡都拉這麼說道。「朋友圈的存在是為了對的人。」他指的是 Google+ 朋友圈，是無恥地複製臉書早已被人忽視已久的好友名單，所製造出來整理社交聯絡人的工具。

在臉書，維克象徵的人物是歐威爾《一九八四》中的艾曼紐・高德史坦（Emmanuel Goldstein），他在臉書內部社團總是被人批評個不停，每當有人貼出一片他落落長的演說連結時，他就會在社團中引起一陣公憤。這已經超越公司之間的對抗，對許多將自己的身份與公司綁在一起的員工來說，這是非常個人的戰鬥。對他們來說，臉書說就是他們的表情（還是相反？）

* * *

「高格，你要我打造一整個服務平台和商業模式，在幾個月之內

創造幾千萬的收益，但我的團隊只有三個人。[142]」

這場景是我和高格每週例行的一對一報告時的最後幾分鐘。他是我的正式經理，但他的管理在這段混亂的日子中完全只是象徵性的存在[143]。

「有三個耶，安東尼奧！那就像是《三百壯士》的電影一樣。你們就是斯巴達戰士，老兄。斯巴達！你們沒問題的。」

高格說的是法蘭克‧米勒（Frank Miller）作品的電影版，幾年前才剛上映，在宅宅圈子中造成一陣熱潮。故事內容講的是西元前四世紀時的波希戰爭，再加上一點現代的超級英雄美學。

「高格，你知道斯巴達戰士們在溫泉關輸慘了，對吧？」

他搖搖頭，轉開視線，什麼也沒說，就像他一如往常面對難堪的現實時一樣。我們已經來到他的桌邊，上頭立著一個沒在使用的螢幕（他連電源都沒接上）。顯然我們每週例行的一對一報告已經結束了。

我回到FBX辦公區，卻沒辦法提供團隊夥伴任何新得到的資源。儘管FBX的開端是個好兆頭，也有民眾與媒體對產品強烈的興趣支持，除了幾個工程師及一群兼職員工的支援之外，臉書其實非常不樂意對這個產品投入任何其他幫助。這聽起來有點矛盾，但這就是臉書的態度。儘管一開始看起來十分有說服力，又有我對它提出的願景，說它是臉書未來的廣告定向產品，FBX還是被視為一個提升收益的權宜之計，只是為了提供臉書上市後所需要的鈔票而已。在歷經一年的遊說之後，臉書任何一個比我高階的管理階級真正了解、更別提積極支持所謂

---

142 科技世界中大部分的產品，至少在網路這一塊，發佈的時候都是半成品，被稱為「最小變相產品」。它指的是你要將一個產品稱作「產品」所需要的最低限度功能。在FBX的例子中，這代表著實時競價的功能和我們打造的最基本的廣告購買系統原型能夠合併使用，但是我們沒有任何監控工具、故障排除工具、或是錯誤提示等用來管理這頭巨獸的功能，也沒有更進階的功能，像是瀏覽器身分交叉配對這種我們自己幻想出來的功能。這些都會在發布後的九個月之間陸續完成，只有一個工作極度過量的工程師（海利）和一名實習生在負責。

143 「一對一報告」是臉書中員工與經理所開的會，用意是展示公司內部的「管理模式」。大家通常都對這個會議很認真，而如果你不小心在員工餐廳或會議室中撞見正在進行中的一對一報告，你就該自己默默迴避給他們空間。當然，這種會議對高格來說只不過是笑話而已，他每次都只會問我說好的收益金額什麼時候才會成真。

的實時程序化廣告購買科技，但這技術已經占據了廣告世界的大部分區域了。**只要它現在能賺錢！**它就會受到高格和羅伯金的支持，以及業務的容忍，畢竟他們的工作就是要照產品發展來進行的。我天真的假設是，如果我能讓 FBX 成為一個收益破十億的產品。我就能說服不情願（如果不說是刻意忽視）的臉書管理層們好好重視這個大好機會，進而改變他們看法的走向 [144]。

但這當然是瘋了。錢的聲音比什麼都大，但是在臉書內部，它的聲音只有在身為整體中的一部分，更能被接受的文本中才會被聽見。

就跟廣告通在打官司的時候一樣，我一肩負起保護工程師的責任，一個人面對這些雜七雜八的屁事，並表現得像是我們想像出來的這些完美功能，都會有真正誕生的一天。實際上，有些功能在此時已經研發完成，正在申請專利。

但事實是我們得對抗全世界，還有臉書的管理層。

成為大人物或做大事，我該選哪一個 [145]？

一個人偶然在人生的旅途中碰上了岔路。

其中一條路是要做一番大事，在他的組織和世界中製造影響。他要真實回應她的價值觀和理想，並和與他並肩打造那個理想的人們一起戰鬥。當全世界的人都質疑他時，他得相信自己；他得忍受專業領域中其他人的藐視。他不會被自己的長官偏愛，也不會贏得同袍戰友的禮貌讚美。但是也許，只是也許，他有個小小的機會成為真理，並創造出某能夠長久流傳的價值，而它將會改變任何組織中的平庸主義，就連應該

---

144 我花了兩個月的時間說服高格和波蘭，說 FBX 的設計並不會「洩漏」任何臉書的資料，試著弭平他們對資料隱私權的無知擔憂。我不覺得臉書裡除了 FBX 團隊之外，還有任何人真的了解臉書的廣告交換是怎麼運作的，就連一點些微的概念都沒有。

145 讀過美國軍校的學生就會知道這句話是約翰．包伊德上校（John Boyd）的台詞。他是一名著名的軍機飛行員和戰鬥理論家。他好鬥而頑固的性格讓他徹底惹惱了軍隊高官，因此讓他永遠也沒辦法爬到比上校更高的官階，儘管他對美國軍事策略貢獻良多。他的策略直到今日都還是學生教材，他在 F-15、F-16 和 A-10 這幾款傳奇戰鬥機設計中的參與也不斷被人傳頌。美國空軍從來沒有正式開除他的軍階，他以飛行員與軍官的身分為軍隊效力了二十四年。

要非常混亂的組織也能受到影響。

另一條路則指引他成為大人物。他會承受美好的果實，他只要負責把那些決定了他人生價值的待辦事項完成打勾，就能獲得源源不絕的稱讚。他會得到同儕的掌聲，但是人們會很驚訝地發現，這些讚美實際上並不能轉變成多少真正有人記得的產品，也沒有對組織整體價值帶來多少幫助。

我當然有選擇權。我不能否認這一點。

我有幾個出路，而且其實我是能拋棄 FBX 的。

我只需要閉上嘴、低下頭，乖乖把我在 FBX 之後經手的其他鳥產品按部就班做好，並扮演臉書劇本寫好的產品經理角色就行。如果其中一個產品「成功」了的話，我或許還能讓事業起死回生。在僵化的臉書文化中，你只需要隨波逐流就能混得很好。

同時，我還有金錢的考量。

根據寫下這本書時的臉書股價，2015 年 12 月時，臉書的加值已經是我當初拋棄廣告通時所簽的四倍了。我有兩個孩子，而他們母親朝九晚五的職業生涯能勉強支付他們的生活所需。她倫敦交易員的風光時期早已過去，現在她的薪資等級只是一個普通的 MBA 畢業生的水準。根據加州的贍養費規範，我每個月都會給他們一筆錢，但真正要支付私立高中與史丹佛大學學費的錢，卻是要來自我還沒有兌現的股票。我不想讓柔伊和諾亞得和我一樣，都得從放牛班的後門擠進這個國家的菁英階級之中。

由於現在我不可能再創業了，我所有的收入都會只來自臉書股份，但我在瘋狂追逐 FBX 的時候卻讓它們深陷危機。不過受到自尊心驅使、榮譽感逼迫、頑固的個性又讓可能會被平緩的腳步和自己的判斷所磨損的意志變得更兼顧。面對當前的敵人，我的回應就像往常一樣：一頭栽下去。

就像包伊德上校一樣，我選擇做大事，而不是成為大人物。我將

自己和 FBX 這艘船綁在一起，讓它帶著我駛向未知的方向與未知的代價。

2013 年，1 月 16 日

這真是太丟臉了。

全球最大廣告商之一的宏盟集團（Omnicom），他們的資深管理群，此時就坐在 17 號大樓的一張長會議桌的另外一側。

會議桌邊我的這一側，則坐滿了廣告團隊的資深領導人們。這些大咖們只會在有重要來賓的時候現身會議。此外，還有跟 FBX 和自訂廣告受眾的當紅新產品相關的產品經理與工程師（馬修·瓦吉斯和我，還有奇怪的工程師）。

這裡有四個廣告公司，也就是俗稱的控股公司，他們一起組成了一個傘型結構組織，聯合其他數百個小型廣告公司，一起掌控了媒體的世界。他們的集體收益是一年幾百億，而他們控制或影響的整體媒體預算則是這個金額的好幾倍。這些該死的傢伙們可都是真正的大佬，完完全全的一級公司，是媒體界的巨擘。他們就像奧林帕斯山上的宙斯神一樣排排坐在一起，可以隨他們開心在廣告世界中呼風喚雨、分配那些預算，憑他們的喜好推動某個出版商或媒體管道。臉書已經很有耐心地花了好幾年的時間引誘這些廣告公司們，並在紐約辦公室中設立了一整個團隊，想要將那些預算導向我們還未經過市場驗證的新產品中。

過去幾年間，臉書一直把提案的重點放在粉絲專頁和讚數上。但是有了自訂廣告受眾和臉書交換後，這些廣告商的耳朵就豎起來了。他們突然可以真的在臉書上使用他們手頭的資料和定向策略，擁有實質成果，能向他們的客戶證明錢花得有價值，這會讓他們的預算變得更多，讓媒體界的齒輪轉動。

坐在主位上的人是喬許·雅各斯（Josh Jacobs），是宏盟集團自己

的程序化廣告購買「交易平台」的負責人。沒錯，由於程序化媒體和它實時性的交易市場，就連這些古板的老公司也開始經營起像華爾街那樣的新單位了。這些人都是廣告界的首腦（如果那個世界有這種階級的話），而他們都非常聰明、對屁話免疫。

「所以我們什麼時候才會在 FBX 裡用到那個身份配對的功能？」雅各斯的其中一個手下問道。

這傢伙身上穿著一套西裝，在臉書總部裡，穿西裝的人就跟小袋鼠這種生物一樣難得一見。他是宏盟集團中某個子分支的負責人，為控股公司的客戶們掌管重定向廣告的業務。

看在我們內部已經吵了好幾個月的屁事份上，我當然不是負責回答這問題的人選。作為這個產品的資深代表，高格便接下了個任務。

「我們公司內部現在正在討論這件事，但我們基本上還沒有達到一個全公司的共識，還沒有決定未來的走向。」

呃。

還真是誠實，我想辭職了。

在這個明顯讓人無法接受的回答之後，是一陣尷尬的沉默。我們對面的人身穿設計師剪裁襯衫、腳踩高級皮鞋、戴著笨重的機械錶，看上去就是典型的東岸媒體大佬的模樣。他們瞪視著我們這一側，看著身穿連帽衫和球鞋的我們，等著我們給出答案。

但我們沒有答案可以給。

在過去的六個月中，臉書內部因為自訂廣告受眾和 FBX 之間的抉擇產生了熱切的辯論。我前面已經稍微提過，這場辯論的重點是這個：當臉書進入外部資料庫後，如電腦版網頁瀏覽、手機應用程式安裝、實體店面的離線購買行為等等，我們能不能打造一個開放的系統，讓廣告商能把他們的資料帶進臉書、同時保護臉書用戶的隱私權，避免資料外流？或就和過去一樣，臉書會想要抓住越多的堆疊資料越好，就算那代表發表等級較差的產品，讓所有公司都退避三舍，只有最低階的廣告商

才願意使用 [146] ？同時，辯論中最重要的收益議題也吵得很兇。

　　波蘭所支持的完全「封閉式」的堆疊會需要擴張版本的自訂廣告受眾參與，而那得要好幾年的時間才有辦法打造完成。同時，我們也要花好幾年的時間說服廣告商來使用，因為他們通常都會比較喜歡用獨立的工具來做廣告服務和傳遞，而不是完全依賴臉書這單一的發行商。再來，慣性也會減低廣告商使用我們產品的慾望，因為當時的大環境中，實時科技已經主宰了線上媒體的世界，人們都認為這才是成熟的廣告定向科技該有的樣子，而 FBX 則是這個方向的代表。

　　宏盟和他們有錢的廣告商們想要的是「資料可移植性（data portability）」，也就是隨處使用他們珍貴的第一手資料、或是花大錢從第三方收購來的資料的能力，不論是在臉書或紐約時報網站上。我們如果打造一個隨便什麼科技、再用那個科技來控制別人對臉書資料的存取，我們就可以保護自己已經照料了好幾年的牆內小花園。它會在我們打造臉書交換的那個小花園中建立起一面磚牆，而就是打造在小花園中的臉書交換領導我們開始這場會議的。

　　只有一個方法可以說服世界上所有的宏盟集團，也就是所有成熟的廣告商們去接受波蘭的封閉堆疊路線，那就是讓臉書的用戶身份與跨裝置資料的價值大大提升，好讓廣告商願意接受臉書難用到不行的科技。由於臉書獨特的身份資料究竟有什麼價值，還沒有人真的知道，這便意味著未知的風險。

　　替代方案則是 FBX 團隊（所謂的團隊就是我，而且基本上就只有我）不斷在大力鼓吹的「開放」堆疊系統。讓科技隨著不斷成長的標準

----

146 「堆疊資料」（stack）是科技用語，指的是構成整個產品基礎的一組相關技術。這個名稱的概念是為了捕捉大部分軟體「堆疊」而來的組成天性，也就是驅動你看見的使用者介面的程式碼、將那組編碼和資料庫連接起來的技術、以及資料庫本身的科技。另一種常被人提起的堆疊則是網絡堆疊：一個網頁可以被拆解成超文本傳輸協議（HTTP），下方的傳輸控制協議（TCP），以及為之提供核心的網際協定（IP），透過你的無線網絡網路路徑或電纜傳送到你的所在位置。廣告的堆疊則是一堆更糾結的廣告交換、優化、定向、廣告伺服器和追蹤等層次所組成的。把廣告堆疊畫在白板上變成圖表的話，那看上去便會像是魯布·戈德堡裝置一樣複雜。

進步，我們可以讓廣告商幾乎立刻就接受它。FBX 團隊已經半祕密地打造（但還沒有發布）了能夠讓臉書身份在瀏覽器與行動裝置之間安全地曝光。現在我們就只差啟用它了，而我已經花了好幾個月的時間試著說服臉書的管理層讓我這麼做。

我知道金融界的比喻已經用到爛掉了，但你們就把臉書想像成一間大型的金融服機構，像富達投信（Fidelity）那樣。臉書提出的「封閉」計畫是這樣：臉書不只端出他獨特的共同資金、股票、以及投資組合，他同時也想要獨自經營這些投資商品交易的平台，以及股票交易的登入工具，還有整個圍繞著這個投資平台的所形成的金融體系——也就是銀行、活期存款帳戶、信用卡等等所有的一切。如果你想要買入臉書的投資基金，你的現金卡和你的退休帳戶都會被貼上「臉書」的標籤，而且只能和其他同樣有臉書標籤的產品合併使用。臉書會成為自成一格的金融世界，砍斷你和原本其他世界的聯繫。

如果你想要在這個臉書創造並經營的金融世界中買臉書共同基金之外的商品呢？臉書最後是會讓你這麼做，但是只能透過他們的交換和購買工具。所以你也可以買幾股谷歌或大眾通運的股票，但你還是得登入臉書的購買平台。

這樣行得通嗎？

嗯，也許。如果臉書的投資商品都真的表現得這麼優秀，還有如果你購買外部股票和債券的能力因為透過臉書的平台而真的被加強了的話（和透過其他平台相比之下），那麼，是的，人們當然樂意將他們的整個財務轉移到臉書的世界。他們甚至會願意冒著被鎖死的風險這麼做。（一但你的財務資料進入臉書後，你從這頭巨獸口中脫身、並把生意搬到別的地方去做的機會就變得非常有限了。）

在科技面，這個決定也會有很大的影響。繼續用我們的比喻來說，臉書的科技就像位於內布拉斯加的某個當地小信用單位，但卻擁有

足以媲美美國銀行的大筆存款。如果它想要和整個金融世界對抗，它就得提出所有銀行提供的服務，而這會很花時間，就算有臉書這種快得不像人的技術發展。

至於收益方面，這代表整個臉書身分的金錢價值會有好幾年的模糊期。由於這類的結構完成之後，收入絕對會比它所有部分的總和還要多得多，所以它真正的價值只有在整體都現身之後才能估算。如果你只能在臉書裡使用自訂廣告受眾完美的用戶中心定向策略，卻不能用於剩下的其他網路世界，那它的價值又有多少呢？如果臉書有一個廣告伺服器（我們很快就會談到這個東西了），而它只能在臉書裡運作，那誰會在乎啊？廣告商仍然會需要他的舊伺服器，去谷歌控制的網站或其他任何地方展現他的廣告。要讓一切都籠罩在臉書的藍色光芒之下，這是需要好幾年的時間去完成的理想。

相比之下，開放計畫的價值幾乎馬上就能訂出來了。如果 FBX 能使用我們為自訂廣告受眾所打造的身份配對功能，那麼我們的交換平台便可以成為網路上所有身分的流通中心。我們對網路身分所有的點子（我用不同的名字來做比喻的那些身份），不管是網路或離線狀態，都會在數週之內就成真，因為 FBX 的本質就是開放而標準化。而這一切都是由三個工程師和一個臭跩的產品經理在經營，而不是每一場會議都會出現的一整群爭吵不休的大公司小丑們。

當然，要對封閉計畫公平一點的話，如果它成功了、而臉書也想辦法說服世界放棄外在的網路、並一頭栽進臉書世界中，那便會讓臉書壟斷整個工業。這是整個辯論背後真正的問題：臉書廣告和身份資料的表現，足以用來說服大家拋棄一切跟隨臉書嗎？如果不，那這個封閉計畫就會是動態贊助第二代，而飛碟又會再一次晃點大家。

這場封閉與開放之間的戰爭會在電子郵件辯論之中消耗大量的電子，在過程中，在下我用了相當冒犯性的字句來描述應該要備受崇敬

的廣告團隊管理層，也種下了我之後遭到報應的因 [147]。但當時，那些電子郵件辯論正粗暴地進行著，而當我們和宏盟集團開著永無止盡的會議時，每個人都悄悄在檢查自己的信箱。

雖然不和我們一起與宏盟集團開會，但一個新的存在、一個會為臉書廣告改變一切的存在，正在廣告團隊中慢慢現形。在我介紹這個革命性的角色之前，我有必要讓你了解臉書文化中一個非常重要的部分：臉書裡裡外外都是個拿破崙式的帝國，而在任何宮廷政治的環境之下，一個人距離皇帝越近，他在組織裡的聲望就越高，皇帝的權力也成了他能直接使用的資源之一。如果你被拉進臉書元首的小圈子裡，你的產品便因此有了一股別人沒有的動力：你會擁有幫你工作的工程師，其他的產品會被取消或是推到一邊，更重要的是，你則會變成帝國穹蒼中的一枚明星。就算你的產品失敗了（這在臉書被抹油按立的皇帝親信圈子中多得是），你仍然可以活著研發另一個產品、帶來另一個影響，你的光芒不會被抹煞、你的名譽也不會被玷污。祖克的宮廷裡有幾個王子：布雷克・羅斯（Blake Ross）、賈斯汀・薛佛、山姆・萊辛（Sam Lessin），還有其他幾個人，他們的地位都是我這種生活在廣告荒原上的俗人只可遠觀不可褻玩的。

幸運的是，臉書本身便是它宮廷計謀的公開平台：臉書員工使用臉書的誇張比例，使得祖克帶出的每一個初生之犢，或是在漢堡店舉辦的小宴會，都逃不過大家的眼睛。臉書的平民用戶會透過加好友或追粉絲的方式觀察臉書貴族們，就像英國人收看皇家八卦新聞一樣，緊盯著在他們眼前展開的宮廷鬥爭。

在這些萬中選一的王子中，其中一個人名叫安德魯・伯斯沃斯

---

147 在其中一個行銷兩面手法的例子中，封閉計畫的領導人波蘭在受到公關核准過的官方臉書貼文裡寫著這一切「和封閉與開放無關，而應該是兩者攜手」。他的電子信箱裡有上百封舊信件（許多是我寫的），標題總是帶著「封閉」和「開放」的字眼。

（伯斯），是祖克在哈佛時的助教。他在北卡的一個馬場長大，是一名高大的光頭男子，雙臂都有刺青，是哈佛跆拳道隊的前任隊員，隨著年齡增加越長越壯。在他和廣告團隊扯上關係前，他是動態時報初始概念的發起人，而他永遠都不會忘記在和別人初次見面時提起這一事實。他是在廣告團隊工作的第一個「祖克之友」，顯然是被派來拯救被巴卓斯和高格搞得七零八落的廣告團隊，以及我們無頭蒼蠅式的工作模式。

就這個方面來說，伯斯真的是上帝派來的天使，而廣告團隊、甚至臉書的整個收入狀況，在他坐上管理之位後，就開始大幅改善了。我希望我已經提供了夠多細節，在 2011 年至 2013 年初，臉書的貨幣化策略基本上根本完全不存在（除了失敗的動態贊助之外）。就像威廉·高丁（William Golding）的名著《蒼蠅王》中那群英國小男孩一樣，當產品經理和工程師們得在無政府狀態自力更生時，人們便會開始攻擊弱者、並愉快地掛起一顆腐爛的豬頭。伯斯就是在書中高潮點現身的那名英國海軍長官：當男孩們真的瀕臨完全失控的邊緣時，將他們喚醒，並決定重拾文明。

這大概就是 2013 年初時發生的事；伯斯突然現身在廣告團隊的會議裡，並從那一刻起開始接管。突然間，廣告團隊可以在沒有回報給雪莉將軍的情況下做更多決定，因為我們終於有了祖克欽點的領導人來指導這齣廣告大戲。

但菁英統治還是有缺點。

伯斯戲劇化地將他個人的會議室根據自己命名，違反了所有臉書的傳統：伯斯直播室。那間會議室裡佈置得像是某人的私人房間，沒有直挺挺的人體工學座椅和大部分會議室裡擁有的長桌，而是沙發和矮茶几。關於產品方向的倒數第二場辯論、也是最火爆的一場，就是在這裡展開的。而且他像是雇用了專業的私人攝影師在拍攝他的私生活一樣，讓他的臉書塗鴉牆上總是有媲美婚紗照或好萊塢電影等級的照片（儘管

裡頭的名人除了他自己之外就沒有太多別人了）。

　　在凱瑟琳・魯斯（Katherine Losse）揭露早期臉書工作環境的著作《少年國王》中，她將從哈佛招攬來的臉書員工形容成黑幫。他們永遠都是核心，並會構成臉書未來的主幹。從各種角度來說，早期的臉書非常地男性化，充滿了年輕而賀爾蒙衝腦的男人。其中一名哈佛黑幫習慣性地威脅人說如果他們搞砸了，他就要「揍他們的臉」。那個人就是伯斯。我在和一個臉書老員工聊這件事情的時候就猜到了。

Quod licet Bozi, non licet bovi.

神能做到牛做不到的事。

　　伯斯或許是臉書的神，但他不是廣告人，不了解貨幣化這個領域內的任何東西。但這很正常；臉書內部大部分的人，如果他們不在廣告團隊裡，沒有人有絲毫的概念，臉書是怎麼賺錢，或是他們的免費食物和接駁車是怎麼來的。許多人相當滿足於現狀，並愉快地將這個問題丟給廣告團隊和雪莉去處理，自己只要忙著負責處理用戶端的產品就好。

　　為了讓他快速了解廣告團隊的運作，我們邀請伯斯加入和產品行銷人與經理的客戶會議。就某方面來說，這其實有點不合常理。除了祖克的信心之外，他完全沒有勝任這份工作的條件。

　　但另一方面來說，我們想騙誰啊？這是廣告技術，不是軌道力學；一名有點腦子的科技人在職業生涯中花了足夠的時間學習（如果不說是創造）新科技和商業模式後，都能學會足夠的高級基礎好做出（大部分）有智慧的決定——尤其是當整個團隊都專心一致地要快速把你訓練成才的時候。2012 年底，伯斯便開始大量加入廣告團隊的策略過程，以及我們大量的電子郵件政治之中。他一開始都還只是沉默，在更加瞭解新工作和政治狀態之後，他便也開始開口說話了。

　　但在這一切發生之前，託波蘭的福，臉書廣告經歷了其中一個突如其來、改變了一切的超級鳥事。

微軟聳聳肩

> 亞特拉斯碩大的身軀變成了石頭。他的鬍子與頭髮變成了森林，手臂與肩膀變成懸崖，頭成了山峰，骨頭成了岩石。他的身體各處綿延成一座山，而天堂與繁星座落在他肩上。
>
> ——湯瑪斯・波芬奇，《波芬奇神話》

2013 年，2 月 28 日

你們知道麥肯・麥克連（Malcom McLean）是誰嗎？

我賭你們不知道。但這個人對我們的經濟所造成的改變比 20 世紀的任何一個人都來得大。

麥克連是貨櫃的發明人，就是他發明了那些從中國由貨船運來、疊成一堆小山的金屬盒子。貨櫃的聰明之處在於，整個運送實體貨物的工作流全都標準化成了一個個 8×8×40 的箱子。工廠將貨物放在八尺寬的板子上，直接送進箱子裡。裝上輪子後，箱子就變成了貨櫃車，而等到箱子到了船邊，便會直接透過裝在每個港口的巨大吊臂拉起來吊到船上。箱子們會像樂高積木一樣堆疊在船上，直到抵達另一個港口，接上卡車，然後再前往它們最終的目的地。這一切都是通用的，不管你是在新加坡或是奧克蘭，它的貨物都會透過這種貨櫃系統快速地被裝載或卸載。貨櫃讓我們的全球運輸鏈變得可行。

這跟廣告有什麼關係？

現代數位廣告也裝在一個標準化的箱子裡了——或者說，一組箱子裡。那些給電腦用的箱子被稱為廣告署（IAB）廣告單位，給手機用的則是行動行銷廣告協會（MMA）廣告單位。它們的尺寸全都以像素

為單位標準化了，比方說 729×90、300×250 之類的。這些是電腦版網頁上使用的廣告尺寸，手機又有另一套標準。

就跟貨櫃車一樣，標準化的尺寸代表這些廣告如果能在時代雜誌網頁上展示，就也能出現在雅虎財金或紐約時報網站上。那也代表大部分在廣告周圍運作的科技也都能運作，那些將閃爍的像素送到你面前的廣告伺服器，全都能和標準化的尺寸合作。那些發行商用來分割你資料的分析軟體、在網頁上顯示的廣告也都預設成標準化的尺寸了。那是付費媒體的使用的標準貨櫃，而在大部分的情況下，這是行得通的。

但是就有些船要不覺得自己太大或太重要，所以不想接受這些貨櫃，因為他們不喜歡貨櫃在甲板上堆起來的樣子，或是因為他們聲稱貨櫃車太不重要、不是他們的人生目標。所如果你想要藉由他們的船運送任何東西，你就突然得把所有的東西打開來，重新包裝成他們霸道指定的隨機尺寸。

這種狀況在廣告領域裡，被我們禮貌地稱為「原生廣告格式」。而那些船則是像谷歌搜尋引擎、臉書、或推特這類的產品。或許是因為他們太專注在用戶端的功能而不重視貨幣化這塊（臉書和推特），或是因為他們刻意反對大家通用的標準、只為了展示他們有那個能力（谷歌搜尋），但最後的結果都是，標準化廣告格式在這些地方毫無用武之地。

創造自己的原生格式，為這些平台製造了兩個巨大的危險，尤其是對那些想要使用傳統廣告交換的人（就像我們透過 FBX 在臉書做的事，或是推特現在正試著在用 MoPub 做的事）。第一個明顯的危機是它製造了差異（那些廣告的設計肯定會和標準化格式情況下的有所不同）。第二危機則更潛在一點，是關於廣告如何傳遞和進入廣告世界的。而我相信，圍繞著第二個危機的戰爭將會決定廣告帝國的未來。

為什麼廣告伺服器這麼重要？

乍看之下，它們似乎沒有什麼直接相關。繼續使用我的運輸比喻

（現在應該算是延伸），廣告伺服器就是負責把箱子搬來搬去的吊臂。但它們的角色其實比這重要多了。

聽著：廣告商並不信任他們的經紀公司，經紀公司也不信任他們的交易平台，交易平台並不信任他們正在使用的廣告交易軟體，而廣告交易軟體公司也不信任廣告交換。唯一讓這充滿謊言的世界中出現一絲誠實的存在，便是大家都共同認定的一個事實。這個神一般的存在就是廣告伺服器。如果一個行銷商想要在週四下午 4 點到 10 點之間，讓美國東岸的每個人不見到同樣的超過四次（這正好是電影廣告購買最頻繁的時間，因為電影總是在週五首映），那他只有聽到伺服器回報他得到理想結果之後才會滿意。廣告伺服器並不只是一個等著收到指令就丟出訊息的機器而已；它也是個會計系統，決定什麼東西在什麼時候被傳送出去、傳給誰、傳送得多頻繁、還有在哪裡現身。

而這還只是針對大多數無腦、只想要一瞬間名聲大噪的品牌行銷而已。對那些會追蹤廣告表現的行銷商來說（例如網路零售商），廣告伺服器的重要性就更強了，因為它會決定會計與行銷的貨幣單位。

我用科技的比喻把它說的簡單一點好了：

你在高速公路上有沒有看過那些超大的看板？麥當勞，就在四哩之外！就算我們沒有刻意去接受影像在我們視網膜上造成的衝擊，我們充滿各種慾望的潛意識裡還是接收到了。而在四哩之後，當那兩個金色弧形出現時，你就會更樂意在那裡停下來，買幾個油膩膩的冷藏食物。那個路邊看板為你的行為製造了極微小的影響。如果你把那個廣告移除了呢？漢堡的銷量會比有廣告的時候少多少？這差異可能不大，但是看得見的。

在網路世界，看見那個廣告標示就是所謂的「顯示到達率」（viewthrough）：看見廣告，但沒有實際的立即作為。當你看見黃色的拱形標誌、便從高速公路上開下來，則是「點擊」：在行銷刺激後產生

的立即行為。這兩者之間的相對價值是可以計算的，但不值得我們在此浪費時間。但我們要想想這兩者的價值，和一個正在決定要投資更多錢在看板、或專注在實體店鋪和招牌上的商人有什麼關係。

在我們都知道人們會餓、也有幾個不同的開店地點可供選擇的世界中，我們當然會選擇投資在房租和店頭招牌上，因為我們早知道自己可以逮到人們脆弱飢餓的時刻（像是棒球場或是百貨公司的美食街）。我們不需要在球場或百貨公司裡貼滿廣告。我們知道人們會餓、也知道他們會在哪裡聚集；我們只需要花錢在那裡落腳就好了。

但如果我們不確定人們餓不餓，廣告比起提供資訊、更像是在進行誘惑。我們便會在全世界貼滿告示牌，希望可以把顧客吸引到店裡，而不是在那裡擔心能不能逮到人們肚子餓的瞬間。我們會創造需求、而不只是消費那個需求，這也就是大部分發生在高速公路看板上的事。因此，我們會每隔兩哩就設一個廣告，但實體店鋪可能設在三十哩之外。

這有什麼重要性？

谷歌來自搜尋的世界，在那個世界中，一個人只要輸入對某樣東西的要求就好了。谷歌唯一需要做的事就是把那個人帶到店頭。對谷歌來說，點擊率的價值太高又太貴（這就是為什麼谷歌可以這樣賺進大把鈔票）。谷歌的顯示到達價值則微乎其微。事實上，它的價值低到如果你的搜尋關鍵字沒有商業價值，谷歌就連廣告都懶得顯示給你，寧可留下一塊空白的橫幅。大約有一半的谷歌搜尋結果不會產生任何出現在旁邊的小廣告；你可以自己試試。對谷歌來說，顯示到達的價值根本沒有存在的必要，只是為了把浪費的媒體預算合理化。因此，它的廣告伺服器只計算點擊率。它的操作手冊明確指出：「點擊勝過顯示。」而谷歌在每一場展品展示中都將這點發揮到淋漓盡致。

另一方面，臉書則完全著重在顯示到達率。由於臉書並沒有任何真正的資料能肯定你的意圖（也就是說，它不知道你想要什麼），所以它必須創造需求。所以在臉書的會計中，顯示到達率非常重要，也是為

什麼你的動態時報上會出現那些誇張的大圖片（很快就要變成影片了）的原因，就算你不點擊也一樣。

讓我們再更深入一點。臉書按讚的價值有多少？分享專頁貼文呢？留言呢？那些全都有其價值。就像我們前面提過的廣告顯示，這些價值或許不高，但不管怎麼說，價值還是存在的。而如果你的網站堆積起山一樣高的讚（而不是點擊），你便需要廣告伺服器來計算它。這是我們在2013年初還沒有的東西。

在那段時間中，關於FBX的爭執還在進行中，而我則越來越覺得這場戰爭已經來到最終定生死的關鍵了。我把所有的精力都投注在FBX上，並非常樂意有另一個產品經理來替我分擔完全沒有意義的定向團隊（仍然全力在尋找某些價值足以讓廣告商砸錢的資料）的工作。

我同時也失去了我正在經營的產品：自訂廣告受眾。

失去這個產品其實很難受，而且現在回想起來，會失去它是我太短視的關係。我實在花費太多精力想要成功經營FBX，完全相信只要我們能讓FBX成長的速度大於自訂廣告受眾，我就能隻手扭轉臉書管理層的看法，讓他們看見程序化廣告是未來勢不可擋的走向。

但在2012年底，高格發現讓我繼續擔任自訂廣告受眾的產品經理就像在請狐狸蓋雞舍。最壞的情況是我會忽略這方面該做的工作（我有時候的確會），而好一點的狀況是我會打造出開後門的科技，留下各種漏洞，讓我之後可以在FBX的產品上回收再利用，將真正的好東西端出來。對我來說，自訂廣告受眾唯一有價值的東西就是它將離線與線上資料綜合起來的特殊能力，像是名字、電話號碼、郵寄地址。這是我為了FBX也不斷在奮鬥的資料整合技術[148]。

---

[148] 如果這讓人有點困惑的話，我再簡單地提一下資料配對的技術。在自訂廣告受眾這塊，是廣告商上傳一份名單（上面可能有上百個名字），並得到一大塊定向群組，好用來跑他的廣告。在FBX做的資料配對，臉書則是使用假名來回應每個名字，而那個假名會在每次臉書上出現廣告時找出你的位置，透過的便是我們前面提過的實時廣告交換技術。在自訂廣告受眾的領域，那就是像是將一封訊息廣泛地展示給全城的每個人看；在FBX，這則像是透過城裡每個人的名字，將群組訊息發給每一個個體。換個方式說，這兩者就像是你準備要開刀切除腫瘤時，選擇斷頭台或手術刀的差別。

　　我的工作會被剝奪，波蘭當然是幕後黑手。他和我針對自訂廣告
受眾都有各自的理想，而已經為了這一點互相仇視好一段時間了。我們
交換了一串串用詞難聽的電子郵件，其中甚至包含了從雪莉開始的整個
團隊資深成員。我是和波蘭的理想奮鬥的孤軍。由於自訂廣告受眾是他
提出來的企劃，而 FBX 顯然能把它的工作做得更好——也就是將外在
定向資料和臉書廣告連在一起——那我身為他產品的經理的日子當然所
剩無幾。不要太低估那些中階經理的油嘴滑舌。

＊　＊　＊

　　接著波蘭對臉書投出了一顆變化球。他去西雅圖做了好幾趟神祕
的旅行。臉書的西雅圖辦公室規模很小，而且幾乎全都只有工程師。由
於波蘭通常不會跟工程師說話的，他的舉動顯得特別詭異。

　　但是有一天，我們突然得知我們正在熱烈討論買下微軟的廣告伺
服器「亞特拉斯（Atlas）」，以及和谷歌的初階廣告伺服器「雙擊軟體
（DoubleClick）」的可能性。

　　當消息傳到廣告團隊時，好幾個和外在廣告世界有關係的產品經
理（儘管關聯可能微乎其微），都立刻衝到技術服務台借 Windows 筆
電，想看看我們正要買的東西到底是什麼樣子。說出來你可能不會信，
但亞特拉斯只有在特定版本的 IE 上才能打開（怕你太年輕沒聽過這東
西，它是個瀏覽器）。不幸的是，這和復古服裝不一樣，使用者介面並
不會因為太復古而又恢復流行。這東西既緩慢又老舊，超級不流暢，就
連專業廣告人士都受不了這一團混亂。但看在它誕生得早又存在了好幾
年，它擁有 20% 的市占率，還有上千個外部發行商，這才是重點。

　　這整個交易都是由波蘭和他以前在微軟的同事所謀畫的（驚
喜！）。由於那些我在這章前面就提過的原因，廣告伺服器是臉書廣告
堆疊的基石。而他急著策劃一場交易，並要求臉書投入進去，便是在封
閉與開放的天秤中又丟下一顆石頭。

　　據說亞特拉斯當時也和程序化廣告領域中的另一間科技大公司在討論收購的事，這筆交易非常緊急，在大部分的人發現我們要下手之前就已經成了既成事實。於是，2 月底，當亞特拉斯的收購案已經送到他們的總監那裡進行最後考慮時，葛雷格・巴卓斯（當時還是廣告團隊的負責人）召開了一場會議，包含所有的資深成員和產品經理，當作全體報告、以及最後反對的時間。

　　廣告團隊中所有擁有一席之地的成員都聚集在一間大型會議室裡。會議室中擠了大約四十到五十人，而且只剩下站位，這也說明了廣告團隊成長了多少。兩年前，如果我們舉辦同一場會議，或許成員還坐不滿一間中型會議室的座位。

　　負責合約的人把高階合作條款大聲讀了出來，但我會省略所有的細節，因為我對臉書法律條款真的沒有太多興趣。然後巴卓斯開口，簡述了一下亞特拉斯的歷史，提到微軟是怎麼在 2007 年時，用天價的六十二億美金從一間名叫 aQuantive 的公司手中買下他們，那間公司當時是許多不同廣告科技的集合體。根據微軟典型的風格，他們沒辦法把這個巨大的投資資本化，讓 aQuantive 的各部門一個接著一個腐爛，只剩下亞特拉斯因為占據了廣告界的重要地位，因此存活了下來。但是現在微軟連它都不想要了。

　　就在巴卓斯提出了一個白紙黑字的會計數字作為總結時：「所以微軟在 2007 年花了六十二億，接著寫下了六十一億的價值。然後現在我們就在這裡了。」

　　一個人突然喊出了一個明顯的問題：「但，等等……亞特拉斯在這一切裡面的價值又有多少？」

　　巴卓斯反擊道：「就是這個。一億……這就是亞特拉斯。這就是我們要買的東西。」

　　緊繃的笑聲在會議室中傳開，臉書廣告管理團隊開始消化我們正在撿微軟剩菜的事實。當我們談到簽支票的事情時，別忘了誰才是老

大。臉書目前為止金額最大筆的收購案卻只是微軟的零頭。

　　在這場會議中，沒有人真的提出嚴正的抗議，而在短短的時間之內，臉書便提出了最高的出價，擊敗所有競爭者，交易就這樣宣布達成（或選擇性地外流出來）了。

　　許多局外人都不敢相信臉書的這筆收購，質問我們為什麼要買一個古老科技的遺產。儘管這場交易是由波蘭和他的前微軟同事所促成，我其實並不覺得這有那麼糟糕。保守來說，臉書替自己弄來了一個在圖像廣告世界中的起始點，而在這一刻之前，臉書一直都沒有把這塊事業當作一回事。

　　當然，當我們談到收購時，你付的錢不是重點，你要付上的代價才是。從現在開始的很長一段時間，臉書得餵養並維持堆成一座小山的爛編碼（還有負責寫它們的爛工程師）。它得付出的技術債毫無疑問是很大的；「新版」的亞特拉斯會被延期，拖到兩年之後才發布[149]。

　　但是，嘿，現在臉書有個新的媒體標竿了。它現在只需要說服所有人來用就好了。

---

149 「技術債」是在軟體研發中常出現的一個概念。想像每當一個工程師要快狠準的修正一組編碼時（那種修正大概會在一天之後就被搞炸，然後又要再被修正一次），你就是在從未來的工程時間裡支取借貸。那名工程師當然可以先靠借貸來讓公司保持運作，但債是要還的，而且多半都有利息。

為了臉書更大的榮耀 [150]

風水輪流轉，

你若逮住了浪頭，便會引領你前往富足；

否則你的下半生

便會被困在空虛與悲慘之中。

我們得抓住現在正高的浪潮，

否則便等著失去我們的戰爭。

——威廉·莎士比亞，《凱薩大帝》

2013 年，3 月 18 日

伯斯再也不是業餘的廣告團隊來賓，總是像觀光客一樣坐在會議室裡旁聽了。現在的他是被巴卓斯「衝康」的空降新領導人。他的態度像是把廣告團隊當自己家一樣（就某方面來說，這是事實）。伯斯接管廣告團隊的這個調動，顯示的不只是公司中結構表的一點改變而已；我們正在目睹廣告團隊時空的重新整合，從立體時空變成了「伯斯喜歡你」和「炒魷魚」構成的單一象限平面。對大部分的廣告人而言，你的定位都得重新設定，而我完全不知道自己落點在哪裡。

為了搞清楚大家的位置，伯斯要求我們都去和他一對一開會，儘

---

150 Ad majorem Dei Gloriam（為了神更大的榮耀）是耶穌會給天主教堂所下的命令。身為這個信仰中的智慧首腦，耶穌會是十七世紀時在巴拉圭開啟戰爭、捍衛他們傳教使命（這一切都被記錄在勞勃·狄·尼洛的電影《教會》裡了），或是負責教育出這種瘋子和暴徒（像是笛卡爾和副司令馬科斯）的幕後黑手。直至今日他們，仍然在全球經營著一間間大學，包括喬治屯、波士頓大學、還有福坦莫大學，以及歐洲、拉丁美洲和美國無數間的高中，教育出自矽谷至智利的各處菁英。卡斯楚將軍和我畢業自同一間耶穌會學校（卡斯楚奪權之後便關閉了那間學校，而它在六零年代拔營前往邁阿密重新開始營運），而我一天得在一堆作業都寫上「AMDG」的字母。

管我在工作上並不是受他的管轄。短短一瞬間，我發現自己坐在一間小會議的一張小桌子對面，看著他前臂上的刺青。他的右側刺的是經過藝術設計的加州地圖，左側則是「veritas」一字，繞著他的手腕（「真理」的拉丁文，也是哈佛的座右銘）。

當然，我已經在臉書上澈底地調查過他了。多虧了臉書的 #tbt 標籤，我看過了他美化過的簡歷，從北加州郊區到哈佛再到臉書的人生經驗 [151]。我也觀察出他的管理哲學，或者至少是他對外公開的那一面。他顯然是那種不好惹、但很公平，對自己的直接與誠實感到自豪的人。畢竟，「真理」一詞都已經直接寫在他身上了嘛。

但撇開哲學書不談，我發現真理是個難得的東西，尤其是在科技世界中。我同時也注意到，那些大張旗鼓地宣稱自己相信真理的人，通常都對自己緊抱在懷裡的美麗謊言有不尋常的依賴性。

我們的對話很快就進展到我在廣告團隊中的角色。在臉書，這種工作表現評鑑是半年一次，每個 2 月和 8 月都會出現尋常的政治角力，好確保你最大的粉絲都會為你說些好話，而你最大反對者的聲音則沒有什麼機會被聽到。

「你是一個非常分歧的人物，安東尼奧。我讀過你團隊成員寫的評價，還有管理階層的評價。它們完全相反耶；一邊愛你愛得要死，另一邊討厭你到不行。」

對啊，廢話。

我完全可以想像我的評價是什麼，你甚至不需要告訴我確切的作者姓名：里斯曼、海利、蓋瑞、還有其他 FBX 的團隊成員，肯定都對我的投入和產品領導力讚譽有加。而高格和波蘭則會大聲嚷嚷我的抗命、自以為是的小聰明、還有對臉書目前政策的負面批評。

「沒錯，伯斯。我在這裡有朋友，也有敵人。但我的目標一直都

---

151 #tbt（意思是「回憶星期四」）是臉書上常用的標籤，用戶們會在週四貼出自己好久以前的照片，甚至回溯到臉書出現之前。

是為臉書打造目前市面上可行的最棒的廣告系統。」

　　就各種方面來說，這句話都是事實。我幾乎不記得我的人生在加入臉書前是什麼樣子了，而將人生完全花在公司裡為我帶來了一絲毀滅的痕跡：我有兩個被忽視的孩子、兩個愛情被我揮霍的女人，還有兩艘被留著腐爛的船，而且我沒有任何知識份子或公司之外的生活，全都是因為我的冷漠和我對臉書的投入[152]。別被我在這本書中描述的臉書差勁待遇給騙了，在每一個犬儒主義份子心中，都住著一名心碎的理想主義者。如果我現在變得尖酸苛薄又批判，那是因為在某一個時間點，就像路西法在墮落前曾經是最驕傲的天使一樣，我也曾將全人全心奉獻給臉書，或許比大部分的人都更超過。

　　我們接著也談到身邊水深火熱的開放與封閉之戰。他的立場算是中立，但也堅定表示他希望事情能夠快速有個結論，並讓這阻止廣告團隊做出任何未來決定的不確定性告一段落。這就像是某種古老的神諭，你可以根據各種情況作出不同的解釋。

　　後來，我們站起身隔著小桌子握手。這場會議給我的感覺像是幫派分支的頭目在最後撕破臉前的會議，然後他就會開始派出殺手或提出對方無法拒絕的要求。我不喜歡這種感覺。一點都不喜歡。

2013 年，4 月 4 日

　　伯斯現場，又一次。這次是在伯斯直播室。

　　這次的會議參與者包含了所有在臉書 2013 年最強辯論大會中有參一腳的人：波蘭、高格、瓦吉斯、伯斯、史考特・夏匹羅，和我。這場

---

152 除了真的全心愛過我的英國交易員之外，我還和另一名以色列心理醫生有段情。為了保護她的隱私，我在這本書裡省略了我和她的故事，但當我在臉書工作時，我和一名前任專業攝影師兼以色列國防軍士兵轉心理醫生的女子有一段熱烈的愛情。我在臉書的最後一年，都是在她小小的帕羅・奧圖公寓裡度過的。我們的感情在工作壓力之下受挫，並在我離開工作後緩慢而痛苦地結束了，但我們也經歷過好幾次戲劇化的分手，復合，再復合。

會議的主旨是終於（終於！）從伯斯和雪莉口中得到最後的定論。儘管和雪莉在過去幾個月中已經開過了無數次「最後一場」會議，我們始終都還沒有得到結論。

看看伯斯的男人窩裝潢，我一點都不意外我們的會議很快就變成男人之間一來一往的鬥爭。

「自訂廣告受眾最近已經完全領先 FBX 了。」波蘭開口。

對啊，廢話。這根本是我和史考特和海利在對抗你和整個由你操控或影響的臉書業務和營運團隊，還有運作定向系統的技術團隊和 API 欸。這些全都在支持自訂廣告受眾，可是我只有一個工程師。FBX 還在繼續運作根本就是個奇蹟好嗎。

撇開我對這不公平競爭的鄙夷不談，波蘭說的其實也不是事實，而且那些微妙的原因他大概完全不懂。

「那只有你把自訂廣告受眾的收入當做實際收益的時候好嗎。我覺得你太高估它了。你的廣告受眾收益控制台上看到的數字不是真正的收入。如果我們真的要比的話，你應該要把它們打對折。」我回擊。

波蘭和我對上充滿敵意的視線，而伯斯則在一旁扮演管理層和事佬的角色，說著調停的台詞。

我們現在的狀況是這樣的：

在過去幾個月中，從它們各自在暑假中期發佈之後，FBX 和自訂廣告受眾的收益就一直在穩定上升中，而且一開始是齊頭的。但到 12 月時，紙面上（或說收益控制台上，那才是真正的重點）自訂廣告受眾的收益便開始大幅超越 FBX 了。讓我跟你們解釋一下原因。

就像我前面提過的，FBX 要面對的技術挑戰比自訂廣告受眾大多了。我們得打造一整個全新的廣告系統基礎，而自訂廣告受眾只是靠著臉書現有的定向技術，回收再利用原本的定向邏輯而已。我當然知道，那是我花了去年一整年打造的。儘管它的技術笨拙不堪，它是把臉書原本就有的 API 和介面作出擴充，這代表著臉書已經在合作的廣告商能

夠輕易地開始在這個系統上花錢。他們能夠直接透過臉書的廣告購買介面（在 FBX 上，我們是沒有對等的功能的）買廣告，或是透過臉書廣告合作夥伴的第三方廣告購買介面，臉書早已迫使他們都開始支援自訂廣告受眾的功能。

FBX 則是被設計成要和外部廣告世界無縫接軌的，為了配合他們的實時廣告交換系統，但是我們擁有許多技術和採用的挑戰。就像我先前解釋過的，FBX 需要從標準的程序化廣告購買遊戲規則中延伸出來，例如採用不同的廣告格式。這需要 FBX 團隊進行許多大規模的程式修正，並試著將一整個獨自演化過的廣告系統，放進線上重新定向這一塊的產業標準中。在經過幾個筋疲力盡的月份和幾個專利的申請之後，我們已經大致成功了，但臉書文化對於配合市場需求這塊一直都沒有太多耐心。

同時，你也得理解廣告商的哲學、以及他們對世界的極簡化分類手法。當時，其實就連現在也是，廣告預算都是根據管道來分類的：電視、電台、臉書、谷歌、告示牌、什麼都好，幾乎就像是將地方選區一個個標注起來的簡章。儘管廣告手法，也就是重新定向線上購物的消費者無論透過自訂廣告受眾或 FBX（在抽象層面）都一樣，花在前者的錢都還是落在「臉書」的預算之下；因此，不管哪個負責控管這塊預算的經紀公司，都能輕易地將錢轉向它，不會產生太多商業或技術的麻煩。

但在 FBX 這塊，這又是另外一回事了：我們在競爭的這塊預算，是通常都會繳給谷歌和它的實時廣告交換系統 AdX 的，也就是大部分重定向廣告發生的地方。這樣很好，因為這樣一來，花在 FBX 的預算便會完全是「外加」的（用臉書用語來說的話）；也就是說，FBX 賺來的收益，是原本並不會花在臉書上的新收入。由於這些錢原本應該要花在谷歌的，這讓這些錢變得更美味了。外加的收益！全新的收入！是臉

書當時正在追求的聖物。事實是，要如何賺入外加收益，是當時臉書發布任何新廣告產品的大挑戰。當然，你的控制台上顯示了好幾百萬的預算，但是你怎麼知道這些錢會不會用別的名目同樣花在臉書上呢？如果你發布新產品來瓜分不管怎樣都會花在臉書上的預算，那這樣一點意義也沒有。這就是為什麼波蘭的收益數字其實大部分都是假的。他的數字中，最多只有一半是全新的收入，剩下的都是不管如何都會被臉書賺進來的預算。

百分之百的全新收入是 FBX 對管理層的大賣點之一，但就像我前面提過的，這也代表著我們得說服 Zappos 或其他廠商，直接或透過我們的 FBX 代理夥伴，特意將預算轉到臉書、而不是其他實時交換管道。然後，廣告商也需要設計新的一組廣告來配合這個系統，這意味著為一個還沒有任何認證的全新廣告做額外的工作。所有現存的零售商都吃過在臉書花錢的虧，而且都對他們在臉書發生的個別災難記憶猶新。由於大部分零售商的死活都是由第四季的聖誕節購物季所決定，他們更不會願意在那之前嘗試任何全新的系統。因此，自訂廣告受眾在第四季的成長比 FBX 有感多了，最終收益把我們遠遠甩在身後。這讓我在伯斯直播室中角力的資本又少了一點。

如果我現在有一天一百萬美金的本錢叫波蘭閉嘴，這場會議很快就可以結束了，我想。

可是我沒有。但是還是有點希望的。靠著我們在 2013 年發布、幫助廣告商轉移得更順利的新功能，FBX 已經在恢復了，並在今年的第一季有了不錯的成長。同一時間，自訂廣告受眾在風光的第四季之後，則開始逐漸萎縮。除了幾個後端的小改動幫助整個系統運作得沒那麼慢之外，波蘭的團隊沒有發布任何特別的新功能。產品不是個澈底的爛貨，這可不是什麼吸引人的賣點。

在幾段漫無目標的互相攻訐之後，整個會議又恢復到以往沒有任何結論的結局。伯斯重申他要我們快速做出結論的事實，並保證自己會

和與會的每個人一一談話，然後再據此向雪莉提出一個最後的建議。雪莉會做出最後決定，或讓他做決定。

讓我們暫停一下，好好思考。

身為高格、波蘭、或費斯傑會是什麼感覺呢？

你見過各種優秀的技術和產品人才來來去去，你招攬來的優秀畢業生們全都是來自最優秀的學校。你在一個強大而領先市場的組織中所擁有的特權身分，將你曝光在產業潮流與人才面前，並讓你的社交網絡充滿了擁有權力與影響力的人士。你有能力讓任何一間公司的資深管理層現身、並將熱騰騰的新產品秀給你看，這意味著你知道所有發生在你產業界中的事，小至產品中按鈕的顏色。

但是你還是待在這裡，嘴唇緊貼著某個大咖的屁股，像套著枷鎖的牛推磨一樣乖乖地走，照著大公司機械的要求做事。

為什麼？

讓我告訴你為什麼。

因為你絕對是整個組織裡最沒種也最不創新的一個人，因為在你生存的這個充滿機會的世界裡，有野心有能力的人都去追逐那些機會了。圈子裡一直會將少數的優秀人才（或是任何浮上表面的東西）挖走，而你是在多年挖角後被剩下的東西。從大公司 A 換到大公司 B 沒什麼了不起的，如果你不是晉升，至少也可以保持同樣的官階。你學會在一間大公司內真正重要的事是避免變成開除或資遣的受害者，而同時你顯現得自己對公司的任務至關重要。你學會了「管理」的藝術：也就是控制你頭上管理層的感覺和看法。你非常重視別人的回饋，並速度飛快地根據回饋作出反應。如果你有手下，你會領導他們的事業（並確保他們都知道你在幫他們），並試著把他們都訓練成像你一樣的人，在組織裡有影響並獲得他人的認可。在那些最病態的組織中，你手下的成功會反映出並創造你個人的成功。你確保自己和經理同事們都保持友好的

關係，尤其是像業務或企業發展團隊，因為他們能將你的計畫往前推進。當組織裡出現能力不足的成員時，你不會當著他們的面叫他們白痴或是在必要時刻開除他們，而是將他們的回饋偷偷傳給他們的經理，並學著和他們的無能合作。如果他們的無能並不會直接影響你或你的團隊，你便會無視它們、轉而關注你用來控制他們的手段。

你是中間管理層：你是夢想家與冒險家和你信仰中新信徒之間的必要存在。前者創造了這個組織，後者則只把它當成一個工作，而你是後者會第一手接觸的公司文化和權力代表。

如果你比大部分的中間經理們都聰明（例如高格），你便會替自己建立個人品牌，維護你的聲望、在組織中產生不錯的迴響，同時又消弭任何人懷疑你在將自己打造成「明星」的可能性。如果你失敗了，那你名片上的頭銜便是你最強的支柱，而你得盡可能地投資它，直到你用它去交換另一個（可能更好）的頭銜[153]。

現在的伯斯直播室裡聚集著三種完全不同的身份：像伯斯這樣的企業貴族，像波蘭這種中間管理層，以及像我這種惡名昭彰、專門在糞坑裡打滾的，透過人才收購來的創業者。事情的發展就跟你想的差不多好。

2013 年，4 月 12 日

現在的場景是在「只有好消息」會議室。

我們又回到原點了，但情況差了十萬八千里。與會成員幾乎完全相同：高格、波蘭、羅伯金、雪莉，現在又加上伯斯。我已經把手上的牌都出完了。儘管我們的資源如此有限，FBX 的研發也已經來到它的

---

153 高格目前是一間時髦而成長快速的付款管理公司「Square」的產品與技術總監。這間公司是由推特的創辦人傑克·朵西創辦和領導的。在 2015 年的 11 月，Square 正式上市。高格用他的個人品牌做了一場很棒的交易。

最大值了。我們也靠著拍馬屁或小小的謊言，誘使 FBX 合作夥伴在我們的新平台上花了夠多的潛力。我用盡以前對投資人和合夥人有效的所有個人魅力和說服技巧，來說服廣告團隊的其他人來支持一個他們幾乎不理解的理想。

這是好的那一面。

至於壞的一面，我對高格不服從的狀況已經很久了，或多或少地拒絕做他指派給我、好讓我從 FBX 上分心的其他鳥任務。我是廣告團隊中最難搞的麻煩份子，在一個對分歧的容忍度極小的文化中，想辦法散布和公司方向相反的另一套想法。

儘管 FBX 已經達到成功的標準，我也因為透過極少的資源完成這件事而受到不少讚美，這間會議室中就算有任何一個 FBX 的祕密粉絲，他們也不會拿自己內在的社會資本來賭 FBX 的未來，更別提它代表的程序化路線了。如果雪莉同意讓 FBX 使用目前僅限自訂廣告受眾的資料整合功能，或者只是讓我們也有行動廣告庫存（一個在未來會主宰臉書貨幣化的產品），那我們或許還有機會活下來。如果 FBX 照現在的狀態穩定成長下去，它最後終究會超越自訂廣告受眾的收入，不論是在現實的外加收入上，或是在控制台的數字。但如果雪莉不同意，那就意味著判 FBX 和它周遭一切的死刑，包含它本身的科技、我們申請專利的創新 IP、我們搶到的預算、FBX 合作夥伴為了和我們合作而做的努力，以及這一切更崇高的願景。什麼都沒了。我們把賭注全押上去了，接下來就是一翻兩瞪眼。

「你想先說嗎，伯斯？」雪莉對坐在我對面的伯斯打了個手勢。

「和廣告受眾與 FBX 團隊每個重要人士都談過之後，我想我們不該在 FBX 上發布身份整合的功能，讓它只是自訂廣告受眾的限定。我的意見就是這樣。」

這會議很快就要結束了。

「每個人都有參與這段討論，對不對？」雪莉環視了桌子一圈。

我們全都點點頭。

「嗯，如果你是這麼想的，伯斯，我想那就是我們的決定了。」

我和伯斯對上視線，他轉開眼。

沒有人移動或說話。在經過這麼多個月的討論之後，我們實在很難相信現在真的有了結論。

雪莉最後又補充了一句，像是要把我們從白日夢中喚醒：「所以就是這樣了。FBX 不會有任何自訂廣告受眾的功能，FBX 也不會有行動廣告庫存。這就是結論，然後我們會繼續在自訂廣告受眾這塊推動身份配對。」

我看向走道上一扇面向中庭的窗戶，以及指向天空的 HACK 標誌，就像某種神諭。

嗯，我的確是「駭」了不少東西啊。

接下來收尾的禮貌對話，我根本沒有心思去聽了。大家起身離開。已經沒有其他事情可以討論了。高格朝我的方向看了一眼，但當我們四目相交時便撇開視線，然後快速離開會議室。在我來得及追上他之前，他就已經離開了這棟建築。

我走進 FBX 的辦公區，或者說，那個辦公區的殘骸。

那個讓我賭上整段臉書事業的產品，現在住進加護病房了。

過去兩年中的第二次，我在下午時分走出辦公室，無事可做。

再見了，臉書

每一個漂亮的女人身邊，都有一個厭倦她的男人。

——拉丁美洲諺語

2013 年，4 月 12 日——當天稍晚

在臉書的股票生效期是一季一次，這意味著每個 1 月、4 月、7 月和 10 月的 15 日，我都能拿到整組股票價值的十二分之一。在生效日的前一天辭職，你便會損失一整季的價值。在生效期的隔天加入公司，你同樣也錯過了那一季的股票。這是個非常詭異的系統，給錢給得心不甘情不願，尤其當每一次的生效都相當於美國一個小康家庭一年三分之收入時。你要是錯過一天，你就損失了一座普通城市中的一間房子（當然不是在舊金山就對了）。

我電腦上的倒數時鐘顯示的時間，正好是我加入臉書的整整兩年。我的下一個（大概也是最後一個）生效日是 4 月 15 日（報稅日！）。但是今天我已經把臉書對我最後的一點歡迎之情消耗完了，就像好幾個月前，我就已經把它對我的耐心耗光了。是時候該離開了。

人在這種辭職的時候總要特別小心，並要確保你把臉書大餐桌上散落的麵包屑都擦掉了。我不信任高格，所以我得提防任何最後一刻扯後腿的小手段，高格一直都悄悄在挺我和 FBX，但是就像所有的中階經理，他的忠誠是跟著權力跑的。而且，就算他熱血到愚蠢的地步，他到底還是個謀略家。壞人總是能認出自己的同伴，而現在我對他已經沒有任何利用價值，我沒有理由不相信他不會過河拆橋。

雪莉的那場會議結束後我就離開了辦公室，並發了電子郵件，告

訴高格我週一要請假。他不能在我放假的時候開除我。我不確定你會在
兌現日的早上領到錢，還是下午。週一就是 15 日，但是二十四小時可
以改變很多事。最好等到 16 日，確定那些錢都好好躺在我的銀行帳戶
裡之後再辭職。

　　如果我辭職，我和臉書可能不會好聚好散，所以我得在週末把桌
面和其他雜物清空。臉書不只一次在員工違逆之後就馬上將他趕出公司
了。不需要特別去演出那種離職的員工可憐兮兮收起他的公司馬克杯的
場景，好像在收起他前一個人生的留下的遺物。我把所有的東西裝進兩
個大型塑膠袋裡，什麼都沒留，只剩下我的公司筆電。
　　我的酒桶參與過兩次在公司總部的釀酒計畫和無數次出售，所以
我當然會帶走。我把我的超級破爛的豐田卡車開到前面，雖然它看起來
就像是塔利班恐怖份子攻城時用的那種卡車。我在沒有惹出任何麻煩的
情況下將酒桶推出建築物，然後扛到卡車的車床上。截至目前為止，一
切都還好。

　　週二來臨，股票兌現的金額已經入帳了。沒有什麼東西值得我
等待了，所以我最後一次走進臉書總部（如果用公司的術語來說就是
「MPK」，指門羅公園辦公室）。
　　我還得清理我的筆電。
　　臉書的科技政策其實出奇地鬆懈。儘管官方規定我們不能使用任
何不安全的軟體，像是 Dropbox、Evernote、或甚至是谷歌的應用程
式，但大家都照用，就連管理層的人也不例外。不管如何，留下痕跡就
是給自己留下把柄。該擦屁股了。
　　我開始挑出所有的私人檔案，還有幾個其他的檔案丟進安全性回
收桶（Secrue Empty Trash）。它不只是把它們的連結從檔案目錄裡解
除，更會用隨機資料覆寫它們，讓檔案的回復變得幾乎不可能。

　　為什麼要這麼疑神疑鬼呢？我的裝置裡沒有任何東西違法。但是我已經學會了，你就算沒犯錯也是會被人告的。儘管海報上說得很好聽，這間公司可一點都不在乎我，而且如果有需要，它也會毫不猶豫地擊毀我。

　　檔案刪除的過程中，我最後一次檢視了 FBX 的收益控制台。該死的收益控制台。這組數字在過去一年中主宰了我的人生。但我露出微笑。在那個時候，FBX 正準備要迎接我們收益的第二個里程碑了。

　　不能說我沒幫你們賺到錢啊！

　　〈嘿！〉

　　高格用臉書傳了訊息給我。我們的一對一會議是排在四點，而現在正好 4 點 2 分。

　　「你要來參加一對一會議嗎？」

　　這有點詭異。高格從來沒有準時出席過任何一場會議，而且他對這種一對一會議的參與率更是毫不在乎。我因為各種原因而缺席過無數次，而他從來沒有提醒過我。

　　我回到覆寫磁碟的視窗上。70％……80％……90％……完工。

　　我把筆電闔上，走下樓。

　　在馬丁·斯柯賽斯（Martin Scorsese）的電影《四海好傢伙（Goodfellas）》中有一幕讓人印象深刻的場景。由喬·佩西（Joe Pesci）飾演的湯米正準備要被拔擢。「拔擢」指的是被升格進入幫派份子的神殿中，成為地下世界中沒人能碰觸到的偉大存在。那是個難得的榮譽，只有在幫派中證明自己地位的純血義大利人才有可能得到。

　　湯米來到老大家，大家都恭喜他，四周的緊張談話就像畢業或頒獎典禮會出現的那種。湯米被領導進入典禮……然後發現房間裡空無一人。就在他意識到他被擺了一道時，一枚子彈擊中他的前額，他便癱倒在地上，血流不止。他在過去犯了太多罪，所以不可能被拔擢，但是又知道得太多，所以不能讓他離開。

我從來沒有被開除過，但我總是懷疑在比較極端的情況下，那會和這個場景有點像。事實距離我的猜測不遠。

當我看見一個正妹和高格一起坐在會議室裡時，我就立刻想到了湯米的故事。然後我才意識到：**喔該死。高格，你這該死的小賤人。你甚至不讓我辭職。**

在臉書，只有少數幾個女人有女性該有的魅力。而那些少數人中，她們又很少（或甚至完全不）在上班時做打扮，或是用裙子和高跟鞋展現她們的女性特徵。在會議室中出現一個完全典型的女性角色，就跟你看見點三八左輪手槍時聯想到死亡天使一樣的明顯。

高格對我露出一個尷尬的微笑，在我坐下的時候把門鎖上。

我看向桌子對面。如果她是要用外表來降低我的防衛，那她可能要多露點乳溝或是需要多點魅力。我怒視著她，她則低頭讀著自己的腳本。

「我們想對你提出一個補償方案……」

說到這裡，她的聲音變成那種專業談判人士（像是業務或政治家）在試著表現出他和你有個人連結時會用的假低音。「我們只對少數員工提出這種補償……」

她將一份長得像合約的文件推向我。

非貶低條款……三萬元整……自簽署這份文件起一年內，你不得……

哈！

我懂他們在玩哪招了。這是高格特殊的手法，味道就像被車撞死的臭鼬一樣明顯。他知道我講話有多刻薄，而且我會在臉書上貼那種詞藻華麗的文章來吸引他人注意，所以他決定賄賂我、讓我保持安靜。這份額外的噤聲條款會加強臉書對我提起告訴的能力，如果他們真的決定這麼做的話。

我疑神疑鬼，不代表他們就沒有真的派人出來整我。幸好已經把

磁碟清空了。

我考慮著要不要告訴人資小姐把這份文件捲起來然後塞進自己的屁股裡，但我的理智戰勝了。「我會好好想想。」我說，然後把那份紙本陷阱推回她那一側的桌子。

接下來的話全是人資的樣板台詞：將臉書所有的硬體歸還……禁止教唆臉書員工離職……繳出所有臉書的智慧財產……

對啦，對啦。我幫你們想出的點子，還有替我工作的那些工程師們。全都是你的了，至少現在是。

就是有那麼巧，走出會議室時，人資代表和我遇見了一名來自FBX 合作公司的員工。我向臉書廣告管理層建議過挖角她，並以個人名義去說服她接受閃亮亮的臉書工作機會。她緊張地看了我一眼，我則說了一聲「嗨」，露出微笑，看著另一名人資女孩護送著她進入一間面試室。

「你知道，你不該跟臉書員工說再見的。那不是個好主意。」人資小姐說。

「那是我們正要挖角的臉書合夥員工，還是託我的福好嗎。」我銳利地回答道。

這個女的不太聰明：沒有臉書員工會戴著訪客證、還有人護送的。

我們來到我的桌邊。這張桌子在我週末連夜整理之後，第一次如此乾淨。除了我的筆電之外，桌上什麼也沒有。

「你的電腦呢？」

「就在這裡啊。」我邊說邊指。

「你的手機呢？」

「忘在家裡了。」

「嗯，你的員工證呢？」

「也忘在家裡了。」

但我當然沒有忘記任何東西。那張員工證可以讓我在蘋果有終生

折扣耶；而我還沒有把手機裡的資料清空。

她焦慮地站了一會。我們才在桌邊站了不到三十秒吧，她就已經像是把台詞用光了一樣，正在等導演的指示。

「所以我們可以走了嗎？」我友善地提議道。

尷尬的魔咒解除了，我們再度走下樓。我想她甚至在我走出去時握了我的手。

因為我很想馬上就逃走，所以我將我的保時捷停在門外訪客區，也就是雪莉設立的「家長等待區」旁邊（但那裡總是空無一人）。我坐在距離我們小小的斯柯賽斯場景發生的會議室一百呎的地方，在臉書上發了訊息給高格。

安東尼奧·葛西亞·馬汀尼茲（04:25）：你成功了，高格。我本來是要去向你辭職的。

高格·拉札蘭：你是要加入別間公司嗎？

安東尼奧·葛西亞·馬汀尼茲（04:32）：現在這個時間點，我不會加入任何公司。我只開公司，你想要投資嗎？：）

高格·拉札蘭（05:11）：衝突喔。：）[154]

安東尼奧·葛西亞·馬汀尼茲（05:12）：幾乎可以肯定的是，那不會是在廣告圈裡。

高格·拉札蘭：我很高興你要創業了，你會是很棒的創業家。

安東尼奧·葛西亞·馬汀尼茲：相信我，我已經受夠了拐大家來點擊廣告了。

高格·拉札蘭（05:13）：啊，這樣的話，等事情更有譜的時候，

---

154 這是很像一回事的屁話。高格比矽谷所有創投加起來還多的廣告科技投資項目。就像在拍喜劇片一樣，我發現過高格簽名過的顧問協議書，就這樣大咧咧地放在廣告團隊共用的事務機裡。他比維也納協議時的梅特涅招惹過更多同盟、擁有更多利益衝突。沒錯，所有的這類投資都得由臉書會議過目、檢查過衝突性，而他們也的確擁有否決權。他們也很有可能在上市之後變得更保守、更強勢。或者他只是在唬爛我。高格也常常這麼做。

我們再來聊。

安東尼奧．葛西亞．馬汀尼茲：當然。你不介意我借用你的幾個工程師對吧？

高格．拉札蘭（05:29）：別忘了非教唆協議！（認真的）

　　就在我和高格進行最後的胡扯時，伯斯也發訊息給我了。他已經收到了我要離職的通知，而他當然必須同意我的離開（更別提他就是造成我滾蛋的契機）。想想我和他的一對一會議，我顯然沒有討好到我需要討好的人。難得一次，總是讓我惹上麻煩的這張嘴沒辦法救我一命。和伯斯在臉書上的對話無聊又愚蠢，我就不想贅述了。我甚至不知道他到底幹嘛傳訊息給我。

　　我不會是伯斯大刀下的唯一犧牲者。接下來的兩個月之內，高格自己也會捲鋪蓋走人，連帶的還有幾個剩餘的產品經理。

　　我催動車子的 V8，享受了一下它低沉的怒吼，然後最後一次駛出這個停車場。我右轉離開總部，將車子巨大的車頭瞄準灣前快速道路。高速公路旁延續四分之一哩的獨特美景一如往常地令人難以抗拒。我快速換檔，將速度催上去，並在車頭上揚、車尾開始滑行時，享受這種不受控制又震懾人心的感覺。整台車搖晃著、兇猛地略過那些雅痞人士和他們纖細的 PRIUS 或奧迪，沿著高速公路，終於遠遠駛離臉書。

失地獄

我們損失了什麼？
我們並不是一無所有；堅定的意志、
熱切的復仇之心、不滅的仇恨，
以及永不屈服、永不退讓的勇氣。

——約翰·彌爾頓，《失樂園》

2013 年，9 月 9 日

和我的前任 FBX 工程師同袍里斯曼鬼混的晚上，總是充滿酒精和不顧一切豁出去的氣勢：這種狀況下，你最後要不是進急診室、要不就是進監獄、要不就是和一群廉價的女人坐在豪華悍馬轎車裡。

我們先在他位於派拉蒙的高級雅痞公寓中開喝熱身。派拉蒙公寓大樓，連同 NEMA（他最後搬去的公寓大樓）和林肯山莊是南市場區高樓公寓的三大指標性建築，座落在四周矮小的倉庫和偶爾出現的維多利亞式建築之間。創業家活著就是為了工作，所以每個總監都奢望自己可以住在走路能到公司的地方，或是將辦公室設在住家附近。通勤是平民的選擇。

我們都真的喝開之後，便決定要上街，去找一間有私人包廂和販賣瓶裝酒的高級酒吧。

亞力克·加特羅（Alex Gartrell）和我勾著手臂，在街上開始像小女孩般蹦蹦跳跳地前進，一邊唱著我不記得的歌。加特羅是靠著美式足球獎學金進入卡內基梅隆大學（全國最好的電腦科學系所在地之一）的中西部大個。他是臉書基層的工程師，也是這些都市狂歡酒會的固定班

底。

我們正引吭高歌，腳步輕快，突然間：

啪！

我的腳發出一聲像是繩子承受不了壓力而繃斷的聲音，我突然就不能走路了。整群人繼續前進，我則跌跌撞撞地來到一個消防栓旁，坐在讓人不太舒服的尖銳頂端，等著落在整群人最後面的以色列心理醫生走上來解救我。

第二天我去了一趟急診室，醫生給的診斷只證明我已經老了，讓人鬱卒，那是足底筋膜炎，我把腳掌那塊掌控人類所有移動的連結組織給燒壞了。判決結果：在家裡坐八週。

我被困在家裡兩個星期之後，一個驚天動地的消息震撼了整個科技世界。推特準備收購全世界最大最成熟的實時行動廣告交換平台MoPub。

我以前就和MoPub打過照面，臉書兩年前和他們談過，但用的態度就是對任何早期公司的那種漫不經心的態度。我和他們的總監吉姆‧佩尼（Jim Payne）面試過，試著說服他成為我們的一名產品經理。臉書決定略過他們，但我很驚艷。在那第一場會議的一年過後，當FBX火力最旺的時候，我不只一次去和吉姆及他的產品領導人楊赫曼（Herman Yang）聊過產品，愚蠢地想要說服臉書將它的行動裝置目錄用在FBX上。MoPub知道怎麼經營廣告交換平台，也知道所有艱深難懂的行動數據和定向技術，比任何人都懂。

推特收購MoPub的目的實在太明顯了，他們正在做我試著說服臉書做的事。這是推特版本的FBX，將它的社群媒體網絡和實時交換平台拼在一起。根據這個讓人下巴掉下來的收購金額（外流出來的金額，根據推特當時的股價來算，是三十五億美金），這個決定肯定獲得了整個管理層的同意。如何將定向資料安全地曝光在實時環境中，用一個簡

單的技術步驟解決整個網路身分的問題，允許廣告商們在廣告傳播與定向領域中擁有掌控權與彈性，同時保護臉書長期運作的策略根基，例如用戶資料與與廣告商的關係……這些我和 FBX 一同創造出來的理想，現在終於有人要來實踐了。

由於我只能坐在那裡為受傷的的腳哭泣，所以我花了兩天的時間整理出我對這樁收購案的看法。如果沒有成為潑猴之王里斯曼和他酒友手下的傷亡之一，我懷疑我根本不會有這種專注程度。

那篇出現在 Medium（給科技「思想領導人」傳播思想用的潮流新管道）上的文章本身就是個大成功。它顯然夥同了推特和 MoPub，所以在這場交易中的大人物如亞當・班恩和吉姆・佩尼，都在推特轉推這篇文章，這代表他們手下的年輕業務們也都在這麼做。

事實證明我想的沒錯：推特打算用 MoPub 的技術打造出超級 FBX。由於收購案總是非常敏感，聯邦貿易委員會也很可能會來查這樁交易壟斷市場的可能性，參與交易的公司員工是不能公開討論收購的原因或計畫的。但是，他們當然可以指向一個局外人文情並茂的內線部落格了。這就是他們現在用的招數。我花了三天時間坐在沙發上，興奮地研究著這個社群網站上的新風潮，轉推、留言、澄清、新追蹤，這一切都是人類大腦雷達中的一顆閃亮新星，儘管大部分的時候它都是轉瞬即逝。

眼看一個意料之外的空檔就出現在眼前，這是我出手的時候了。我的通訊錄中還有廣告通時期留下來的凱文・威爾和亞當・班恩的電子信箱。在我跳出廣告通收購案之後，我們就沒有再聯繫過；我覺得對推特的人來說，我大概就跟死了一樣。深推特也告訴過我，推特的總監迪克・卡斯托羅（Dick Costolo）甚至在收購案時發了一封全公司的電子郵件，說我落跑是懦夫的行為。

我緊張地寫了一封和解信給亞當和凱文，恭喜他們的天才交易。這封信最糟就是被忽略。如果幸運的話，它很可能會為我打開另一扇完

全不同的門。亞當的回覆中，提議我們可以在推特見個面。

　　所以在廣告通鬧劇發生過的兩年之後，我又出現在推特，這次是位於第九街與市場街的新辦公室。這間公司已經大到沒辦法繼續待在佛桑街的辦公室裡，所以在和總是反覆無常的城市管理局一番爭執之後，他們決定繼續留在舊金山的市區，儘管市政府威脅著要像萬聖節討糖果一樣抽他們股票的成當作補償金。他們的新辦公室就位於破爛市區的南端，名叫田德隆（Tenderloin）的地區。推特在那裡據地為王之後，以雅痞及嬉皮人士為主的商業行為（如五元咖啡和生啤酒，還有昂貴的公寓等等）絕對會開始出現來服務它和它的員工們，所以當地人已經開始把那一塊地區改叫「推特隆（Twitterloin）」了。當舊金山擁有這麼多上市公司時，誰需要都市更新計畫呢？

　　我再度掛上推特訪客的名牌，在接待區和亞當・班恩的行政人員打了招呼，然後就被帶到一間會議室裡。透過會議室的窗戶，我看見上一次和我開會的兩個男人，我們曾經互相拍對方及對方公司的馬屁，他們卻在最後被我給耍了。

　　這場會議絕對會很有趣。

　　我們禮貌性地握手微笑。亞當和凱文坐在圓桌的另一側，身後是大片落地窗，能夠一覽科技圈牛棚的發光，我身後則是標準配備的白板。

　　在一小時內，我解釋了推特在收購 MoPub 的過程中會碰到的所有技術、法律、與商業問題。毫不誇張，在那個時候，我正好是全世界最懂將實時廣告交換與擁有無數用戶的社群網站平台綁在一起的專家。由於我曾經是唯一一個試著這麼做的團隊領導人，沒有人比我更懂這個小小的領域了。

　　喔，我當然可以告訴推特怎麼做⋯⋯只要從最近期的記憶中把台詞翻出來就好了。

　　我從座位上跳起來，開始用白板解釋從推特進入 MoPub 的數據流，就跟資料從臉書廣告系統流入 FBX 的過程相似。將用戶身分跨裝置地複製、在沒有資料外流的狀況下做廣告定向，這一切的種種都是我們在臉書計畫的。我將推特賭上貨幣化未來的一切，透過資料流向的箭頭及獨特的用戶身份名稱，全部展開在占滿一面牆的白板上，一目瞭然。我或許不是很擅長玩波蘭和費斯傑的政治操作遊戲，但我絕對知道怎麼教你打造廣告產品。在我的報告結束時，凱文和亞當沉默地坐在位置上吸收這一切。

　　在第二場約會時就要多露一點。如果還是不太有把握，那就露更多吧。

　　我們握了手之後，我便被送回接待區。同一名強勢的警衛刻意裝模做樣地要我交出名牌。

　　幾天後，凱文寄了一封電子郵件給我，邀請我擔任推特的顧問。這一切都要是祕密進行，不對外提起。如果有媒體問起，推特就得承認我是一名顧問，但除此之外，我得對外部世界隻字不談。我要做的只有兩週進一次公司和不同的產品經理開會，幫助他們打造和 MoPub 銜接的產品，當然也是要保密的。我在薪資單上不會有員工證編號或電子信箱、或是任何和推特的官方連結。我還是每次都要以訪客身分從大門進公司，和在接待區和不適任的警衛進行讓人頭痛的接觸。

　　很誘人。但不管如何，先給我看看價碼，寶貝。

　　推特很快就提出報價。推特現在再也不是兩年前那個拖拖拉拉一個月才生得出投資條款書的的公司了。我的薪水會是一季一千股，或是一年十六萬美金（根據他們上市前每股四十元的股價來算）。我唯一的工作就是偶爾露個臉，並傳達我對實時廣告購買的想法。

　　你或許以前會鄙視某種人，但有一天，你卻發現自己就變成了那樣的人，而你會很好奇你是怎麼走過來的。從某個小方面來說，我也進

入了只需要露臉就能領大錢的領域。在矽谷中，有一整票人就是在幹這
檔事，而且沒有別的事業了。有錢拿的時候，你可沒心思唱高調。

不過我還有幾個小問題。

幾個月前，我才在推特最大的競爭公司中打造一模一樣的產品。
我還受臉書保密條款的管轄，不能透露我在那裡做的任何事。

此外，我也是臉書最大的貨幣化夥伴 Nanigans 的顧問，而且很快
就要變成產品副總裁了。Nanigans 是臉書收入最大的供應者之一，和臉
書緊密地合作創造新廣告、並讓這些廣告在 Nanigans 提供給深口袋的
廣告商用的購買工具上。在臉書和任何合作夥伴的關係中，他們是最接
近的了。

如果你好奇的話，是的，這個工作爛透了，因為我基本上就是要
想辦法將別人的預算盡可能地轉移到臉書以外的其他管道，這舉動就算
用墨西的標準來說也太卑鄙了。我在 Nanigans 的任務，就是領導打造
實時購買工具的產品團隊在谷歌和推特的 MoPub 上進行購買，並讓這
間公司做臉書以外的生意。就某方面來說，現在身處於買賣等式的另一
側實在很有趣，尤其我現在正在打造一個可以和我以前自己建立的實時
銷售技術對話的實時購買科技。但其實我真正的動機，是要把那些我之
前用 FBX 從谷歌幫臉書賺來的錢，用 Nanigans 的科技（以及他們有錢
的廣告商）再還給谷歌，因為他們現在可以在任何平台上購買廣告了。
一個人真正能摧毀的，只有他能取代的東西[155]。

看看我在這一路上得罪過的所有人，從臉書陣營轉到推特陣營
（由於我還在 Nanigans 工作，我也算是還有一隻腳踏在臉書陣營裡）
對我來說可不是簡單的一小步，而和這件事相關的所有人，不論是臉書
或 Nanigans 的員工，他們都不會太高興的。推特現在要我做的事情只
差一點點就要違反保密協定、並構成叛變了。差一點點，這就是矽谷做

155「一個人真正能摧毀的，只有他能取代的東西。」這句話是拿破崙三世推翻法蘭西第二共和
　　國、建立起法蘭西第二帝國時說的。

事的方法。

　　我沒有任何討價還價，就簽了合約，並發電子郵件告訴凱文·威爾說我馬上就想開始為推特工作。他回應了我的熱情，並提了一個時間讓我和推特的廣告團隊見個面。

　　現在我是推特的手下，要準備和臉書對抗了，而兩年前我才做了正好相反的事。與此同時，我又在為臉書最大的廣告夥伴和最大筆的收入來源工作。

　　好一個無狀態機聚集地啊。

尾聲

謀事在人，成事在天

期待的越多，往往失望也越大。

——威廉·莎士比亞，《皆大歡喜》

2016 年，1 月

所以最後事情變成怎樣了呢？

臉書 2013 年度辯論大會最後仍然沒有做出任何實質改變，或至少，這場辯論所帶出的結果會更偏向策略化的長期影響，而不是果決而立即的決定。

在所有的紛紛擾擾之後，真正將臉書的股價從上市後的蕭條中拯救出來的產品，既不是自訂廣告受眾，也不是 FBX。第三個產品，也是臉書上市後混亂期中唯一出現的另一個廣告產品，暱稱叫做「小小貓（Neko）」，完成了這個偉大的任務。這個產品和其他很多的產品一樣，只是把兩個本來就無法切割的領域結合起來而已：臉書讓人成癮的動態時報、及臉書手機應用程式的廣告庫存，而不是在桌電版本。就是這個：當你在滑手機時，在動態時報上看見廣告——這就是臉書的救世主。

這個意外的成功，最主要的推手是一個名字很難記的產品經理，名叫斐濟·西摩（Fidji Simo）。她是我兩個辦公室老婆中的其中一個（沒錯，我是個辦公室摩門教徒），臉書事業是從廣告團隊最低階的產品行銷人員開始做起的 [156]。她很快就有技巧地在臉書階級制度中往上

---

[156] 斐濟·西摩也玩辦公室的一夫多妻制。她會主動貼上臉書內部有政治優勢的人，這樣的舉動早已在公司內聞名。她會非常公開地和那個人待在一起（當然也全都記錄在臉書上）。就像是煤礦坑裡的交際花，她每個時期的社交圈都會揭露廣告團隊中重要人士的地位。

爬，讓自己得到了產品經理的地位，負責廣告團隊和其他團隊有交集的領域，讓自己成為臉書（和祖克）的焦點之一。她是西西里島和法國混血兒：後者意味著黑色的設計師剪裁洋裝，以及跟吧台椅一樣高的高跟鞋，前者則代表可怕的政治能力，是在西西里島好幾世紀不斷的鬥爭下演化而來的民族性，正好適合臉書的公司文化。

就像大多數成功的產品一樣，動態時報廣告搭上了一波像海嘯般的高浪，將它推到制高點。沒人預料到這波風潮，或者，至少沒人預料到它會在那個時候出現，又推進得這麼快。在這個例子中，那波浪潮便是在 2013 年突然成為臉書主要用量來源的行動裝置使用。這對臉書來說是個戲劇化的轉折點，完全顛覆了臉書的貨幣化策略，讓在此之前的一切都變得不太相關，或者，變得次要了。

＊　＊　＊

現在回想起來，臉書在行動裝置上成功的原因實在是太明顯了。

首先，讓我們談談資料本身。

在電腦上，瀏覽器和它的 cookie 庫（那個資料掮客或是臉書等任何第三方團體都能讀取並寫入的東西）意味著每一個網路瀏覽器中都有一大堆的資料攪和在一起。你在二手車買賣網站上把你的車定價，或是在售票網上找電影，這些舉動都是公開在全世界的掮客和定向人員面前的，而不只是屬於那些個別的網站。

但在行動裝置上，網路瀏覽器大多時候不會接受第三方 cookie，這代表當你在紐約時報新聞網上看新聞時，除了紐約時報本身，不會有其他人讀取或寫入你的行為資料。這和電腦版瀏覽器上的一團混亂正好相反。同時，行動裝置瀏覽器通常沒有權限存取你獨特的裝置編號，而我們很快就會見識到，這編號才是在行動裝置廣告世界中真正重要的角色。

第二個成功的原因，則是將應用程式作為行動裝置使用經驗的核

心。

讓我們這樣想好了：從資料的觀點（如果不說是技術的觀點）來看，一個應用程式就像是某間特定公司獨有的瀏覽器，那間公司打造了它，好讓你可以體驗它特定的網站。你的手機上很有可能有上百個應用程式，好供你閱讀文章、購買東西或服務。同樣的，和你的電腦相比，你在上面使用谷歌瀏覽器或 Safari（或是其他任何一種瀏覽器）瀏覽過上千個網站，所有的資料全都在 cookie 庫中攪和成一團，再讓資料掮客們一天無數次抽取並販售你的資料。但在行動裝置上，那個資料大熔爐並不存在，所有的資料都只屬於製造出那個資料的應用程式。如果你在 candy crush 上升到四十七級，或是在房仲網上找房子，或者用亞馬遜的應用程式購物，那些資料都只會留在程式裡。你和幾個應用程式有第一手的個人關係，就是這樣——這裡的資料不需要經過中間人的手。

如果你知道行動數據是怎麼儲存的，你會發現這其實有點反直覺：在行動裝置上，每一台機器都有一組編號，與你手上的實體裝置連結在一起[157]。理論上來說，行銷商完全可以銷售那些資料，將它們和你的裝置編號連在一切，然後用那些資料在臉書或其他廣告交換平台上定位你。

但這一切並沒有發生。其中的原因有二：首先，像蘋果這樣的公司對他們的平台都有非常極權的控管，而作為蘋果商店審核應用程式上架過程的一部分，蘋果便可以限制廠商對這組魔法編號的使用[158]。大致

---

157 純粹主義者一定會被這個簡化的說法弄得全身不舒服，所以我要澄清一下：嚴格來說，那組裝置編號（也叫做 IDFA，在蘋果的世界裡稱為廣告編號（ID for advertising）），其實是由軟體產生的一連串字母與數字（例如「236A005B-700F-4889-B9CE-999EAB2B605D」），和你的手機相連，並在你所有使用的應用程式中都互通。以前它是一組不會變動的編號，但在 2012 年，當隱私權問題越來越嚴重時就變了。現在它是一組軟體產生的編號，但只要你改變那組編號，就能躲避廣告。不過它的目的其實幾乎就是一組印在你手機電路板上的編號而已。

158 當你申請上架時，蘋果會審核你的應用程式使用的目的和它的功能，包括獲取裝置 IDFA 的功能。如果你似乎在用令人無法接受的方式（蘋果是故意把規則訂得這麼模糊，而他們對項目的解讀就跟猶太法典的辯論一樣神秘）使用那組編號，你的應用程式便會被駁回，通常都是原因不明。這是現代科技中少數由單一玩家說了算的怪現象。

上而言，蘋果對用戶資料都是非常保護的（史蒂夫・賈伯斯對廣告的態度是出了名的冷淡，如果不說是反彈的話），而且非常樂意阻擋任何定向資料的次級市場。

第二，是因為應用程式開發商都非常刻意在保護他們自己獲得的資料，不願意共享，寧可自己將自己的權力貨幣化，也不願追求銷售用戶資料的短暫利益，尤其他們很有可能會把資料賣給自己的競爭對手。

說了這麼多跟資料相關的細節之後，我想說的結論只有一個：我之前說過臉書的用戶資料價值不明，這在電腦版上的確是事實，因為在臉書開始用讚按鈕淌這場渾水時，它就已經擁有一個成熟且穩定的資料市場了，但這在行動裝置上卻不是個問題。行動裝置上的定向資料非常稀少，而且就算出現了也多半都不堪用，所以就算是年齡或性別這類最基本的定向資訊都是上帝賜給飢渴的行動裝置行銷商的禮物，尤其當他們大部分的時間都是在亂槍打鳥的時候。這一點在臉書廣告團隊終於在上市後發布了他們唯一有那麼一回事的產品時，便獲得了證明，那就是臉書廣告受眾網絡（Facebook audience network）。

這個功能俗稱 AN，概念很好理解：它基本上就是讓臉書用它自己的資料所定向的廣告，出現在臉書應用程式以外的程式上。因此，它是測試臉書資料價值的最佳方式。

這些舉措在廣告商的點擊率與真正代表貨幣化的千人觸及率上的表現都非常優異，意味著在充滿睜眼瞎子的行動數據界中，只有一眼視力的臉書就能稱王了。

臉書在行動裝置上的成功還有另一個宏觀的理由，同樣也標示出電腦瀏覽器與行動裝置中深刻的結構性差異：在電腦上，就連像紐約時報這樣的發行商都沒辦法輕易地把他們的網站貨幣化，而且仍然在想辦法築牆維護從紙本印刷轉成數位版本時的衝擊。因此，高階發行商通常會藉廣告商的幫助來貨幣化他們網站的存在，自己卻一點都不了解它的商業模式。對廣告商而言，這則代表這他們在像《繁華世界》或紐約時

報這樣的發行商中就已經有現成的廣告庫存了。

　　行動裝置中，領導應用程式的發行商（通常都是遊戲公司和幾個手機商業公司）則相當擅長將自己的用戶貨幣化；他們既是守門人，又能輕易收到應用程式商店中的付款（三‧九九元下載，不喜歡拉倒），理所當然的貨幣化對他們來說是家常便飯了。將紙本報紙數位化的發行商還在糾結著想搞清楚「網路這回事」，但那些領導遊戲公司中的行銷人士都已經太了解他們的顧客取得成本和顧客終身價值，還可以一路算到小數點第三位[159]。因此，唯一會用廣告來進行貨幣化的應用程式，都是些無法真正說服玩家付費的爛遊戲、或是完全將貨幣化過程外包給已經存在的網絡和交換平台的二線社群媒體。舉例來說，有很長一段時間（說不定現在還是），行動廣告交換中，廣告庫存最大的來源是一個名叫 Grindr 的應用程式，是一個讓同志約炮用的軟體，上面充斥著半裸男子的自拍照。想要在某些類固醇使用過量的男性生殖器照片下面，跑牙齒美白產品的廣告嗎？你應該沒那麼傻吧。

　　同時，你可能已經注意到了，手機上的廣告要不就是又小又有點侵略性（那些在你螢幕下方閃閃發光，影響你滑螢幕的橫條廣告），要不就是又大又煩人（那種被稱為「插頁式」的全螢幕廣告）。

　　這代表當電腦版的高階發行商還在試著用更有吸引力的廣告形式跟臉書競爭時，手機上的它們可沒有什麼好比的。沒有侵略性又設計得美美的，再配上你朋友自己寫的貼文內容，最後搭上臉書這樣的應用程式使用體驗，臉書便能獲取超高的注意力，以及高得誇張的互動率（臉書動態時報上的廣告點擊率輕輕鬆鬆就能進入一位數字的百分比），在行動裝置上極具競爭力。這代表臉書天生就具有行動裝置的優勢。

---

159 顧客取得成本（CAC，customer acquisition cost）指的是你讓一個用戶下載並登入你應用程式的行銷成本；顧客終身價值（LTV，lifetime value）指的則是一個用戶終身使用這個應用程式可以為你帶來的收益。如果 LTV 比 CAC 的比例大於一，你就是一名成功的應用程式發行商，因為你的收入比成本高（先暫時忽略研發和伺服器的成本，並假設所謂的終身並沒有那麼長）。任何應用程式行銷對這兩個數字的了解，都應該要勝過他們自己小孩的名字。

資料和高水準的廣告形式及部署，讓臉書能和其他幾個公司一起瓜分行動裝置這一領域，並在可見的未來中持續保持一席之地。

現在回頭來看，當然說得容易了。但是在 2013 年的那個春天，當開放與封閉的辯論正達到巔峰、沒有人對未來收入的管道感到確定之前，一切可沒有那麼清晰。就連在行動裝置的海嘯開始時，這些都還模糊不清。

當臉書在 2013 年 6 月提出了第二季的報告時，兩個因素促使市場一陣購買臉書股票的風潮。首先，在行動裝置上使用臉書的活躍用戶人數，比前一年成長了超過 50％。再來，也是更重要的一點，是行動裝置帶來的收益幾乎是前一年的兩倍。這代表臉書不僅成功地銜接了電腦與行動裝置的連結（也就是說將所有線上行為都移植到行動裝置上），也開始在行動裝置上進行貨幣化了，而這說明這樣的移植並不會傷害收益成長。

究竟是發生了什麼事呢？

臉書正緩慢地將行動版動態時報開放給廣告商，在原本神聖不可侵犯的臉書領土上插上了標價牌。2013 年中，臉書緩緩轉動著貨幣化的把手，開放越來越多的廣告庫存，並帶來穩定成長的收入，每一次的成長都打破人們的眼鏡，讓股價越變越高。

廣告庫存量就像房地產，而臉書的作法就像當時美國往西部拓展的圈地運動，讓強悍的先鋒帶領大家奔向夕陽，同時在政府組織名義上的管理之下。

幾個不同的內線人士都向我表達過對這個策略的擔心：這樣把動態時報賣出去的行為總有一天會到盡頭的吧，那接下來臉書要怎麼應變？人們甚至偷偷打賭那一天什麼時候會到來，廣告先鋒們會來到西部邊緣的廣告新大陸沿岸，然後發現圈地運動已經無法再進行下去、收入大爆炸的時代也結束了。

　　但事情就是出乎意料。

　　即使廣告已經澈澈底底入侵了大部分用戶的行動應用程式使用經驗中，臉書的收入並沒有因此停止成長。由於表現優異，廣告商更願意提供預算來驅使需求的增加。臉書在優化團隊的技術上一直都有優勢，還有像動態時報廣告這樣的新廣告產品，在行動裝置上的廣告傳遞越做越好，完全靠著數學方法就能賺錢。臉書意識到未來的走向，便將整個廣告團隊轉向行動裝置的表現，想辦法要大大小小的廣告商在行動版臉書上花越多錢越好。這種速度與專注度的瞬間軸轉，靠的是已經拯救過臉書許多次的機敏，也是臉書該引以為傲的特質。沒有太多這種規模的上市公司，有辦法這麼突然地成功轉換策略走向。

　　在突然完全行動化、也讓臉書的土地開放競標之後，臉書的收益仍然持續成長，讓投資人心情愉快，並把股價催得更高。但在 2013 年初，當我們還在進行書中雪莉的會議室的辯論場景時，以上的這些事實都還沒有清楚出現在人們眼前（不管臉書現在怎麼說）。

　　不過，這就是矽谷成功的模式：你根據直覺和幾個產品關鍵的想法、再加上你的文化中帶給你的迷思，嘗試了十種產品。其中的七個悲慘地失敗了，被終止、很快就被人遺忘。有兩個表現得還可以，原因你可以隨便找，但它們也不是好到爆表的產品。最後，有那麼一個產品，成為一個具有改變公司未來的大成功，但你只有在成功後才能理解原因。健忘的矽谷科技媒體會用敘事謬誤為過程編故事，在產品的發想和完美無瑕、毫不猶豫的科技操作中間畫上一條美化過的連結。原本只是胡搞瞎搞的亂賭博，在矽谷媒體說的故事下，便成了信心滿滿的夢想家勢不可擋的決策。世人將你加冕為天才，你便開始表現得像個天才。當下一個用量或收入危機出現時，你又再度進行同樣的實驗，在矽谷的牌桌上丟出你的產品骰子。但是總有一天，你就沒辦法找到那個救世主產品了；莊家把你的籌碼全部收走，你就玩完了。你的公司失敗，你的商

標則被回收成了公司寓言的其中一個故事。然後人們便會開始懷疑,這樣被人肯定的天才怎麼可能會失策,並開始思考天賦是如何的轉瞬即逝。

　　臉書的那一天總會到來的。就某方面來說,或許已經來了;臉書只是花錢消災而已。

　　2012 年,一個名叫 Instagram 的照片分享軟體讓祖克見識到他這輩子從沒見過的一件事:一條用戶成長曲線,孜孜不倦地向上、向右成長,和臉書早期的成長速度幾乎差不多。經過一個週末的協商之後,臉書便花了十億美金將它買了下來,狠狠打了推特的老闆傑克·朵西一巴掌,因為他已經花了好幾個月時間在拍 Instagram 的總監凱文·賽斯通的馬屁。

　　2014 年,另一個應用程式也產生了類似嚇人的成長曲線,用戶數量甚至更多。Whatsapp 雖然在美國鮮為人知,但在海外卻是簡訊和即時訊息的代名詞。他們用相較之下小到不行的團隊和非常基本的應用程式打造了一個國際帝國,用的是它將你的手機號碼變成你用戶帳號的特殊功能[160]。就跟對 Instagram 的招數一樣,祖克又擺出他那張嘴臉去拍總監詹·寇恩(Jan Koum)的馬屁,並用一百九十億的天價,於 2014 年 10 月買下了它[161]。

　　這兩個應用程式,一個是給假文青分享濾鏡照片的,另一個則是在即時訊息太昂貴的國家中作為最普通的簡訊軟體,他們代表的正是大

---

[160] 這是由兩個誤打誤撞的天才舉動所造成的結果。首先,它完全把安全性與用戶營運的事情(抓廣告帳戶、幫用戶取回他們忘記的密碼等等)外包給電信公司了(例如 AT&T),由他們負責建立與維持人與電話號碼中間的連結。第二,那代表著負責讓用戶去連結其他用戶的成長團隊工作內容變得再簡單也不過了:他們只需要存取用戶手機裡的聯絡人清單,就可以讓那名用戶自動將他所認識的人都「加為好友」(不需要像臉書這樣不斷拿像廣告一樣的推薦名單刺激你把失散多年的同學加為好友)。據說 WhatsApp 選擇摒棄建立用戶帳號密碼的模式,是因為它的創辦人兼總監詹·寇恩總是會忘記自己的 Skype 密碼,所以乾脆把登入過程直接丟掉。

[161] 在自我感覺良好的矽谷新聞,很快就要變成傳說故事的版本中,詹·寇恩是在他舉家從烏克蘭移民來後常光顧的救濟局辦公室門上簽下這筆上百億元的合約的。就是這種軼事溫暖了科技自由主義者的心,並在他們兇殘的資本主義(幾乎是矽谷的常態)中加上一點自以為正義的菁英制度。

公司通常都會忽略的新市場方向。WhatsApp 和 Instagram 都被收購了，但總有一天會出現另一個席捲全球的應用程式，在人類電子通訊的領域中成為全新的指標，而它的總監會和祖克一樣頑固又驕傲。臉書就無法再用錢解決問題了，而必須自己打造競爭的產品，將自己擺在風險更高的位置上。

那我們這場大戲中的小寶寶 FBX 呢？

FBX 的收益在我最後離開前才剛開始有了一點成長的跡象，但在我辭職後幾個月，便開始爆炸性的提升，在 2014 年初來到了五億美金，而且全都是外加的收入 [162]。這意味著 FBX 是臉書歷史上成長速度最快的外加收益產品之一，僅次於我上面提過價值數十億的動態時報廣告。而且我們是用一小團人達到了巔峰的表現，動態時報廣告卻是靠著一支小軍隊在打造和維持的。

除了在（現在）沒有任何技術投資的狀況下創造出如山的收入、當永遠的印鈔機之外，FBX 同時也是臉書和成長中的程序化世界之間的窗口。在牆上挖了這麼一個洞之後，就像高盛集團當初觀察所有買賣的訂單一樣，臉書廣告團隊也能藉此觀察他們的競爭者，並打造能夠取代對方的產品。但透過選擇性地將跨裝置的身分與行動廣告庫存（臉書廣告世界的至尊寶物）在自己的產品上曝光，臉書便能引誘廣告商們來使用它爛爛的替代品，而不是更受歡迎的實時 FBX 科技。儘管總是在敵方的打壓之下，FBX 還是堅強地挺過來了，因為太有利可圖又太策略性，所以他們不能真的把它關掉（至少現在不行），這可讓廣告界中的波蘭和伯斯們都不是太開心。

我現在這麼說就只是為了以後打他們的臉而已，最後臉書還是得

---

162 或者說這個數字是外流到我耳裡的。用臉書的廣告系統成長率來建立 FBX 的模組（也就是客戶花費預算的地方），算出 FBX 和動態時報相關的比例，再加上一些額外的計算變項，你就可以得出差不多這個數字了。

全力支持臉書廣告庫存的程序化交易的。他們在科技界的歷史中站錯邊了，人類慾望和線上資本主義的實時互動才是正確的選擇。

拜託，就連華爾街都看見那道光了好嗎。記得我講過金融危機後的高盛也在考慮在交易平台上進行信用違約交換、最後卻又選擇放棄這個衍生商品市場不可避免的未來趨勢嗎？在 2013 年，高盛終於和洲際交易（InterContinental Exchange，ICE）合作，與這名可以對柴油或柳橙汁等任何物品進行電子交換的先驅，一起讓高盛客戶們的歐洲信用違約交換變得更清晰。或許臉書有一天也會證明自己和高盛一樣是個領導者和創新者。

至於臉書最大的敵人谷歌，還有它可笑的社群網站複製品 Google+，以及**迦太基必須毀滅！**的這一切又怎麼了呢？

2014 年 4 月，谷歌／臉書之間的迦太基戰役就結束了。

祖克不會把谷歌夷為平地、把谷歌員工的妻女變為奴隸、或把他們的總部摧毀讓萬物不生好幾個世代，像羅馬對迦太基做的那樣，但那已經是科技界中一間公司能達到最不名譽的地步了。

當 Google+ 的發言人維克·岡都拉突然宣布請辭的時候，谷歌其實就已經在暗示它的投降傾向了。臉書內部就像是聽到勝利的鐘聲般，所有人都因為危機過去而鬆了一口氣。

維克的離去再清楚不過地顯示出谷歌對社群媒體的放棄，並接受自己被一間以往總是忽視（如果不說是明明白白的鄙視）的公司所打敗的事實。當他們同時宣布要將 Google+ 的產品團隊，像是聊天軟體 Hangouts 和照片分享軟體 Photos，全轉進負責谷歌行動裝置營運的安卓團隊之下時，這一點就再明白不過了。谷歌表示 Google+ 將不再是個「產品」，而是個「平台」，是一個能加強谷歌其他產品的使用經驗的通用工具。

這就像是一個將軍說他的軍隊不是在撤退，而是在往相反的方

向行軍一樣。臉書的每個人都看出谷歌為了救面子而玩的文字遊戲。Google+ 結束了；臉書贏了。他們的圍城戰略成功了。

講夠藍色帽 T 的宅宅了。推特這邊的人又怎麼樣了呢？

2016 年 1 月，就在我快要完成這本書時，推特的高層又進行了一次大洗牌，就像東方某種獨裁政權下發生的政變一樣。廣告通時期，我們在推特的聯絡人凱文・威爾和艾力克・羅特，一個是技術團隊，一個是產品團隊的負責人，同時離開了公司，連帶地還有幾個資深執行。驚人的是，威爾走了之後就去了臉書旗下的 Instagram 當產品總經理，明顯是要和推特打擂台的，而且當時的用戶數量已經危險地達到了飽和。亞當・班恩繼續留在推特當營運長，而開始廣告通鬧劇的女人潔西卡，則繼續做她的企業發展，像在買番茄罐頭一樣的購買公司和人才。矽谷的無狀態機繼續運作著。

廣告通以前的成員呢？

2016 年 3 月，男孩們還在推特當工程師，早已超過了他們四年的股票行權期。由於他們合約上的數字，他們較好的稅率選項、推特在上市後的鎖定期後還有一股五十元的股價，以及他們身為優秀員工的外加股權獎勵，他們最後賺到的金額非常可觀。

馬修的房貸沒有問題，不需要擔心孩子們的大學學費，並終於能過起過去二十年科技業給不起他的生活。

對阿基里斯來說，如果他想，他就可以在雅典開他夢想中的咖啡唱片行了，而且還不只那樣。西姆拉和他很快就會有一個孩子，在舊金山和雅典都買下公寓，並過著舊金山科技貴族的人生。

我們多少都還會說話，我和阿基里斯多過馬修，但在你讀過發生什麼事之後，這其實也沒什麼好意外的。他們已經想辦法原諒我造成的大混亂了。畢竟最後出來的結果對他們來說是很好的。

那我的結局呢？

相較之下什麼都沒有。

別忘了，臉書給我的全都是限制性股票，所以要以所得稅率課稅。

也別忘了，臉書上市後的股價和推特不一樣，先是以三十八元一股的高價收盤，接下來一年卻都在三十元附近痛苦的徘徊，還偶爾會來到十八元的低點。上市後的鎖定期，對擔心稀釋臉書員工和內線人士來說很棒，但對那些想要將股票兌現（例如我）、然後從矽谷賭場脫身的人就沒這麼好了。在鎖定期中，內線人士在上市後就有幾個月不能把股票賣掉，那時的價格還有二十元左右。所以我得繳的稅是以三十八元來算的最高邊際稅率（還要再加上加州的所得稅），但我賣出的價格卻低得多，基本上我就是為我沒賺到的錢繳稅。就某方面來說，我的狀況就是第一次科技爆炸後的破產者面臨的困境，他們繳的稅是以高價來算，卻在低價時才賣出。

我的廣告通股權換成臉書的股票後也沒多少了。那三年每天十六小時的辛苦工作，不管是為廣告通或是臉書（而且我痛恨每一天，如果你看不出來的話），最後我什麼也得不到。所以你看，男孩和我的未來財務狀況可是天差地遠。

這一部分的原因是因為科技圈的酬勞實在太不穩定了，而且上市股價的表現也有落差。但是更大的原因，是因為我在兩年之中被臉書吃乾抹淨之後就跳槽了，而男孩們都留在科技鄉村的推特聚落中超過四年，還在繼續──我想盡各種辦法就是要迴避這個聚落，最後進了一間在我為他們打造了印鈔機之後就無情地拋棄我的公司。誰說因果報應不存在的啊？

說到不公的報應，我的人生很快又出現了一個轉折；如果沒發生那件事，你們現在也不會讀到這本書。在 2014 年暑假，我的母親無預警地被診斷出腎癌，而我看著她的病情從一開始十分緩慢、接著又突然

之間惡化去世。墓園裡的微風吹來我童年時期的夢，堆積在我腦中某個叫做「未來某一天」的角落，而現在我要重新把它們擦亮。我辭去所有的工作，變賣一切，並專注在兩個目標上：首先，完成你拿在手上的這本書；我早已把書中的事件都打成草稿，但我得用一整年的時間來來回回地寫作和編輯。第二，我要用一艘小船獨自環遊世界。這是我童年時代的夢想，當我白天在海邊玩風帆、晚上在讀羅賓‧李‧葛拉漢的冒險時就開始萌芽的。葛拉漢在 1970 年獨自環遊世界，靠的就是一艘二十四呎的破船白鴿號，成為世界上最年輕完成這趟創舉的水手。

我好不容易攢下一點錢後，我便買下了兩艘船，打算要完成這個夢想，但卻在這本書中的事件發生時，疏忽地把它們留在港口腐爛，一艘是在廣告通時期，另一艘則是臉書時期。這兩艘船後來一一賣掉了，一方面是要隱藏自己對它們和個人野心的疏於照顧，一方面是因為我需要錢。

在我母親死後不久，我便又買了一艘四十呎的帆船。這艘船和我的女兒一樣，都叫做阿雅拉，根據第一個踏上舊金山灣的歐洲人命名，而它不會再遭受同樣的命運。2015 年之間，我對著電腦螢幕展開馬拉松式的寫作，其他時間則花在髒兮兮的甲板上修補昂貴的航海零件。套句西奧多‧赫茲的話：「如果你有心，夢就不只是夢；如果你沒心，夢就永遠只是個夢。」身為創業家和產品經理，就是要有決心把夢想化為現實；終於，這是第一次，這會是我自己的夢，而不是澈底的公司或商業夢想。

因此，我要鞠躬退出這個舞台，也許是永遠了。然後我就要消失在太平洋的陣陣波浪之中，那是人類社交網絡剩下最後的避難所。

華盛頓州，奧卡斯島

後記

感謝英國交易員，妳不僅承擔了我們孩子大部分的責任，也提供了我摸索時最寶貴的勸告和意見。可惜那個家和船一樣，只能容得下一個船長。

感謝以色列心理醫生，在這本書中的臉書人生時身為我的伴侶。如果沒有妳溫暖的幫助，我是不可能渡過那段地獄般的日子的。就像妳的族人所寫的：「才德的婦人，誰能得著呢？她的價值遠勝過紅寶石。她開口就發智慧，她舌上有仁慈的法則。」妳無窮無盡的慈愛值得更好的對象。

關於伴侶的最後一位，感謝法國建築師。妳是這本書的第一個讀者，當我在應付死線的時候，妳則耐性地在應付懷孕的種種。我想這就像妳族人拉辛（Racine）所寫的詩歌那樣：「這樣的回憶裡充滿了甜蜜。他將我緊擁，卻又背叛了我！喔！我愛他愛得不得不恨他。」

敬我們起起伏伏的，總是那麼熾熱、又如此使人陶醉的愛與恨。

*　*　*

人們說人生是一場馬拉松，而不是短跑。這本書兩者皆是。從簽約到實體書出版，總共只花了十個月，就跟廣告通成立和出售的時間差不多。首先我要感謝我的經紀人史隆・哈里斯（Sloan Harris）看見了這本書一開始還極不成熟的潛力。不論是在華爾街或矽谷，我從來沒有看過任何產品比在史隆的代理下包裝、銷售得更好的《矽谷潑猴》。

感謝珍妮佛・巴斯（Jennifer Barth），我的編輯。她優雅而聰明地處理我的初稿和不成熟的角色。如果沒有她「大力」的幫助，本書的可

讀性或許不到現在的一半（包括刪除我寫的幾十個「大力」）。

真要說的話，本書的起始點是凱特・李（Kate Lee）（當時是 ICM 公司的經紀人，現在則是在 Medium）寄給我的的電子郵件，和我討論我第一篇爆紅的廣告通部落格文章，建議我寫一本書。谷歌將這封信歸類到垃圾郵件去了，是我偶然去垃圾信箱中尋找某封被攔截的郵件時才找到。如果我沒有這麼做，讀者手中現在就不會有這本書。感謝凱特・李一開始的鼓勵，那些溫柔的話語陪伴了我許多年，並幫助我編輯早期在 Medium 張貼的文章（有些內容現在則被收錄在這本書裡）。妳真的將一個譁眾取寵的部落格點子養育成了一本書。

我的寫作環境從矽谷開始出發，通常都是在事件發生後憤怒地敲著鍵盤，幾個月或幾年後，則延伸到巴賽隆那、柏林，還有華盛頓州的奧卡斯島，在那些地方，我則進行更深思熟慮的寫作。

我也想特別提及聖約翰西北角的祖母綠寶石：奧卡斯島。它美麗而誘人，是座馬靴形的天堂，是作家最理想的隱居之處。我喜歡它的菱角、翠綠的森林、迎風的海洋，以及溫暖的當地人。希望你永遠不要改變，奧卡斯。你是後網路時代所有病症的最佳解藥。

特別感謝華盛頓伯明罕阿斯蘭酒窖的釀酒師們，你們的第 15 號啤酒，是我在寫這本書時，度過太平洋西北角寒冷而多雨的冬日最棒的糧食。如果沒有啤酒的柑橘香，本書的長度和娛樂程度或許都不到現在的一半。

真希望我有辦法感謝矽谷的經濟系統：裡頭的投資人、科技媒體、律師、消息人士、廣告商、還有我在這本書中不斷成為朋友又反目成仇的其他角色。我就隨便說好了：我們之間的關係完全只是為了方便而已。我剝削你們的程度就和你剝削我的一樣。就像他們常說的，最理想的交易就雙方都覺得自己有點被搞了。敬我們最理想的交易。

感謝馬修・麥伊辰和阿基里斯・西尼斯。你們是我在創業戰場上

的同袍。我告訴過你們 YC 這回事會很屌的。

感謝保羅‧葛拉漢、潔西卡‧李文斯頓、山姆‧奧圖曼，以及其他包含在廣告通人生中的 YC 合夥人和創辦人。在充滿原始貪婪與投機心態的矽谷世界中，你們是我遇過唯一忠誠的理想主義者。

最後，感謝我在臉書的前同事們，你們為這本書提供了一群有趣的角色，也構成了我人生中的兩年時光。在這本書出版後，很多人大概就要跟我斷絕往來了。但是請記住：比被八卦更糟的就是完全沒人談起你。你覺得 2116 年的時候人們會怎麼談論臉書？取消我好友的時候，請你們好好考慮一下這一點。

◎ 高寶書版集團
gobooks.com.tw

RI 316

矽谷潑猴：直擊臉書、谷歌、推特的瘋狂內幕，及他們如何影響我們的生活
Chaos Monkeys: Obscene Fortune and Random Failure in Silicon Valley

作　　者　安東尼奧‧葛西亞‧馬汀尼茲（Antonio García Martínez）
譯　　者　曾倚華
主　　編　吳珮旻
編　　輯　賴芯葳
美術編輯　林政嘉
排　　版　趙小芳
企　　劃　荊晟庭

發 行 人　朱凱蕾
出　　版　英屬維京群島商高寶國際有限公司台灣分公司
　　　　　Global Group Holdings, Ltd.
地　　址　台北市內湖區洲子街 88 號 3 樓
網　　址　gobooks.com.tw
電　　話　（02）27992788
電　　郵　readers@gobooks.com.tw（讀者服務部）
　　　　　pr@gobooks.com.tw（公關諮詢部）
傳　　真　出版部（02）27990909　行銷部（02）27993088
郵政劃撥　19394552
戶　　名　英屬維京群島商高寶國際有限公司台灣分公司
發　　行　希代多媒體書版股份有限公司 /Printed in Taiwan
初版日期　2017 年 8 月

國家圖書館出版品預行編目（CIP）資料

矽谷潑猴：直擊臉書、谷歌、推特的瘋狂內幕，及他們
如何影響我們的生活 / 安東尼奧‧葛西亞‧馬汀尼茲
（Antonio García Martínez）著；曾倚華 譯 . -- 初版 .
-- 臺北市：高寶國際出版：希代多媒體發行，2017.08
　　面；　　公分 . --（致富館；RI 316）

譯自：Chaos Monkeys: Obscene Fortune and
　　　Random Failure in Silicon Valley

ISBN 978-986-361-445-6（平裝）

1. 網路社會　2. 網路社群　3. 網路行銷

541.415　　　　　　　　　　　106013671